财政部规划教材
全国财政职业教育教学指导委员会推荐教材
全国财经类高职新专标系列教材

金融市场基础知识

主　编　林　贵　陈　艳
副主编　潘静波　戴　锦　郑　秀　温丽荣
编　委　张润禾　黎睿敏　刘思艺

中国财经出版传媒集团
经济科学出版社
Economic Science Press

图书在版编目（CIP）数据

金融市场基础知识/林贵，陈艳主编．--北京：经济科学出版社，2022.4

财政部规划教材　全国财政职业教育教学指导委员会推荐教材　全国财经类高职新专标系列教材

ISBN 978-7-5218-3614-1

Ⅰ．①金…　Ⅱ．①林…②陈…　Ⅲ．①金融市场-高等职业教育-教材　Ⅳ．①F830.9

中国版本图书馆 CIP 数据核字（2022）第 063105 号

责任编辑：李　雪　刘　莎
责任校对：杨　海
责任印制：王世伟

金融市场基础知识

JINRONG SHICHANG JICHU ZHISHI

主　编　林　贵　陈　艳
副主编　潘静波　戴　锦　郑　秀　温丽荣
编　委　张润禾　黎睿敏　刘思艺

经济科学出版社出版、发行　新华书店经销
社址：北京市海淀区阜成路甲 28 号　邮编：100142
总编部电话：010-88191217　发行部电话：010-88191522
网址：www.esp.com.cn
电子邮箱：esp@esp.com.cn
天猫网店：经济科学出版社旗舰店
网址：http://jjkxcbs.tmall.com
北京季蜂印刷有限公司印装
787×1092　16 开　20.5 印张　360000 字
2022 年 4 月第 1 版　2022 年 4 月第 1 次印刷
ISBN 978-7-5218-3614-1　定价：64.00 元
（图书出现印装问题，本社负责调换。电话：010-88191510）

前言
PREFACE

《金融市场基础知识》作为金融服务与管理专业的核心课，也是证券从业资格考试的两门必考课程之一。随着证券市场的发展、证券法规的不断完善，考试大纲和考试内容也不断调整，本教材是经财政部批准的“十四五”规划新形态教材，教材内容可随考纲的变化及时更新。全书共八章，分别是金融市场体系（第一章）和中国的金融体系与多层次资本市场（第二章）、证券市场主体（第三章）、股票（第四章）、债券（第五章）、证券投资基金（第六章）、金融衍生工具（第七章）和金融风险管理（第八章）内容。本书是由从事本门课程教学多年、经验丰富的教师编写，在编写过程中，力求突出以下特点：

第一，紧贴考纲，动态更新。本教材是经财政部批准的“十四五”规划新形态教材，通过扫描二维码，把教材内容与考纲、教学视频、最新习题等教学资源紧密衔接，实现实时更新。比如随着创业板、科创板注册制改革，上市机制、标准、条件都发生重大变化，考试大纲也进行了调整，本书通过“新旧考纲”栏目对比分析考纲调整前后的教学内容，找出新知识点、技能点，并在“知识结构”栏目通过二维码对接最新考纲，实现教学内容的动态更新。

第二，紧贴考点，通俗易懂，寓学于乐。内容可读性较强，本教材根据《金融市场基础知识》考试大纲，提炼证券从业资格考试核心考点，通过案例导入激发学生兴趣，考点导图梳理知识架构，要点精讲归纳核心考点并引入微课视频，最后利用典题精讲与同步演练进行巩固练习。通过新形态教材的建设与使用，提高学生证券从业资格考试通过率。

第三，重点突出，内容精炼。本教材以证券从业资格考试统编教材为基础，在保证知识点全面、系统的前提下，重点突出从业资格考试的核心考点，并通过图表等方式增强教材可读性，帮助学生把书读薄，举一反三，以不变应万变，提高学生对重点知识的识记能力。同时紧贴市场热点，融入代表性、时新性、趣味性的金融市场热点事件、案例，提高学生对知识的应用能力。

上述特色是我们多年教学实践的几点体会，并在教材编写中力求做到。

本书由林贵、陈艳主编，潘静波、戴锦、郑秀、温丽荣副主编，张润禾、黎睿敏、刘思艺编委，其中林贵、刘思艺、戴锦编写第二、八章；陈艳、潘静波编写第四、五章；温丽荣、郑秀编写第三、七章；黎睿敏、张润禾编写第一、六章。全书由林贵、陈艳负责统稿总纂。

本书是证券从业资格考试辅导用书，也可作为证券从业人员和个人投资者参考用书。

一本好的具有特色的教科书是教师多年教学经验和研究的积累，不仅能够反映学科、课程基本内容与前沿，还要能够与当前现实紧密结合，并与教学对象的层次特点相吻合。尽管我们一直在努力，然而，学海无涯，教无止境，教材中的不足甚至错漏之处，在所难免，期待在教学实践中得到同行不吝赐教。

编者

2022年1月

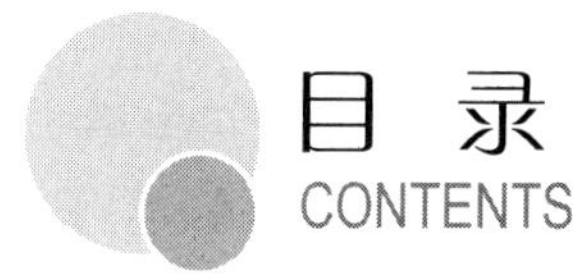

目 录
CONTENTS

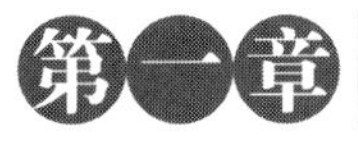

金融市场体系

一、知识结构

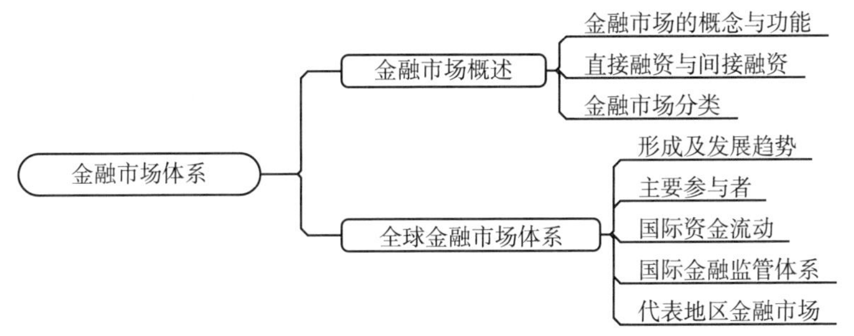

知识点扩展

二、核心要点

（一）金融市场的概念与功能

1. 案例引入

上海金融市场交易总额突破 2 500 万亿元*

【案例回顾】 2021 年上海金融市场交易总额突破 2 500 万亿元，同比增长 10.4%。在汇聚众多全国性要素市场的同时，上海资本市场服务当地实体经济的能级也持续提升。据上海证监局统计，2021 年注册在上海地区的证券公司营业部发生在沪深证券交易所的股票、债券、基金、期权和回购交易额突破 283 万亿元，创下历史新高，连续四年位列全国第一。

2021 年上海直接融资保持良好势头，全年新增上市公司 50 家，上市公

* 根据 2021 年上海市政府工作报告汇编。

司总数达到390家，位居全国第五。

在上海，31家证券公司、35家期货公司、61家基金管理公司、4 529家私募基金管理人构成了全国最大的金融市场主体“方阵”。资本市场业务和产品创新中，首批9家公募REITs、首批9只双创50ETF中均有三分之一出自上海机构；新增15家证券基金经营机构取得基金投顾业务试点资格，数量居全国首位。

【案例点评】 金融市场是要素市场的一种，提供的生产要素是资本。在金融市场上进行资金融通，实现金融资源的配置，而通过金融资产的交易，最终帮助实现社会实物资源的配置。金融市场发达与否是一个国家或地区经济、金融发达程度及制度选择取向的重要标志。

【相关要点】

（1）金融市场，是创造和交易金融资产的市场，是以金融资产为交易对象而形成的供求关系和交易机制的总和。

（2）资本市场，是指所交易金融资产到期期限在一年以上或没有到期期限的金融市场。

2. 要点导图

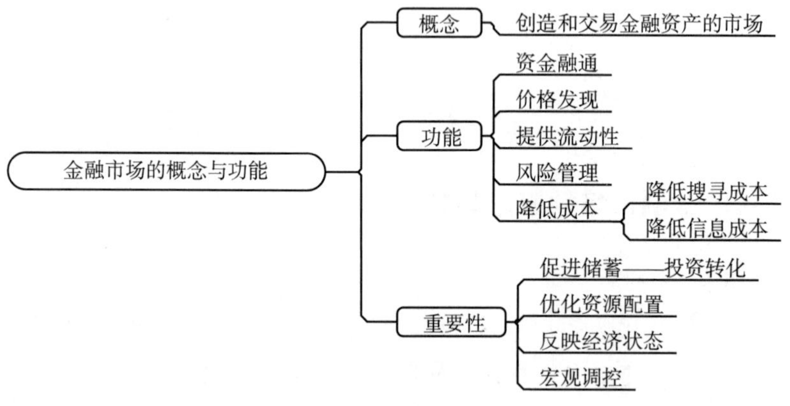

金融市场的概念与功能

3. 要点精讲

（1）金融市场概念

金融市场是要素市场的一种，也是创造和交易金融资产的市场，是以金融资产为交易对象而形成的供求关系和交易机制的总和。交易场所不仅包括有形的固定场所，还有无形的金融市场网络。现代金融市场往往是无形的市场。

（2）金融市场功能

金融市场具有五大功能：资金融通（首要功能）、价格发现、提供流动性、风险管理（重要功能）、降低搜寻成本和信息成本。

资金融通功能，是指金融市场通过金融资产交易实现货币资金在供给者和需求者之间的转移，促成有形资本的形成。价格发现功能，是指金融市场当中供求双方的相互作用决定了交易资产的价格，价格反过来又为潜在的市场参与者提供了信号，引导资金在不同的金融资产之间进行配置，达成供需平衡。提供流动性功能，是指它为投资者提供一种出售金融资产的机制。风险管理功能，包括通过保险、对冲交易等方式对实体经济或金融行为中蕴含的风险进行管理、防范和化解，同时可以将有形资产产生的风险在资金供求双方之间重新配置。金融资产本身存在的价格风险可以通过期货、期权等衍生品实现套期保值，担心违约可以购买信用衍生品等。降低搜寻成本和信息成本功能中，搜寻成本包括显性成本和隐性成本，信息成本是与评估金融资产投资特点有关的成本。在一个有效市场中，价格反映了所有市场参与者能搜集到的信息总和。

（3）金融市场重要性

金融市场的四大重要性：能促进储蓄——投资转化、优化资源配置、反映经济状态（晴雨表）、宏观调控。

4. 典题精练

（1）关于金融市场功能，下列说法错误的有（　　）。

Ⅰ. 在一个有效市场中，价格反映了所有市场参与者所能搜集到的信息总和

Ⅱ. 金融资产本身存在的价格风险可以通过期货、期权等金融衍生品交易实现套利

Ⅲ. 金融资产具有的社会价值指的是其对未来现金流的要求权

Ⅳ. 金融市场通过金融资产交易实现货币资金供给者和需求者之间的转移、套利，促进有形资本形成

A. Ⅱ、Ⅲ、Ⅳ　　　　B. Ⅰ、Ⅳ

C. Ⅰ、Ⅱ　　　　D. Ⅰ、Ⅲ、Ⅳ

参考答案：A

【解析】Ⅰ项表述正确，在一个有效的市场当中，价格反映了所有市场参与者所能搜集到的信息总和。Ⅱ项表述错误，金融资产本身存在的价格风险可以通过期货、期权等金融衍生品交易实现套期保值。Ⅲ项表述错误，金融资产有经济价值，其价值是对未来现金流的要求权。Ⅳ项表述错误，金融市场的首要功能是资金融通。金融市场通过金融资产交易实现货币资金在供

给者和需求者之间的转移，促进有形资本形成。

(2) 金融市场的重要性表现在（　　）。

Ⅰ. 促进储蓄——投资转化　　Ⅱ. 优化资源配置

Ⅲ. 反映经济状态　　Ⅳ. 宏观调控

A. Ⅰ、Ⅱ、Ⅲ、Ⅳ　　B. Ⅱ、Ⅲ、Ⅳ

C. Ⅰ、Ⅱ、Ⅳ　　D. Ⅰ、Ⅱ、Ⅲ

参考答案： A

【解析】 金融市场的四大重要性包括促进储蓄——投资转化、优化资源配置、反映经济状态（晴雨表）、宏观调控。

知识点扩展

5. 同步演练（请扫描二维码做题）

（二）直接融资与间接融资

1. 案例引入

2021 年直接融资市场回望*

【案例回顾】 2021 年，在疫情的持续影响下，中小企业遇到了运转资金紧张、融资困难等问题。国务院办公厅发布了《关于进一步加大对中小企业纾困帮扶力度的通知》，提出九条措施加大助企纾困力度，减轻企业负担，帮助渡过难关，工信部也发布了《提升中小企业竞争力若干措施》，为中小企业的融资问题提供帮助。在国家政策的扶持下，2021 年我国中小企业扩宽了融资渠道，直接融资更加便捷。从直接融资规模及占比来看，根据人民银行公布的社会融资规模存量统计数据，截至 2021 年 11 月末，企业债券、政府债券、非金融企业境内股票三者余额合计为 90.9 万亿元，约占社会融资规模存量的 29.14%，较 2020 年年末上升 0.4 个百分点。从国际上发达国家的直接融资占比来看，我国企业融资结构仍有很大的上升空间。

【案例点评】 近年来海内外新经济企业的成长，无一不是借助了资本的力量，直接融资正是它们得以发展壮大的重要基础。随着我国“十四五”规划和 2035 年远景目标纲要的提出，提高直接融资特别是股权融资比重是大势所趋。

【相关要点】

直接融资，是指资金盈余单位通过直接与资金需求单位协议，或在金融

* 根据网络资料进行汇编整理。

市场上购买资金需求单位所发行的股票、债券等有价证券，将货币资金提供给需求单位使用。

2. 要点导图

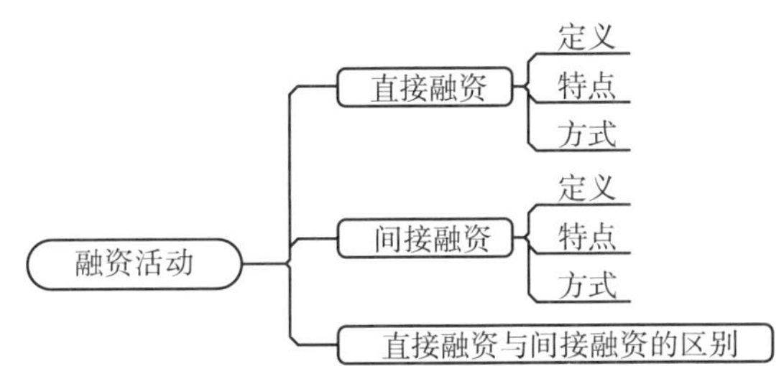

3. 要点精讲

（1）直接融资

1）定义：资金盈余方通过直接与资金需求方协议，或在金融市场上购买资金需求方发行的有价证券（如股票、债券），将货币资金提供给需求单位使用。

直接融资与间接融资

2）特点：

①直接性。直接融资的基本特点是融资的直接性，即资金盈余单位和资金需求单位直接进行资金融通，并在二者之间建立直接的债权债务关系。

②分散性。直接融资是在无数个企业之间、政府与企业及个人之间、个人与个人之间，或企业与个人之间进行的，因此融资活动分散于各种场合。

③融资信誉较大差异性。不同的企业或个人，其信誉好坏有较大的差异，债权人往往难以全面、深入地了解债务人的信誉状况，从而融资信誉将存在较大的差异和风险。

④部分融资不可逆性。如发行股票所得资金不需要返还，股票只能在不同投资者之间相互转让。

⑤融资者有相对较强自主性。在法律允许的范围内，融资者可以自己决定融资的对象和数量。

3）常见方式：股票市场融资、债券市场融资、风险投资融资、商业信用融资、民间借贷等。

（2）间接融资

1）定义：资金盈余方通过存款，或购买银行、信托和保险等金融机构发行的有价证券，将其暂时闲置资金提供给金融机构，再由金融机构以贷款、贴现或购买有价证券的方式提供给短缺者（资金需求方），实现资金融通。

2）特点：

①间接性。资金需求者与资金初始供应者之间不发生直接信贷关系，而是由金融中介机构起桥梁作用，二者只与金融机构发生债权债务关系。

②相对集中性。间接融资通过金融机构（主要是商业银行）进行，但是这种中介，在多数情况下（除委托贷款外）并不是对某一资金供应者与某一资金需求者之间一对一的对应性中介，而是一方面面对资金供应者群体，另一方面面对资金需求者群体的综合性中介。

③融资信誉的差异性较小。间接融资相对集中于银行或非银行金融机构，由于国家对金融机构的管理一般都较为严格，银行自身的经营也多采取稳健方针，加上一些国家实行了存款保险制度，相对于直接融资来说，间接融资的信誉程度高，风险也相对较小，融资的稳定性较强。

④全部可逆性（即可返还性）。通过金融中介的融资均属借贷融资，到期必须归还并支付利息。

⑤主动权在金融中介机构。由于间接融资的资金集中于商业银行等金融机构，资金贷给谁不贷给谁，并非由资金的初始供应者决定，而是由商业银行等金融中介机构决定。

3）常见方式：银行信用融资、消费信用融资、租赁融资等。

（3）比较区别

1）主要在于融资过程中资金的需求者与供给者是否直接形成债权债务关系，凡是债权债务关系中的一方是金融机构的融资就是间接融资；

2）金融中介仅仅作为信息中介的融资是直接融资；金融中介作为资金中介的融资是间接融资；

3）直接融资早于间接融资，两者比例反映了金融结构，也反映了对实体经济的支持和贡献程度。

直接融资与间接融资的对比如下表所示。

直接融资与间接融资对比分析

	特点（基本相对相反）					融资方式
直接融资	直接性	分散性	差异性大	部分不可逆	融资者主动权	股票市场、债券市场、风险投资、商业信用、民间借贷
间接融资	间接性	集中性	差异性小	全部可逆	金融机构主动权	银行信用融资、消费信用融资、租赁融资

4. 典题精练

（1）企业（公司）直接融资活动主要有（　　）方式。

Ⅰ. 股票融资　　Ⅱ. 债券融资

Ⅲ. 期权融资　　Ⅳ. 权证融资

A. Ⅰ、Ⅱ　　B. Ⅲ、Ⅳ

C. Ⅰ、Ⅱ、Ⅳ　　D. Ⅰ、Ⅱ、Ⅲ、Ⅳ

参考答案：A

【解析】企业（公司）直接融资活动主要有股票融资和债券融资两种方式。

（2）下列关于间接融资的说法，正确的有（　　）。

Ⅰ. 间接融资中资金需求者与资金初始供应者之间不发生直接信贷关系，二者只与金融机构发生债权债务

Ⅱ. 间接融资在多数情况下（除委托贷款外）并不是对某一资金供应者与某一资金需求者之间一对一的对应性中介，而是一方面面对资金供应者群体，另一方面面对资金需求者群体的综合性中介。

Ⅲ. 相对直接融资而言，间接融资的信誉程度高，风险也相对较小

Ⅳ. 通过金融中介的融资均属于借贷融资，到期必须归还并支付利息

A. Ⅰ、Ⅱ、Ⅲ　　B. Ⅱ、Ⅲ

C. Ⅲ、Ⅳ　　D. Ⅰ、Ⅱ

参考答案：A

【解析】间接融资的特点：

①资金获得的间接性，即资金需求者与资金初始供应者之间不发生直接信贷关系，而是由金融中介机构起桥梁作用，二者只与金融机构发生债权债务关系。

②融资的相对集中性。间接融资通过金融机构（主要是商业银行）进行，但是这种中介，在多数情况下（除委托贷款外）并不是对某一资金供应者与某一资金需求者之间一对一的对应性中介，而是一方面面对资金供应者群体，另一方面面对资金需求者群体的综合性中介。

③融资信誉的差异性相对较小。间接融资相对集中于银行或非银行金融机构，由于国家对金融机构的管理一般都较为严格，银行自身的经营也多采取稳健方针，加上一些国家实行了存款保险制度，相对于直接融资来说，间接融资的信誉程度高，风险也相对较小，融资的稳定性较强。

④全部具有可逆性（即可返还性）。通过金融中介的融资均属借贷融

资，到期必须归还并支付利息。

⑤融资的主动权主要掌握在金融中介机构手中。由于间接融资的资金集中于商业银行等金融机构，资金贷给谁不贷给谁，并非由资金的初始供应者决定，而是由商业银行等金融中介机构决定。

(3) 下列关于直接融资和间接融资的说法，正确的有（　　）。

Ⅰ. 直接融资通过市场主体充分博弈直接进行交易，更有利于合理引导资源配置

Ⅱ. 提高直接融资比重，有利于分散过度集中于银行的金融风险作用

Ⅲ. 发展多种股权融资方式有利于提高实体经济的健康稳定发展

Ⅳ. 相对于直接融资来说，间接融资的信誉程度低，风险也相对较大

A. Ⅰ、Ⅱ、Ⅲ、Ⅳ　　B. Ⅱ、Ⅲ

C. Ⅰ、Ⅱ、Ⅲ　　D. Ⅰ、Ⅳ

参考答案：C

【解析】直接融资通过市场主体充分博弈直接进行交易，更有利于合理引导资源配置，发挥市场筛选作用。Ⅰ项正确。

提高直接融资比重平衡金融体系结构，可以起到分散过度集中于银行的金融风险作用，有利于金融和经济的平稳运行。Ⅱ项正确。

我国正处于转变经济发展方式、调整产业结构的经济转型期，在这个过程中提高直接融资比重，特别是发展多种股权融资方式能够弥补间接融资的不足，也有利于提高实体经济的健康稳定发展。Ⅲ项正确。

间接融资相对集中于银行或非银行金融机构，由于国家对金融机构的管理一般都较为严格，银行自身的经营也多采取稳健方针，加上一些国家实行了存款保险制度，相对于直接融资来说，间接融资的信誉程度高，风险也相对较小，融资的稳定性较强。Ⅳ项错误。

5. 同步演练（请扫描二维码做题）

知识点扩展

（三）金融市场分类

1. 案例引入

交易所市场成民企债券融资“主战场”*

【案例回顾】2018 年，交易所债券市场各类债券和资产证券化产品累计

*《存量 1.2 万亿元，占比 65%，交易所市场成民企债券融资“主战场”》，中国经营网，2019 年 1 月 19 日。

发行5.69万亿元，同比增长45%。其中，除去金融行业之外的民营企业在交易所债券市场发行公司债券2 777亿元，较上年同比增加337亿元；目前中国债券市场民企债券存量1.8万亿元，其中交易所市场的民企债券占比达65%。

与此同时，在整体风险可控的前提下，不容回避的是，交易所债券市场发展不充分、不平衡的问题仍然较为突出，在经济下行压力、企业经营压力较大的情况下，2019年交易所债券市场到期加上回售量达2.8万亿元。

【案例点评】 积极纾解民企融资困境是交易所债券市场极为重要的工作内容之一，化解民营企业融资难、融资贵的问题，利用公司债券融资的外部性稳定住市场的预期，使市场风险偏好回升至合理水平，引导金融资源更好地支持实体经济。与此同时，交易所债券市场高度重视风险防范与处置，债券违约处置迈上法治化、市场化轨道，严守不发生系统性风险底线。

【相关要点】

（1）债券市场：交易对象为债券的市场，是固定收益市场的一种。

（2）交易所市场：证券交易所、期货交易所、期权交易所等金融市场是高度组织化的金融市场，被称为交易所市场。交易所为买卖双方提供竞价、撮合及结算服务，市场参与者以交易所为交易对手进行交易，交易所确保交易双方履约，最大限度地减少了交易后的违约风险或交易对手风险。

2. 要点导图

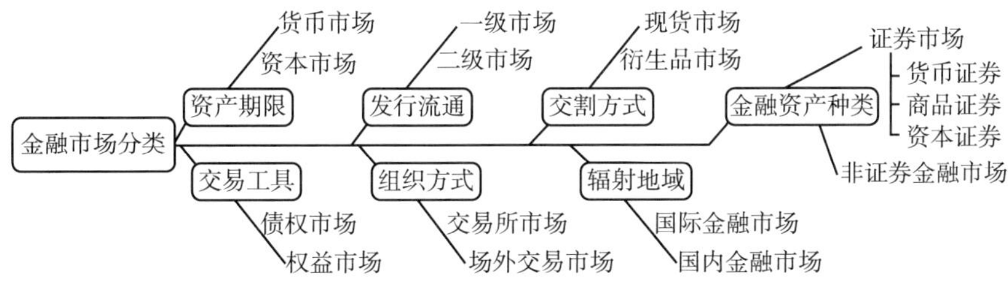

3. 要点精讲

（1）按金融资产到期期限分为货币市场和资本市场

1）货币市场：金融资产到期期限1年以内，例如银行间同业拆借市场、商业票据市场、短期国库券市场、大额可转让存单市场等。

2）资本市场：金融资产到期期限在1年以上或者没有到期期限的金融市场，如股票市场、中长期国债市场、中长期银行贷款市场等。

（2）按交易工具分为债权市场和权益市场

1）债权市场：交易债务工具。

2）权益市场：即股票市场，交易权益工具。

另外，固定收益市场是交易债务工具和优先股的市场，普通股市场是不包括优先股的股票市场。

（3）按发行流通性质分为一级市场和二级市场

1）一级市场：新金融资产的发行市场，例如股票和债券的发行市场，主要功能是筹资。

2）二级市场：已发行金融资产的流通市场，金融资产的持有者可以在这个市场中将持有的证券出售，以达到变现目的。二级市场有两个重要功能：一是为已发行的金融资产提供流动性；二是通过二级市场发现资产价格。

（4）按组织方式分为交易所和场外交易市场（主要指二级市场）

1）交易所市场：证券交易所、期货交易所、期权交易所等金融市场是高度组织化的金融市场，为买卖双方提供竞价、撮合及结算服务，交易所市场参与者以交易所为交易对手进行交易，确保履约减少交易对手风险。交易所分为会员制交易所和公司制交易所（未来趋势）。会员制交易所的最高权力机构是会员大会。越来越多的交易所采用了公司制结构，最高权力机构为股东大会。香港交易所是公司制，通过公开发行股票成为上市公司。

2）场外交易市场：没有固定的交易场所，也不一定有统一的交易时间，也被称为柜台市场（OTC），如银行信贷市场、拆借市场、外汇市场、黄金市场等。场外市场交易量远远大于交易所市场的交易量，交易结构和交易方式较为丰富。与交易所市场相比，场外市场的交易双方进行直接的交易，存在一定的对手风险。

（5）按交割方式分为现货市场和衍生品市场

1）现货市场：是指即期交易的市场，市场上的买卖双方成交后须在当天或市场规定的最后交割期限内办理交割手续的交易行为，是金融市场上最普遍的一种交易方式。

2）衍生品市场：是指交易衍生工具的市场。常见的衍生工具包括远期、期货、期权、互换等。根据标的资产的不同，衍生品可以划分为商品衍生品和金融衍生品。

（6）按金融资产的种类分为证券市场和非证券金融市场

1）证券市场：狭义的有价证券指资本证券，广义的有价证券包括商品证券（提货单、运货单、仓库栈单）、货币证券（商业证券、银行证券）和资本证券（股票、债券、基金及衍生品）。货币证券中，一类是商业证券，主要包括商业汇票和商业本票；另一类是银行证券，主要包括银行汇票、银行本票和支票。证券市场以证券发行与交易的方式实现了筹资与投资的对接，有效地化解了资本的供求矛盾和资本结构调整的难题。

2）非证券市场：是指以有价证券以外的金融资产为对象的发行和交易关系的总和，包括股权投资市场、信托市场、融资租赁市场、外汇市场、黄金市场、保险市场、银行理财产品市场、长期贷款市场等。

（7）按辐射地域分为国际金融市场和国内金融市场

1）国际金融市场：可以进一步分为全球性金融市场和区域性金融市场。

2）国内金融市场：可以进一步分为全国性金融市场和地区性金融市场。

4. 典题精练

（1）下列关于金融市场分类错误的是（　　）。

A. 按照发行流通性质可以分为发行市场和流通市场

B. 按照组织方式可以分为交易所市场和场外交易市场

C. 按照交易工具分为债权市场和权益市场

D. 按金融资产到期期限划分可以分为现货市场和衍生品市场

参考答案：D

【解析】按照金融资产到期期限，金融市场可划分为货币市场和资本市场，按交割方式分为现货市场和衍生品市场。

（2）下列哪些属于非证券金融市场？（　　）

Ⅰ. 信托市场　　Ⅱ. 保险市场

Ⅲ. 融资租赁市场　　Ⅳ. 股权投资市场

A. Ⅰ、Ⅱ、Ⅲ　　B. Ⅱ、Ⅲ、Ⅳ

C. Ⅰ、Ⅱ、Ⅲ、Ⅳ　　D. Ⅰ、Ⅲ、Ⅳ

参考答案：C

【解析】非证券金融市场，是指以有价证券以外的金融资产为对象的发行和交易关系的总和，包括股权投资市场、信托市场、融资租赁市场、外汇市场、黄金市场、保险市场、银行理财产品市场、长期贷款市场等。

知识点扩展

5. 同步演练（请扫描二维码做题）

（四）全球金融市场体系

1. 案例引入

伦敦银行间同业拆借利率退出大限将至，全球基准利率格局迎来新篇章*

【案例回顾】2021 年 3 月 5 日，英国金融行为监管局（FCA）宣布，2021 年 12 月 31 日之后将立即停止所有英镑、欧元、瑞士法郎、日元，以及 1 周和 2 个月期美元 LIBOR 报价。同时，2023 年 6 月 30 日之后将终止对隔夜和 12 个月期美元 LIBOR 报价。伴随 LIBOR 逐步退出历史舞台，全球主要经济体开始稳步推进基准利率体系改革。

【案例点评】伦敦银行间同业拆借利率作为最具影响力的国际金融产品定价基准，是影响全球金融市场变化的重要风向标。LIBOR 操纵案发生后，主要经济体开始研究基准利率改革问题，并确定了基于真实交易的无风险利率的替代方案，推动形成了新的国际基准利率体系，对全球金融市场产生着重大影响。LIBOR 转换仍面临诸多现实难题，全球基准利率改革尚存挑战，需要国际组织、监管机构及金融机构共同协作完成，实现市场的平稳过渡。

【相关要点】

（1）伦敦银行间资金市场：伦敦聚集了全球主要金融机构，金融机构之间资金往来频率高、金额庞大，成为全球短期资金运动的策源地。

（2）伦敦银行间同业拆借利率（London Interbank Offered Rate，LIBOR）：伦敦银行间同业拆借利率，是全球金融业最重要的短期资金成本基准。英国银行家协会每天向十余家主要报价行发征询函，就不同币种不同期限的拆借意愿利率进行调查，去掉最高和最低的几个报价，其余报价取平均数，就得到了每天的各币种和各期限 LIBOR。它所代表的并非是实际发生的金融交易的利率，而是反映交易意愿的利率，具有很强的主观性。

---

* 中国银行研究院、金融时报社联合评出 2021 年国际金融十大新闻，金融时报——中国金融新闻网，2021 年 12 月 31 日。

2. 要点导图

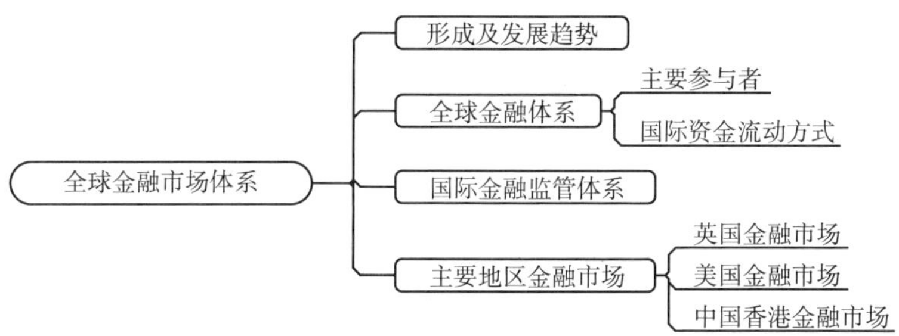

3. 要点精讲

（1）全球金融市场的形成及发展趋势

1602 年，荷兰东印度公司在阿姆斯特丹创建了世界上最早的证券交易所——阿姆斯特丹证券交易所。此后，全球金融市场的发展可分为五个阶段。

第一阶段：17 世纪英国崛起至第一次世界大战。1773 年，伦敦交易所成立。19 世纪的英国形成了国际性的金融市场，伦敦成为国际金融中心。1790 年美国第一个证券交易所——费城证券交易所成立。

第二阶段：第一次世界大战开始至第二次世界大战结束。1944 年布雷顿森林会议确立了以美元为中心的国际货币体系，使美元成为主要的国际储备货币和结算货币，纽约成为世界金融中心。

第三阶段：第二次世界大战结束至 1971 年布雷顿森林体系瓦解。欧洲货币市场兴起，纽约、伦敦和东京成为国际金融市场的“金三角”。

第四阶段：布雷顿森林体系瓦解至 2007 年全球金融危机前夕。新兴金融市场对国际金融市场产生越来越大的影响。全球性宽松的金融监管、技术革新、金融创新和资产证券化为各国金融市场的迅速发展创造了有利的外部条件。

第五阶段：2007 年全球金融危机爆发以来。始于美国的次贷危机，逐步演变为全球金融危机，世界经济经历了大萧条以来最严峻的考验，全球金融监管趋严。

（2）全球金融体系

主要参与者：根据国际货币基金组织的《金融稳健指标编制指南》，全球金融体系的主要参与者包括金融公司、非金融公司、住户、为住户服务的非营利机构、广义政府、公共部门。

金融公司包括存款吸收机构、中央银行和其他金融公司。存款吸收机构，是指通过自己的账户，以中介的方式将资金从贷款人转向借款人的单位，包括商业银行和其他存款吸收机构。商业银行通过吸收存款，在支付系统中处于核心地位。其他存款吸收机构包括储蓄银行、开发银行、信用合作社、投资银行、抵押贷款银行，以及建房互助协会、吸收存款的小额贷款机构。

中央银行是国家金融机构，是控制金融体系的关键，其业务主要包括发行货币、管理外汇储备及向存款吸收机构提供信贷。

其他金融公司主要是那些从事金融中介或与金融中介关系紧密的辅助性金融业务，但是没有被列入存款吸收机构的公司，包括保险公司、养老基金、证券交易商、投资基金、财务公司、租赁公司及金融辅助经济机构等。

国际资金流动方式：国际资金流动，是指资本跨越国界从一个国家向另一个国家的运动，包括资金流入和资金流出两个方面。

1）国际长期资金流动：期限在1年以上的资金的跨国流动，包括国际直接投资、国际间接投资和国际信贷三种方式。

①国际直接投资。以获得国外企业的实际控制权为目的的国际资本流动。

②国际间接投资。即国际证券投资，指在国际证券市场上发行和交易中长期有价证券所形成的国际资本流动。

③国际信贷。政府信贷、国际金融机构贷款、国际银行贷款和出口信贷等。

2）国际短期资金流动，期限为1年或1年以下的资金的跨国流动，主要包括贸易资金的流动、套利性资金的流动、保值性资金的流动以及投机性资金的流动。

①贸易资金的流动。最传统的国际资金流动方式，贸易资金在国际资金流动中的比重已大为降低。

②套利性资金的流动。利用各国金融市场上利率差异和汇率差异进行套利活动而引起的短期资本流动，有不断增加的趋势。

③保值性资金的流动。又称避险性资金流动或资本外逃，指金融资产的持有者为了资金安全而进行资金调拨所形成的短期资金流动。

④投机性资金的流动。投机者利用国际市场上金融资产或商品价格的波动，进行高抛低吸而形成的资金流动，构成了短期资本流动的主体。

（3）国际金融监管体系

1）巴塞尔银行监管委员会：1974 年年底由美国、英国、法国、德国、意大利、日本、荷兰、加拿大、比利时、瑞典 10 国的中央银行共同成立，作为国际清算银行的一个正式机构，以各国中央银行官员和银行监管部门为代表，总部设在瑞士的巴塞尔。主要宗旨在于交换各国监管安排方面的信息、改善国际银行业务监管技术的有效性、建立资本充足率的最低标准及研究在其他领域确立标准的有效性。巴塞尔银行监管委员会制定了一系列协议、监管标准与指导原则，主要是为完善与补充单个国家对商业银行监管体制的不足，减轻银行倒闭的风险与代价，是对国际商业银行联合监管的最重要形式。

2）国际证监会组织（IOSCO）：成立于 1983 年，是由各国、各地区证券期货监管机构组成的专业组织，是主要的金融监管国际标准制定机构之一。中国证监会于 1995 年成为 IOSCO 的正式成员。《证券监管目标与原则》是 IOSCO 的纲领性文件，于 1998 年首次发布，最新一次于 2017 年修订。文件确立了证券监管的三项目标，即保护投资者，确保市场的公平、高效和透明，减少系统性风险。该文件具有较强的专业性和指导性，但是并不具备强制效力。

3）国际保险监督官协会（IAIS）：全球性保险监管组织，于 1994 年在瑞士成立，其宗旨是制定保险监管原则与标准，提高成员国监管水平。

（4）英国金融市场

英国金融业非常发达，目前英国是全球最大的金融服务出口国。

1）伦敦外汇市场，是全球最大的外汇批发市场，有以下几个特点：以外币交易为主；以非居民交易为主；以金融机构批发性交易为主；以外汇衍生品交易为主；交易时段桥接美洲和亚太市场。

2）伦敦银行间资金市场与 LIBOR：伦敦聚集了全球主要金融机构，金融机构之间资金往来频率高、金额庞大，成为全球短期资金运动的策源地，LIBOR 是全球金融业最重要的短期资金成本基准。英国银行家协会每天向十余家主要报价行发征询函，就不同币种不同期限的拆借意愿利率进行调查，去掉最高和最低的几个报价，其余报价取平均数，就得到了每天的各币种和各期限 LIBOR。从 LIBOR 的取样和计算方式可以看出，它所代表的其实并非实际发生的金融交易的利率，而是反映交易意愿的利率，具有很强的主观性。

3）英国股票市场：1801 年，伦敦证券交易所正式成立。按层次划分，伦敦证券交易所包括主板市场、另类投资市场、专业证券市场、专业基金市场和精英项目。主板市场在诸层次市场中监管最为严格，分为高级上市（Premium）、标准上市（Standard）和高成长板块上市（High Growth Segment，HGS）三类，适合大型、成熟企业上市融资；另类投资市场上市条件较主板市场宽松，适合规模较小的成长型公司上市融资；专业证券市场针对专业投资者或机构投资者设立，上市品种分存托凭证和专家债务证券两类；专业基金市场为各类封闭式投资基金提供上市渠道，上市规则执行欧盟标准，由交易所监管；精英项目实际上与资本市场无直接关系，是一个初创企业培育项目。

（5）美国金融市场

1）美国外汇市场：美元是当今世界最重要的可兑换货币，美国也因此成为仅次于英国的全球第二大外汇市场。

2）美国银行间资金市场与联邦基金利率：

在美国，银行缴存的准备金存在联邦储备银行账户上，因此准备金余缺的调剂就被称为联邦基金拆借，由此产生的银行同业拆借市场被称为联邦基金市场，银行间无担保短期借贷利率被称为联邦基金利率，是目前全球影响力最大的利率指标之一。

3）美国股票市场：美国拥有全球最发达的股票市场。

①股票交易场所。美国上市公司股票市场分为三类：美国证券交易委员会注册的全国性证券交易场所；美国证券交易委员会注册的另类交易系统（ATS）；经纪商—交易商（Broker-Dealer）自身的内部转让系统。

②纳斯达克股票市场。2006年，纳斯达克分层制度再次改进，分为三个板块，纳斯达克全球精选市场、纳斯达克全球市场和纳斯达克资本市场。目前纳斯达克市场采用的交易机制是融合了指令驱动（价格优先、时间优先的竞价交易）和报价驱动（做市商模式）两种模式的混合交易模式。

③纽约证券交易所。交易制度模式主要包括三个特征，即指定做市商制度、场内经纪商制度和补充流动性提供商制度。

④美国金融市场监管。1929~1933年大危机以来，美国实行的是“双层多头”金融监管体制，“双层”是指在联邦和州两个层级都有金融监管部门；“多头”是指设立了多家监管机构，分别行使不同的监管职责。1929~1933年大危机后，美国国会通过了《格拉斯—斯蒂格尔法案》，确立了商业银行与投资银行分业经营的格局，随之而来的，是针对行业或功能设置的监管机构。

（6）中国香港金融市场

1）联系汇率制：中国香港特别行政区没有中央银行，自1983年起，实行与美元挂钩的联系汇率制，这是一种货币发行局制度。根据货币发行局制度的规定，基础货币的流量和存量都必须得到外汇储备的十足支持，即基础货币的任何变动都必须与外汇储备的相应变动一致。

根据中国香港法律规定，港币大部分由三家发钞行即汇丰银行、渣打银行、中国银行（香港）发行。

2）中国香港股票市场：香港联合交易所除了股票现货交易外，还提供债券、基金、房地产投资信托及衍生证券交易。2014年11月，沪港通推出，成立沪港股票市场交易互联互通机制。2016年12月，深港通推出。

3）债券市场：港元债券发债主体包括中国香港外汇基金，授权机构（银行及存款类公司），中国香港政府持有公司、法定组织及私营企业等。

4）金融市场监管：中国香港实行分业监管模式。目前，中国香港等金融监管机构主要包括香港金融管理局、证券及期货事务监察委员会和保险业监理处，分别负责监管银行业、证券和期货业、保险业。

4. 典题精练

（1）金融资产的持有者为了资金安全而进行资金调拨所形成的国际资金流动被称为（　　）。

A. 投机性资金流动　　B. 保值性资金流动

C. 盈利性资金流动　　D. 国际间接投资

参考答案：B

【解析】保值性资金的流动又被称为避险性资金流动或资本外逃，它是指金融资产的持有者为了资金安全而进行资金调拨所形成的短期资金流动。

（2）下列关于国际金融监管体系的说法，正确的有（　　）。

Ⅰ. 巴塞尔银行监管委员会成立于1974年，是国际清算银行的一个正式机构

Ⅱ. 国际证监会组织成立于1983年

Ⅲ. 国际保险监督官协会于1934年在美国成立

Ⅳ. 作为IAIS的纲领性文件，《证券监管目标与原则》于1998年首次发布

A. Ⅰ、Ⅲ、Ⅳ　　B. Ⅰ、Ⅳ

C. Ⅱ、Ⅲ　　D. Ⅰ、Ⅱ

参考答案：D

【解析】巴塞尔银行监管委员会简称“巴塞尔委员会”，是由美国、英国、法国、德国、意大利、日本、荷兰、加拿大、比利时、瑞典10国的中央银行于1974年年底共同成立的，作为国际清算银行的一个正式机构，以各国中央银行官员和银行监管部门为代表，总部设在瑞士的巴塞尔。

国际证监会组织成立于1983年。《证券监管目标与原则》是国际证监会组织IOSCO的纲领性文件，于1998年首次发布，最新一次于2017年修订。

国际保险监督官协会（IAIS）是全球性保险监管组织，于1994年在瑞士成立，其宗旨是制定保险监管原则与标准，提高成员国监管水平。当前IAIS主要在三个方面发挥着重要作用：一是制定国际保险监管规则；二是发布国际保险最新动态；三是提供国际保险界交流平台。

（3）在全球金融体系的主要参与者中，不属于存款吸收机构的是（　　）。

A. 证券交易商　　B. 信用合作社

C. 储蓄银行　　D. 抵押贷款银行

参考答案：A

【解析】存款吸收机构，是指通过自己的账户，以中介的方式将资金从贷款人转向借款人的单位。存款吸收机构包括商业银行和其他存款吸收机构。商业银行通常吸收存款，在支付系统中处于核心地位。其他存款吸收机构包括储蓄银行、开发银行、信用合作社、投资银行、抵押贷款银行，以及建房互助协会、吸收存款的小额贷款机构。

5. 同步演练（请扫描二维码做题）

知识点扩展

三、考纲对比

2021年大纲较2020年无变化。

知识点扩展

四、章节测试（请扫描二维码做题）

中国的金融体系与多层次资本市场

一、知识结构

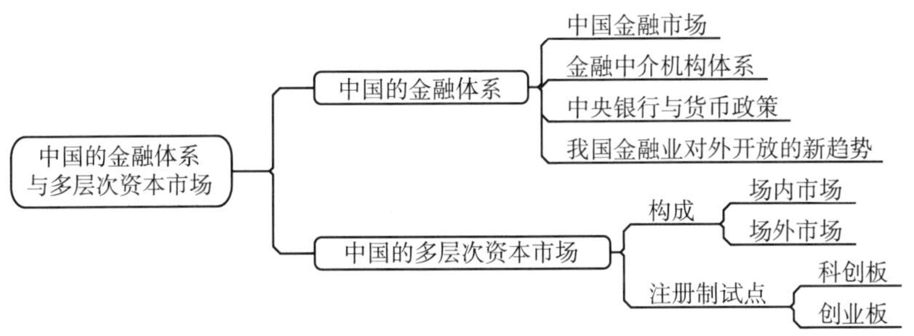

知识点扩展

二、核心要点

（一）中国的金融市场

1. 案例引入

大连金融业应对新冠疫情的最新举措*

【案例回顾】 为有效应对新冠疫情影响，大连市金融发展局、人民银行大连市中心支行、大连银保监局联合发文，推出7项举措，进一步强化金融综合服务，支持大连市企业稳定生产经营，维护全市经济稳定发展大局。一是强化政策工具运用。金融机构要充分运用1万亿再贷款、再贴现资金，优先满足重点防疫企业资金需求，保障生产生活物资供应稳定。二是满足企业

---

* 《我市金融业推出7项举措支持企业应对当前疫情影响》，《大连日报》，2020年8月10日。陈道富：《疫情对金融市场有何冲击?》，澎湃新闻，2020年5月24日。其他来源：根据网络资料进行汇编整理。

合理融资需求。对受疫情影响较大的企业，要建立金融服务快速通道，缩短办理时限，提高办理效率；对受疫情影响暂时遇到困难的中小微企业，不得盲目抽贷、断贷、压贷；对受疫情影响严重的中小微企业到期还款困难的，应予以展期或续贷。三是降低小微企业综合融资成本。对受疫情冲击、生产经营困难的小微企业，主动减免各项服务收费。同时完善成本分摊和收益分享机制，动态调整内部资金转移价格，实施小微企业贷款内部资金转移价格优惠措施，力争2020年普惠型小微企业贷款综合融资成本比2019年明显下降。四是提升信贷服务效率和水平。五是加快金融产品创新。六是加大保险保障支持力度。七是保证金融服务连续平稳。合理安排营业网点及时间，保障基本金融服务和关键基础设施稳定运行，对临时停业或调整营业时间的网点，主动做好解释说明，提供替代解决方案。

【案例点评】自新冠疫情发生后，金融市场的资产价格和流动性受到了严重影响。一开始，金融市场的资产价格发生了快速分化。风险金融资产的价格大幅走低，避险性金融资产价格变动比较平稳。黄金、国债等资产的价格上涨，石油公司发行的信用债、与石油相关的股票和衍生品的价格下跌得比较快。随后，不论是风险资产还是避险资产，几乎所有种类的金融资产的价格都出现了大幅度、快速下跌。因此，除了大连市，我国其他省市也出台了系列措施来减轻新冠疫情对实体经济及金融市场的影响，主要表现为：一方面是市场流动性的供给。在短时间内通过各种方式，特别是创新各种工具，给不同类型的主体及时、大规模地注入流动性；另一方面是通过直接或间接工具，甚至通过支持财政支出来实现结构性目标，这实际带来了巨大的收入再分配效应。通过给实体经济提供及时、大规模的救济，可以避免疫情对金融市场造成永久性损伤。

【相关要点】

（1）经济因素是影响我国金融市场运行的最重要因素。经济因素既包括经济增长和经济周期波动这种纯粹的经济因素，也包括政府宏观经济政策及特定的财政金融行为等混合因素，还包括国际经济环境因素。

（2）货币政策对金融市场有着直接的、主要的影响。货币政策主要通过货币供给量、利率和信贷政策机制发生作用。当货币政策加速或减缓经济增长时，股票、债券和外汇价格都会受到影响。

（3）财政政策主要通过税收政策、公共支出政策及国债发行等发挥作用。从税收政策来看，给企业减税将会降低企业的成本，增加企业利润，提高金融市场上投资者的盈利预期，引起资产价格上升。从公共支出政策来看，政府增加公共开支，社会总需求扩大，金融市场上的投资者对企业盈利预期提高，就会引起资产价格上升。国债发行对金融市场的影响比较复杂，一方面它会刺激经济增长，有利于金融市场活跃；另一方面发行国债会锁定金融市场流动性，同时伴随着国债利率上升，将对整个货币市场进而对金融市场产生重大影响。

2. 要点导图

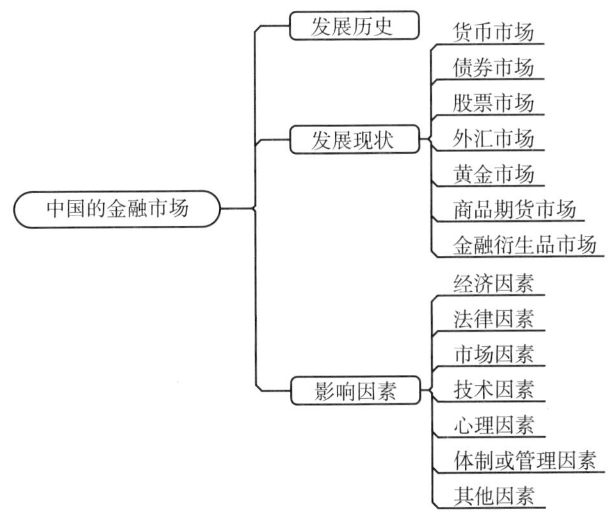

3. 要点精讲

（1）新中国成立我国金融市场的发展历史

1）1949～1978年：计划经济“大一统”的金融体系；

2）1979～1983年：多元混合型金融体系；

3）1984～1993年：以中央银行为中心，国家专业银行为主体，多种金融机构分工协作的金融体系逐步形成；

4）1994～2003年：逐步改革和完善的市场化金融体系；

5）2004～2011年：多种所有制和多种经营形式、结构合理、功能完善、高效安全的现代金融体系；

6）2012年至今：基本金融制度逐步健全、对外开放程度不断提高的现代金融体系。

（2）我国金融市场的发展现状

我国已逐步形成了一个由货币市场、债券市场、股票市场、外汇市场、黄金市场、商品期货市场和金融衍生品市场等构成的，具有交易场所多层次、交易品种多样化和交易机制多元化等特征的金融市场体系。

1）货币市场：我国货币市场建设始于1984年银行间同业拆借市场的建立，目前已形成包括银行间同业拆借市场、短期债券市场、债券回购市场和票据贴现市场的统一货币市场格局。银行间债券市场在货币市场中发挥了主导作用。2007年，中国人民银行开始试运行上海银行间同业拆借利率（Shibor）。目前，Shibor已成为认可度高、应用广泛的货币市场基准利率之一。

2）债券市场

①交易市场分类。

A. 场外市场：

a. 银行间市场。参与者限定为机构，属于场外债券批发市场，由中央国债登记结算公司负责托管和结算。

b. 银行柜台市场。参与者限定为个人，属于场外债券零售市场，实行二级托管制度（一级：中央国债登记结算公司；二级：商业银行）。

B. 场内市场：

a. 上海证券交易所。由中国证券登记结算公司上海分公司负责托管结算。

b. 深圳证券交易所。由中国证券登记结算公司深圳分公司负责托管结算。

②产品分类。

A. 利率债：是指直接以政府信用为基础或是以政府提供偿债支持为基础而发行的债券。广义利率债除了国债、地方政府债，还可包括中央银行发行的票据、国家开发银行等政策性银行发行的金融债、铁路总公司等政府支持机构发行的债券。特点是信用风险很小，影响其内在价值的因素主要为市场利率或资金的机会成本。

B. 信用债：是指以企业的商业信用为基础而发行的债券，中期票据、短期融资券、企业债、公司债四个主要品种构成我国信用债市场主体。

3）股票市场：1990年11月、1991年4月上海证券交易所和深圳证券交易所先后成立，2005年完成股权分置改革，2018年6月A股正式被纳入MSCI指数。我国股票市场从无到有从小到大，具有如下特点：

①我国多层次股票市场体系初步形成。股票市场分为场内市场和场外市场。场内市场：沪深主板市场、中小板市场、科创板市场、创业板市场和全国中小企业股份转让系统（新三板）；场外市场：区域性股权交易市场和交易柜台市场。

②我国股票市场参与主体日益成熟。投资者群体包括个人投资者、证券投资基金及其他机构投资者。近年来，虽然机构投资者持股市值比重持续提

升，但是个人投资者参与比例仍然较高。

③我国股票市场对外开放程度不断加深：

20 世纪 90 年代开始发行 B 股；

2002 年引入合格境外投资者（QFII），后扩展到人民币合格境外投资者（RQFII）；

2014 年 11 月 17 日，“沪港通”正式启动；

2016 年 12 月 5 日，“深港通”正式启动；

2018 年 4 月 11 日，博鳌亚洲论坛期间，中国人民银行宣布进一步扩大金融业对外开放。

2019 年 7 月 20 日，国务院金融稳定发展委员会办公室将原定于 2021 年取消证券公司、基金管理公司和期货公司外资股比例限制的时点提前到 2020 年。

4）外汇市场：随着我国外汇管理体制改革和汇率形成机制的完善，初步形成了外汇零售和银行间批发市场相结合，竞价和询价交易方式相补充，覆盖即期、远期和掉期等类型外汇交易工具的市场体系。

5）黄金市场：目前初步形成了以上海黄金交易所黄金现货为主体，上海期货交易所黄金期货、商业银行柜台黄金产品共同组成的，层次分明且各有侧重的多元市场体系。

我国黄金市场特点：①市场架构比较完整；②参与主体类型多样；③与实体经济和黄金产业密切关联；④投资与风险分散功能进一步得到发挥。

6）商品期货市场：目前，我国成立了上海期货交易所、大连商品交易所和郑州商品交易所三大商品期货交易所。交易品种以工业品商品期货最为活跃，商品交易所则以上海期货交易所最为活跃。在期货市场监管方面，我国形成了中国证监会、地方证监局、期货交易所、期货市场监控中心和中国期货业协会“五位一体”的期货监管协调工作机制与较为完善的期货监管法律体系。

7）金融衍生品市场：根据资产类别可将金融衍生品分为利率类衍生品、权益类衍生品、货币类衍生品、信用类衍生品。

①利率类衍生品。包括场内国债期货、场外利率远期、利率互换产品。

②权益类衍生品。包括股票期权（上证 50ETF 期权、沪深 300ETF 期权）、股指期货（标的：沪深 300 指数、中证 500 指数、中证 1000 指数、上证 50 指数）、认股权证（2011 年 8 月权证交易陷入停滞）。

③货币类衍生品。包括人民币外汇期权和期权组合、外汇远期、外汇掉

期、货币掉期。

④信用类衍生品。包括信用风险缓释合约、信用风险缓释凭证、信用违约互换及信用联结票据。

(3) 影响我国金融市场运行的主要因素

1）经济因素：是影响我国金融市场运行的最重要因素。包括经济增长、经济周期波动、宏观经济政策（特定的财政金融政策）和国际经济环境等。

①宏观经济运行。主要宏观经济变量包括：国内生产总值（GDP）、经济周期、通货膨胀与利率、汇率与国际资本流动。

②宏观经济政策。包括：货币政策（通过货币供应量、利率和信贷政策机制发生作用），财政政策（通过税收政策、公共支出政策及国债发行等发挥作用）和收入政策（制约着财政政策和货币政策的作用方向和作用力度，且收入政策最终需通过财政政策和货币政策来实现）。

③国际经济环境。包括：经济全球化、放松管制和加强管制两种经济哲学的交替、世界货币制度的影响。

2）法律因素：法律制度的完善与否、执法效率的高低等因素对金融市场运行有着重要影响。

3）市场因素：国内国际统一的市场组织、丰富的市场交易品种、市场交易机制或市场模式。

4）技术因素：信息技术有力地刺激了金融创新；信息技术使信息披露更加及时，增强了金融机构的透明性，改变了金融监管的方式；信息技术的广泛应用促使全球统一金融市场的形成，国际金融与国内金融的界限日益模糊。

5）心理因素：市场参与者的心理和行为可以加剧金融风险。

6）体制或管理因素：一方面，政府对金融市场干预过多会造成金融抑制和经济落后的恶性循环，包括政府使利率、汇率等金融价格发生扭曲的体制性或政策性措施；另一方面，政府对金融市场的适当干预仍是必要的，完全的金融自由化或金融自由化速度过快也会出现弊大于利的后果。

7）其他因素：文化因素、人口因素等。

4. 典题精练

（1）下列关于我国债券市场的说法，正确的有（　　）。

Ⅰ. 我国债券交易市场分为场内市场和场外市场

Ⅱ. 债券市场违约事件不断减少

Ⅲ. 我国信用债包括企业债、公司债、央行票据和短期融资券四个品种

Ⅳ. 在我国，国债柜台市场实行二级托管制度，一级托管在中央国债登记结算公司，二级托管在商业银行

A. Ⅰ、Ⅳ　　B. Ⅰ、Ⅱ、Ⅲ

C. Ⅲ、Ⅳ　　D. Ⅰ、Ⅱ、Ⅲ、Ⅳ

参考答案：A

【解析】信用债，是指以企业的商业信用为基础而发行的债券，中期票据、短期融资券、企业债、公司债四个主要品种构成我国信用债市场主体，Ⅲ项错。我国债券市场运行特点：信用风险高位企稳，包括信用债违约规模仍居高位，违约企业行业集中度上升，信用债发行持续回暖，二级市场信用利差全面收窄，Ⅱ项错。

(2) 影响我国金融市场运行的主要因素有（　　）。

Ⅰ. 经济因素，如经济增长、周期波动和财政货币经济政策等

Ⅱ. 信息技术的发展程度

Ⅲ. 投资者的心理预期

Ⅳ. 金融市场法律制度是否完善

A. Ⅰ、Ⅲ、Ⅳ　　B. Ⅰ、Ⅱ、Ⅲ、Ⅳ

C. Ⅰ、Ⅱ、Ⅲ　　D. Ⅱ、Ⅳ

参考答案：B

【解析】影响我国金融市场运行的因素可以大体归纳为经济因素、法律因素、市场因素、技术因素、心理因素、体制或管理因素及其他因素七个方面。Ⅰ项是经济因素，Ⅱ项是技术因素，Ⅲ项是心理因素，Ⅳ项是法律因素。

5. 同步演练（请扫描二维码做题）

知识点扩展

（二）中国的金融中介机构体系

1. 案例引入

美国次贷危机*

【案例回顾】在美国，贷款是非常普遍的现象。当地人很少全款买房，

* 《08 年次贷危机最终恶化成金融危机，金融危机形成的原因是什么?》，《小白读财经》，2019 年 1 月 18 日。其他来源：根据百度百科、网络资料进行汇编整理。

通常都是长时间贷款。可是在这里，失业和再就业也是很常见的现象。这些收入并不稳定甚至根本没有收入的人，买房因为信用等级达不到标准，就被定义为次级信用贷款者，简称次级贷款者。次级抵押贷款是一个高风险、高收益的行业，指一些贷款机构向信用程度较差和收入不高的借款人提供的贷款。与标准抵押贷款的区别在于，次级抵押贷款对贷款者信用记录和还款能力要求不高，贷款利率比一般抵押贷款高很多。那些因信用记录不好或偿还能力较弱而被银行拒绝提供优质抵押贷款的人，会申请次级抵押贷款购买住房。

美国次级抵押贷款市场通常采用固定利率和浮动利率相结合的还款方式，即：购房者在购房后头几年以固定利率偿还贷款，其后以浮动利率偿还贷款。在2006年之前的5年里，由于美国住房市场持续繁荣，加上前几年美国利率水平较低，美国的次级抵押贷款市场迅速发展。随着美国住房市场降温尤其是短期利率提高，次贷还款利率也大幅上升，购房者的还贷负担大为加重。同时，住房市场的持续降温也使购房者出售住房或者通过抵押住房再融资变得困难。这种局面直接导致大批次贷的借款人不能按期偿还贷款，银行收回房屋，却卖不到高价，大面积亏损，引发了次贷危机。

【案例点评】关于次贷危机爆发的原因，可以总结为以下几点：一是泡沫经济的形成。泡沫经济逐渐膨胀到一定程度时就会破裂，资金链断裂相继引起一系列连锁反应，而种种连锁反应对金融领域、实体经济、企业和民众造成一系列恶性影响。据调查分析，1994～2001年，美国房价上升了53.1%，2001～2007年间，美国房价更是上升了63.4%，信用极度扩张后，最后带来的一定是极度收缩。二是宽松的货币政策和民众的消费欲望。在次贷危机爆发前，为了刺激经济，格林斯潘把银行信贷利率从6.24%降到了1.13%，低利率刺激了民众消费欲望，消费增长带来上中游企业的扩产和繁荣，财务报表的走好又更进一步促使资本市场活跃。三是金融衍生产品的滥用助长了投机。投资银行利用所谓的金融工程技术将债务进行分割、打包、组合并出售，投资者忽略了金融产品的真正基础价值，关心的是它们的投资收益率。这就导致越来越多的投资者开始疯狂追求CDO等金融产品，金融日益与实体经济相脱节。次贷危机之后，有学者开始强调金融为实体经济服务。

【相关要点】

（1）实体经济发展水平和质量从根本上决定金融发展水平和质量，实体经济发展不好，风险最终会集中反映在金融体系中。大萧条和次贷危机爆发前，实体经济都存在严重的结构性问题，最终实体经济风险转为金融部门的风险。

(2) 金融的健康发展可以促进经济增长，但是如果金融部门存在缺陷，金融发展严重脱离实体经济，则会加大经济运行风险，甚至会以爆发金融危机的形式重创实体经济。

(3) 为保证经济的平稳运行和可持续发展，一方面要不断提高金融市场发展的活力和动力，另一方面也要避免金融脱离实体经济的过快发展带来过高风险，冲击实体经济。这就要求处理好金融发展和金融监管的关系，金融监管必须与时俱进，关注金融创新和监管领域出现的空白，防止缺乏监管的过度炒作和投机。

2. 要点导图

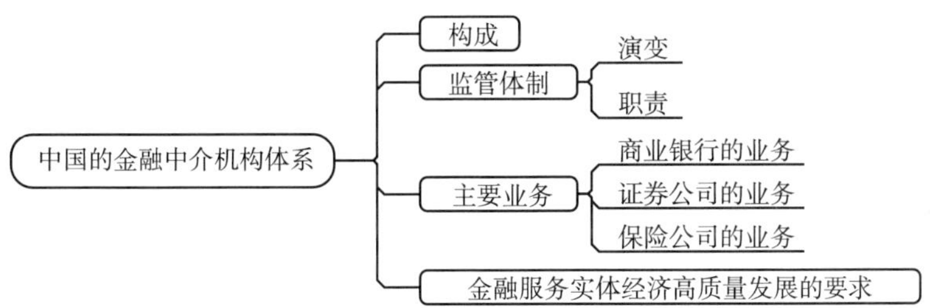

3. 要点精讲

(1) 金融中介机构的含义

狭义的金融机构：指在金融活动中，处于信用关系中借贷双方之间的中介，从贷方那里借入资金，再向借方贷出，其分别与借方和贷方形成独立的债权和债务关系。一般指商业银行。

广义的金融机构：泛指参与或服务于金融市场活动而获取收益的各类组织和机构。除商业银行外，还有许多非银行金融机构，从事综合的或专门的金融业务和金融服务。

(2) 金融中介机构的分类

1) 按经济活动分类：按经济活动类型，把现今世界上的经济活动分成17个大类。金融中介是其中的一大类，包括①不包含保险和养老基金的金融中介活动：货币中介等；②保险和养老保险基金：生命保险活动、养老基金活动、非生命保险活动；③辅助金融中介的活动：金融市场组织如证券交易所的活动等。

2) 按中心产品分类：包括①金融中介服务；②投资银行服务；③保险

和养老基金服务；④再保险服务；⑤金融中介辅助服务；⑥保险和养老基金辅助服务等。

3）国民经济核算体系 SNA 按机构的分类：包括①中央银行；②其他存款公司；③不是通过吸收存款筹集资金的投资公司、金融租赁公司；④金融辅助机构，如各类经纪人；⑤保险公司和养老基金。

（3）金融中介机构体系

目前，我国已经形成了多层次的金融中介机构体系，拥有以中央银行为主导、国有商业银行为主体，包括股份制商业银行、城市商业银行、农村商业银行、跨国银行、农村信用社在内的多层次银行机构体系；拥有以证券公司、期货公司和证券投资基金为主，以各类投资咨询中介、信托机构为辅的多元化投资中介体系；拥有人寿保险公司、财产保险公司、再保险公司及提供多种多样保险服务的保险中介体系。

（4）商业银行的业务

资产负债表是商业银行业务活动的总括反应。

1）负债业务：是商业银行组织资金来源的业务活动，也是商业银行资产业务和其他业务营运的起点和基础。主要包括：

①自有资金。银行股东为赚取利润而投入银行的货币和保留在银行中的收益，代表对银行的所有权。一般为全部负债业务总额的 10% 左右。主要包括：

A. 股本金：银行成立时发行股票筹集的股份资本。

B. 储备资本：即公积金，主要是从经营的税后利润提取而形成的。

C. 未分配利润：经营利润尚未按财务制度规定进行提取公积金和向投资者分利处置的部分。

②存款负债。是银行负债业务中最主要的业务，是商业银行经营资金的主要来源，一般占到负债总额的 70% 以上。

③借款负债。向中央银行借款、同业借款、回购协议及国外市场借款等。

2）资产业务：是商业银行将其吸收的资金贷放或投资出去赚取收益的活动，主要包括现金资产、贷款业务、票据贴现、投资业务等。

3）表外业务：商业银行从事的，按照现行会计准则不计入资产负债表内，不形成现实资产负债，但是能够引起当期损益变动的业务。主要包括：担保承诺类业务、代理投融资服务类业务、中介服务类业务、其他类。

银行的中间业务及其与表外业务的关系：

中间业务指不构成商业银行表内资产、表内负债，形成银行非利息收入的业务，包括形成或有资产、或有负债的中间业务（即一般意义的金融服务类业务）和不形成或有资产、或有负债的中间业务（即一般意义的表外业务）。

关于中间业务与表外业务的关系，存在两种理论：一是中间业务等同于表外业务，这是从广义的角度来理解；二是中间业务包括表外业务，这是从狭义的角度来理解。

（5）证券公司的业务

包括证券经纪业务，证券投资咨询业务，与证券交易、证券投资活动有关的财务顾问业务，证券承销与保荐业务，证券自营业务，证券资产管理业务，融资融券业务，证券公司中间介绍业务，私募投资基金业务和另类投资业务等。

（6）保险公司的业务

包括财产保险、人身保险，两类业务均包括基础类业务和扩展类业务。

（7）我国金融监管体制的演变

中国当前的金融监管体制已经从“一行三会”过渡到了“一委一行两会”，即国务院金融稳定发展委员会、中国人民银行、中国证券监督管理委员会及中国银行保险监督管理委员会。演化改革的过程主要分为五个阶段：

1）1992 年以前：中国人民银行集中统一监管阶段；

2）1992～1997 年：分业监管起步阶段；

3）1998～2008 年：“一行三会”成型，分业监管体制不断专业化、精细化；

4）2009～2016 年：开始金融监管的协调性和有效性的初步改革；

5）2017 年至今：金融监管体制进入“一委一行两会”的新阶段。

（8）国务院金融稳定发展委员会（金融委）的职责

一是落实党中央、国务院关于金融工作的决策部署；二是审议金融业改革发展重大规划；三是统筹金融改革发展与监管，协调货币政策与金融监管相关事项，统筹协调金融监管重大事项，协调金融政策与相关财政政策、产业政策等；四是分析研判国际国内金融形势，做好国际金融风险应对，研究系统性金融风险防范处置和维护金融稳定重大政策；五是指导地方金融改革发展与监管，对金融管理部门和地方政府进行业务监督和履职问责等。

金融委目前重点关注的问题：一是影子银行；二是资产管理行业；三是互联网金融；四是金融控股公司。

（9）金融服务实体经济高质量发展的要求

1）有关金融与实体经济关系的理论与国际经验。

2）金融危机的教训与宏观审慎监管的兴起。

3）我国增强金融服务实体经济能力的障碍与挑战：一是引导市场得以有效配置资源的基准价格体系（利率、收益率曲线和汇率等）尚未完全市场化；二是中国金融体系以银行业主导的间接融资为主，导致风险过度集中在银行，企业融资渠道与方式相对单一；三是刚性兑付是金融市场很多深层次问题的根源；四是金融监管与行业发展的关系始终没有得到理顺，监管政策始终倾向于本行业的发展；五是资本市场的投融资关系始终没有得到理顺。

4）经济高质量发展阶段如何增强金融服务实体经济的能力：一是守住不发生系统性金融风险的底线；二是健全多层次资本市场体系，补齐各类金融市场的短板；三是深化金融监管体制改革，加强监管协同，补齐监管空白。

4. 典题精练

（1）在我国金融中介体系中，信托机构属于（　　）。

A. 银行机构体系　　B. 房地产中介体系

C. 保险中介体系　　D. 投资中介体系

参考答案：D

【解析】目前，我国已经形成了多层次的金融中介机构体系，拥有以中央银行为主导、国有商业银行为主体，包括股份制商业银行、城市商业银行、农村商业银行、跨国银行、农村信用社在内的多层次银行机构体系；拥有以证券公司、期货公司和证券投资基金为主，以各类投资咨询中介、信托机构为辅的多元化投资中介体系；拥有人寿保险公司、财产保险公司、再保险公司及提供多种多样保险服务的保险中介体系。

（2）1992 年以前，我国对银行业、证券业、保险业、信托业实行集中统一监管的机构是（　　）。

A. 财政部　　B. 国家发改委

C. 中国人民银行　　D. 国务院金融稳定委员会

参考答案：C

【解析】第一阶段为 1992 年以前的中国人民银行集中统一监管阶段。1978 年，中国人民银行总行从财政部独立划出，恢复了国家银行的地位。1984 年 1 月 1 日，中国人民银行开始专门行使中央银行职能，负责对银行业、证券业、保险业、信托业实行集中统一监管。

5. 同步演练（请扫描二维码做题）

知识点扩展

（三）中央银行与货币政策

1. 案例引入

央行定向下调存款准备金率*

【案例回顾】 2020 年 4 月 3 日，中国人民银行决定对农村信用社、农村商业银行、农村合作银行、村镇银行和仅在省级行政区域内经营的城市商业银行定向下调存款准备金率 1 个百分点，于 4 月 15 日和 5 月 15 日分两次实施到位，每次下调 0.5 个百分点，共释放长期资金约 4 000 亿元，平均每家中小银行可获得长期资金约 1 亿元，有效增加中小银行支持实体经济的稳定资金来源，还可降低银行资金成本每年约 60 亿元，通过银行传导有利于促进降低小微、民营企业贷款实际利率，直接支持实体经济。根据梳理，本次降准已是年初以来的第三次降准。1 月初，央行实施过一次全面降准，释放长期资金 8 000 亿元。3 月 16 日，央行实施普惠金融定向降准考核，释放长期资金 5 500 亿元。此番再释放 4 000 亿元长期资金，合计三次降准共释放 1.75 万亿元。中国民生银行首席研究员温彬对此点评称，如此高频率的降准，既体现了逆周期调控逐渐发力，也说明疫情防控和经济恢复发展面临的急迫性。

【案例点评】 之所以选择对中小银行进行定向降准，一方面是因为中小银行数量众多，家数在银行体系中占比 99%，而且它们扎根基层，天生具有普惠性质，是服务基层中小微企业不可或缺的力量。另一方面，在 3 月 16 日定向降准中，大型银行和股份制银行都得到了较大程度准备金率优惠，因此本次定向降准针对中小银行。通过本次降准释放长期资金，有助于支持中小银行更好聚焦主责主业，增加对中小微企业的信贷供给，降低融资成本，实现精准纾困。

【相关要点】

(1) 中国人民银行是我国的中央银行，它的主要职能是在国务院领导下，制定和执行货币政策，防范和化解金融风险，维护金融稳定。中国人民银行实行行长负责制，设立货币政策委员会，具有咨询议事机构的职能。

---

* 《定向降准 + 下调超额存款准备金利率　央行用意何在?》，新华网，2020 年 4 月 4 日。《民生银行首席研究员温彬：预计央行将调降 MLF 利率　引导 LPR 下行》，腾讯财经，2020 年 4 月 3 日。其他来源：根据网络资料进行汇编整理。

（2）存款准备金制度是指国家以法律形式规定存款性金融机构所吸收的存款必须按一定比例，向中央银行缴纳一定准备金的制度。法定存款准备金率是以法律形式确定的商业银行缴存中央银行的存款占其吸收存款的比例，它是中央银行控制货币供应量的最重要手段之一。

2. 要点导图

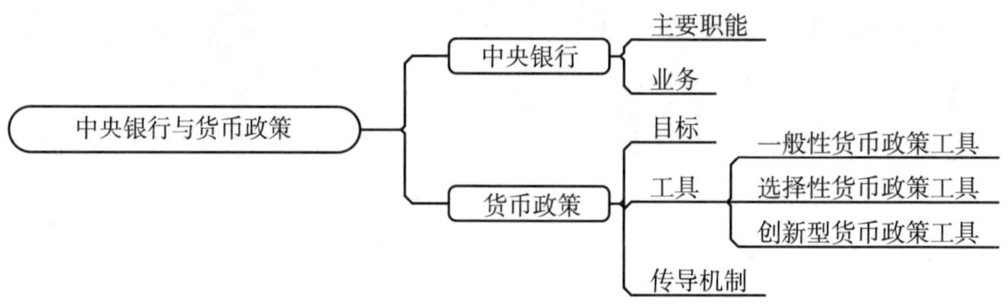

3. 要点精讲

（1）中央银行的主要职能

1）发行的银行：中央银行垄断货币发行权，是全国唯一有权发行货币的机构。

2）银行的银行：中央银行与商业银行之间带有管理与被管理性质的特殊关系，它只与商业银行和其他金融机构发生业务往来，并不与企业和个人发生直接的信用关系。

3）政府的银行：中央银行代表国家制定和执行货币政策，处理对外金融关系，为国家提供各种金融服务。

（2）中央银行的业务（资产负债表）

我国中央银行资产负债表结构见下表：

资产方	负债方
国外资产	储备货币
外汇	货币发行（流通中现金、商业银行库存现金）
货币资金	其他存款性公司存款（存款准备金）
其他国外资产	不计入储备货币的金融性公司存款
对政府债权	发行债券
对其他存款性公司债权	国外负债
对其他金融性公司债权	政府存款

续表

资产方	负债方
对非金融性部门债权	自有资金
其他资产	其他负债
总资产	总负债

（3）存款准备金制度

存款准备金制度是指国家以法律形式规定存款性金融机构所吸收的存款必须按一定比例，向中央银行缴纳一定准备金的制度。存款准备金包括法定存款准备金和超额准备金。法定存款准备金率是以法律形式确定的商业银行缴存中央银行的存款占其吸收存款的比例，超额准备金是商业银行准备金中超过法定的部分。

存款准备金制度是银行创造信用货币的基本前提条件。银行在吸收一笔现金或支票后，会留存一部分准备金，再将其余部分用于贷款。对于一定数量的存款来说，准备金的比例越高，银行可用于贷款的资金就越少，存款派生的能力就越低；反之，准备金的比例越低，银行的存款派生能力就越强。

（4）货币乘数

货币乘数

货币乘数是指基础货币和货币供给之间的倍数关系，中央银行发行的基础货币包括社会流通中的现金和银行体系中作为准备金的存款。商业银行存款货币的创造过程如下：

1）前提假设

①银行只保留法定存款准备金，其余部分全部用于发放贷款，无超额准备金。

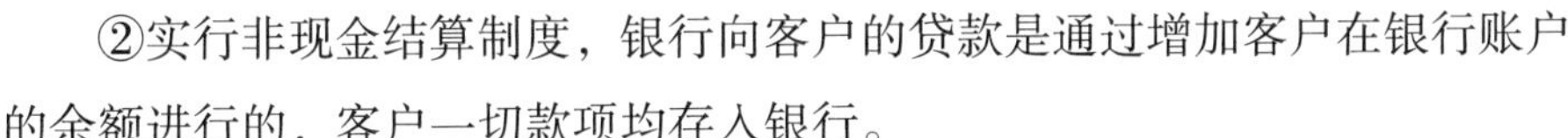

②实行非现金结算制度，银行向客户的贷款是通过增加客户在银行账户的余额进行的，客户一切款项均存入银行。

③法定准备金率为20%。

2）具体过程

假定甲客户将10 000元现金存入A银行，A银行按规定从中提取2 000元作为准备金，其余8 000元可用于发放贷款；乙客户从A银行取得这8 000元贷款后存入B银行，同样，B银行提取1 600元的准备金，其余6 400元也可用于发放贷款。以此类推，银行与客户之间不断贷款和存款，直到原始存款全部用完为止，具体如下表所示。

序号	货币供给增加额（元）		
1	10 000	10 000	D_0
2	8 000	$10\,000\times(1-20\%)$	$D_0(1-r)$
3	6 400	$10\,000\times(1-20\%)^2$	$D_0(1-r)^2$
4	5 120	$10\,000\times(1-20\%)^3$	$D_0(1-r)^3$
N	…	$10\,000\times(1-20\%)^n$	$D_0(1-r)^n$
求和	50 000	$10\,000/[1-(1-20\%)]$	$D_0/[1-(1-r)]$

原始存款为10 000元，法定准备金率为20%，商业银行派生出的存款为40 000元，商业银行创造的总存款为50 000元。若法定准备金率为r，原始存款为D_0，所有商业银行存款增加额之和为D_1，则：

$$D_1=D_0+D_0(1-r)+D_0(1-r)^2+\cdots+D_0(1-r)^n=D_0\times 1/r$$

D_0和D_1之间存在着乘数关系，即为货币乘数。若以m代表货币乘数，则简单货币乘数公式为：

$$m=\frac{1}{r}$$

在现实中，一是必然存在一部分存款以现金的形式被公众提取出来，并持续地留在公众手中，提现率c为客户提取的现金与活期存款总额之比；二是各个商业银行通常都持有一定的超额准备金，超额准备金率e为超额准备金与存款总额的比例。r仍为法定存款准备金率。此时，完整的货币乘数公式为：

$$m=\frac{c+1}{c+r+e}$$

（5）货币政策

货币政策

货币政策是中央银行利用其掌握的利率、汇率、借贷、货币发行、外汇管理及金融法规等工具，采用的各种控制和调节货币供给量或信贷规模的方针、政策和措施的总称。一个完整的货币政策体系包括货币政策目标体系、货币政策工具体系和货币政策操作程序三大部分。

（6）货币政策目标

1）最终目标：是指货币政策在一段较长的时期内所要达到的目标，目标相对固定，基本上与一个国家的宏观经济目标一致，因此也被称作货币政策的战略目标或长期目标。包括稳定物价、充分就业、经济增长、国际收支平衡和金融稳定。

2）中介目标：是货币政策作用过程中一个十分重要的中间环节，也是判断货币政策力度和效果的重要指示变量，又被称作远期目标。选择标准为可测性、可控性、相关性、抗干扰性和适应性。常用中介目标包括银行信贷规模、货币供应量、长期利率等。

3）操作目标：也被称作近期目标，从货币政策作用的全过程看，操作目标距离中央银行的政策工具最近，是中央银行货币政策工具的直接调控对象，可控性较强。选择标准同样为可测性、可控性、相关性、抗干扰性和适应性等。除此之外，操作目标的选择在很大程度上还取决于中介目标的选择。具体而言，如果以总量作为中介目标，则操作目标也应该选取总量指标；如果以利率作为中介目标，则操作目标就应该以选择利率指标为宜。常用操作目标包括短期货币市场利率、银行准备金及基础货币等。

（7）货币政策工具

是中央银行在实施某种货币政策时所采取的具体措施或具体的操作方式。

1）一般性货币政策工具：是指中央银行普遍或常规运用的货币政策工具。

①存款准备金制度。中央银行通过调整法定存款准备金来影响商业银行信贷规模，从而间接地对社会货币供应量进行控制的政策措施。若中央银行降低法定存款准备金率，则商业银行就会有较多的剩余准备金用于贷款或投资，并通过整个银行体系创造出较多的派生存款，反之则会引起存款货币的大幅度紧缩。优点是威力强大，即使准备率调整幅度很小，也会引起货币供应量的巨大波动；缺点是中央银行难以确定调整法定存款准备金率的时机和调整幅度，而频繁地调整法定存款准备金率也会使商业银行难以进行适当的流动性管理。

②再贴现政策。中央银行通过直接调整或制定对合格票据的贴现利率，来干预和影响市场利率，从而调节货币供应量的政策措施。贴现利率实质上是中央银行向商业银行的放款利率，如果中央银行降低再贴现率，就意味着中央银行鼓励商业银行通过再贴现以扩张信贷规模，从而增加货币供给量，反之则货币供应量下降。再贴现率的变动也会对市场利率产生影响，同时附带有“告示效果”，向银行和公众传递中央银行货币政策信号和方向。缺点是中央银行处于被动地位，政策效果取于商业银行和其他金融机构对该项措施的反应。

③公开市场业务。中央银行在证券市场上公开买卖各种有价证券以控制货币供应量及影响利率水平的行为。中央银行卖出有价证券，不仅会使货币

供给量减少（回笼基础货币），而且还会使证券价格下跌，市场利率上升，提高借入资金的成本，减少社会投资，抑制经济过热的势头，反之则货币供应量增加。优点是主动权在中央银行，可以进行经常性、连续性的操作，可以较为准确地达到政策目标，且具有较强的可逆转性。

中国人民银行公开市场业务债券交易主要包括回购交易、现券交易和发行中央银行票据。其中，回购交易分为正回购和逆回购，正回购为中国人民银行向一级交易商卖出有价证券，并约定在未来特定日期买回有价证券的交易行为；逆回购为央行向一级交易商购买有价证券，并约定在未来特定日期将有价证券卖给一级交易商的交易行为。现券交易分为“现券买断”和“现券卖断”，前者为央行直接从二级市场买入债券，一次性地投放基础货币；后者为央行直接卖出持有债券，一次性地回笼基础货币。中央银行票据即中国人民银行发行的短期债券，央行通过发行央行票据可以回笼基础货币，央行票据到期则体现为投放基础货币。

2）选择性货币政策工具及其他政策工具：选择性货币政策工具是指央行采取的旨在影响银行系统的资金运用方向和信贷资金利率结构的各种措施，希望在不影响货币供应总量的情况下，对某些具体用途的信贷数量产生影响。一般期限较短，居于补充工具的地位。主要包括：

①消费者信用控制。中央银行对不动产以外的各种耐用消费品的销售融资予以控制。

②证券市场信用控制。通常指对证券信用交易的法定保证金比率作出规定，是央行对以信用方式购买股票和债券所实施的一种控制措施。

③不动产信用控制。指中央银行对商业银行及其他金融机构的房地产贷款所采取的限制措施。

④直接信用控制。指央行以行政命令或其他方式，从总量和结构两个方面，直接对金融机构的信用活动进行控制。

⑤间接信用控制。作用过程要通过市场供求关系或资产组合的调整途径才能实现，通常采用的方式包括道义劝告和窗口指导等。

3）创新型货币政策工具：提高了货币政策调控的前瞻性、灵活性和有效性。

①短期流动性调节工具（SLO）。以 7 天期内短期回购为主，遇节假日可适当延长操作期限，采用市场化利率招标方式开展操作。

②常备借贷便利（SLF）。以隔夜和 7 天为主，最长期限为 3 个月，利率水平根据货币调控需要、发放方式等综合确定。

③抵押补充贷款（PSL）。期限相对较长，操作对象主要为政策性银行。

④中期借贷便利（MLF）。对象为符合宏观审慎管理要求的商业银行、政策性银行，采取质押方式发放，并需提供国债、央行票据、政策性金融债、高等级信用债等优质债券作为合格质押品。

⑤临时流动性便利（TLF）。向现金投放中占比高的几家大型商业银行提供临时性流动性支持，以满足春节前后现金投放的集中需求。

⑥临时准备金动用安排（CRA）。允许在现金投放中占比较高的全国性商业银行在春节期间出现临时流动性缺口时，可临时使用不超过两个百分点的法定存款准备金，使用期限为 30 天。

⑦定向中期借贷便利（TMLF）。定向支持金融机构向小微企业和民营企业发放贷款。

（8）货币政策传导机制

1）一般传导机制：货币政策工具→操作目标→中介目标→最终目标。

2）相关理论：

①利率传导机制：货币供应量↑→实际利率↓→投资↑→总产出↑

②信用传导机制。

银行信贷渠道：货币供应量↑→银行存款和贷款↑→投资↑→总产出↑

企业资产负债表渠道：货币供应量↑→股价↑→净值↑→逆向选择和道德风险↓→贷款↑→投资↑→总产出↑

③资产价格传导机制。

托宾 q 理论：货币供应量↑→股价↑→托宾 q↑→投资↑→总产出↑

财富效应：货币供应量↑→股价↑→金融资产价值↑→财务困难的可能性↓→耐用消费品和住宅支出↑→总产出↑

④汇率传导机制：货币供应量↑→实际利率↓→汇率↓→净出口↑→总产出↑

4. 典题精练

（1）关于存款准备金制度与货币乘数，下列说法错误的是（　　）。

A. 准备金的比例越低，银行的存款派生能力就越强

B. 存款货币创造过程中的漏出因素会使货币乘数变大

C. 理论上货币乘数可以简单地表示为法定存款准备金率的倒数

D. 提高法定存款准备金率会直接改变货币乘数

参考答案：B

【解析】理论上，货币乘数可以简单地表示为法定存款准备金率的倒

数，调整法定存款准备金率会直接改变货币乘数。现实中，上面的存款货币创造过程存在一系列漏出因素，这些漏出因素会使货币乘数减小。

（2）货币政策的传导机制包括（　　）。

Ⅰ. 利率传导机制　　Ⅱ. 信用传导机制

Ⅲ. 资产价格传导机制　　Ⅳ. 汇率传导机制

A. Ⅲ、Ⅳ　　B. Ⅱ、Ⅲ

C. Ⅰ、Ⅱ　　D. Ⅰ、Ⅱ、Ⅲ、Ⅳ

参考答案：D

【解析】各种经济理论对货币政策的传导机制有不同看法，归纳起来货币政策的传导机制主要包括以下四种：利率传导机制、信用传导机制、资产价格传导机制、汇率传导机制。

（3）不属于经常采用的货币政策中介目标的是（　　）。

A. 银行信贷规模　　B. 短期货币市场利率

C. 货币供应量　　D. 长期利率

参考答案：B

【解析】经常采用的货币政策中介目标包括银行信贷规模、货币供应量、长期利率等。

知识点扩展

5. 同步演练（请扫描二维码做题）

（四）我国金融业对外开放的新趋势

1. 案例引入

摩根士丹利取得合资券商控股权*

【案例回顾】2020 年 3 月 27 日，摩根士丹利宣布，经证监会核准，将获得合资券商摩根士丹利华鑫证券有限责任公司的控股股权。有关交易完成后，摩根士丹利的持股比例将从 49% 升至 51%。摩根士丹利华鑫证券由摩根士丹利与华鑫证券于 2011 年在上海联合成立，在近十年中，双方优势互补，齐心协力为合资公司谋求发展并建立了深厚的合作伙伴关系。现有业务范围包括股票和债券的承销与保荐，以及债券的自营。摩根士丹利则是首批进驻中国内地的国际投资银行之一，通过旗下北京、上海、杭州、深圳、珠

* 《从 49% 升到 51%！华鑫证券向摩根士丹利转让 2% 股权获批》，新浪财经，2020 年 3 月 27 日。《高盛、摩根士丹利拿下合资券商控股权！证券业对外开放提速》，《中国证券报》，2020 年 3 月 27 日。其他来源：根据网络资料进行汇编整理。

海办事处及位于香港的亚太区总部，为国内外客户提供全方位的金融服务，包括融资、重组、并购咨询、研究、固定收益及外汇交易。

【案例点评】一方面，长期以来，摩根士丹利致力于在中国取得合资券商的多数股权和控制权，充分体现了公司对中国经济增长前景、经济改革进程及资本市场的开放充满信心。对摩根士丹利以及公司全球众多的客户而言，中国市场拥有至关重要的发展机遇，中国已经成为摩根士丹利业务发展的战略重点之一。摩根士丹利进一步加大对摩根士丹利华鑫证券的投资，有助于为客户提供更优质的专业建议和服务。

另一方面，近期我国资本市场对外开放步伐加快。继 2019 年沪伦通业务开通、QFII 和 RQFII 投资额度限制被取消、A 股和中国债券被国际主流指数公司纳入或提高纳入权重后，今年 1 月，中国证监会提出，深化资本市场双向开放，服务“一带一路”建设。随后又在 3 月 13 日表示，自 2020 年 4 月 1 日起取消证券公司外资股比限制，符合条件的境外投资者可根据法律法规、证监会有关规定和相关服务指南的要求，依法提交设立证券公司或变更公司实际控制人的申请。这意味着外资券商持股比例可至 100%。分析人士指出，提前放开外资持股占比限制，既有利于不断深化资本市场对外开放，也有助于促进良性竞争，提高金融机构的服务水平。

【相关要点】

（1）金融业对外开放不仅是我国加入 WTO 的承诺，还是我国实现高质量发展的内在要求，也是中国深度融入全球经济的必然选择。

（2）2019 年 1 月 31 日，中国证监会宣布拟统一合格境外机构投资者（QFII）和人民币合格境外机构投资者（RQFII）管理制度，在准入条件方面取消数量型指标、扩大投资范围。

（3）2018 年博鳌亚洲论坛提出加快落实上海证券交易所和伦敦证券交易所上市公司互相以存托凭证方式到对方市场挂牌上市的业务模式（沪伦通）。

（4）2018 年 6 月，我国 A 股被正式纳入 MSCI 指数。

（5）2018 年 9 月，富时罗素宣布将 A 股纳入其指数体系。

（6）2019 年 4 月 1 日，彭博正式开始将人民币计价的中国国债和政策性银行债券纳入彭博巴克莱全球综合指数（BBGA）。

（7）2019 年 5 月，中国 A 股在 MSCI 全球基准指数中的纳入因子已由 5% 逐步提高至 20%。

2. 要点导图

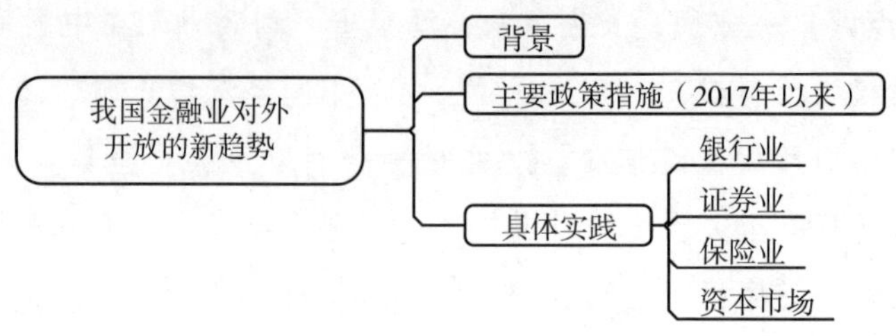

3. 要点精讲

（1）我国金融业进一步对外开放的背景

扩大金融业对外开放，一方面是我国实现高质量发展的内在要求，另一方面是中国深度融入全球经济的必然选择。

当前，我国金融行业已经具备开放的有利条件：一是我国已经成为全球重要的银行、保险和资本市场，具有较强的综合实力；二是我国的金融监管能力和监管水平在不断提升；三是我国采取了一系列保护投资者的举措。

下一步，中国金融业开放将继续遵循三条原则：一是准入前国民待遇和负面清单原则；二是金融业对外开放将与汇率形成机制改革和资本项目可兑换进程相互配合，共同推进；三是在开放的同时重视防范金融风险，使金融监管能力与金融开放度相匹配。

（2）2017 年以来金融业对外开放的主要政策措施

1）2017 年金融业开放的相关政策措施：

2017 年 1 月 17 日，国务院发布《关于扩大对外开放积极利用外资若干措施的通知》，要求服务业重点放宽银行类金融机构、证券公司、证券投资基金管理公司、期货公司、保险机构、保险中介机构外资准入限制。

2017 年 8 月 8 日，国务院发布《关于促进外资增长若干措施的通知》，强调进一步减少外资准入限制，扩大市场准入对外开放范围，持续推进银行业、证券业、保险业对外开放，明确对外开放时间表、路线图。

2017 年 10 月 18 日，党的十九大报告提出大幅度放宽市场准入，扩大服务业对外开放，保护外商投资合法权益。

2017 年 11 月 10 日，财政部副部长朱光耀在国务院新闻办公室举办的新闻发布会上宣布，中国决定放宽外国投资者投资金融业的投资比例。

2）2018 年博鳌亚洲论坛公布的金融业开放政策：“三大原则” 和 “十二大措施”。

3）2018 年中国银保监会发布加快银行业和保险业对外开放举措：四个方面 15 条开放措施。

4）2019 年中国银保监会发布金融开放 “新 12 条”。

5）2019 年中国证监会发布资本市场开放九大措施。

6）2019 年金融开放 “新 11 条”。

7）2020 年央行等四部门推出 26 条金融改革开放措施（新增）：人民银行、银保监会、证监会、外汇局 2020 年 5 月发布《关于金融支持粤港澳大湾区建设的意见》，从促进粤港澳大湾区跨境贸易和投融资便利化、扩大金融业对外开放、促进金融市场和金融基础设施互联互通、提升粤港澳大湾区金融服务创新水平、切实防范跨境金融风险五个方面提出 26 条具体措施。

（3）银行业对外开放的新实践

2017 年 11 月，财政部相关负责人表示将取消对中资银行的外资单一持股及合计持股比例限制。

2018 年 2 月，对外资银行开办代客境外理财业务、代客境外理财托管业务、证券投资基金托管业务、被清算的外资金融机构提取生息资产四项业务实行报告制。

2018 年 4 月，加快落实放开外资银行开展人民币业务、衍生品交易业务等对外开放举措。

2018 年 4 月 27 日，推出四个方面 15 条开放措施，包括取消中资银行和金融资产管理公司的外资持股比例限制，允许外国银行在我国境内设立分行和子行等。

2018 年 8 月 23 日，取消中资银行和金融资产管理公司外资持股比例限制，实施内外资一致的股权投资比例规则。

（4）证券业对外开放的新实践

2013 年 8 月，与中国香港、中国澳门分别签署 “关于建立更紧密经贸关系的安排”（简称 “CEPA”），允许内地证券公司、证券投资咨询机构对港澳地区进一步开放，主要内容包括扩大持股比例，允许符合条件的港资、澳资金融机构分别在上海市、广东省、深圳市各设立一家两地合资全牌照证券公司，港资澳资持股比例最高可达 51%。

2018 年 4 月 28 日，中国证监会正式发布《外商投资证券公司管理办法》。办法修订内容主要涉及五个方面：一是允许外资控股合资证券公司；二是逐步放开合资证券公司业务范围；三是统一外资持有上市和非上市两类证券公司股权的比例；四是完善境外股东条件；五是明确境内股东的实际控制人身份变更导致内资证券公司性质变更相关政策。

2019 年之前，我国共有 13 家合资券商，依据其境外股东属性大致分为四类：第一类即中金公司，其历史沿革较久、股东成分较复杂；第二类合资券商的股东为中管金融企业所设在港中资机构，包括中银国际证券、光大证券 2 家；第三类合资券商的股东均为美国、欧洲地区的大型商业银行或投资银行，于 2004～2011 年期间批设，共 6 家；第四类合资券商依据 CEPA 框架设立，股东均为港资、澳资金融机构，于 2016 年 3 月后批设，共 4 家。

2018 年新一轮开放措施实施以来，截至 2019 年 6 月底，中国证监会已批设 3 家外资控股证券公司。2018 年 11 月 30 日，瑞银证券成为我国首家外资控股证券公司。

（5）保险业对外开放的新实践

2017 年 11 月，我国宣布将通过 3 年和 5 年过渡期，逐步放开外资人身险公司外方股东持股比例限制，进一步加大保险业对外开放力度。

2018 年博鳌亚洲论坛明确了进一步加大保险业对外开放的具体措施和时间表，标志着我国保险业即将迎来全面开放时代。

2018 年 4 月 27 日，韦莱保险经纪公司成为全国首家获准扩大经营范围的外资保险经纪机构。

2018 年 5 月 2 日，中国银保监会批复同意工银安盛人寿公司发起筹建工银安盛资产管理公司，这是我国扩大保险业对外开放后获批的第一家合资保险资产管理公司。

2018 年 5 月 4 日，香港富卫人寿保险（百慕大）公司等向中国银保监会提交了筹建富卫人寿保险公司的申请材料，准备在上海成立的富卫人寿保险公司性质为合资寿险公司。

2018 年 11 月 25 日，中国银保监会批准德国安联保险集团筹建安联（中国）保险控股有限公司，安联（中国）保险控股有限公司成为首家外资控股保险公司。

2019 年，中国银保监会又批准 3 项市场准入和经营地域拓展申请。

2021 年 3 月，中国银保监会发布《关于修改〈中华人民共和国外资保险公司管理条例实施细则〉的决定》修改内容（新增）：

1）明确外国保险集团公司和境外金融机构准入条件、参照外国保险公司的准入标准设定了外国保险集团公司的准入条件；

2）完善股东变更及准入要求；

3）保持制度一致性，取消外资股比的限制性规定。

（6）资本市场对外开放的新实践

一是资本市场互联互通机制逐步建立健全。

二是境外机构投资者持续增加对中国资本市场的配置。

三是以人民币计价的资产越来越多地被纳入国际指数。

四是不断放开征信、评级、支付等资本市场基础设施领域的准入限制。

五是期货品种对外开放迈出实质性步伐。

4. 典题精练

下列关于我国金融业对外开放的说法，正确的有（　　）。

Ⅰ. 2018 年 8 月，中国银保监会发布相关文件，取消中资银行和金融资产管理公司外资持股比例限制，实施内外资一致的股权投资比例规则

Ⅱ. 按照 2018 年《外商投资证券公司管理办法》的规定，境外股东须为金融机构，且具有良好的国际声誉和经营业绩，近 5 年业务规模、收入、利润居于国际前列

Ⅲ. 2017 年 11 月，我国宣布将通过 3 年和 5 年过渡期，逐步开放外资人身险公司外方股东持股比例限制，进一步加大保险业对外开放力度

Ⅳ. 2018 年 9 月，富时罗素宣布将 A 股纳入其指数体系

A. Ⅰ、Ⅱ、Ⅲ、Ⅳ　　B. Ⅰ、Ⅲ、Ⅳ

C. Ⅰ、Ⅱ　　D. Ⅱ、Ⅲ

参考答案：B

【解析】2018 年 8 月 23 日，中国银保监会发布《中国银行保险监督管理委员会关于废止和修改部分规章的决定》，取消中资银行和金融资产管理公司外资持股比例限制，实施内外资一致的股权投资比例规则。2018 年 4 月 28 日，中国证监会正式发布《外商投资证券公司管理办法》，完善境外股东条件。境外股东须为金融机构，且具有良好的国际声誉和经营业绩，近 3 年业务规模、收入、利润居于国际前列，近 3 年长期信用均保持在高水平。2017 年 11 月，我国就宣布将通过 3 年和 5 年过渡期，逐步放开外资人身险公司外方股东持股比例限制，进一步加大保险业对外开放力度。2018 年 9 月，富时罗素宣布将 A 股纳入其指数体系。

知识点扩展

5. 同步演练（请扫描二维码做题）

（五）中国多层次资本市场的内涵与意义

1. 案例引入

新三板精选层鸣枪落子*

【案例回顾】 2020 年 4 月 27 日，新三板精选层鸣枪开跑，正式启动股票向不特定合格投资者公开发行并在精选层挂牌（简称股票公开发行并在精选层挂牌）业务的受理与审查工作。这标志着新三板全面深化改革进入实操攻坚阶段。同日，新三板三大指数均高开高走，精选层概念股板块放量拉升，特别是已辅导验收的 13 家准精选层企业，更是盘中涨幅的龙头。上午的成交量已经突破了 5 亿，今天新三板合计成交额 8.17 亿，做市 5.4 亿，集合竞价 2.6 亿，成交量进入 4 年来的历史高位区域。

全面深化新三板改革，是推进要素市场化配置改革、补齐资本市场服务中小企业和民营经济短板、更好服务实体经济高质量发展的重要举措。目前，新三板的基础层和创新层各项改革措施已全部落地，融资并购规模环比增长，挂牌公司融资成本降低，投融资对接效率提升，二级市场逐步回暖，市场反响良好，取得了预期效果。全国股转中心相关负责人表示，当下启动股票公开发行并在精选层挂牌业务的受理审查，组织好、落实好股票公开发行并在精选层挂牌有关的改革措施，全面实施好新三板改革，将有利于进一步完善市场资源配置功能、改善市场流动性、提升融资和交易效率，有利于打开制度“天花板”、明确中小企业成长发展路径、促进多层次资本市场互联互通，是资本市场助力“六稳”“六保”的重要措施。

【案例点评】 一直以来，新三板存在着制度的天花板，比如不能突破连续竞价交易、不能公开发行、不能转板上市等。这次全面深化改革新三板及精选层的推出，既打破了新三板制度的天花板，同时也是打破资本市场服务中小企业和民营经济的“天花板”，新三板上的近万家企业有了明确的成长路径。新三板精选层的落地，将有效打通多层次资本市场，完善主板、科创板、中小企业板、创业板和全国中小企业股份转让系统（新三板）市场建设，补齐多层次资本市场短板，满足质量、规模、风险程度不同的企业融资

* 《新三板精选层鸣枪落子　多层次资本市场全盘活》，《经济日报》，2020 年 4 月 27 日。其他来源：根据网络资料进行汇编整理。

需求，为广大中小微企业对接资本市场拓宽渠道。

【相关要点】

（1）资本市场本身具有多层次特性，资本市场的层次结构是根据企业在不同的发展阶段有不同的融资需求和融资特点，向企业提供具有差异化的内在逻辑次序、服务对象和内在特点的市场形式。

（2）多层次资本市场的意义：

1）有利于调动民间资本的积极性，将储蓄转化为投资，提升服务实体经济的能力；

2）有利于创新宏观调控机制，提高直接融资比重，防范和化解经济金融风险；

（3）多层次资本市场——场内市场包括主板市场、科创板市场、创业板市场和全国中小企业股份转让系统。

2. 要点导图

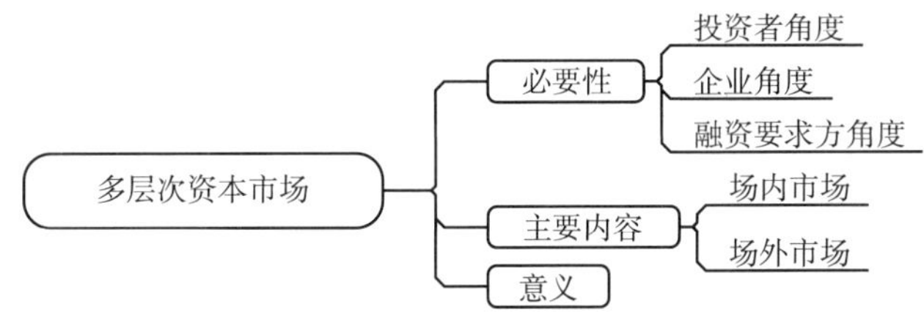

3. 要点精讲

资本市场是为一年以上资本性或准资本性融资产品提供发行和交易服务的有形或无形的市场总和，又称长期资金市场或长期金融市场。狭义的资本市场包括股票及衍生品市场、债券及衍生品市场、中长期资金借贷品市场，广义的资本市场还包括期货市场。

（1）资本市场的分层特性及其内在逻辑

资本市场本身具有多层次特性，资本市场的层次结构是根据企业在不同的发展阶段有不同的融资需求和融资特点，向企业提供具有差异化的内在逻辑次序、服务对象和内在特点的市场形式。

资本市场分层的必要性：

1）从投资者角度看，投资者对投资品种的偏好不同，需要一个能容纳多样化的投资产品的多层次资本市场；

2）从企业的角度看，企业的经营风险不同，各类交易场所的流动性也不同，故需要对资本市场的交易场所进行分类；

3）从融资要求方的角度看，不同类型的企业在不同时期的融资需求不同，有效分层的资本市场可以为企业提供更加丰富的融资渠道。

（2）多层次资本市场的意义

1）有利于调动民间资本的积极性，将储蓄转化为投资，提升服务实体经济的能力；

2）有利于创新宏观调控机制，提高直接融资比重，防范和化解经济金融风险；

3）有利于促进科技创新，促进新兴产业发展和经济转型；

4）有利于促进产业整合，缓解产能过剩；

5）有利于满足日益增长的社会财富管理需求，改善民生，促进社会和谐；

6）有利于提高我国经济金融的国际竞争力。

4. 典题精练

资本市场的多层次性体现在（　　）。

Ⅰ. 投资者结构的多层次性

Ⅱ. 中介机构和监管体系的多层次性

Ⅲ. 交易定价的多样性

Ⅳ. 交割清算方式的多样性

A. Ⅰ、Ⅱ、Ⅲ　　B. Ⅰ、Ⅱ、Ⅳ

C. Ⅱ、Ⅲ、Ⅳ　　D. Ⅰ、Ⅱ、Ⅲ、Ⅳ

参考答案：D

【解析】以上四个选项均体现了资本市场的多层次性。多层次资本市场的各层次之间并不是单独平行、彼此隔离的，而是既互相区分，又相互交错并不断演进的结构。资本市场的多层次特性还体现在投资者结构，中介机构和监管体系的多层次，交易定价、交割清算方式的多样性，它们与多层次市场共同构成了一个有机平衡的金融生态系统。

5. 同步演练（请扫描二维码做题）

知识点扩展

（六）中国多层次资本市场的主要内容

1. 案例引入

科创板首家尚未盈利过会企业募资超20亿元*

【案例回顾】2019年10月30日晚间，上海证券交易所公布科创板上市委第40次审议会议结果，审议通过八亿时空、泽璟制药首发上市申请，其中泽璟制药不仅是首家过会的亏损企业，也是首家采用科创板上市规则第五套市值及财务指标的企业。截至目前，科创板通用的5套上市标准均有了对应的“考生”。

在业内人士看来，从首家同股不同权的优刻得，到首家红筹的华润微电子，再到如今首家未盈利的泽璟制药过会，这充分体现了更注重科技创新能力的科创板对于科创企业的包容性和适应性。

资深投行人士王骥跃认为，泽璟制药的过会可以说是行业内的标杆。对于亏损企业，做好风险提示和信息披露，剩下的就交给市场了。市场第一次接触亏损公司上市，或许还不习惯，但这个潮流是不可逆的。为何要做投资者适当性管理，就是投资者也要专业化。

财务数据显示，泽璟制药2016年至2018年及2019年一季度分别实现营业收入20.03万元、0元、131.12万元、0元，归母净利润分别为－1.28亿元、－1.46亿元、－4.4亿元、－1.7亿元。

公司此次拟募集资金23.84亿元，全部投向新药研发项目、新药研发生产中心二期工程建设项目及营运与发展储备资金。

【案例点评】科创板的设立将成为中国资本市场改革、注册制先行的试验田。相较于现有的股权融资市场，科创板充分借鉴境外成熟市场制度，对盈利条件、注册时间、同股不同权等科技成长龙头在A股上市障碍进行定点调整。在我国传统以信贷为核心的融资体系下，未盈利企业融资难、融资贵问题凸显，未来科创板的推出将有效补充我国成长型科技创新企业融资短板，让更多的小微科技创新型企业获得融资支持。

【相关要点】

（1）科创板是独立于现有主板市场的新设板块，并在该板块内进行注

---

* 资料来源：东方财富网。

册制试点。科创板的开板，标志着我国证券交易所市场逐步确立了由主板(含中小板)、科创板、创业板、新三板构成的多层次资本市场体系框架。

(2) 科创板重点服务的六大领域：新一代信息技术、高端装备、新材料、新能源、节能环保及生物医药。

(3) 科创板第5套上市标准：预计市值不低于人民币40亿元，主要业务或产品需经有关部门批准，市场空间大，目前已取得阶段性成果。医药行业需至少有一项核心产品获准开展二期临床试验，其他符合科创板定位的企业需具备明显的技术优势并满足相应条件。

2. 要点导图

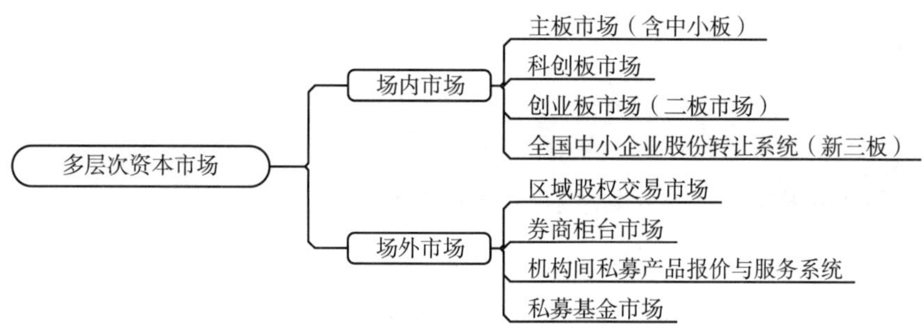

3. 要点精讲

(1) 多层次资本市场的主要内容

多层次资本市场

我国的多层次资本市场体系包括沪深证券交易所的主板市场、科创板市场、深圳交易所的创业板市场、全国中小企业股权转让系统、区域股权交易市场、券商柜台市场、机构间私募产品报价与服务系统、私募基金市场等。

场内市场包括主板市场、科创板市场、创业板市场和全国中小企业股份转让系统。

场外市场包括区域股权交易市场、券商柜台市场、机构间私募产品报价与服务系统和私募基金市场。

(2) 场内市场

场内市场即证券交易所市场。证券交易所是证券买卖双方公开交易的场所，是一个高度组织化、集中进行证券交易的市场，是整个证券市场的核心。场内交易市场的特点：集中交易、公开竞价、经纪制度和市场监管严密。

1) 主板市场（包含中小板市场）：主板市场是资本市场中最重要的组成部分，很大程度上能够反映国家或地区的经济发展状况，有“宏观经济晴雨表”之称。1990 年 12 月 19 日上海证券交易所正式营业，1991 年 7 月 3 日深圳证券交易所正式营业。2004 年 5 月经国务院批准，证监会同意在深圳证券交易所设立中小企业板块。设立中小企业板块宗旨是为主业突出、具有成长性和科技含量的中小企业提供直接融资平台，是我国多层次资本市场体系建设的一项重要内容。

2021 年 2 月 5 日，经中国证监会批准，深圳证券交易所启动合并主板与中小板相关准备工作，并发布两板合并业务通知及相关规则，明确合并实施后的相关安排，于 4 月 6 日正式实施两板合并。

2）创业板市场：创业板市场又被称为二板市场，是为具有高成长性的中小企业和高科技企业融资服务的资本市场。

3）科创板市场：是由国家主席习近平于 2018 年 11 月 5 日在首届中国国际进口博览会开幕式上宣布设立，是独立于现有主板市场的新设板块，并在该板块内进行注册制试点。

4）全国中小企业股份转让系统：又被称为“新三板”。主要为创新型、创业型、成长型中小微企业发展服务。

（3）场外市场

场外市场是指在集中的交易场所之外进行证券交易的市场，没有集中的交易场所和市场制度，又被称为店头市场或者柜台市场，主要是一对一交易，以交易非标准化的、私募类型的产品为主。

1）我国场外市场：区域性股权市场；券商柜台市场；机构间私募产品报价与服务系统；私募基金市场。

2）场外市场特征：挂牌标准较低，通常不对企业规模和盈利情况等进行要求；信息披露要求较低，监管较为宽松；交易制度通常采用做市商制度（也称报价驱动制度，是指做市商向市场提供双向报价，投资者根据报价选择是否与做市商交易。相对于交易所市场常用的竞价交易制度，场外交易市场的投资者无论是买入还是卖出股票，都只能与做市商交易，即在一笔交易中，买卖双方必须有一方是做市商）。

科创板

3）场外市场的功能：拓宽融资渠道，改善中小企业融资环境；为不能在证券交易所上市交易的证券提供流通转让的场所；提供风险分层的金融资产管理渠道。

（4）科创板——构建多层次资本市场的新尝试

1）科创板的定位：在上海证券交易所新设科创板，坚持面向世界科技前沿、面向经济主战场、面向国家重大需求，主要服务于符合国家战略、突破关键核心技术、市场认可度高的科技创新企业。

2）科创板服务的行业和领域：三类企业六大领域。

三类企业：符合国家战略、突破关键核心技术、市场认可度高的科技创新企业；属于新一代信息技术、高端装备、新材料、新能源、节能环保及生物医药等高新技术产业和战略性新兴产业的科技创新企业；互联网、大数据、云计算、人工智能和制造业深度融合的科技创新企业。

六大领域：新一代信息技术、高端装备、新材料、新能源、节能环保及生物医药。

3）科创板的制度规则体系：

2019 年 1 月 30 日，中国证监会公布了《关于在上海证券交易所设立科创板并试点注册制的实施意见》（以下简称《实施意见》）全文，并且制定了注册管理、持续监管两个试行办法及招股说明书和上市申请文件两项信息披露内容与格式准则，搭建起科创板的制度框架。

科创板的制度规则体系可以总结为“1 +2 +6 + N”，具体如下：

1	《实施意见》
2	《科创板首次公开发行股票注册管理办法（试行）》 《科创板上市公司持续监管办法（试行）》
6 （涵盖注册审核、发行承销、上市规则与持续监管、信息披露、交易规则）	《上海证券交易所科创板股票发行上市审核规则》 《上海证券交易所科创板股票发行承销实施办法》 《上海证券交易所科创板股票上市规则》 《上海证券交易所科创板股票交易特别规定》 《上海证券交易所科创板股票上市委员会管理办法》 《上海证券交易所科技创新咨询委员会工作规则》
N （业务指引、规范和管理细则）	《上海证券交易所科创板股票发行与承销业务指引》 《上海证券交易所科创板企业上市推荐指引》 《科创板首次公开发行股票承销业务规范》 《科创板首次公开发行股票网下投资者管理细则》

4）科创板上市条件和指标：5 套差异化上市标准

上市标准	预计市值	营业收入	净利润	研发投入
市值 + 净利润 + 收入	≥10 亿元		近 2 年均 >0 累计≥0. 5 亿元	
	≥10 亿元	近 1 年≥1 亿元	近 1 年 >0	

续表

上市标准	预计市值	营业收入	净利润	研发投入
市值＋收入＋研发投入	≥15 亿元	近 1 年≥2 亿元		近 3 年累计占营业收入比例≥15%
市值＋收入＋现金流	≥20 亿元	近 1 年≥3 亿元；近 3 年经营产生现金流净额累计≥1 亿元		
市值＋收入	≥30 亿元	近 1 年≥3 亿元		
市值＋优势	≥40 亿元；有技术优势			

5）科创板制度设计创新点：

①上市标准多元化。

科创板上市标准较主板、创业板更为多元包容，除了前述的 5 套差异化的上市指标外，科创板还允许特殊股权结构企业和红筹企业上市。

为平衡好具有特别表决权的股份与普通股份之间的利益关系，科创板作出了相应的制度安排：一是设置了严格的适用条件；二是对特别表决权股份的持有人资格作出了限制；三是设定每份特别表决权股份表决权数量的上限；四是明确特别表决权股份参与表决的股东大会事项与计算方式；五是强化信息披露等内外部监督机制的作用。

②发行审核注册制。

上海证券交易所主要通过向发行人提出审核问询、发行人回答问题方式开展审核工作，基于科创板定位，判断发行人是否符合发行条件、上市条件和信息披露要求。上海证券交易所按照规定的条件和程序，作出同意或者不同意发行人股票公开发行并上市的审核意见。同意发行人股票公开发行并上市的，将审核意见、发行人注册申请文件及相关审核资料报送中国证监会履行发行注册程序；不同意发行人股票公开发行并上市的，作出终止发行上市审核决定。

中国证监会主要承担以下三个方面的职责：一是负责科创板股票发行注册；二是对上海证券交易所审核工作进行监督；三是实施事前、事中、事后全过程监管。

③发行定价市场化。

在注册制试点过程中，股票发行的价格、规模、节奏主要通过市场化的方式，由发行人、保荐人、承销商、机构投资者等市场参与主体通过询价、定价、配售等市场机制加以确定，监管部门不设任何行政性限制。这和核准制有重大区别，主要体现在：一是面向专业机构投资者进行询价定价；二是充分发挥投资价值研究报告的作用；三是鼓励战略投资者和发行人高管、核心员工参与新股发售。

④交易机制差异化。

科创板股票交易制度总体上与其他板块相同。基于科创板上市公司特点和投资者适当性要求，科创板建立了更加市场化的交易机制。

⑤持续监管更具有针对性。

《科创板股票上市规则》是规范科创板上市企业持续监管的主要规则。相对于现有的股票上市规则，着重设计了以下五个方面的制度：一是更有针对性的信息披露制度；二是更加合理的股份减持制度；三是更加规范的差异化表决权制度；四是更加严格的保荐机构持续督导职责；五是更加灵活的股权激励制度。

另外，《科创板股票上市规则》还规定了更加市场化的并购重组制度。科创板并购重组涉及发行股票的，实行注册制，由上海证券交易所审核通过后报中国证监会注册，实施程序更为便捷高效。同时，要求科创板公司的并购重组应当围绕主业展开，标的资产应当与上市公司主营业务具有协同效应，严格限制通过并购重组“炒壳”“卖壳”。

⑥退市制度从严化。

虽然科创企业技术模式新、发展潜力大，但是盈利能力也存在着较大不确定性。如果经营失败，往往很难依靠原有模式走出低谷，继续留在市场可能会加剧投机炒作，形成“炒小、炒差”的市场预期，容易导致科创板市场定价功能紊乱，无法达到优化资源配置的目的。为此，必须实行与科创板板块特征、上市公司特点相适应的退市制度。

一方面，退市的标准更加多元客观，减少可调节、可粉饰的空间。一是在规范类退市标准方面，吸收了最新退市制度改革成果，明确了信息披露重大违法和公共安全重大违法等退市情形；二是在交易类退市标准方面，增加了连续20个交易日市值低于3亿元退市的标准，构建了一套由成交量、股价、股东人数和市值四大类指标组成的交易类退市标准，指标体系更加丰富完整；三是在财务类指标方面，不再采用单一的连续亏损退市指标，而是在定性基础上作出定量规定，多维度刻画丧失持续经营能力的主业“空心化”企业的基本特征，引入“扣除非净利润为负且营业收入低于一个亿”的退市指标（第一次触及该指标挂*ST，第二年仍触及该指标退市），体现持续经营能力方面的要求；四是在其他合规指标方面，增加了信息披露或者规范运作存在重大缺陷等合规性退市指标。

另一方面，退市程序更加紧凑，具有可预期性。一是借鉴境外成熟市场有关退市制度的安排，简化退市环节，取消暂停上市和恢复上市程序，对应当退市的企业直接终止上市，避免重大违法类、主业"空心化"的企业长期滞留市场，扰乱市场预期和定价机制；二是压缩退市时间，触及财务类退市指标的公司，第一年实施退市风险警示，第二年仍然触及将直接退市，退市时间较现行标准大幅缩短；三是不再设置专门的重新上市环节，因重大违法强制退市的企业，不得提出新的发行上市申请，永久退出市场。

（5）创业板改革试点注册制

2020 年 4 月 27 日，中央全面深化改革委员会第十三次会议审议通过了《创业板改革并试点注册制总体实施方案》。改革的指导思想是着眼于打造一个规范、透明、开放、有活力、有韧性的资本市场。推进发行、上市、信息披露、交易、退市等基础性制度改革，坚持创业板和其他板块错位发展，找准各自定位，办出各自特色，推动形成各有侧重、相互补充的适度竞争格局。

1）在改革思路上，把握好"一条主线""三个统筹"：

"一条主线"，即实施以信息披露为核心的股票发行注册制，提高透明度和真实性，由投资者自主进行价值判断，真正把选择权交给市场。

"三个统筹"：一是统筹推进创业板改革与多层次资本市场体系建设，坚持创业板与其他板块错位发展，推动形成各有侧重、相互补充的适度竞争格局；二是统筹推进试点注册制与其他基础制度建设，实施一揽子改革措施，健全配套制度；三是统筹推进增量改革与存量改革，包容存量，稳定存量上市公司和投资者预期。

2）在定位上，主要服务成长型创新创业企业，支持传统产业与新技术、新产业、新业态、新模式深度融合。

3）在制度安排上，参照科创板做法，将审核注册程序分为交易所审核、中国证监会注册两个相互衔接的环节。

一是构建市场化的发行承销制度，对新股发行定价不设任何行政性限制，建立以机构投资者为参与主体的询价、定价、配售等机制；二是完善创业板交易机制，放宽涨跌幅限制，优化转融通机制和盘中临时停牌制度；三是构建符合创业板上市公司特点的持续监管规则体系，建立严格的信息披露规则体系并严格执行，提高信息披露的针对性和有效性；四是完善退市制度，简化退市程序，优化退市标准，完善创业板公司退市风险警示制度，对创业板存量公司退市设置一定过渡期。

4）改革后创业板与科创板的差异：从整体来看，创业板改革并试点注册制，在充分借鉴科创板改革经验的基础上，又基于创业板情况作出了部分针对性的安排。板块差异化定位是创业板与科创板最大的不同。创业板定位服务成长型创新创业企业，支持传统产业创新升级，确保实现与科创板的差异化发展。与此同时，为明确创业板定位，突出创业板特色，深圳证券交易所还发布了《创业板企业发行上市申报及推荐暂行规定》，明确设置行业负面清单，排除房地产等传统行业企业在创业板上市。另外，又通过允许与新技术、新产业、新业态、新模式深度融合的行业负面清单中传统企业上市，支持和引导传统行业转型升级。

①在发行上市制度方面，虽然改革后的创业板大致与科创板相同，但是在发行条件及发行承销等具体方面又存在差异。改革后创业板的发行条件综合考虑了预计市值、收入、净利润三套上市标准，上市发行门槛较科创板有所降低，从而实现了对不同成长阶段和不同类型的创新创业企业的支持。同时，改革后的创业板还从营业收入、复合增长率、同行业比较等维度，明确了红筹企业营收快速增长的三个具体判断标准，制定了更加包容的上市条件。发行承销方面，创业板采取询价发行和定价发行相结合的定价方式，相较于科创板公司需要向网下投资者以询价的方式确定股票发行价格，创业板保留了直接定价方式，并规定首次公开发行数量在 2 000 万股以下且无股东公开发售股份的，以及已经或者同时境外发行的，可通过直接定价的方式确定发行价格。保荐机构跟投方面，创业板同样设立了四档跟投比例，但不同于科创板的是，创业板仅对未盈利企业、特殊股权结构企业、红筹企业、高价发行企业试行保荐机构相关子公司跟投制度。

②在交易制度方面，改革后的创业板全面向科创板靠拢，创业板股票涨跌幅限制比例由 10% 提高至 20%，并且同步放宽相关基金涨跌幅至 20%。与科创板类似，创业板新股上市前 5 日同样不设涨跌幅限制，并设置 30%、60% 两档停牌指标以稳定价格，防止股价出现非理性波动。创业板投资者交易权限需要开通前 20 个交易日资产日均不低于人民币 10 万元，并具有 2 年的证券交易经验，相比于科创板 20 个交易日 50 万元的日均资产门槛大幅降低。同时，在交易申报上限上，创业板也较科创板有所提高：限价申报的单笔买卖申报数量不得超过 30 万股，市价申报的单笔买卖申报数量不得超过 15 万股，分别高于科创板 10 万股和 5 万股的上限。

③在退市制度方面，创业板此次注册制改革是存量与增量并举，因此退市制度的改革不仅需要适应增量上市公司特征，同时需要兼顾存量上市公司的优胜劣汰。此次改革进一步健全了创业板退市制度，加快了存量劣质企业的出清。改革后的创业板退市流程进一步简化，不仅与科创板一样取消暂停上市和恢复上市环节，而且不同于科创板 30 个交易日的退市整理期，创业板交易类退市不再设置退市整理期，提升了退市效率。

与科创板相似，改革后的创业板退市同样包含财务类、交易类、规范类和重大违法类四种强制退市类型。在财务类强制退市指标方面，创业板退市标准较科创板进行了进一步的细化，主要包含三类退市标准，分别为：最近一个会计年度经审计的净利润为负且营业收入低于 1 亿元，或追溯重述后最近一个会计年度净利润为负且营业收入低于 1 亿元；最近一个会计年度经审计的期末净资产为负，或追溯重述后最近一个会计年度期末净资产为负；最近一个会计年度的财务会计报告被出具无法表示意见或者否定意见。

科创板的五种财务类退市标准分别为：主营业务大部分停滞或者规模较小；经营资产大幅减少导致无法维持日常经营；营业收入或者利润主要来源于不具备商业实质的关联交易；营业收入或者利润主要来源于与主营业务无关的贸易业务；其他明显丧失持续经营能力的情形。

4. 典题精练

（1）场外交易市场的特征有（　　）。

Ⅰ. 挂牌标准相对较低

Ⅱ. 监管较为宽松

Ⅲ. 交易制度通常采用做市商制度

Ⅳ. 信息披露要求较低

A. Ⅰ、Ⅳ　　　　B. Ⅰ、Ⅲ、Ⅳ

C. Ⅰ、Ⅱ、Ⅲ、Ⅳ　　　　D. Ⅱ、Ⅲ

参考答案：C

【解析】场外交易市场的特征：①挂牌标准相对较低，通常不对企业规模和盈利情况等进行要求；②信息披露要求较低，监管较为宽松；③交易制度通常采用做市商制度。

（2）在科创板发行审核注册制方面，中国证监会主要承担的职责有（　　）。

Ⅰ. 通过向发行人提出审核问询、发行人回答问题方式开展审核工作

Ⅱ. 负责科创板股票发行注册

Ⅲ. 对上海证券交易所审核工作进行监督

Ⅳ. 实施事前、事中、事后全过程监管

A. Ⅱ、Ⅲ、Ⅳ　　B. Ⅰ、Ⅱ、Ⅳ

C. Ⅱ、Ⅳ　　D. Ⅰ、Ⅲ

参考答案：A

【解析】上海证券交易所主要通过向发行人提出审核问询、发行人回答问题方式开展审核工作，基于科创板定位，判断发行人是否符合发行条件、上市条件和信息披露要求。中国证监会主要承担以下三个方面的职责：一是负责科创板股票发行注册；二是对上海证券交易所审核工作进行监督；三是实施事前、事中、事后全过程监管。

知识点扩展

5. 同步演练（请扫描二维码做题）

三、考纲对比

2021 年大纲较 2020 年无变化。

知识点扩展

四、章节测试（请扫描二维码做题）

证券市场主体

一、知识结构

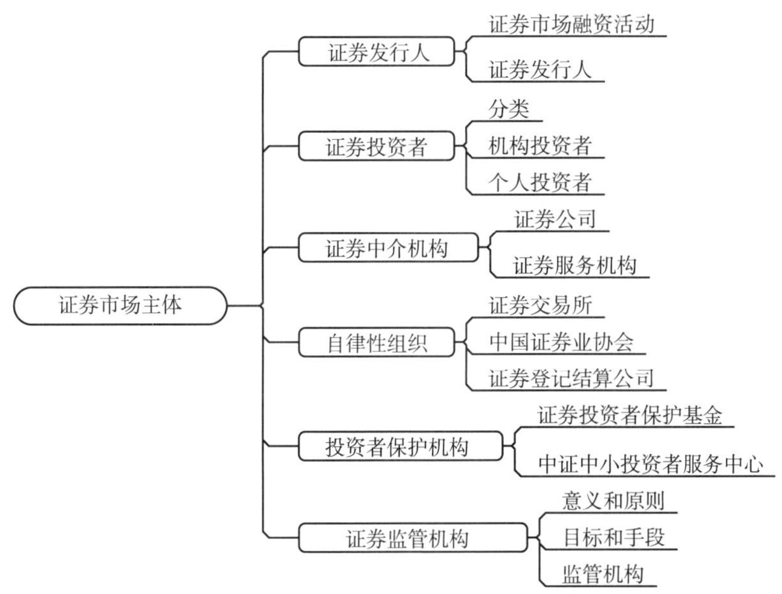

知识点扩展

二、核心要点

（一）证券融资活动

1. 案例引入

2021 年 A 股 IPO 数量和融资额双双创下历史新高*

【案例回顾】 2022 年 1 月 4 日，普华永道发布了 2021 年中国内地和香

* 普华永道：《2021 年 A 股 IPO 数量和融资额双双创下历史新高》，《证券时报》，2022 年 1 月 4 日。

港 IPO 市场表现及前景展望。数据显示，2021 年 A 股 IPO 势头强劲，共有 493 只新股上市，融资金额高达 5 478 亿元人民币，同比分别增长 25% 和 17%，均创下历史新高。值得注意的是，2021 年上海证券交易所的主板和科创板共有 249 只新股，融资金额达 3 750 亿元人民币，位列全球新股融资市场第二位，仅次于纳斯达克。

与此同时，2021 年 A 股超过七成的 IPO 以注册制方式发行，注册制 IPO 数量和筹资额分别占比 73% 和 65%。IPO 数量方面，创业板数量最多，共有 199 只新股，科创板以 162 只新股位列第二。融资金额方面，科创板以 2 062 亿元人民币融资额位列首位，占比为 38%，其次是上海主板（1 688 亿元人民币）。2021 年 11 月，北京证券交易所开市，11 只新股北交所上市获直接融资额 20 亿元人民币。

从行业来看，上海主板的 IPO 公司数量以消费品及服务和工业产品为主，科创板以工业产品和信息科技及电讯企业为主，深圳主板和创业板以工业产品和消费品及服务为主。

2021 年证券发行规模分行业统计

行业名称	总额	首发	增发	配股
农、林、牧、渔业	154.65	53.95	100.70	0.00
采矿业	46.06	23.78	22.28	0.00
制造业	9 562.91	3 395.95	6 140.63	26.32
电力、热力、燃气及水生产和供应业	582.14	308.84	273.30	0.00
建筑业	299.50	37.19	262.30	0.00
批发和零售业	335.15	159.00	176.15	0.00
交通运输、仓储和邮政业	628.89	55.67	573.22	0.00
住宿和餐饮业	82.46	2.46	80.00	0.00
信息传输、软件和信息技术服务业	1 696.05	1 243.84	452.21	0.00
金融业	1 377.75	205.23	705.49	467.03
租赁和商务服务业	92.80	19.08	73.72	0.00
科学研究和技术服务业	380.75	294.32	86.43	0.00
水利、环境和公共设施管理业	160.75	57.25	103.50	0.00
教育	14.13	5.82	8.31	0.00
卫生和社会工作	15.98	2.00	13.98	0.00
文化、体育和娱乐业	93.62	37.44	56.18	0.00

资料来源：东方财富 Choice。

【案例点评】 证券市场融资的主要形式是股票融资和债券融资，是直接融资活动。近年来，我国一直在强调提升直接融资比重，从科创板注册制试点，到创业板注册制试点，再到北交所的成立，资本市场的改革一直在前行。2021 年 12 月，中央经济工作会议再次强调全面实行股票发行注册制。在注册制的推进下，我国 IPO 数量和融资额纷纷创新高，为企业拓宽了融资渠道，有助于解决企业融资难的问题。

【相关要点】

（1）证券市场融资活动是指资金盈余单位和赤字单位之间以有价证券为媒介，实现资金融通的金融活动，主要包括股票融资和债券融资。

（2）在证券市场融资活动中，资金赤字单位和盈余单位直接接触，形成直接的权利和义务关系，而没有另外的权利义务主体介入其中。

（3）证券市场融资是在非常广泛的市场领域进行的金融活动，单个融资主体凭借自身的力量是很难完成证券发行、交易、清算等事宜的。

2. 要点导图

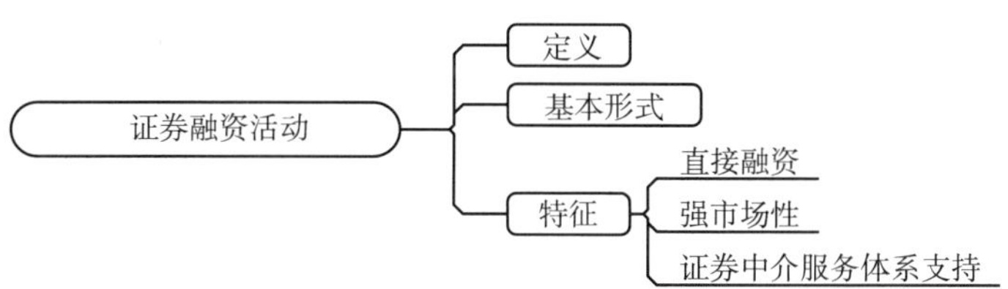

3. 要点精讲

（1）证券市场融资活动的定义

证券市场融资活动是指资金盈余单位和赤字单位之间以有价证券为媒介，实现资金融通的金融活动，主要包括股票融资和债券融资。

（2）证券市场融资活动的基本形式

资金赤字单位在市场上向资金盈余单位发售有价证券，募得资金，资金盈余单位购入有价证券，获得有价证券所代表的财产所有权、收益权或债权。证券持有者若要收回投资，可以通过市场将证券转让给其他投资者。证券可以不断地转让流通，使投资者的资金得以灵活周转。

（3）证券市场融资活动的特征

1）证券市场融资是直接融资：资金赤字单位和资金盈余单位直接接触，形成权利和义务关系。

2）证券市场融资是一种强市场性的融资活动。

3）证券市场融资是在由各种证券中介机构组成的证券中介服务体系的支持下完成的。诸如证券公司、证券交易所、证券登记结算公司等服务于证券融资活动的各种机构。

4. 典题精练

（1）通过证券市场进行的融资属于（　　）。

A. 股权融资　　B. 间接融资

C. 债权融资　　D. 直接融资

参考答案：D

【解析】促成证券发行买卖的中介机构，如证券公司、投资公司、证券交易所等自身不充当权利义务主体，是连接赤字单位和盈余单位的服务性媒介，真实的资金交易是由赤字单位和盈余单位直接充当权利主体而实现的。因此，证券市场融资是一种直接融资。

（2）下列关于证券市场融资活动的说法中，准确的有（　　）。

Ⅰ. 证券融资是一种间接融资

Ⅱ. 证券融资是一种强市场性的金融活动

Ⅲ. 证券融资是一种中短期融资

Ⅳ. 证券融资是在由各种中介机构组成的证券中介服务体系的支持下完成的

A. Ⅰ、Ⅱ、Ⅲ、Ⅳ　　B. Ⅱ、Ⅳ

C. Ⅱ、Ⅲ、Ⅳ　　D. Ⅰ、Ⅱ、Ⅳ

参考答案：B

【解析】证券市场融资活动的特征：证券市场融资是直接融资；证券市场融资是一种强市场性的融资活动；证券市场融资是在由各种证券中介机构组成的证券中介服务体系的支持下完成的。

（3）在证券市场上，资金的供给者是（　　）。

A. 证券发行人　　B. 证券中介机构

C. 证券投资者　　D. 证券交易所

参考答案：C

【解析】证券市场投资者是证券市场的资金供给者。

5. 同步演练（请扫描二维码做题）

知识点扩展

（二）证券发行人

1. 案例引入

中国电信年营收4 000亿元，为何还要融资？*

【案例回顾】2021年8月20日中国电信在上海证券交易所主板成功发行上市，发行价格4.53元/股，融资541亿元，募资额排在中国石油、中国神华、农业银行、建设银行之后，成为A股十年来最大IPO之一。对于上市募资原因，中国电信表示，本次上市所募集的资金将主要用于5G产业互联网建设项目、云网融合新型信息基础设施项目及科技创新研发项目，具体项目投资金额如下表所示。

序号	募投项目	拟投金额（亿元）
1	5G产业互联网建设项目	214
2	云网融合新型信息基础设施项目	507
3	科技创新研发项目	300
合计		1 021

作为史上最大的前十大IPO之一，此次融资吸引了不少中介机构的参与，联席保荐机构（主承销商）有中金公司、中信建投；联席主承销商有中信证券、中银国际、华泰联合、招商证券；律所有北京市海问律师事务所、北京市金杜律师事务所；会计师事务所有德勤华永会计师事务所；资产评估机构有北京中企华资产评估有限责任公司。在众多中介机构的服务支持下，运营商巨头中国电信完成了本次A股首发上市。

【案例点评】2020年12月31日，美国纽约证券交易所发布声明，宣布已经启动中国三大电信运营商的退市流程。2021年1月11日，三大运营商在美摘牌，退出美国股市。在这个背景和契机下，中国电信选择回到国内自然是水到渠成，旨在拓宽融资渠道、融资支撑新业务。

【相关要点】

（1）企业（公司）是证券发行人之一。企业的组织形式可分为独资制、

* 案例来源：根据网络资料进行汇编整理。

合伙制和公司制。现代公司主要采取股份有限公司和有限责任公司两种形式。其中，只有股份有限公司才能发行股票。

（2）发行股票和长期企业债券是公司筹措长期资本的主要途径，发行短期债券则是补充流动资金的重要手段。

（3）首次公开发行，是指拟上市公司首次面向不特定的社会公众投资者公开发行股票募集资金并上市的行为。通常，首次公开发行是发行人在满足必须具备的条件，并经证券监管机构审核、核准或注册后，通过证券承销机构面向社会公开发行股票并在证券交易所上市的过程。通过首次公开发行，发行人不仅募集到所需资金，而且完成了股份有限公司的设立或转制，成为上市公众公司。

2. 要点导图

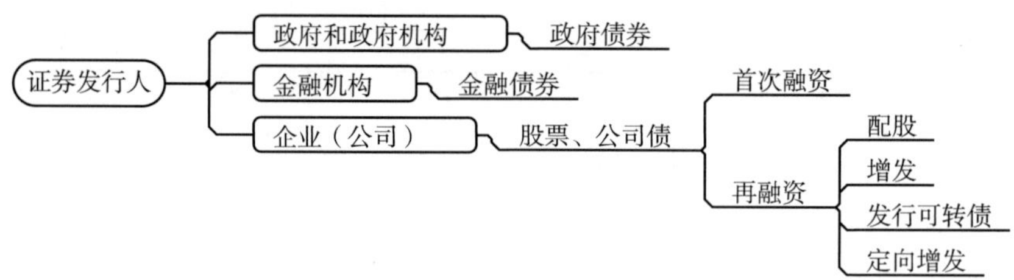

3. 要点精讲

（1）证券发行人的概念和分类

证券发行人是指为筹措资金而发行债券、股票等证券的发行主体，主要包括政府及其机构、企业（公司）和金融机构。

1）政府和政府机构：政府发行的证券品种一般仅限于债券，由于中央政府拥有税收、货币发行等特权，通常情况下，中央政府债券不存在违约风险，因此中央政府债券被视为无风险证券，相对应的证券收益率被称为无风险利率，是金融市场上最重要的价格指标。

中央银行是代表一国政府发行法偿货币、制定和执行货币政策、实施金融监管的重要机构。中央银行作为债券发行的主体，主要涉及两类证券：中央银行股票和中央银行出于调控货币供应量目的而发行的特殊债券。

政府募集资金的用途：用于协调财政资金短期周转、弥补财政赤字、兴建政府投资的大型基础性的建设项目，也可以用于实施某种特殊的政策，在战争期间还可以用于弥补战争费用的开支。

2）企业（公司）：企业直接融资的方式主要有股票融资和债券融资两

种。公司发行股票所筹得的资金属于自有资本，通过发行债券所筹集的资金属于借入资本。

3）金融机构：金融机构作为证券市场的发行主体，既发行股票，也发行债券。我国和日本把金融机构发行的债券定义为金融债券，股份制的金融机构发行的股票归类于一般的公司股票。

金融债券具有以下特点：

①金融债券表示银行等金融机构与金融债券持有者之间的债权债务关系；

②金融债券一般不记名、不挂失，但是可以抵押和转让；

③我国金融债券的发行对象主要为个人，利息收入可免征个人收入所得税和个人收入调节税；

④金融债券的利息不计复利，不能提前支取，延期兑付亦不计逾期利息；

⑤金融债券的利率固定，一般都高于同期储蓄利率；

⑥我国发行的金融债券所筹集的资金一般都专款专用。

（2）上市公司融资途径

1）上市公司首次融资：主要指首次公开发行股票（IPO），首次公开发行是指拟上市公司首次面向不特定的社会公众投资者公开发行股票募集资金并上市的行为。

2）上市公司再融资：

①配股。是公司按股东的持股比例向原股东分配公司的新股认购权，准其优先认购新股的方式。主要为了保护原股东的权益及其对公司的控制权。

②增发。是股份公司向不特定对象公开募集股份的增资方式。其目的是向社会公众募集资金，扩大股东人数，分散股权，增强股票的流通性，避免股份过分集中。

③发行可转换债券。可转换公司债券是指其持有者可以在一定时期内按一定比例或价格将之转换成一定数量的另一种证券的证券。主要动因是为了增强证券对投资者的吸引力，能以较低的成本募集到所需要的资金。

④定向增发。是股份公司向特定对象发行股票的增资方式。这种增资方式会直接影响公司原股东权益，需经股东大会特别批准。

4. 典题精练

（1）（　　）被视为无风险证券，对应的证券收益率被称为无风险利率。

A. 地方政府债券　　B. 金融债券
C. 企业债券　　D. 中央政府债券

参考答案： D

【解析】 由于中央政府拥有税收、货币发行等特权，通常情况下，中央政府债券不存在违约风险。因此，这一类证券被视为无风险证券，相对应的证券收益率被称为无风险利率，是金融市场上最重要的价格指标。

（2）根据我国《上市公司证券发行管理办法》规定，不属于上市公司再融资方式的是（　　）。

A. 非公开发行股票　　B. 发行可交换公司债券
C. 发行可转换公司债券　　D. 向原股东配售股票

参考答案： B

【解析】 根据我国《上市公司证券发行管理办法》规定，上市公司再融资的方式有向原股东配售股份、向不特定对象公开募集股份、发行可转换公司债券、非公开发行股票。

（3）中央银行票据，是央行为调节基础货币而直接面向公开市场业务一级交易商发行的短期债券，期限通常在（　　）。

A. 3 个月到 3 年　　B. 3 个月到 6 个月
C. 6 个月到 3 年　　D. 3 个月到 1 年

参考答案： A

【解析】 中国人民银行从 2003 年起开始发行中央银行票据，期限从 3 个月到 3 年。

知识点扩展

5. 同步演练（请扫描二维码做题）

（三）证券投资者

1. 案例引入

摩根斯坦利集团诉普利西案*

【案例回顾】 1991 年，摩根斯坦利公司建议其客户——意大利商人、个人投资者普利西先生投资一款与汇率挂钩的衍生产品，该产品是一款复杂的金融衍生产品。普利西先生不会讲英语，他只能阅读、书写一些相对简单的

---

* 校坚、任祎、申屹：《境外投资者适当性制度比较与案例引入》，《证券市场导报》2010 年 9 月。其他来源：根据网络资料进行汇编整理。

书面英语。摩根斯坦利公司的经办人员向普利西先生传真了一系列英文文件，其中包括风险披露协议和主回购协议，该经办人员要求普利西先生立即签署并交还该文件。1992年9月，汇率市场出现很大波动，导致普利西先生投资的金融衍生产品损失严重，普利西先生拒绝承担相关损失，因此摩根斯坦利公司将普利西先生告上法庭。

法院认为，在本案中摩根斯坦利公司没有清楚地向普利西先生解释该产品如果亏损将对其造成的损失，普利西先生不是合格的投资者，摩根斯坦利公司也没有合理理由相信该项投资适合于普利西先生，摩根斯坦利公司没有了解普利西先生的财务状况和风险承受能力，虽然其曾经要求普利西先生签署过风险披露协议，但是由于该协议是以英文书写的，没有使用普利西先生可以理解的语言，因此该协议的效力不足，摩根斯坦利公司未履行适当性义务。

【案例点评】本案是投资者因交易商违反适当性义务而免于承受投资损失的少数案例之一。这类案例的出现表明，法院在涉及投资者适当性问题的情况下会对交易商的适当性义务进行认定以保护投资者利益，并促成交易商认真考虑适当性义务的履行，确保每一环节的适当合理。

【相关要点】

(1) 根据投资者身份，可以将证券投资者分为机构投资者、个人投资者。

(2) 个人进行证券投资应具备一些基本条件，这些条件包括国家有关法律、法规关于个人投资者投资资格的规定和个人投资者必须具备一定的经济实力。为保护个人投资者利益，对于部分高风险证券产品的投资（如衍生品），监管法规还要求相关个人具有一定的产品知识并签署书面的知情同意书。

(3) 适当性是指金融机构在销售金融产品的过程中应当遵守的标准和规定，并据此评估所出售的产品是否符合客户的财务状况和需求。销售行为包括向客户提供投资建议、管理个人投资组合和推荐公开发行的证券，评估项目既包括客户的投资知识、投资经验、投资目标、风险承受能力、投资期限等，也包括客户定期追加投资、提供额外抵押及理解复杂金融产品的能力。而投资者适当性管理就是通过一系列措施，让“适合的投资者购买恰当的产品”，避免在金融产品销售过程中，将金融产品提供给风险并不匹配的投资群体，导致投资者由于误解而发生较大风险。

2. 要点导图

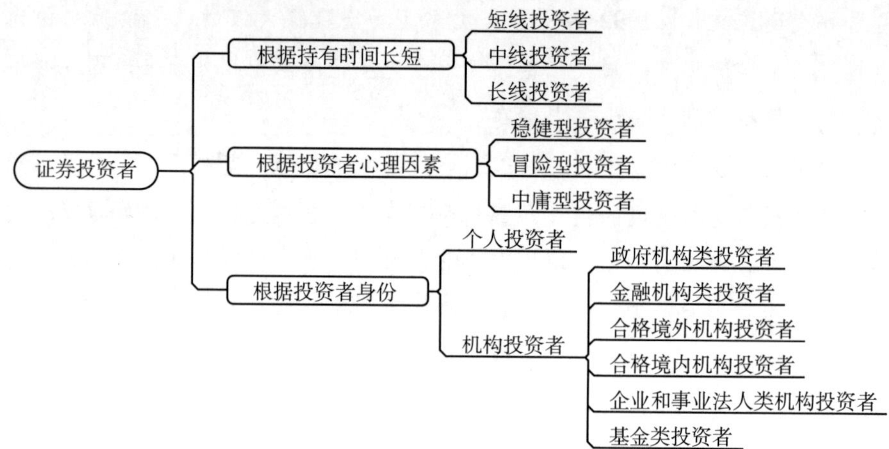

3. 要点精讲

(1) 证券投资者的概念和分类

1) 概念：证券市场投资者指以取得利息、股息或资本收益为目的，购买并持有有价证券，承担证券投资风险并行使证券权利的主体。证券市场投资者是证券市场的资金供给者。

2) 分类：

①根据投资者身份，可以分为机构投资者、个人投资者。个人投资者是证券市场最广泛的投资者。

②根据持有时间长短，可以分为短线投资者、中线投资者和长线投资者。

③根据投资者心理因素，可以分为稳健型投资者、冒险型投资者和中庸型投资者。

(2) 机构投资者的概念、特点与作用

机构投资者

1) 概念：机构投资者是指用自有资金或者从分散的公众手中筹集的资金，以获得证券收益为主要经营目的的专业团体机构或企业。我国将机构投资者限定为与个人投资者相对应的一类投资者，只要是在证券市场上从事投资及相关活动的法人机构，均是一般意义上的机构投资者。

2) 与个人投资者相比，机构投资者的特点：

①投资资金规模化；

②投资管理专业化；

③投资结构组合化；

④投资行为规范化。

3）机构投资者在金融市场中的作用：

①发展机构投资者有利于改善储蓄转化为投资的机制与效率，促进直接融资。

②发展机构投资者有利于促进不同金融市场之间的有机结合与协调发展，健全金融市场的运行机制。

③机构投资者有助于分散金融风险，促进金融体系的稳定运行。

④机构投资者有助于实现社会保障体系与宏观经济的良性互动发展。

（3）机构投资者的类型

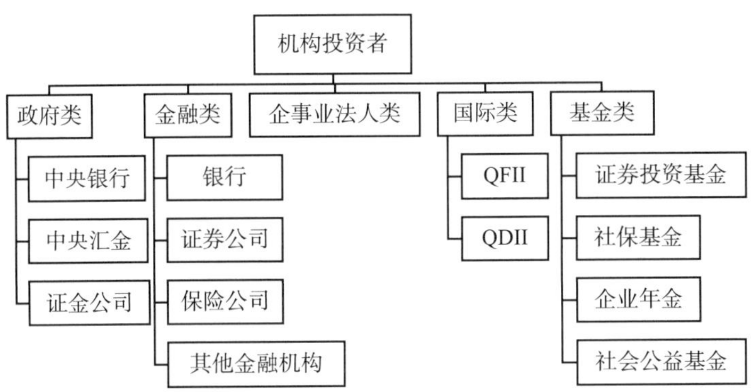

1）政府机构类投资者：是指进行证券投资的政府机构。其特点是通常很少考虑盈利，参与证券投资的目的主要是为了调剂资金余缺、实施宏观调控、实行特定产业政策等要求。主要包括：

①中央银行。以公开市场操作作为政策手段，通过买卖政府债券或金融债券，影响货币供应量进行宏观调控。

②国有资产管理部门或其授权部门持有国有股，履行国有资产的保值增值和通过国家控股、参股来支配更多社会资源的职责。我国这类机构投资者主要有中央汇金投资有限责任公司（中央汇金）、中国证券金融股份有限公司（证金公司）等。

2）金融机构类投资者：是指进行证券投资、从事金融资产交易的金融机构。主要包括：

①证券经营机构：证券市场上最活跃的投资者，以自有资本、营运资金和受托投资资金进行证券投资。我国证券经营机构主要为证券公司。证券公司从事证券自营业务和证券资产管理业务，以自己的名义或代客户进行证券投资。经中国证监会批准，证券公司可以为单一投资者设立单一资产管理计

划，也可以为多个投资者设立集合资产管理计划，这些业务应与证券自营业务相分离。

②银行业金融机构。包括商业银行、城市信用合作社、农村信用合作社等吸收公众存款的金融机构及政策性银行。银行业金融机构的投资范围（两可、两不可）：

A. 可以用自有资金买卖政府债券和金融债券；

B. 可以向个人客户提供综合理财、资产管理等业务；

C. 不可从事信托投资、证券经营业务；

D. 不可向非自用不动产、非银行金融机构和企业投资。

③保险经营机构。全球最重要的机构投资者之一，保险公司可以设立保险资产管理公司从事证券投资活动，还可以运用受托管理的企业年金进行投资。2018 年新增三大投向：资产证券化产品、创业投资基金、保险私募基金。

④其他金融机构。信托投资公司、企业集团财务公司和金融租赁公司等。

合格境外机构投资者

3）合格境外机构投资者（QFII）：

①合格境外机构投资者（QFII）制度：是在一定规定和限制下汇入一定额度的外汇资金，并转换为当地货币，通过严格监管的专门账户投资当地证券市场，其资本利得、股息等经审核后可转为外汇汇出的一种市场开放模式。

具体过程：汇入外汇→转为本币→投资境内证券市场→获得收益（本币计价）→转为外汇→外汇汇出。

②QFII 制度在中国证券市场上的特点。

A. QFII 资产规模等条件要求严格。

QFII	具体要求
资产管理机构	经营资产管理业务 2 年以上； 最近一个会计年度管理的证券资产不少于 5 亿美元
保险公司	成立 2 年以上； 最近一个会计年度持有的证券资产不少于 5 亿美元
证券公司	经营证券业务 5 年以上； 净资产不少于 5 亿美元； 最近一个会计年度管理的证券资产不少于 50 亿美元

续表

QFII	具体要求
商业银行	经营银行业务10年以上； 一级资本不少于3亿美元； 最近一个会计年度管理的证券资产不少于50亿美元
其他机构投资者	成立2年以上； 最近一个会计年度管理或持有的证券资产不少于5亿美元

记忆要点：资管、保险、其他（2+5），证券公司（5+5+50），商业银行（10+3+50）。

B. 投资范围和投资额度有严格限制，体现渐进式原则。

投资对象和持股比例与国内的基金近乎同享国民待遇，但是范围有所区别。合格境外机构投资者在批准的交易额度内，可以投资于中国证监会批准的人民币金融工具。合格境外机构投资者可以参与新股发行、可转换债券发行、股票增发和配股的申购。

就单个上市公司的持股比例而言，单个境外机构的投资额度与国内基金一样不得超过该公司总股份的10%；全部境外机构对单个上市公司A股的持股比例上限为30%。

C. 对QFII汇出汇入资金进行监控，稳定外汇市场。

对于资金的流向控制，一般有两种手段：一种是采取强制方法，规定资金汇出汇入的时间与额度；另一种是用税收手段，对不同的资金汇入汇出时间与额度征收不同的税，从而限制外资、外汇的流动。

注意：2019年9月10日，国家外汇管理局决定取消QFII和人民币合格境外机构投资者（RQFII）投资额度限制。包括：一是取消QFII和RQFII投资额度限制；二是明确不再对单家合格境外投资者的投资额度进行备案和审批；三是此次取消合格境外投资者投资额度限制时，RQFII试点国家和地区限制也一并取消。

③我国对申请合格境外投资者资格所应具备的条件要求（新增）。

A. 财务稳健，资信良好，具备证券期货投资经验；

B. 境内投资业务主要负责人员符合申请人所在境外国家或者地区有关从业资格的要求（如有）；

C. 治理结构、内部控制和合规管理制度健全有效，按照规定指定督察员负责对申请人境内投资行为的合法合规性进行监督；

D. 经营行为规范，近3年或者自成立以来未受到监管机构的重大处罚；

E. 不存在对境内资本市场运行产生重大影响的情形。

4）合格境内机构投资者（QDII）：指经一国金融管理当局审批通过、获准直接投资境外股票或者债券市场的国内机构投资者，在一定规定下通过基金形式募集一定额度的人民币资金，通过严格监管的专门账户投资国外证券市场，其汇回的资本利得、股息红利等经审核后转为本币的一种市场开发机制。QDII 具有以下特点：

①QDII 的资格认定较为严格。

QDII	具体要求
基金管理公司	净资产不少于 2 亿元人民币； 经营证券投资基金（以下简称“基金”）管理业务达 2 年以上； 最近一个季度末资产管理规模不少于 200 亿元人民币或等值外汇资产
证券公司	各项风险控制指标符合规定标准； 净资本不低于 8 亿元人民币； 净资本与净资产比例不低于 70%； 经营集合资产管理计划业务达 1 年以上； 最近一个季度末资产管理规模不少于 20 亿元人民币或等值外汇资产

②可投资的证券品种和比例存在一定限制。

A. 投资范围。

a. 银行存款、可转让存单、银行承兑汇票、银行票据、商业票据、回购协议、短期政府债券等货币市场工具。

b. 政府债券、公司债券、可转换债券、住房按揭支持证券、资产支持证券等，以及经中国证监会认可的国际金融组织发行的证券。

c. 已与中国证监会签署双边监管合作谅解备忘录的国家或地区证券市场挂牌交易的普通股、优先股、全球存托凭证和美国存托凭证、房地产信托凭证。

d. 在已与中国证监会签署双边监管合作谅解备忘录的国家或地区证券监管机构登记注册的公募基金。

e. 与固定收益、股权、信用、商品指数、基金等标的物挂钩的结构性投资产品。

f. 远期合约、互换及经中国证监会认可的境外交易所上市交易的权证、期权、期货等金融衍生品。

g. 限额特定资产管理计划可投资于上述金融产品或工具外，还可投资于已在中国证监会签署双边监管合作谅解备忘录的国家或地区证券监管机构登记注册的私募基金。

B. 投资品种限制：除中国证监会另有规定外，基金、集合计划不得有下列行为：

a. 购买不动产；

b. 购买房地产抵押按揭；

c. 购买贵重金属或代表贵重金属的凭证；

d. 购买实物商品；

e. 除应付赎回、交易清算等临时用途以外，借入现金。该临时用途借入现金的比例不得超过基金、集合计划资产净值的10%；

f. 利用融资购买证券，但投资金融衍生品除外；

g. 参与未持有基础资产的卖空交易；

h. 从事证券承销业务；

i. 中国证监会禁止的其他行为。

C. 投资比例限制。

a. 单只基金、集合计划持有同一家银行的存款不得超过基金、集合计划净值的20%，在基金、集合计划托管账户的存款可以不受上述限制。

b. 单只基金、集合计划持有同一机构（政府、国际金融组织除外）发行的证券市值不得超过基金、集合计划净值的10%，指数基金可以不受上述限制。

c. 单只基金、集合计划持有与中国证监会签署双边监管合作谅解备忘录国家或地区以外的其他国家或地区证券市场挂牌交易的证券资产不得超过基金、集合计划资产净值的10%，其中持有任一国家或地区市场的证券资产不得超过基金、集合计划资产净值的3%。

d. 基金、集合计划不得购买证券用于控制或影响发行该证券的机构或其管理层，同一境内机构投资者管理的全部基金、集合计划不得持有同一机构10%以上具有投票权的证券发行总量，指数基金可以不受上述限制。

前项投资比例限制应当合并计算同一机构境内外上市的总股本，同时应当一并计算全球存托凭证和美国存托凭证所代表的基础证券，并假设对持有的股本权证行使转换。

e. 单只基金、集合计划持有非流动性资产市值不得超过基金、集合计划净值的10%（非流动性资产是指法律或基金合同、集合计划合同规定的流通受限证券及中国证监会认定的其他资产）。

f. 单只基金、集合计划持有境外基金的市值合计不得超过基金、集合计划净值的 10%，持有货币市场基金可以不受上述限制。

g. 同一境内机构投资者管理的全部基金、集合计划持有任何一只境外基金，不得超过该境外该基金总份额的 20%。

③进出境资金受到监控。国家外汇管理局规定，QDII 境外投资本金及收益，可以外汇或人民币形式汇回。合格投资者以外汇形式汇回的本金和收益，可以外汇形式保留或划转至境内机构和个人外汇账户，也可以结汇划转至其境内人民币托管账户。法规规定不予结汇的除外。

A. 托管人应在合格投资者资金汇出、汇入后 2 个工作日内，通过资本项目信息系统报送合格投资者资金汇出、汇入明细情况。

B. 托管人应在每月结束后 5 个工作日内，通过资本项目信息系统报送上月合格投资者境外投资资金汇出入、结购汇、资产分布及占比等信息。

C. 合格投资者应在每个会计年度结束后 4 个月内，向国家外汇管理局报送上一年度境外投资情况报告（包括投资额度使用情况、投资收益情况等）。

5）企业和事业法人类机构投资者：各类企业可参与股票配售，也可投资于股票二级市场；事业法人可用自有资金和有权自行支配的预算外资金进行证券投资。

6）基金类投资者：

①证券投资基金。通过公开发售基金份额等筹集资金，由基金管理人管理，基金托管人托管，为保护基金份额持有人的利益，以资产组合方式进行证券投资活动的基金。

②社保基金。

A. 全国社会保障基金。

全国社会保障基金由中央财政预算拨款、国有资本划转、基金投资收益和以国务院批准的其他方式筹集的资金构成，其性质为国家社会保障储备基金，用于人口老龄化高峰时期的养老保险等社会保障支出的补充、调剂。

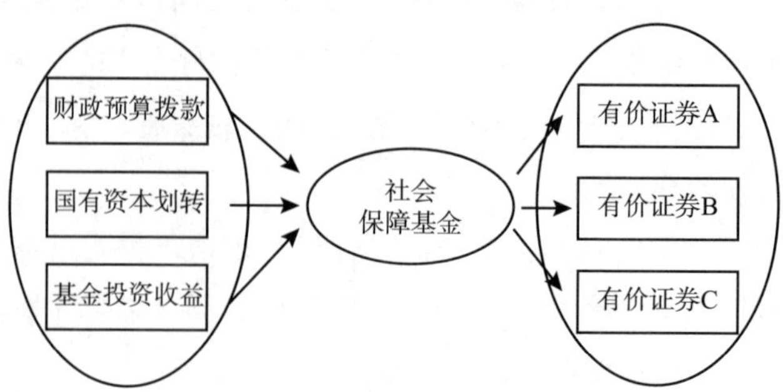

划入社保基金的货币资产的投资，按成本计算，应符合下列规定：

a. 银行存款和国债投资的比例不得低于50%。其中，银行存款的比例不得低于10%。在一家银行的存款不得高于社保基金银行存款总额的50%。

b. 企业债、金融债投资的比例不得高于10%。

c. 证券投资基金、股票投资的比例不得高于40%。

d. 全国社保基金投资境外的资金来源为以外汇形式上缴的境外国有股减持所得。境外投资的比例，按成本计算，不得超过全国社保基金总资产的20%。

B. 社会保险基金。

社会保险基金是社会保险制度确定，为了保障公民在年老、疾病、工伤、失业、生育等情况下获得物质帮助而建立的，主要由用人单位和个人缴费构成，包括基本养老保险基金、基本医疗保险基金、工伤保险基金、失业保险基金和生育保险基金，用于公民养老、医疗、工伤、失业、生育等各项社会保险待遇的当期发放。现阶段，我国社会保险基金的部分累计项目主要是基本养老保险基金。养老基金限于境内投资，且按照公允价值计算，投资比例应当符合下列规定：

a. 投资银行活期存款、1年期以内（含1年）的定期存款、中央银行票据、剩余期限在1年期以内（含1年）的国债、债券回购、货币型养老金产品，货币市场基金的比例合计不得低于养老基金资产净值的5%。清算备付金、证券清算款以及一级市场证券申购资金视为流动性资产。

b. 投资1年期以上的银行定期存款、协议存款、同业存单，剩余期限在1年期以上的国债，政策性、开发性银行债券，金融债，企业（公司）债，地方政府债券，可转换债（含分离交易可转换债），短期融资券，中期票据，资产支持证券，固定收益型养老金产品，混合型养老金产品，债券基金的比例合计不得高于养老基金资产净值的135%。其中，债券正回购的资金余额在每个交易日均不得高于养老基金资产净值的40%。

c. 投资股票、股票基金、混合基金、股票型养老金产品的比例，合计不得高于养老基金资产净值的30%。养老基金不得用于向他人贷款和提供担保，不得直接投资于权证，但是因投资股票、分离交易可转换债等投资品种而衍生获得的权证，应当在权证上市交易之日起10个交易日内卖出。

d. 投资国家重大项目和重点企业股权的比例，合计不得高于养老基金资产净值的20%。

C. 企业年金。

企业年金指企业及其职工在依法参加基本养老保险的基础上，自愿建立的补充养老保险基金。企业年金基金财产限于境内投资，且基金财产以投资组合为单位按照公允价值计算，应当符合下列三点规定：

a. 投资银行活期存款、中央银行票据、债券回购等流动性产品及货币市场基金的比例，不得低于投资组合企业年金基金财产净值的 5%；清算备付金、证券清算款及一级市场证券申购资金视为流动性资产；投资债券正回购的比例不得高于投资组合企业年金基金财产净值的 40%。

b. 投资银行定期存款、协议存款、国债、金融债、企业（公司）债、短期融资券、中期票据、万能保险产品等固定收益类产品，以及可转换债（含分离交易可转换债）、债券基金、投资连结保险产品（股票投资比例不高于 30%）的比例，不得高于投资组合企业年金基金财产净值的 95%。

c. 投资股票等权益类产品，以及股票基金、混合基金、投资连结保险产品（股票投资比例高于或等于 30%）的比例，不得高于投资组合企业年金基金财产净值的 30%。其中，企业年金基金不得直接投资于权证，但是因投资股票、分离交易可转换债等投资品种而衍生获得的权证，应当在权证上市交易之日起 10 个交易日内卖出。

③社会公益基金。社会公益基金指将受益用于指定的社会公益事业的基金，如福利基金、科技发展基金、教育发展基金、文学奖励基金等。2018 年 10 月 25 日，民政部发布的《慈善组织保值增值投资活动管理暂行办法》规定，自 2019 年 1 月 1 日起慈善组织开展投资活动应采用下列方式：

a. 直接购买银行、信托、证券、基金、期货、保险资产管理机构、金融资产投资公司等金融机构发行的资产管理产品。

b. 通过发起设立、并购、参股等方式直接进行股权投资。

c. 将财产委托给受金融监督管理部门监管的机构进行投资。

此外，《慈善组织保值增值投资活动管理暂行办法》还规定，慈善组织的财产不得直接买卖股票；不得直接购买商品及金融衍生品类产品；不得投资人身保险产品；不得以投资名义向个人、企业提供借款等。【4 个不得】

（4）个人投资者

个人投资者指从事证券投资的社会自然人，他们是证券市场最广泛的投资主体。

1）特点：资金规模有限；专业知识相对匮乏；投资行为具有随意性、分散性和短期性；投资的灵活性强。

2）风险特征构成：风险偏好、风险认知度、实际风险承受能力。根据个人投资者对待投资中风险和收益的态度，分为：

①风险偏好型。投资者愿意承担较大的市场风险以求获得较高的回报，其风险承受能力较强。

②风险中立型。投资者对于同样的收益水平愿意承担的风险水平较低。

③风险规避型。投资者愿意承担的风险水平更低。

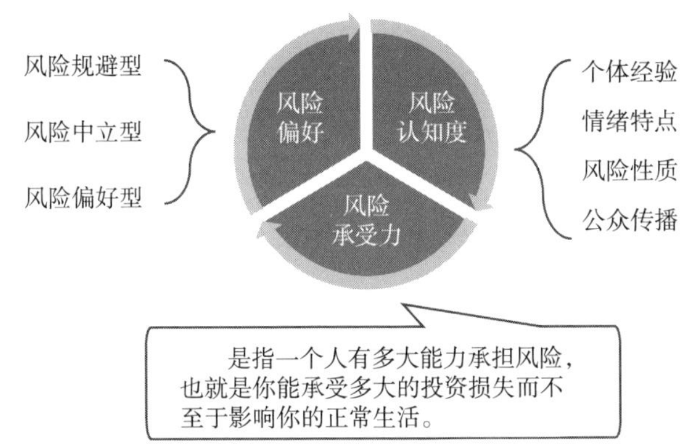

3）投资者适当性：是指中间人（金融中介机构）所提供的金融产品或服务与客户的财务状况、投资目标、风险承受水平、财务需求、知识和经验之间的契合程度。

投资者适当性管理工作：主要是以经营机构适当性义务为主线展开的，应当包括三类：

①以判断投资者风险承受能力为目标的投资者分类义务。

②以判断产品风险等级为目标的产品分级义务。

③以“将适当的产品销售给适当的投资者”为目标的销售匹配义务。

4. 典题精练

（1）从理论上讲，（　　）的投资资金规模化，投资管理专业化，投资结构组合化，投资行为规范化，从而有利于证券市场的健康稳定发展。

A. 投资银行　　B. 证券公司

C. 机构投资者　　D. 保险机构

参考答案：C

【解析】机构投资者，是指用自有资金或者从分散的公众手中筹集的资金，以获得证券投资收益为主要经营目的的专业团体机构或企业。与个人投资者相比，机构投资者具有以下特点：①投资资金规模化；②投资管理专业化；③投资结构组合化；④投资行为规范化。

（2）政府机构类投资者的特点是，通常很少考虑盈利，参与证券投资的目的包括（　　）。

Ⅰ. 调剂资金余缺　　Ⅱ. 实施宏观调控

Ⅲ. 实行特定产业政策　　Ⅳ. 向地方政府提供贷款

A. Ⅰ、Ⅱ、Ⅲ、Ⅳ　　B. Ⅰ、Ⅳ

C. Ⅰ、Ⅱ、Ⅲ　　D. Ⅱ、Ⅲ、Ⅳ

参考答案：C

【解析】政府机构类投资者，是指进行证券投资的政府机构。政府机构类投资者的特点是，通常很少考虑盈利，参与证券投资的目的主要是为了调剂资金余缺、实施宏观调控、实行特定产业政策等要求。

（3）以下属于机构投资者的有（　　）。

Ⅰ. 政府机构类投资者

Ⅱ. 金融机构类投资者

Ⅲ. 企业和事业法人类机构投资者

Ⅳ. 基金类投资者

A. Ⅰ、Ⅱ　　B. Ⅰ、Ⅱ、Ⅲ

C. Ⅰ、Ⅱ、Ⅳ　　D. Ⅰ、Ⅱ、Ⅲ、Ⅳ

参考答案：D

【解析】根据投资者身份，可以将证券投资者分为机构投资者和个人投资者，前者主要包括政府机构类投资者、金融机构类投资者、合格境外机构投资者（QFII）、合格境内机构投资者（QDII）、企业和事业法人类机构投资者及基金类投资者。个人投资者是证券市场最广泛的投资者。

知识点扩展

5. 同步演练（请扫描二维码做题）

（四）证券中介机构——证券公司

1. 案例引入

国泰君安证券“砸盘”新三板*

【案例回顾】2015 年 12 月 31 日 14 点 50 分，为执行本部门“卖出做市

* 《国泰君安砸盘 16 股　新三板四大交易乱象曝光》，新浪财经，2016 年 2 月 1 日。国泰君安资讯：《新三板做市商典型违规案例评析》，东方财富网，2016 年 4 月 25 日。其他来源：根据网络资料进行汇编整理。

股票、减少做市业务当年浮盈”的交易策略，国泰君安做市业务部对圆融科技、凌志软件等16只股票以明显低于最近成交价的价格进行卖出申报，造成上述股票尾盘价格大幅波动，13只股票当日收盘价跌幅超过10%，跌幅最大的达19.93%。

针对国泰君安的“砸盘”行为，股转系统认为，上述行为严重影响了多只股票的正常转让价格，扰乱了正常市场秩序，市场影响恶劣。最终股转系统做出给予国泰君安证券股份有限公司公开谴责，给予王仕宏公开谴责，给予陈扬、李仲凯通报批评的处分，并记入诚信档案。

对于上述谴责和处分，股转系统表示，王仕宏作为做市业务部负责人，是做市业务的直接主管人员，同时具有向他人透露做市交易策略的行为，负有主要责任；陈扬作为场外市场部总经理，召集了讨论决定交易策略的部门会议，负有领导责任；李仲凯作为交易总监，直接指示交易员执行了当日的交易行为，负有直接责任。

对此，2016年1月31日晚间，国泰君安发布公告称，公司高度重视新三板业务的合规经营和风险管理，针对以上问题，公司将进一步加强合规管理，积极整改，并对相关责任人员予以严肃问责。

【案例点评】国泰君安证券及有关责任人的行为涉嫌如下三种违法违规行为：一是国泰君安证券构成了异常交易。国泰君安的“砸盘”行为，破坏了市场正常机制的发挥，曾给一些挂牌企业当时正在开展的定增融资蒙上了一层阴影。二是王仕宏“具有向他人透露做市交易策略的行为”涉嫌泄露公司商业秘密，违反公司内部控制相关规定。三是国泰君安证券的异常交易，涉嫌操纵市场。全国股转公司虽然没有提及国泰君安证券异常交易的股票数量和总金额，但是明显其股票数量和总金额应该不低。国泰君安证券涉嫌以持股优势和资金优势操纵市场，并意图影响这些股票的市场价格。

【相关要点】

(1) 证券公司是证券市场的主要中介机构，在证券市场运行中发挥着重要作用。一方面，证券公司是证券市场投融资服务的提供者，为证券发行人和投资者提供专业化的中介服务，如证券经纪、投资咨询、保荐与承销等；另一方面，证券公司本身也是证券市场重要的机构投资者。此外，证券公司还通过资产管理方式，为投资者提供证券及其他金融产品的投资管理服务等。

(2) 证券公司的主要业务：证券经纪业务；证券投资咨询业务；与证券交易、证券投资活动有关的财务顾问业务；证券承销与保荐业务；证券自营业务；证券资产管理业务；融资融券业务；证券公司中间介绍业务；私募投资基金业务和另类投资业务。

(3) 我国证券公司的发展历程：

第一阶段（1980~1991 年）：数量较少，业务范围窄；

第二阶段（1992~1997 年）：数量激增、业务扩大及第一次综合治理；

第三阶段（1998~2007 年）：《证券法》颁布及第二次综合治理；

第四阶段（2008~2017 年）：行业步入规范发展和创新发展阶段；

第五阶段（2018 年以来）：步入强监管和扩大开放的新阶段。

2. 要点导图

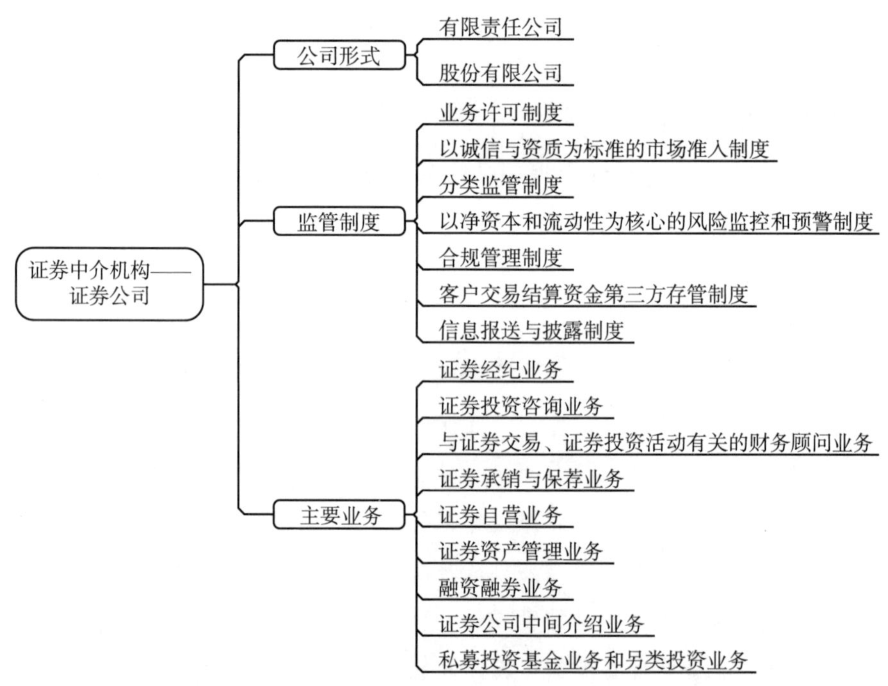

3. 要点精讲

证券公司

证券市场中介机构，是指为证券发行、交易提供服务的各类机构。通常把证券公司和其他证券服务机构合称为证券中介机构。本节要点主要介绍证券公司。

(1) 证券公司的定义和监管制度

1) 定义：证券公司又称券商，是指按照《中华人民共和国公司法》（以下简称《公司法》）和《中华人民共和国证券法》（以下简称《证券法》）设立的经营证券业务的有限责任公司或股份有限公司。在我国，设立证券公司必须经国务院证券监督管理机构审查批准。证券公司在各国的划分和称呼不尽相同，美国俗称“投资银行”，英国则称为“商人银行”。

2）证券公司监管制度：

①业务许可制度。证券公司经营证券经纪业务、证券投资咨询业务等均需要经过国务院证券监督管理机构的许可。

②以诚信与资质为标准的市场准入制度。建立和完善包括机构设置、业务牌照、从业人员特别是高级管理人员在内的市场准入制度，通过行政许可把好准入关，防范不良机构和人员进入证券市场。

③分类监管制度。证监会根据证券公司评价计分的高低，评价和确定证券公司的类别，将证券公司分为 A（AAA、AA、A）、B（BBB、BB、B）、C（CCC、CC、C）、D、E 等 5 大类 11 个级别。中国证监会按照分类监管原则，对不同类别证券公司规定了不同的风险控制指标标准和风险资本准备计算比例，并在监管资源分配、现场检查和非现场检查频率等方面区别对待。

分类结果作为证券公司申请增加业务种类、新设证券营业网点、发行上市的审慎性条件，及确定从事新事业、新产品试点的依据。

④以净资本和流动性为核心的风险监控和预警制度：通过资本杠杆率对公司杠杆进行约束，综合考虑流动性风险监管指标要求，从风险覆盖率、资本杠杆率、流动性覆盖率及净稳定资金率四个核心指标，构建合理有效的风险指标体系，进一步促进证券行业长期健康发展。

⑤合规管理制度：证券公司加强内部合规管理，制定包括合规管理的目标、基本原则、机构设置及其职责、履职保障、合规考核，以及违规事项的报告、处理和责任追究等内容的合规管理基本制度。【内部约束 + 外部监管】

⑥客户交易结算资金第三方存管制度：客户结算资金必须全额存入具有证券交易结算资金存管业务资格的商业银行，同时要求“单独立户、封闭运行、总分核对”，以“单独立户”来防止资金被混合使用，以“封闭运行”来防止资金被违规动用，以“总分核对”来及时发现存在的问题，从证券公司、指定商业银行、客户、投资者保护基金公司、监管部门五个角度，建立全方位的客户资金监督机制。

⑦信息报送与披露信息报送制度。

A. 信息报送制度：证券公司应当自每一个会计年度结束之日起 4 个月内，向中国证监会报送年度报告；自每月结束之日起 7 个工作日内，报送月度报告。

B. 信息公开披露制度：主要为证券公司的基本信息公示和财务信息公开披露，内容包括公司基本情况、经营性分支机构、业务许可类新产品、高管人员等信息。证券公司在每一个会计年度结束后通过中国证券业协会网站、公司网站等渠道进行财务信息公开披露，内容包括公司上一年度审计报告、经审计的会计报表及其附注。

C. 年报审计监督：在证券公司年报审计工作中，中国证监会督促证券公司向会计师事务所提供审计证据及相关资料对审计过程中发现的问题，及时采取措施，督促整改。

3）证券公司发展历程：

①第一阶段（1980～1991 年）：数量较少，业务范围窄。

1987 年，我国第一家专业性证券公司——深圳特区证券公司成立；

1990 年 12 月 19 日，上海证券交易所正式营业；

1991 年 7 月 3 日，深圳证券交易所正式营业；

1991 年 8 月，中国证券业协会成立。

证券公司处于萌芽阶段，资产规模相对较小，证券经营机构大多是银行和信托公司下设的证券业务部门。

②第二阶段（1992～1997 年）：数量激增、业务扩大及第一次综合治理。

1992 年 10 月，国泰证券、华夏证券、南方证券三大全国性证券公司成立；

1993 年 12 月，国务院发布《国务院关于金融体制改革的决定》，规定银行、证券分业经营；

1996 年 7 月 2 日，中国人民银行发布《关于人民银行各级分行与所办证券公司脱钩的通知》，要求与人民银行有股权关系的证券公司与人民银行脱钩；要求四大国有商业银行与所属信托投资公司脱钩，证券业务部转让给证券公司和信托投资公司。

③第三阶段（1998～2007 年）：《证券法》颁布及第二次综合治理。

1998 年 12 月，《证券法》颁布，中国证监会依法对全国证券市场实行集中统一的监督管理，实行证券业和保险业、银行业、信托业分业经营，分业管理；

2005 年 4 月，股权分置改革启动；

2006 年 1 月 1 日，新修订的《证券法》实施。

④第四阶段（2008～2017 年）：行业步入规范发展和创新发展阶段。

2008 年 4 月，国务院颁布《证券公司监督管理条例》并实施；

2017 年 10 月 1 日，《证券公司和证券投资基金管理公司合规管理办法》开始施行。

⑤第五阶段（2018 年以来）：步入强监管和扩大开放的新阶段。

2018 年 4 月 27 日，中国人民银行、中国银保监会、中国证监会、国家外汇管理局联合印发了《关于规范金融机构资产管理业务的指导意见》正式稿，意味着证券行业进入金融强监管时代；

2018 年 4 月 28 日，中国证监会发布《外商投资证券公司管理办法》，明确允许外资控股合资证券公司，该办法的出台标志着中国证券业进入了新的历史阶段；

2019 年 7 月 5 日，中国证监会发布《证券公司股权监督规定》，加强证券公司股权监管，规范证券公司股东行为，切实弥补监管短板，提升监管效能。

（2）证券公司主要业务

1）证券经纪业务：又被称为代理买卖证券业务，是指证券公司接受客户委托，代客户买卖有价证券的业务。

证券公司的
主要业务

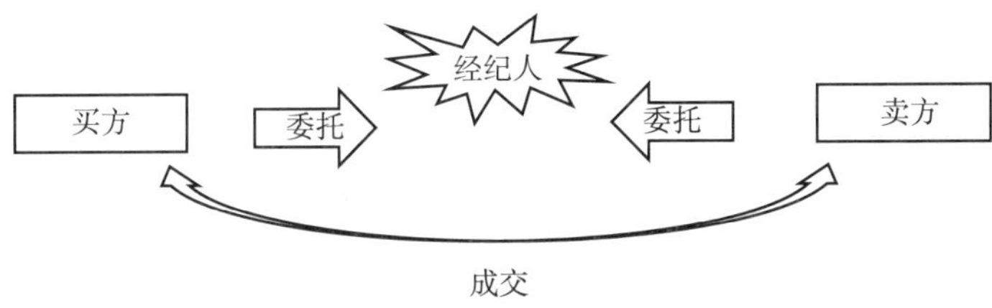

①证券经纪业务中，证券公司只收取一定比例的佣金作为业务收入。

②分类：一是柜台代理买卖证券业务，主要为在代办股份转让系统进行交易的证券代理买卖；二是通过证券交易所代理买卖证券业务，目前我国公开发行并上市的股票、公司债券及权证等证券，在证券交易所以公开的集中交易方式进行，因此我国证券公司从事的经纪业务以通过证券交易所代理买卖证券业务为主。

③在证券经纪业务中，经纪委托关系的建立表现为开户和委托两个环节。投资者应首先在登记结算公司或者其代理点开立证券账户；其次，投资者与证券公司签署风险揭示书、客户须知，签订证券交易委托代理协议，开立客户交易结算资金第三方存管协议中的资金账户等。

④证券公司接受证券买卖的委托，应当根据委托书载明的证券名

称、买卖数量、出价方式、价格幅度等，按照交易规则代理买卖证券，如实进行交易记录；买卖成交后，应当按照规定制作买卖成交报告单交付客户。

⑤证券公司从事证券经纪业务，可以委托证券公司以外的人员作为证券经纪人，代理其进行客户招揽、客户服务等活动。证券经纪人应当具有证券从业资格。

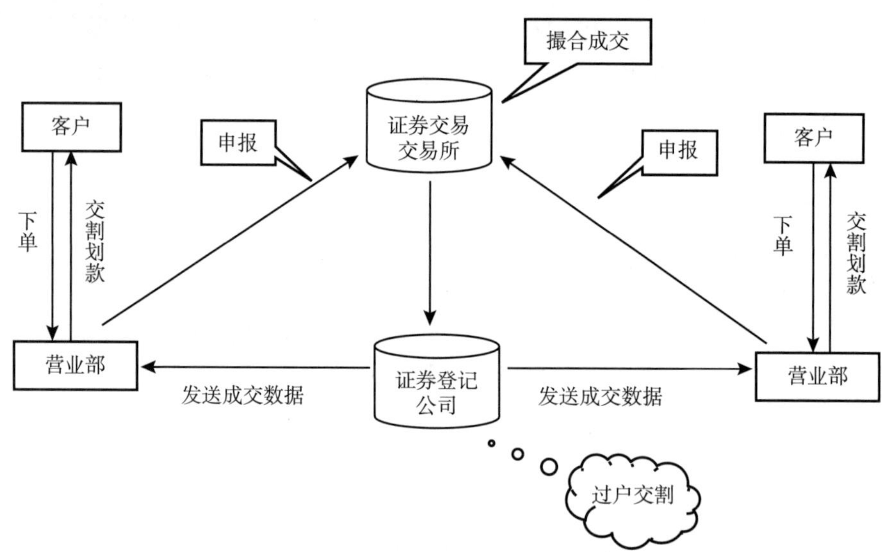

2）证券投资咨询业务：是指从事证券投资咨询业务的机构及其咨询人员为证券投资人或者客户提供证券投资分析、预测或者建议等直接或者间接有偿咨询服务的活动。包括证券投资顾问业务和发布证券研究报告两种基本形式。

①证券投资顾问业务，是指证券公司、证券投资咨询机构接受客户委托，按照约定，向客户提供涉及证券及证券相关产品的投资建议服务，辅助客户作出投资决策，并直接或间接获取经济利益的经营活动。

②发布证券研究报告，是指证券公司、证券投资咨询机构对证券及证券相关产品的价值、市场走势或相关影响因素进行分析，形成证券估值、投资评级等投资分析意见，制作证券研究报告，并向客户发布的行为。

③两种基本形式的区别。

比较点	证券投资顾问业务	发布证券研究报告
立场不同	基于特定客户的立场	基于独立、客观的立场
服务方式和内容不同	关注品种选择、买卖时机	关注证券定价
服务对象不同	普通投资者	专业投资者
市场影响不同	不会显著影响证券定价	对证券价格影响较大

3）财务顾问业务：是指与证券交易、证券投资活动有关的咨询、建议、策划活动。

①为企业申请证券发行和上市提供改制改组、资产重组、前期辅导等方面的咨询服务；

②为上市公司重大投资、收购兼并、关联交易等业务提供咨询服务；

③为法人、自然人及其他组织收购上市公司及相关的资产重组、债务重组等提供咨询服务。

4）证券承销与保荐业务：

①证券承销。是指证券公司代理证券发行人发行证券的行为。承销有以下两种方式：

A. 代销：证券公司代发行人发售证券，在承销期结束时，将未售出的证券全部退还给发行人的承销方式。

B. 包销：

a. 全额包销：证券公司将发行人的证券按照协议全部购入。

b. 余额包销：证券公司在承销期结束时将售后剩余证券全部自行购入。

按照规定，向不特定对象发行的证券票面总值超过人民币 5 000 万元的，应当由承销团承销，承销团由主承销商和参与承销的证券公司组成。

项目	全额包销	代销	余额包销
发行人与承销商的关系	买卖关系	委托代理关系	兼具两种关系
风险分担	承销商承担	发行人承担	共担风险
承销商主要收入	证券买卖价差	佣金	佣金及价差

②保荐业务。证券公司履行保荐职责，应按规定注册登记为保荐机构。保荐机构负责证券发行的主承销工作，负有对发行人进行尽职调查的义务，对公开发行募集文件的真实性、准确性、完整性进行核查，向中国证监会出具保荐意见，并根据市场情况与发行人协商确定发行价格。

5）证券自营业务：

①定义。证券公司以自己的名义，以自有资金或者依法筹集的资金，为本公司买卖在境内证券交易所上市交易的证券，在境内银行间市场交易的政府债券、国际开发机构人民币债券、央行票据、金融债券、短期融资券、公司债券、中期票据企业债券，以及经证监会批准或者备案发行并在境内金融机构柜台交易的证券，以获取盈利的行为。

②优点。证券自营活动有利于活跃证券市场，维护交易的连续性。

③缺点。证券自营活动可能存在操纵市场和内幕交易等不正当行为，加之证券市场的高收益性和高风险性特征。因此，许多国家对证券的自营业务制定了法律法规，进行严格管理。

④证券自营业务与经纪业务的区别。自营业务是证券公司为盈利而自己买卖证券，经纪业务是证券公司代理客户买卖证券。

6）证券资产管理业务：

①定义。证券公司接受投资者委托，对受托的投资者财产进行投资和管理的金融服务。证券公司可以为单一投资者设立单一资产管理计划，也可以为多个投资者设立集合资产管理计划。集合资产管理计划的投资者人数不少于 2 人，不得超过 200 人。

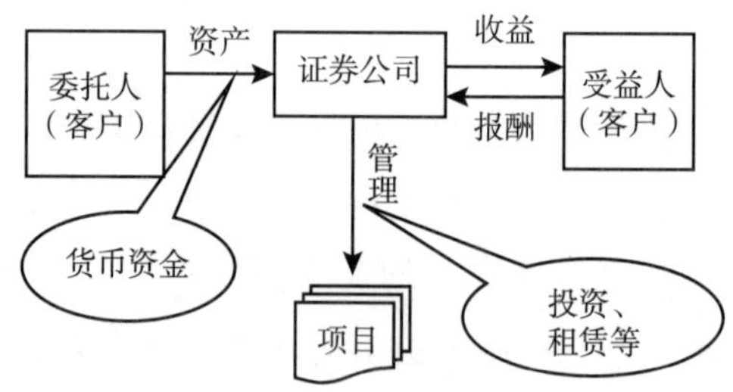

②资产管理计划类别的确定。

A. 固定收益类：投资于存款、债券等债权类资产的比例不低于资产管理计划总资产的 80%。

B. 权益类：投资于股票、未上市企业股权等股权类资产的比例不低于资产管理计划总资产的 80%。

C. 商品及金融衍生品类：投资于商品及金融衍生品的持仓合约价值的比例不低于资产管理计划总资产的 80%，且衍生品账户权益超过资产管理计划总资产的 20%。

D. 混合类：投资于债权类、股权类、商品及金融衍生品类资产的比例未达到前三类产品标准。

7）融资融券业务：

①定义。证券公司向客户出借资金供其买入证券或者出借证券供其卖出，并收取担保物的经营活动。由融资融券业务产生的证券交易被称为融资融券交易，融资交易为客户向证券公司借资金买证券，融券交易为客户向证券公司借证券卖出。

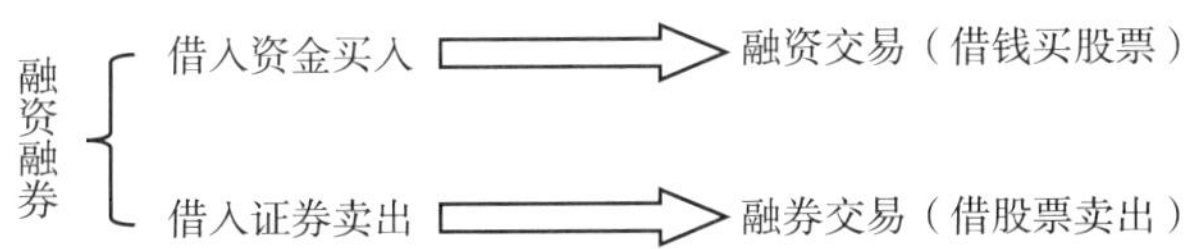

②证券公司经营融资融券业务，应当以自己的名义开立账户。

A. 在证券登记结算机构分别开立融券专用证券账户、客户信用交易担保证券账户、信用交易证券交收账户和信用交易资金交收账户。

B. 在商业银行分别开立融资专用资金账户和客户信用交易担保资金账户。

③证券公司向客户融资融券，应当向客户收取一定比例的保证金，保证金可以证券充抵。

A. 证券公司应当将收取的保证金及客户融资买入的全部证券和融券卖出所得价款，分别存放在客户信用交易担保证券账户和客户信用交易担保资金账户，作为对该客户融资融券所生债权的担保物。

B. 证券公司应当逐日计算客户交存的担保物价值与其所欠债务的比例，当该比例低于最低维持担保比例时，应当通知客户在一定的期限内补交差额。客户未能按期交足差额或者到期未偿还债务的，证券公司应当立即按照约定处分其担保物。

8）证券公司中间介绍（IB）业务：

①定义。是指证券公司接受期货经纪商的委托，为期货经纪商介绍客户参与期货交易并提供其他相关服务的业务活动。

②证券公司申请中间介绍业务资格，应当符合下列条件：申请日前 6 个月各项风险控制指标符合规定标准；已按规定建立客户交易结算资金第三方存管制度；全资拥有或者控股 1 家期货公司，或者与 1 家期货公司被同一机构控制，且该期货公司具有实行会员分级结算制度期货交易所的会员资格、申请日前 2 个月的风险监管指标持续符合规定的标准；配备必要的业务人员，公司总部至少有 5 名、拟开展 IB 业务的营业部至少有 2 名具有期货从业人员资

格的业务人员；已按规定建立健全与IB业务相关的业务规则、内部控制、风险隔离及合规检查等制度；具有满足业务需要的技术系统；其他条件。

③证券公司中间介绍业务的业务范围。

A. 应当提供的服务：协助办理开户手续；提供期货行情信息、交易设施；中国证监会规定的其他服务。

B. 不得提供的服务：代理客户进行期货交易、结算或者交割；代期货公司、客户收付期货保证金；利用证券资金账户为客户存取、划转期货保证金。

④证券公司中间介绍业务的业务规则。

A. 证券公司只能接受其全资拥有或者控股的，或者被同一机构控制的期货公司的委托从事中间介绍业务，不能接受其他期货公司的委托从事中间介绍业务。

B. 证券公司不得直接或间接为客户从事期货交易提供融资或者担保。

9）私募投资基金业务和另类投资业务：

①证券公司设立私募基金子公司/另类子公司，应当符合下列要求：

A. 具有健全的公司治理结构，完善有效内部控制机制、风险管理制度和合规管理制度，防范与私募基金子公司/另类子公司之间出现风险传递和利益冲突。

B. 最近6个月各项风险控制指标符合中国证监会及协会的相关要求，且设立私募基金子公司/另类子公司后，各项风险控制指标仍持续符合规定。

C. 最近1年未因重大违法违规行为受到刑事或行政处罚，且不存在因涉嫌重大违法违规正受到监管部门和有关机关调查的情形。

D. 公司章程有关对外投资条款中明确规定公司可以设立私募基金子公司/另类子公司，并经注册地中国证监会派出机构审批。

E. 证券公司设立另类子公司，还应当具备中国证监会核准的证券自营业务资格。

F. 中国证监会及中国证券业协会规定的其他条件。

②业务范围：私募基金子公司不得从事与私募基金无关的业务；证券公司另类子公司不得从事投资业务之外的业务。

4. 典题精练

（1）证券公司的主要业务包括（　　）。

Ⅰ. 证券承销与保荐业务　　Ⅱ. 证券自营业务

Ⅲ. 证券经纪业务　　Ⅳ. 证券投资咨询业务

A. Ⅰ、Ⅱ　　B. Ⅰ、Ⅱ、Ⅲ

C. Ⅱ、Ⅲ、Ⅳ　　　　D. Ⅰ、Ⅱ、Ⅲ、Ⅳ

参考答案：D

【解析】以上均为证券公司的主要业务。证券公司的主要业务包括证券经纪业务，证券投资咨询业务，与证券交易、证券投资活动有关的财务顾问业务，证券承销与保荐业务，证券自营业务，证券资产管理业务，融资融券业务，证券公司中间介绍业务，私募投资基金业务和另类投资业务等。

（2）证券公司为期货公司提供中间介绍（IB）业务时，可以提供（　　）服务。

Ⅰ. 办理期货保证金业务　　　　Ⅱ. 协助办理开户手续

Ⅲ. 提供期货行情信息　　　　Ⅳ. 提供期货交易设施

A. Ⅰ、Ⅱ　　　　B. Ⅱ、Ⅲ、Ⅳ

C. Ⅰ、Ⅱ、Ⅲ、Ⅳ　　　　D. Ⅰ、Ⅲ、Ⅳ

参考答案：B

【解析】证券公司申请介绍业务，应当提供的服务包括：协助办理开户手续、提供期货行情信息、交易设施、中国证监会提供的其他服务。

（3）世界各国对证券公司的划分和称呼不尽相同。美国的通俗称谓是（　　）。

A. 证券经纪商　　　　B. 商人银行

C. 证券银行　　　　D. 投资银行

参考答案：D

【解析】世界各国对证券公司的划分和称呼不尽相同，美国的通俗称谓是“投资银行”，英国则称为“商人银行”。以德国为代表的一些国家实行银行业与证券业混业经营，通常由银行设立公司从事证券业务经营。日本等一些国家和我国一样，将专营证券业务的金融机构称为证券公司。

5. 同步演练（请扫描二维码做题）

知识点扩展

（五）证券中介机构——证券服务机构

1. 案例引入

“安然事件”重演，“内资第一所”黯然离场*

【案例回顾】时隔20年，曾经震动全球的“安然事件”在国内上演。

---

* 银柿财经：《“安然事件”重演，原国内第一大所瑞华卷入康得新造假案或被合并》，2021年2月25日。其他来源：根据网络资料进行汇编整理。

曾经能比肩“四大”的国内第一大所、服务过数百家上市公司的瑞华会计师事务所（以下简称“瑞华”），因卷入康得新财务造假案一夕崩塌。2021年2月19日，北京市注册会计师协会发布消息，同意瑞华会计师事务所（特殊普通合伙）撤销党委，原所属党员组织关系全部转入北京国富会计师事务所（特殊普通合伙）党委。

瑞华是我国第一批被授予A+H股企业审计资格、第一批完成特殊普通合伙转制的会计师事务所。根据中注协的会计所收入排名，2014年刚刚成立一年不久的瑞华便打破“四大”的垄断，冲入排名前三，2016年其注册会计师规模便超2 000人，当年的收入更是达40.3亿元，与位列榜首的普华永道仅有不到1亿元的差距，是当时名副其实的“内资第一所”。

但是好景不长，康得新财务造假的曝光，可以说给了瑞华“致命一击”。2019年，证监会认定，康得新涉嫌在2015年至2018年期间，通过虚构销售业务等方式虚增营业收入，并通过虚构采购、生产、研发费用、产品运输费用等方式虚增营业成本、研发费用和销售费用。通过上述方式，康得新共虚增利润总额达119亿元。除了虚增利润外，康得新2014年到2018年年度报告，还存在未披露控股股东非经营性占用资金的关联交易、未披露为控股股东提供关联担保、未如实披露募集资金使用等情况。

作为康德新的审计机构，瑞华除了2018年出具“无法表示意见”的审计报告外，其余5年均出具“标准无保留意见”，使得其被推上风口浪尖，2019年7月8日证监会披露康得新案中介机构瑞华已被立案调查。

客户流失的同时，瑞华的合伙人也开始纷纷跳槽，相关媒体曾报道，2019年10月中旬瑞华曾一次性有190个合伙人提出退伙。合伙人和注册会计师的出走，已让瑞华无力支撑起其业务。瑞华事务所其下40家分所，如今已有19家已经注销。

【案例点评】中介机构的收入来自上市公司，独立性天然就有问题。作为资本市场看门人的角色，瑞华会计师事务所没有履行客观、公正出具审计报告的职责。中介机构通常是合伙人形式，各个合伙人自行组建团队承接业务，很难通过公司整体把控执业质量，合伙人只是挂在事务所下进行执业，瑞华倒了，合伙人很快就会带着自己的队伍加入别的事务所。瑞华只剩下一个空壳，事后对瑞华进行处罚没有任何意义。如何在顶层设计上解决中介机构的独立性，是中国资本市场改革必须面对的问题。

【相关要点】

（1）证券服务机构，是指会计师事务所、律师事务所，以及从事资产评估、资信评级、财务顾问、信息技术系统服务的证券服务机构。

（2）会计师事务所为证券的发行、上市、挂牌、交易等证券业务活动制作、出具财务报表审计报告、内部控制审计报告、内部控制鉴证报告、验资报告、盈利预测审核报告。

（3）会计师事务所为证券公司及其资产管理产品制作、出具财务报表审计报告、内控审计报告、内控鉴证报告、验资报告、盈利预测审核报告。

2. 要点导图

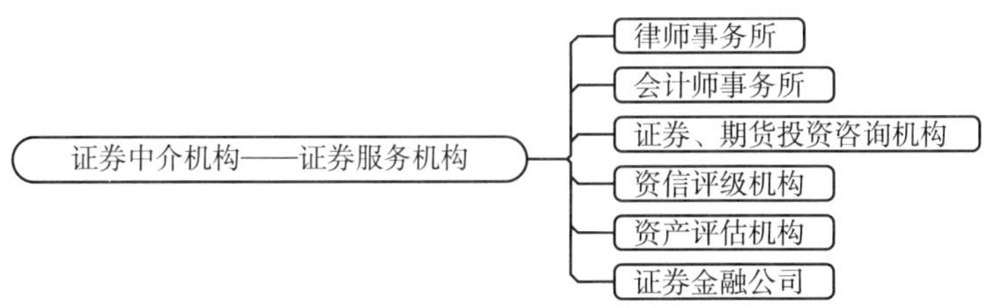

3. 要点精讲

（1）证券服务机构的类别

《证券服务机构从事证券服务业务备案管理规定》（以下简称《备案规定》）自2020年8月24日起施行，证券服务机构从事证券服务业务应按照规定备案。

证券服务机构，是指会计师事务所、律师事务所，以及从事资产评估、资信评级、财务顾问、信息技术系统服务的证券服务机构。

中国证监会和国务院有关主管部门依法对证券服务机构从事证券服务业务的备案行为实施监督管理。

（2）会计师事务所

会计师事务所从事下列证券服务业务，应当按照规定向中国证监会和国务院有关主管部门备案：

1）为证券的发行、上市、挂牌、交易等证券业务活动制作、出具财务报表审计报告、内部控制审计报告、内部控制鉴证报告、验资报告、盈利预测审核报告。

2）为证券公司及其资产管理产品制作、出具财务报表审计报告、内部控制审计报告、内部控制鉴证报告、验资报告、盈利预测审核报告。

3）会计师事务所参与前款第1）项相关主体重要组成部分或者其控制的主体的审计，其审计对象的资产总额、营业收入中的一项达到前款第1）

项相关主体最近一期经审计合并财务报表对应项目金额15%的，视同从事证券服务业务。

（3）律师事务所

律师事务所为下列证券活动提供证券服务业务，制作、出具法律意见书，应当按照规定向中国证监会和国务院有关主管部门备案：

1）首次公开发行股票、存托凭证及上市；

2）上市公司发行证券及上市；

3）上市公司及非上市公众公司收购、重大资产重组及股份回购；

4）上市公司合并、分立及分拆；

5）上市公司及非上市公众公司实行股权激励计划或者员工持股计划；

6）公开发行公司债券及上市交易；

7）境内企业直接或者间接到境外发行证券或者将其证券在境外上市交易（包括后续增发股份）；

8）股份有限公司股票向特定对象转让导致股东累计超过200人，以及股份有限公司申请股票在全国中小企业股份转让系统挂牌并公开转让；

9）股份有限公司向特定对象发行股票导致股东累计超过200人，股东人数超过200人的非上市公众公司向特定对象发行股票，以及向不特定合格投资者公开发行股票。

（4）资产评估机构

资产评估机构从事下列证券服务业务，应当按照规定向中国证监会和国务院有关主管部门备案：

1）为证券发行、上市、挂牌、交易的主体及其控制的主体、并购标的等制作、出具资产评估报告，以及中国证监会和国务院有关主管部门规定的其他文件；

2）为证券公司及其资产管理产品制作、出具资产评估报告，以及中国证监会和国务院有关主管部门规定的其他文件。

（5）资信评级机构

资信评级机构从事下列证券服务业务，应当按照规定向中国证监会备案：

1）为经中国证监会依法注册发行的债券、资产支持证券制作、出具资信评级报告及提供相关评级服务；

2）为在证券交易所、国务院批准的其他全国性证券交易场所等上市交易或者挂牌转让的债券、资产支持证券（国债除外）制作、出具资信评级报告及提供相关评级服务；

3）为第1）项和第2）项规定的证券的发行人、发起机构、上市公司、非上市公众公司、证券公司制作、出具资信评级报告及提供相关评级服务；

4）为中国证监会规定的其他评级对象制作、出具资信评级报告及提供相关评级服务。

（6）财务顾问机构

为上市公司收购、重大资产重组、合并、分立、分拆、股份回购、激励事项等对上市公司股权结构、资产和负债、收入和利润等具有重大影响的相关事项提供方案设计、出具专业意见等证券服务业务的，应当按照规定向中国证监会备案。

（7）信息技术系统服务机构

从事下列证券服务业务，应当按照规定向中国证监会备案：

1）重要信息系统的开发、测试、集成及测评；

2）重要信息系统的运维及日常安全管理。

（8）证券投资咨询机构

1）定义：从事证券投资咨询业务的机构及其投资咨询人员为证券投资人或客户提供证券投资分析、预测或建议等直接或间接有偿咨询服务的活动。

2）业务许可：从事证券投资咨询业务，必须依法取得中国证监会的业务许可，遵循客观、公正和诚实守信的原则。

3）禁止性行为：

①代理委托人从事证券投资；

②与委托人约定分享证券投资收益或者分担证券投资损失；

③买卖本咨询机构提供服务的上市公司股票；

④法律、行政法规禁止的其他行为。

有上述行为给投资者造成损失的，应当依法承担赔偿责任。

（9）证券金融公司与转融通业务

1）证券金融公司：

①定义。证券金融公司也被称为证券融资公司，是指依法设立的在证券市场上专门从事证券融资业务的法人机构。

转融通业务：是指证券金融公司将自有或者依法筹集的资金和证券出借给证券公司，以供其办理融资融券业务的经营活动。

②公司设立。组织形式为股份有限公司，注册资本不少于人民币60亿

元。注册资本为实收资本，其股东应当用货币出资。

③职责和定位。不以营利为目的，职责包括：为证券公司融资融券业务提供资金和证券的转融通服务；对证券公司融资融券业务运行情况进行监控；监测分析全市场融资融券交易情况，运用市场化手段防控风险；中国证监会确定的其他职责。

2）业务规则：

①以自己的名义开立转融通的证券资金账户。

A. 在证券登记结算机构分别开立转融通专用证券账户、转融通担保证券账户和转融通证券交收账户。

B. 在商业银行开立转融通专用资金账户，在证券登记结算机构分别开立转融通担保资金账户和转融通资金交收账户。

②适当性管理。证券金融公司应当了解参与转融通业务的证券公司的基本情况、业务范围、财务状况、违约记录、风险控制能力等，并以书面和电子的方式予以记录和保存。

③业务合同。证券金融公司向证券公司转融通的期限一般不得超过6个月，转融通的期限，自资金或者证券实际交付之日起算。

④以证券公司的名义开立转融通证券资金明细账户。

A. 转融通担保证券明细账户是转融通担保证券账户的二级账户，用于记载证券公司委托证券金融公司持有的担保证券的明细数据；

B. 转融通担保资金明细账户是转融通担保资金账户的二级账户，用于记载证券公司交存的担保资金的明细数据。

⑤保证金规定。证券金融公司开展转融通业务，应当向证券公司收取一定比例的保证金，确定并公布可充抵保证金证券的种类和折算率。保证金可以证券充抵，但是货币资金占应收取保证金的比例不得低于15%。

3）权益处理：担保证券的记录及发行人权利的行使；投资收益的处分；持券信息披露义务。

4）监督管理：应当建立合规管理机制和风险控制机制，不得为他人的债务提供担保；应当建立信息系统安全管理机制，妥善保存履行本办法规定职责所形成的各类文件、资料，保存期限不少于20年。

①信息披露和报送制度。每个交易日结束后，公布转融资余额、转融券余额、转融通成交数据以及转融通费率；自每一会计年度结束之日起4个月内，向中国证监会报送年度报告；自每月结束之日起7个工作日内，向中国证监会报送月度报告。

②风险控制指标。

A. 净资本与各项风险资本准备之和的比例不得低于 100%。

B. 对单一证券公司转融通的余额，不得超过证券金融公司净资本的 50%。

C. 融出的每种证券余额不得超过该证券上市可流通市值的 10%。

D. 充抵保证金的每种证券余额不得超过该证券总市值的 15%。

E. 证券金融公司应当每年按照税后利润的 10% 提取风险准备金。

③资金用途。只能用于银行存款，购买国债、证券投资基金份额等经证监会认可的高流动性金融产品，购置自用不动产及中国证监会认可的其他用途。

（10）证券服务机构的法律责任和市场准入

1）法律责任：证券服务机构为证券的发行、上市、交易等证券业务活动制作、出具审计报告、资产评估报告、财务顾问报告、资信评级报告或者法律意见书等文件，应当勤勉尽责，对所依据的文件资料内容的真实性、准确性、完整性进行核查和验证。

应当妥善保管客户委托文件，核查和验证资料，工作底稿及质量控制、内部管理等信息和资料，任何人不得泄露、隐匿、伪造、篡改或者毁损，上述信息和资料保存期限不少于 10 年。

2）市场准入及退出机制：证券监督管理机构有对证券服务机构的监管权和现场检查权。

4. 典题精练

（1）证券服务机构应当勤勉尽责，对所依据的文件资料内容的（　　）进行核查和验证。

Ⅰ. 真实性　　Ⅱ. 准确性

Ⅲ. 公正性　　Ⅳ. 完整性

A. Ⅰ、Ⅱ、Ⅳ　　B. Ⅱ、Ⅲ

C. Ⅰ、Ⅲ、Ⅳ　　D. Ⅰ、Ⅱ、Ⅲ、Ⅳ

参考答案：A

【解析】根据《证券法》，证券服务机构为证券的发行、上市、交易等证券业务活动制作、出具审计报告及其他鉴证报告、资产评估报告、财务顾问报告、资信评级报告或者法律意见书等文件，应当勤勉尽责，对所依据的文件资料内容的真实性、准确性、完整性进行核查和验证。

（2）证券金融公司开展转融通业务时，证券金融公司应当了解参与转融通业务的（ ）的基本情况、业务范围、财务状况、违约记录、风险控制能力等，并以书面和电子的方式予以记录和保存。

A. 资产管理公司　　B. 期货公司

C. 基金管理公司　　D. 证券公司

参考答案：D

【**解析**】证券金融公司应当了解参与转融通业务的证券公司的基本情况、业务范围、财务状况、违约记录、风险控制能力等，并以书面和电子的方式予以记录和保存。

（3）证券服务机构是指依法设立的从事证券服务业务的（ ）机构。

A. 非法人　　B. 投资

C. 合伙　　D. 法人

参考答案：D

【**解析**】证券服务机构，是指依法设立的从事证券服务业务的法人机构，主要包括证券投资咨询机构、财务顾问机构、资信评级机构、资产评估机构、会计师事务所、律师事务所等。

知识点扩展

5. 同步演练（请扫描二维码做题）

（六）自律性组织与投资者保护机构

1. 案例引入

投资者保护新模式——万福生科案*

【**案例回顾**】2012 年 9 月 14 日，证监会对万福生（湖南）农业开发股份公司（以下简称“万福生科”）涉嫌财务造假等违法违规行为立案稽查。万福生科发行上市过程中，保荐机构平安证券、审计机构中磊会计师事务所及湖南博鳌律师事务所等三家中介机构及相关责任人员涉嫌未勤勉尽责，出具的相关材料存在虚假记载，后续分别被立案调查并予以处罚。

2013 年 5 月 10 日，平安证券作为万福生科首次公开发行并上市的保荐机构及主承销商，出资 3 亿元人民币设立“万福生科虚假陈述事件投资者利益补偿专项基金”（以下简称“专项补偿基金”），委托中国证券投资者保

---

* 《万福生科案先行赔付探索投资者保护新模式》，中国证券报 - 中证网，2013 年 7 月 3 日。《中国证券投资者保护基金公司关于万福生科虚假陈述事件投资者利益补偿专项基金的管理人公告》，中国证券投资者保护基金有限责任公司，2013 年 5 月 10 日。其他来源：根据网络资料进行汇编整理。

护基金有限责任公司（以下简称“保护基金公司”）担任基金管理人。专项补偿基金采取“先偿后追”模式，即平安证券先以基金财产偿付符合条件的投资者，然后通过法律途径向万福生科虚假陈述的主要责任方及连带责任方追偿。

保护基金公司作为专项补偿基金管理人，主要职责包括：负责专项补偿基金的日常管理及运作；保证专项补偿基金财产的安全和完整，专款专用；在中国证券投资者保护网、专项补偿基金网及其他媒体及时发布专项补偿基金的相关信息；对补偿金额进行核算确定，依照适格投资者与平安证券达成和解的相关约定，办理资金划拨事宜；聘请江平、方流芳、郭锋、叶檀、陈建明、黄世忠等法律、财经界专家组成专家委员会，对专项补偿基金管理和运作过程中的重大问题提供咨询意见。

【案例点评】专项补偿基金的“先偿后追”模式充分体现了对投资者的保护。一方面，减少了投资者进行虚假陈述民事诉讼的耗时、举证责任的繁琐及维权成本，降低事件对市场的影响、平衡各方的利益关系。另一方面，由保护基金公司作为受托管理专项补偿基金的管理人，是最好的选择。保护基金公司拥有多年风险处置的经验，并且拥有专业优势，能够依据公益性、中立性原则，独立开展专项补偿基金日常管理及运作，并聘请由法律、会计专家等组成的顾问团，对补偿方案及补偿工作中涉及的重要问题，进行充分研究论证。万福生科投资者利益补偿专项基金具体补偿计算贯彻“充分补偿”原则，对同时符合多种不同情形的投资者，分别计算并按有利于投资者原则确定最终补偿金额，切实地维护了投资者特别是中小投资者的合法权益。

【相关要点】

(1) 2005 年 8 月 30 日，保护基金公司在国家工商总局注册成立，由国务院出资，财政部一次性拨付注册资金 63 亿元。

(2) 保护基金公司应当与中国证监会建立证券公司信息共享机制，中国证监会定期向保护基金公司通报关于证券公司财务、业务等经营管理信息的统计资料。中国证监会认定存在风险隐患的证券公司，应按照规定直接向保护基金公司报送财务、业务等经营管理信息和资料。

(3) 保护基金公司负责筹集、管理和运作投资者保护基金，如果为处置证券公司风险需要动用保护基金的，中国证监会根据证券公司的风险状况制订风险处置方案，保护基金公司制订保护基金使用方案，报经国务院批准后，由保护基金公司办理发放基金的具体事宜。

2. 要点导图

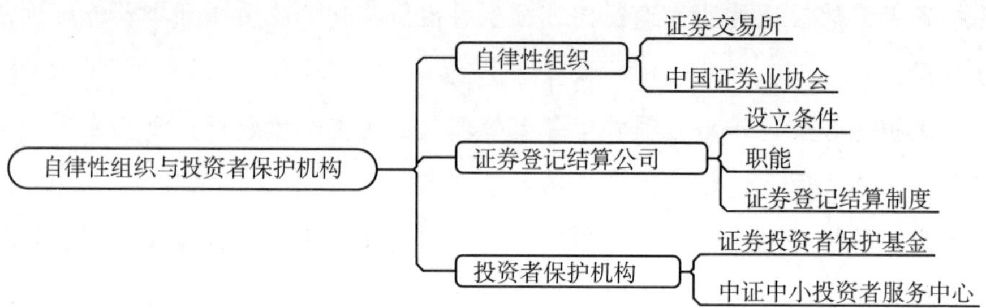

3. 要点精讲

自律性组织

我国的证券自律管理机构是证券交易所、国务院批准的其他全国性的证券交易场所、证券业协会。

(1) 证券交易所

1) 定义：证券交易所是证券买卖双方公开交易的场所，是一个高度组织化、集中进行证券交易的市场，是整个证券市场的核心。

2) 特征（6 个特征）：①有固定的交易场所和交易时间；②参加交易者为具备会员资格的证券经营机构，交易采取经纪制度，即一般投资者不能直接进入交易所买卖证券，只能委托会员作为经纪人间接进行交易；③交易的对象限于合乎一定标准的上市证券；④通过公开竞价的方式决定交易价格；⑤集中证券的供求双方，具有较高的成交速度和成交率；⑥实行“公开、公平、公正”原则，并对证券交易进行严格管理。

3) 主要职能（12 个职能）：①提供证券交易的场所、设施和服务；②制定和修改证券交易所的业务规则；③依法审核公开发行证券申请；④审核、安排证券上市交易，决定证券暂停上市、恢复上市、终止上市和重新上市；⑤提供非公开发行证券转让服务；⑥组织和监督证券交易；⑦对会员进行监管；⑧对证券上市交易公司及相关信息披露义务人进行监管；⑨对证券服务机构为证券上市、交易等提供服务的行为进行监管；⑩管理和公布市场信息；⑪开展投资者教育和保护；⑫其他。

4) 组织形式：证券交易所的组织形式有两种：一种是公司制，另一种是会员制。

①公司制证券交易所是以股份有限公司形式组织并以营利为目的的法人团体，一般由金融机构及各类民营公司组建。

公司制证券交易所组织机构与普通股份有限公司相似，由股东大会、董事会、监事会和经理层构成。股东大会是公司制证券交易所的最高权力机构，董事会是股东大会的执行机构和经营决策机构，监事会是监督机构，经理层负责日常的经营管理活动。

北京证券交易所（以下简称“北交所”）于2021年9月3日注册成立，是经国务院批准设立的我国第一家公司制证券交易所，受中国证监会监督管理。

②会员证券交易所是一个由会员自愿组成的、不以营利为目的的社会法人团体。上海证券交易所和深圳证券交易所均采用会员制组织形式，是非营利性的事业法人。组织机构由会员大会、理事会、监事会和其他专门委员会、总经理及其他职能部门组成。

A. 会员大会：是证券交易所的最高权力机构。每年召开一次，由理事会召集，理事长主持。理事长因故不能履行职责时，由理事长指定的副理事长或其他理事主持。召开临时会员大会的情形：a. 理事人数不足规定的最低人数；b. 1/3以上会员提议；c. 理事会或监事会认为必要。会员大会应当有2/3以上的会员出席，其决议须经出席会议的会员过半数表决通过。

B. 理事会：是证券交易所的决策机构。由7～13人组成，其中非会员理事人数不少于理事会成员总数的1/3，不超过理事会成员总数的1/2。每届任期3年，会员理事由会员大会选举产生，非会员理事由中国证监会委派。理事会设理事长1人，副理事长1～2人，理事长是证券交易所的法定代表人且不得兼任证券交易所总经理。理事会会议至少每季度召开一次，会议须有2/3以上理事出席，其决议应当经出席会议的2/3以上理事表决同意方为有效。

C. 监事会：是证券交易所的监督机构，监事会人员不得少于5人，其中会员监事不得少于2名，职工监事不得少于2名，专职监事不得少于1名。监事每届任期3年。会员监事由会员大会选举产生，职工监事由职工大会、职工代表大会或者其他形式民主选举产生，专职监事由中国证监会委派。证券交易所理事、高级管理人员不得兼任监事。监事会至少每6个月召开一次会议。监事长、1/3以上监事可以提议召开临时监事会会议。监事会决议应当经半数以上监事通过。

D. 总经理：应当是理事会成员理事，由中国证监会任免。副总经理按照中国证监会相关规定任免或聘任。总经理、副总经理、首席专业技术管理人员每届任期3年。

（2）中国证券业协会

1）定义：是具有独立法人地位的、由经营证券业务的金融机构自愿组成的行业性自律组织，是非营利性社会团体法人。

组织形式为会员制，协会会员由法定会员、普通会员和特别会员构成，另设观察员。证券公司应当加入中国证券业协会，为协会的法定会员。最高权力机构为全体会员组成的会员大会，执行机构为理事会，协会实行会长负责制。

2）自律管理职能：①推动行业诚信建设，督促会员履行社会责任；②组织证券从业人员水平考试；③推动会员开展投资者教育和保护工作，维护投资者合法权益；④推动会员信息化建设和信息安全保障能力的提高，经政府有关部门批准，开展行业科学技术奖励，组织制订行业技术标准和指引；⑤组织开展证券业国际交流与合作，代表中国证券业加入相关国际组织，推动相关资质互认；⑥对会员及会员间开展与证券非公开发行、交易相关业务活动进行自律管理；⑦其他涉及自律、服务、传导的职责。

（3）证券登记结算公司

1）定义：中国证券市场实行中央登记制度，即证券登记结算业务全部由中国证券登记结算有限责任公司承接，中国证券登记结算有限责任公司提供沪、深证券交易所上市证券的存管、清算和登记服务，是不以营利为目的的法人。

2）设立条件：自有资金不少于人民币 2 亿元；具有证券登记、存管和结算服务所需的场所和设施；主要管理人员和从业人员必须具有证券从业资格；其他条件。

3）职能：证券账户、结算账户的设立和管理；证券存管和过户；证券持有人名册登记及权益登记；证券交易所上市证券交易的清算、交收及相关管理；受发行人委托派发证券权益；办理与上述业务有关的查询、信息、咨询和培训服务；其他业务。

4）证券登记结算制度。

①证券实名制。投资者申请开立证券账户应当保证其提交的开户资料真实、准确、完整，投资者不得将本人的证券账户提供给他人使用。

②货银对付的交收制度。“一手交钱、一手交货”，当且仅当资金交付时给付证券、证券交付时给付资金。

③分级结算制度和结算参与人制度。只有获得证券登记结算机构结算参与人资格的证券经营机构才能直接进入登记结算系统参与结算业务。

④净额结算制度。证券交易结算方式可分为全额结算（逐笔清算）和净额结算（轧差清算）。

⑤结算证券和资金的专用性制度。各类结算资金和证券，必须存放于专门的清算交收账户，并且只能按业务规则用于已成交的证券交易的清算、交收，不得被强制执行。

（4）证券投资者保护基金

2005 年 8 月，中国证券投资者保护基金有限责任公司（以下简称“保护基金公司”）注册成立，负责保护基金的筹集、管理和使用，是不以营利为目的的国有独资公司。由国务院出资，财政部一次性拨付注册资金 63 亿元。

2005 年 6 月，《证券投资者保护基金管理办法》发布。2016 年 4 月 19 日，修订后的《证券投资者保护基金管理办法》发布。

1）保护基金公司设立意义：

①可以在证券公司出现关闭、破产等重大风险时依据国家政策用于保护投资者权益；

②有助于稳定市场，防止个案风险的传播和扩散；

③是对现有的全方位、多层次监管体系的一个重要补充；

④为我国建立国际成熟市场通行的证券投资者保护机制搭建了平台。

2）保护基金公司职责：

①筹集、管理和运作基金；

②监测证券公司风险，参与证券公司风险处置工作；

③证券公司被撤销、关闭和破产或被证监会采取行政接管、托管经营等强制性监管措施时，按照国家有关政策规定对债权人予以偿付；

④组织、参与被撤销、关闭或破产证券公司的清算工作；

⑤管理和处分受偿资产，维护基金权益；

⑥发现证券公司经营管理中出现可能危及投资者利益和证券市场安全的重大风险时，向中国证监会提出监管、处置建议；对证券公司运营中存在的风险隐患会同有关部门建立纠正机制；

⑦国务院批准的其他职责。

3）证券投资者保护基金：是指按照《证券投资者保护基金管理办法》筹集形成的、在防范和处置证券公司风险中用于保护证券投资者利益的资金。

①来源。上海、深圳证券交易所在风险基金分别达到规定的上限后，交易经手费的 20% 纳入基金；所有在中国境内注册的证券公司，按其营业收入的 0.5% ~5% 缴纳基金，经营管理或运作水平较差、风险较高的证券公

司，应当按较高比例缴纳基金；发行股票、可转债等证券时，申购冻结资金的利息收入；依法向有关责任方追偿所得和从证券公司破产清算中受偿收入；国内外机构、组织及个人的捐赠；其他合法收入。

证券公司应当缴纳的基金，按照证券公司佣金收入的一定比例预先提取，并由中国证券登记结算有限责任公司代扣代收。不从事证券经纪业务的证券公司，应在每季后10个工作日内按该季营业收入和事先核定的比例预缴。每年度审计结束后，确定年度需要缴纳的基金金额并及时向保护基金公司申报清缴。

②使用。证券公司被撤销、被关闭、破产或被中国证监会实施行政接管、托管经营等强制性监管措施时，按照国家有关政策规定对债权人予以偿付；其他用途。

③监督管理。中国证监会负责保护基金公司的业务监管，监督基金的筹集、管理与使用。财政部负责保护基金公司的国有资产管理和财务监督。中国人民银行负责对保护基金公司向其借用再贷款资金的合规使用情况进行检查监督。

基金的资金运用限于银行存款、购买国债、中央银行债券（包括中央银行票据）和中央级金融机构发行的金融债券及国务院批准的其他资金运用形式。

（5）中证中小投资者服务中心

中证中小投资者服务中心有限责任公司（以下简称“投服中心”）是经中国证监会批准设立并直接管理的证券金融类公益机构，经国家工商总局登记，于2014年12月在上海注册成立。投服中心为公司制法人单位。

1）设立意义：投服中心的成立，是中国证监会完善监管政策，丰富投资者保护体系，切实加强中小投资者合法权益保护工作的重要举措，也是我国资本市场迈向法治化、成熟化进程的重要标志。

2）职责：

①面向投资者开展公益性宣传和教育；

②公益性持有证券等品种，以股东身份或证券持有人身份行权；

③受投资者委托，提供调解等纠纷解决服务；

④为投资者提供公益性诉讼支持及其相关工作；

⑤中国投资者网站的建设、管理和运行维护；

⑥调查、监测投资者意愿和诉求，开展战略研究与规划；

⑦代表投资者，向政府机构、监管部门反映诉求；

⑧中国证监会委托的其他业务。

3）主要业务

①投资者教育；②持股行权；③纠纷调解；④维权服务。

4. 典题精练

（1）关于证券交易所，下列说法正确的有（　　）。

Ⅰ. 自律管理的法人

Ⅱ. 依法对基金在交易所的投资交易实行监控

Ⅲ. 依法对基金上市及相关信息披露等活动进行管理

Ⅳ. 指导和监督中国证券投资基金业协会的活动

A. Ⅲ、Ⅳ　　B. Ⅰ、Ⅱ、Ⅲ、Ⅳ

C. Ⅰ、Ⅱ、Ⅲ　　D. Ⅰ、Ⅱ、Ⅳ

参考答案：C

【解析】Ⅳ项，中国证监会指导和监督中国证券投资基金业协会的活动，不是交易所。

（2）下列关于证券交易所特征的说法中，正确的有（　　）。

Ⅰ. 有固定的交易场所和交易时间

Ⅱ. 交易的对象限于合乎一定标准的上市证券

Ⅲ. 一般投资者可以直接进行交易所买卖证券

Ⅳ. 通过公开竞价的方式决定交易价格

A. Ⅰ、Ⅲ、Ⅳ　　B. Ⅰ、Ⅱ、Ⅲ、Ⅳ

C. Ⅰ、Ⅱ、Ⅳ　　D. Ⅱ、Ⅲ

参考答案：C

【解析】证券交易所的特征包括：①有固定的交易场所和交易时间；②参加交易者为具备会员资格的证券经营机构，交易采取经纪制，即一般投资者不能直接进入交易所买卖证券，只能委托会员作为经纪人间接进行交易；③交易的对象限于合乎一定标准的上市证券；④通过公开竞价的方式决定交易价格；⑤集中了证券的供求双方，具有较高的成交速度和成交率；⑥实行“公开、公平、公正”原则，并对证券交易加以严格管理。

（3）下列各种说法中，正确的有（　　）。

Ⅰ. 中国证监会是我国证券行业自律性组织

Ⅱ. 中国证券业协会的权力机构为会员大会

Ⅲ. 中国证券业协会采取会员制的组织形式

Ⅳ. 中国证券业协会不具有独立的法人地位

A. Ⅱ、Ⅲ　　B. Ⅰ、Ⅱ、Ⅳ

C. Ⅰ、Ⅲ、Ⅳ　　D. Ⅰ、Ⅱ、Ⅲ、Ⅳ

参考答案：A

【解析】中国证券业协会是证券业的自律性组织，是非营利性社会团体法人，具有独立法人地位。中国证券业协会采用会员制的组织形式，其最高权力机构是由全体会员组成的会员大会，理事会为其执行机构。

（4）按照《证券交易所管理办法》规定，证券交易所职能不包括（　　）。

A. 开展投资者教育和保护　　B. 提供公开发行证券转让服务

C. 组织和监督证券交易　　D. 管理和公布市场信息

参考答案：B

【解析】按照《证券交易所管理办法》第7条规定，证券交易所应该提供对非公开发行证券的转让服务。

5. 同步演练（请扫描二维码做题）

知识点扩展

（七）证券市场监管机构

1. 案例引入

证监会上半年案件办理情况汇总*

【案例回顾】2020年8月7日晚间，证监会通报了上半年案件办理情况。根据公告，2020年1～6月新增各类案件165件，办结154件，向公安机关移送涉嫌证券犯罪案件和线索59件，作出行政处罚决定98份，罚没金额合计38.39亿元。同时，证监会还点名多家上市公司，并指出上半年案件的四大特点。

一是财务造假影响恶劣，严重破坏市场诚信基础。上半年对35家上市公司涉嫌信息披露违法行为立案调查，对43起虚假陈述案件作出行政处罚，部分案件市场影响恶劣。如唐万新等人操控斯太尔（000760）虚构技术转让虚增利润2.8亿元。

二是大股东和实际控制人资金占用、违规担保，严重损害上市公司和中小股东利益。上半年对24件未按规定披露此类重大信息行为立案调查，如

---

* 《证监会通报上半年案件办理情况：行政处罚98份，罚没38亿元；11家上市公司被点名批评！》，每日经济新闻，2020年8月7日。其他来源：根据网络资料进行汇编整理。

新光圆成（002147）假借支付股权款、债务转移等手段，向大股东提供资金14亿元未如实披露。

三是中介机构未能勤勉尽责执业，独立性不足，“看门人”作用缺失。1～6月累计新增中介机构违法案件10起，其中涉及审计机构8起，保荐机构1起，评估师事务所1起。调查发现，有的审计机构配合上市公司伪造银行存款和询证回函；有的保荐机构执业把关不严，未履行必要的审核程序。

四是内幕交易案件多发态势得到一定遏制，恶性操纵市场案件仍然较多。从内幕交易案件看，案发数量呈下降趋势，利用并购重组、业绩大幅波动进行不公平交易仍较多发，避损型内幕交易案件同比增长。从操纵市场案件看，实际控制人伙同市场机构操纵本公司股票价格案件时有发生。

【案例点评】一方面，2020年以来证监会在违法违规问题上的重拳出击是在提醒，上市公司不要心存侥幸，要诚信守法。上市公司在信息披露方面必须要对自己负责，也对投资者负责，再不能采取报表“注水”等花招。新的证券法不会容忍以身试法，财务造假或信息欺诈的结果一定是自取灭亡。总之，上市公司需要自重，尊重法律、尊重规则。另一方面，证监会明确指出，下一步将全面贯彻落实国务院金融委关于对资本市场违法行为“零容忍”的工作要求，坚决从重从快从严打击上市公司财务造假、恶性操纵市场及内幕交易等重大违法违规行为，综合运用一案多查、行政处罚、市场禁入、重大违法强制退市，以及刑事追责、民事赔偿等全方位立体式追责机制，切实提高违法成本，净化市场生态，保护投资者合法权益。

【相关要点】

（1）我国证券市场经过20多年的发展，逐步形成了以国务院证券监督管理机构、国务院证券监督管理机构的派出机构、证券交易所、行业协会和证券投资者保护基金为一体的监管体系和自律管理体系。

（2）我国证券市场监管机构是国务院证券监督管理机构。国务院证券监督管理机构依法对证券市场实行监督管理，维护证券市场秩序，保障其合法运行。国务院证券监督管理机构由中国证券监督管理委员会及其派出机构组成。

（3）我国证券市场的监管目标是：运用和发挥证券市场机制的积极作用，限制其消极作用；保护投资者利益，保障合法的证券交易活动，监督证券中介机构依法经营；防止人为操纵、欺诈等不法行为，维持证券市场的正常秩序；根据国家宏观经济管理的需要，运用灵活多样的方式，调控证券市场与证券交易规模，引导投资方向，使之与经济发展相适应。

2. 要点导图

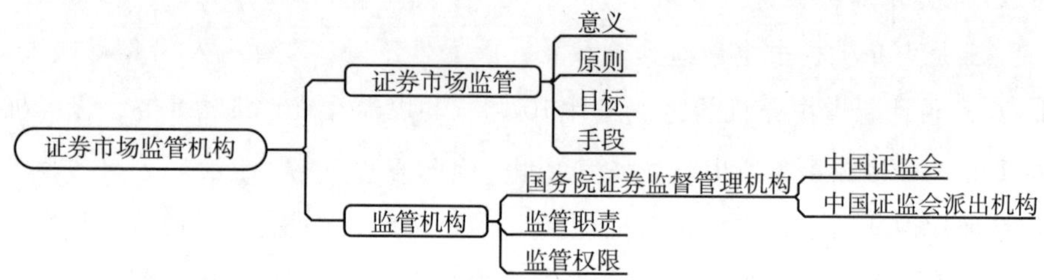

3. 要点精讲

证券市场监管

（1）证券市场监管

1）定义：是指证券管理机构运用法律的、经济的及必要的行政手段，对证券的募集、发行、交易等行为及证券投资中介机构的行为进行监督与管理。

2）意义：加强证券市场监管是保障广大投资者合法权益的需要；加强证券市场监管是维护市场良好秩序的需要；加强证券市场监管是发展和完善证券市场体系的需要；准确和全面的信息是证券市场参与者进行发行和交易决策的重要依据。

3）原则：依法监管原则、保护投资者利益原则、“三公”原则（公开、公平、公正）、监督与自律相结合的原则。

4）目标：保护投资者利益；保证证券市场的公平、效率和透明；降低系统性风险。

5）手段：法律手段、经济手段、行政手段。

（2）监管机构

1）主体：我国证券市场监管机构是国务院证券监督管理机构，国务院证券监督管理机构由中国证券监督管理委员会（中国证监会）及其派出机构构成。

①中国证监会是国务院直属事业单位，核心职责为“两维护、一促进”，即维护市场公开、公平、公正，维护投资者特别是中小投资者的合法权益，促进资本市场健康发展。

②中国证监会派出机构。中国证监会在省、自治区、直辖市和计划单列市设立了36个证券监管局，以及上海、深圳证券监管专员办事处。派出机构受中国证监会垂直领导，依法以自己的名义履行监管职责，负责辖区内的一线监管工作。

2）职责：

①依法制定有关证券市场监督管理的规章、规则，并依法进行审批、核

准、注册，办理备案。

②依法对证券的发行、上市、交易、登记、存管、结算，进行监督管理。

③依法对证券发行人、上市公司、证券公司、证券服务机构、证券交易场所、证券登记结算机构的证券业务活动，进行监督管理。

④依法制定从事证券业务人员的资格标准和行为准则，并监督实施。

⑤依法监督检查证券发行、上市和交易的信息披露。

⑥依法对证券业协会的自律管理活动进行指导和监督。

⑦依法监测并防范、处置证券市场风险。

⑧依法开展投资者教育。

⑨依法对证券违法行为进行查处。

⑩法律、行政法规规定的其他职责。

3）权限：

①对证券发行人、上市公司、证券公司、证券服务机构、证券交易场所、证券登记结算机构进行现场检查。

②进入涉嫌违法行为发生场所调查取证。

③询问当事人和与被调查事件有关的单位和个人，要求其对与被调查事件有关的事项作出说明；或者要求其按照指定方式报送与被调查事件有关的文件和资料。

④查阅、复制与被调查事件有关的财产权登记、通讯记录等资料。

⑤查阅、复制当事人和与被调查事件有关的单位和个人的证券交易记录、登记过户记录、财务会计资料及其他相关文件和资料；对可能被转移、隐匿或者毁损的文件和资料，可以予以封存、扣押。

⑥查询当事人和与被调查事件有关的单位和个人的资金账户、证券账户和银行账户；对有证据证明已经或者可能转移或者隐匿违法资金、证券等涉案财产或者隐匿、伪造、毁损重要证据的，经国务院证券监督管理机构主要负责人批准，可以冻结或者查封，期限为 6 个月；因特殊原因需要延长的，每次延长期限不得超过 3 个月，冻结、查封期限最长不得超过 2 年。

⑦在调查操纵证券市场、内幕交易等重大证券违法行为时，经国务院证券监督管理机构主要负责人批准，可以限制被调查事件当事人的证券买卖，但是限制的期限不得超过 3 个月；案情复杂的，可以延长 3 个月。

4. 典题精练

（1）证券市场监管的（　　）原则要求证券市场具有充分的透明度。

A. 诚实信用　　　　B. 公正
C. 公平　　　　D. 公开

参考答案：D

【解析】公开原则要求证券市场具有充分透明度，要实现市场信息公开化。

（2）按照国务院授权，中国证监会履行的职责包括（　　）。

Ⅰ. 监管上市公司及其按法律法规必须履行有关义务的股东的证券市场行为
Ⅱ. 依法对证券期货违法违规行为进行调查、处罚
Ⅲ. 起草证券期货市场的有关法律、法规
Ⅳ. 负责证券期货市场的统计与信息资源管理

A. Ⅰ、Ⅳ　　　　B. Ⅰ、Ⅱ、Ⅲ、Ⅳ
C. Ⅰ、Ⅱ、Ⅲ　　　　D. Ⅱ、Ⅲ、Ⅳ

参考答案：B

【解析】中国证券监督管理委员会作为国务院负责证券期货业监督管理的正部级事业单位，根据法律、法规和国务院授权，对全国证券、期货市场实行集中统一监督管理。题干中四项均属于中国证监会需要履行的职责。

（3）证券市场参与者进行发行和交易决策的重要依据是（　　）。

A. 完善的证券市场体系　　　　B. 证券市场良好的秩序
C. 准确和全面的信息　　　　D. 证券市场监管机构的合理监管

参考答案：C

【解析】准确和全面的信息是证券市场参与者进行发行和交易决策的重要依据。

知识点扩展

5. 同步演练（请扫描二维码做题）

三、考纲对比

知识点	2020 年考纲	2021 年考纲	变化
自律性组织	熟悉证券业协会的职责和自律管理职能	熟悉证券业协会的职责	删减了"自律管理职能"

知识点扩展

四、章节测试（请扫描二维码做题）

股　　票

一、知识结构

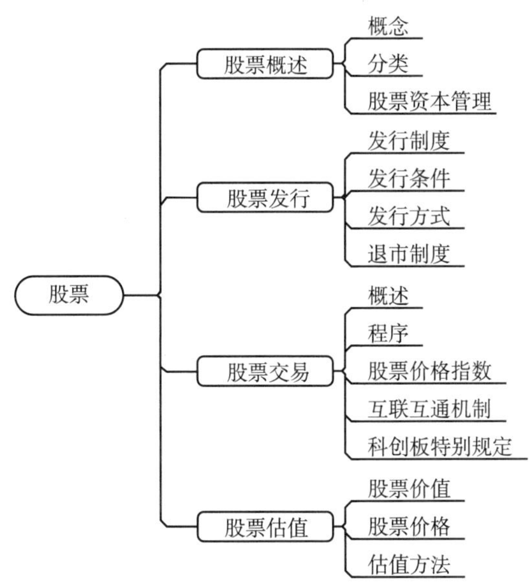

知识点扩展

二、核心要点

（一）股票概念

1. 案例引入

《2021 年股民盈亏统计一览：A 股股民平均收益多少钱?》*

【案例回顾】 2021 年 A 股股民人均赚多少钱? Wind 数据显示，截至

---

* 《2021 年股民盈亏统计一览：A 股股民平均收益多少钱?》，南方财富网，2022 年 1 月 1 日。其他来源：根据网络资料进行汇编整理。

2021 年 12 月 31 日，A 股市场总流通市值为 75.02 万亿元，较 2020 年年末的 64.26 万亿元增加了 10.76 万亿元。据中国结算中心数据，以 2021 年 11 月末国内 1.96 亿名投资者计算，人均增加 5.48 万元，即 A 股市场国内投资者上年人均盈利 5.48 万元。

经 Wind 统计，2021 年 A 股全市场成交金额达 257.18 万亿元，超过 2015 年 253.3 万亿元的成交额，创下历史新高。从 2021 年全年走势看，沪指累计上涨 4.8%，深证成指上涨 2.67%，创业板指上涨 12.02%，三大指数年线齐收三连阳。不过，年内 A 股大小指数分化明显，代表大盘股的上证 50、沪深 300 等表现弱势，年内分别下跌 10.06% 和 5.2%。代表小盘股的中证 1 000 却十分亮眼，年内累计涨幅达 20.52%。

【案例点评】平均数最大的缺点是容易受极端值影响，此时的平均数代表性很差。同时，A 股市场的基本规律是“一盈二平七亏损”，意味着在 A 股市场上，只有 10% 的股民赚钱，其余 90% 的股民都是不赚不赔或者亏钱。要想在本身不会创造财富的股市获利，除了具备专业知识和投资经验以外，拥有良好的心理素质也至关重要。

【相关要点】

(1) 股票最基本的特征是收益性，是指持有股票可以为持有人带来收益。

(2) 股票价格受诸如公司经营状况、供求关系、银行利率、大众心理等多种因素的影响，其波动有很大的不确定性。正是这种不确定性，有可能使股票投资者遭受损失。

2. 要点导图

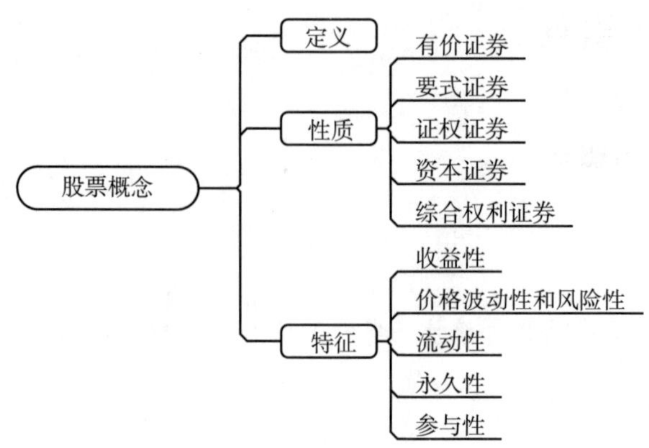

3. 要点精讲

（1）股票定义

股票概念

1）股票是一种有价证券，它是股份有限公司签发的证明股东所持股份和享有权益的凭证。股份有限公司的资本划分为股份，每一股份的金额相等，同种类的每一股份具有同等权利。公司股份采用股票的形式。股票实质上代表股东对股份公司净资产的所有权，股东凭借股票可以获得公司的股息和红利，参加股东大会并行使自己的权利，同时也承担相应责任与风险。

2）股票作为一种所有权凭证，有一定的格式。《中华人民共和国公司法》（以下简称《公司法》）规定，股票采用纸面形式或者国务院证券监督管理机构规定的其他形式。股票应当载明下列主要事项：公司名称；公司成立的日期；股票种类、票面金额及代表的股份数；股票的编号。股票由法定代表人签名，公司盖章。发起人的股票应当标明“发起人股票”字样。

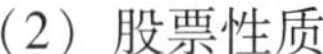

（2）股票性质

1）股票是有价证券：有价证券是财产价值和财产权利的统一表现形式。第一，虽然股票本身没有价值，但是股票是一种代表财产权的有价证券，它包含着股东具有依其持有的股票要求股份公司按规定分配股息和红利的请求权；第二，股票与它代表的财产权有不可分离的关系，二者合为一体。换言之，股东权利的转让应与股票占有的转移同时进行，股票转让就是股东权转让。

2）股票是要式证券：股票应具备《公司法》规定的有关内容，如果缺少规定的要件，股票就无法律效力。

3）股票是证权证券：证券可以分为设权证券（权利的发生以证券的制作和存在为条件，如汇票、本票、支票）和证权证券（权利已经存在，证券只是权利物化的外在形式，如股票）。股票代表的是股东权利，它的发行以股份的存在为条件，股票只是把已存在的股东权利表现为证券的形式，它的作用不是创造股东的权利，而是证明股东的权利。

4）股票是资本证券：发行股票是股份公司筹措自有资本的手段，因此股票是投入股份公司资本份额的证券化，属于资本证券。但是，股票又不是一种现实的资本，股份公司通过发行股票筹措的资金，是公司用于营运的真实资本。股票独立于真实资本之外，在股票市场上进行着独立的价值运动，是一种虚拟资本。

5）股票是综合权利证券：股票不属于物权证券，也不属于债权证券，而是一种综合权利证券。当公司股东将出资交给公司后，股东对其出资财产的所有权就转化为股东权了。股东权是一种综合权利，股东依法享有资产收益、重大决策、选择管理者等权利。股东虽然是公司财产的所有人，不能直接支配处理公司财产（物权证券特征），也不是与公司对立的债权人（债权证券特征）。

（3）股票特征

股票特征	基本含义
收益性	是股票最基本的特征，是指持有股票可以为持有人带来收益的特性。 收益来源：来自股份公司的股息和红利；来自股票流通的差价（资本利得）
价格波动性和风险性	股票风险的内涵是股票投资收益的不确定性，即实际收益与预期收益之间的偏离。股票是高风险金融产品
流动性	是指股票可以通过依法转让而变现的特性，即在本金保持相对稳定、变现的交易成本很小的条件下，股票很容易变现的特征。 流动性：大盘股 > 小盘股，上市公司股票 > 非上市公司股票，上市公司因市场或监管原因而受到转让限制，从而具有不同程度流动性
永久性	是指股票所载有权利的有效性是始终不变的，是一种无限期的法律凭证。 股票持有者可以出售股票，转移股东身份，但是不能要求退股
参与性	是指股票的持有者有权参与公司重大决策的特性

4. 典题精练

（1）下列有关股票特征的说法，正确的有（　　）。

Ⅰ. 股份公司派发的股息红利数量，主要取决于公司的收入情况

Ⅱ. 股份公司派发的股息红利数量，主要取决于公司的盈利情况

Ⅲ. 股票的风险性和收益性是并存的

Ⅳ. 股票的风险性和收益性是彼此独立的

A. Ⅰ、Ⅲ　　B. Ⅰ、Ⅳ

C. Ⅱ、Ⅲ　　D. Ⅱ、Ⅳ

参考答案：C

【解析】股息红利数量多少取决于股份公司的经营状况和盈利水平，Ⅱ项正确。价格波动的不确定性越大，投资收益的不确定性越大，投资风险也越大，风险性和收益性是并存的，Ⅲ项正确。

（2）下列关于股票性质的描述，错误的是（　　）。

A. 股票是有价证券、要式证券　　B. 股票是证权证券、资本证券

C. 股票是综合权利证券　　D. 股票是债权证券、物权证券

参考答案：D

【解析】 股票不属于物权证券，也不属于债权证券，而是综合权利证券。

5. 同步演练（请扫描二维码做题）

知识点扩展

（二）股票分类

1. 案例引入

科创板注册制：同股不同权实践*

【案例回顾】 2019 年 12 月 24 日，中国证监会依照法定程序同意优刻得科创板首次公开发行股票注册。值得注意的是，优刻得科技股份有限公司是科创板第一家获得证监会通过注册的设立差异化表决权的发行人。这也意味着，中国资本市场首家“同股不同权”上市公司真正诞生。优刻得注册成功，对于中国资本市场而言，将具有“里程碑”式的意义。

同股不同权，也就是平常所说的 AB 股权架构，也叫“差异化表决权”“特别表决权”“不同投票权架构”。具体而言，就是每份 A 类股份拥有的表决权数量为每份 B 类股份拥有的表决权的数倍（包括 10 倍）。《优刻得公司章程》第 77 条规定，每一 A 类股份享有的表决权数量应当与每一 B 类股份的表决权数量相同，即均可投一票以外，A 类股份及 B 类股份持有人就所有提交公司股东大会表决的决议案进行表决时，A 类股份持有人每股可投五票，而 B 类股份持有人每股可投一票。在 5 倍的特殊投票权安排下，优刻得前三大股东季昕华、莫显峰、华琨形成一致行动人，直接和间接持有公司 29.7305% 股份，掌握公司至少 64.71% 表决权。这样，三大股东以较少股份，实现了对上市公司的控制。

【案例点评】 在科创板设置同股不同权制度，某种意义上讲，是市场倒逼的结果：一方面，科创板作为资本市场改革的“试验田”，肩负着改革重任。注册制试点、差异化交易制度、更加包容的上市制度等，都凸显出科创板改革的成果；另一方面，阿里巴巴当年折戟港交所后不得不赴美上市，及至后来港交所对上市规则进行修改，再到港交所接纳首家 AB 股权架构公司小米的上市，客观上都倒逼 A 股市场不能再将 AB 股权架构的公司拒之门外。否则，像阿里巴巴、小米等新经济公司今后要在 A 股挂牌将存在制度

---

* 《首家同股不同权上市公司诞生，具有里程碑意义》，红星新闻，2019 年 12 月 27 日。

上的障碍。作为公司创始人，把握着企业发展的大方向，在企业需要不断融资的背景下，外部资金的持续投入，必然会稀释创始人的股权。如果在这样的企业中实行同股同权，那么创始人最后持有的股份比例将可能变得非常微不足道，其对企业就有可能失去控制，甚至可能被“野蛮人”挤出局。基于此，在相关企业中设置同股不同权的投票机制，无论是对于企业自身发展，还是对于保护创始人利益来说，都能实现双赢效果。

【相关要点】

（1）同股不同权在科技类公司、需要资金持续投入的公司中较为常见。

（2）特别股票，是指设有特别权利或特别限制的股票，如优先股、有限制或无表决权股票、超级表决权股票、金股、赋予特别参与性权利的股票。

2. 要点导图

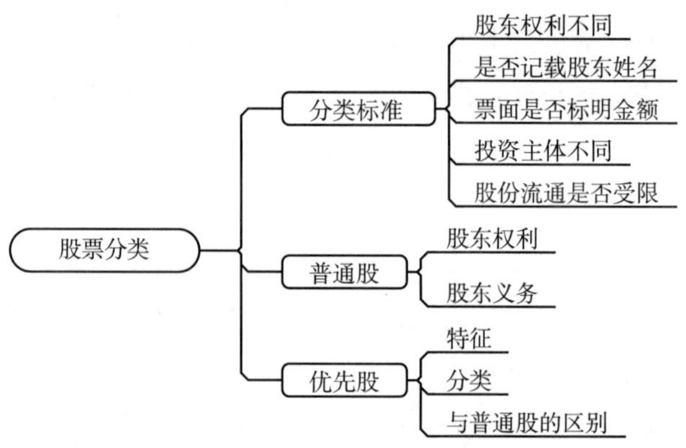

3. 要点精讲

（1）股票分类

股东权利不同	普通股票：是指秉持“一股一权”规则之下收益权和表决权无差别、等比例配置的股票。是最基本、最常见的一种股票，其持有者享有股东的基本权利和义务。 特别股票：是指设有特别权利或特别限制的股票，如优先股、有限制或无表决权股票、超级表决权股票、金股（一票否决权）、赋予特别参与性权利的股票（合伙人制度）。
是否记载股东姓名	记名股票：是指在股票票面和股份公司的股东名册上记载股东姓名的股票。股份有限公司向发起人、法人发行的股票，应当为记名股票（股东名册应记载股东姓名或名称及住所、所持股份数、股票编号、取得日期）。 无记名股票：是指在股票票面和股份公司股东名册上均不记载股东姓名的股票，也被称为“不记名股票”（记载股票数量、股票编号、发行日期）。 发行要求：《公司法》规定，公司发行股票可以为记名股票，也可以为无记名股票。 特点对比：

续表

<table>
<tr><td>是否记载股东姓名</td><td>记名股票
☐ 股东权利归记名股东
☐ 一次或分次缴纳出资
☐ 转让相对复杂或受限制
☐ 便于挂失，相对安全

无记名股票
☐ 股东权利归持有人
☐ 一次缴纳出资
☐ 转让相对简便
☐ 安全性较差</td></tr>
<tr><td>是否在股票票面上标明金额</td><td>有面额股票：是在股票票面上记载一定金额（票面金额、票面价值、股票面值）的股票。
特点：①可以明确表示每一股所代表的股权比例。如某股份公司发行 1 000 万元的股票，每股面额为 1 元，则每股代表公司净资产千万分之一的所有权；②为股票发行价格的确定提供依据：按照《公司法》规定，票面金额是股票发行价格的最低界限。
无面额股票：也被称为比例股票或份额股票，是指在股票票面上不记载股票面额，只注明它在公司总股本中所占比例的股票。股票价值随公司每股净资产和预期每股收益的增减而相应增减。美国纽约最先允许发行无面额股票，但是目前世界上很多国家（包括中国）不允许发行无面额股票。
特点：①发行或转让价格较灵活。发行价格不受票面金额的限制，转让时更注重分析每股的实际价值；②便于股票分割。</td></tr>
</table>

（2）我国股票分类

<table>
<tr><td colspan="2">1）按投资主体不同性质分类</td></tr>
<tr><td>国家股</td><td>国家股：是指有权代表国家投资的部门或机构以国有资产向公司投资形成的股份，包括公司现有国有资产折算成的股份。
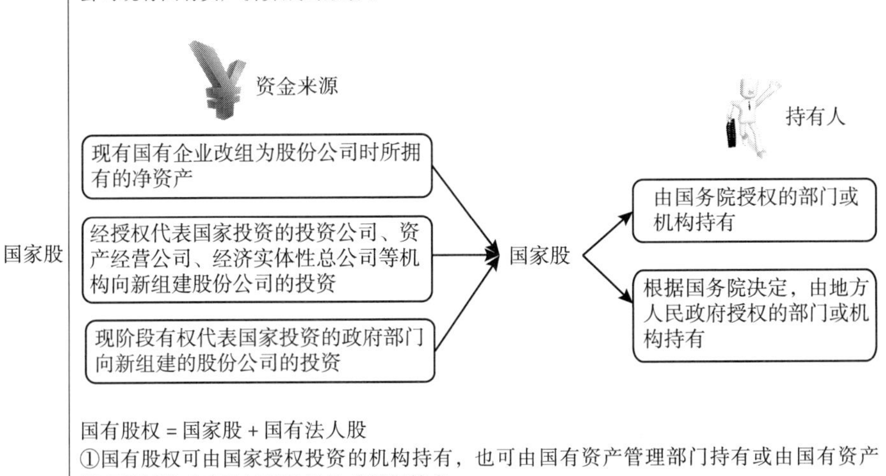

国有股权 = 国家股 + 国有法人股
①国有股权可由国家授权投资的机构持有，也可由国有资产管理部门持有或由国有资产管理部门代政府委托其他机构或部门持有。
②国有股股利收入由国有资产管理部门监督收缴、依法纳入国有资产经营预算，并根据国家有关规定安排使用。</td></tr>
</table>

续表

法人股	法人股：是指企业法人或具有法人资格的事业单位和社会团体以其依法可支配的资产投入公司形成的股份。 如果是具有法人资格的国有企业、事业单位及其他单位以其依法占用的法人资产向独立于自己的股份公司出资形成或依法定程序取得的股份，则被称为“国有法人股”。
社会公众股	社会公众股：是社会公众依法以其拥有的财产投入公司时形成的可上市流通的股份。 公司申请股票上市的条件之一：向社会公开发行的股份达到公司股份总数的 25% 以上；公司股本总额超过人民币 4 亿元的，向社会公开发行股份的比例为 10% 以上。
外资股	外资股：是指股份公司向外国和中国香港、中国澳门、中国台湾地区投资者发行的股票。 ①境内上市外资股，即 B 股（人民币特种股）。采取记名股票形式，以人民币标明面值，以外币认购、买卖，在境内证券交易所上市交易。2001 年 2 月起对境内居民个人开放 B 股市场，境内居民个人可以用现汇存款和外币现钞存款及从境外汇入的外汇资金从事 B 股交易，但是不允许使用外币现钞。 ②境外上市外资股。采取记名股票形式，以人民币标明面值，以外币认购。在境外上市时，可以采取境外存股凭证形式或者股票的其他派生形式。境外上市外资股主要由 H 股（在中国内地注册的公司在中国香港上市的外资股，认购和交易均使用港币）、N 股、S 股等构成。 注意： ①A 股不属于外资股。A 股即人民币普通股，是指由中国境内公司发行、上市，境内机构和个人以人民币购买交易的股票。 ②红筹股不属于外资股。红筹股是指在中国境外注册、在中国香港上市，但是主要业务在中国内地或大部分股东权益来自中国内地的股票。
2）已完成股权分置改革的公司，按照股份流通受限分类	
有限售条件股份	是指股份持有人依照法律、法规规定或按承诺有转让限制的股份，具体包括：国家持股、国有法人持股、其他内资持股、外资持股。
无限售条件股份	是指流通转让不受限制的股份。具体包括 A 股、外资股等。

（3）普通股与优先股

1）普通股股东的权利：

普通股与

优先股

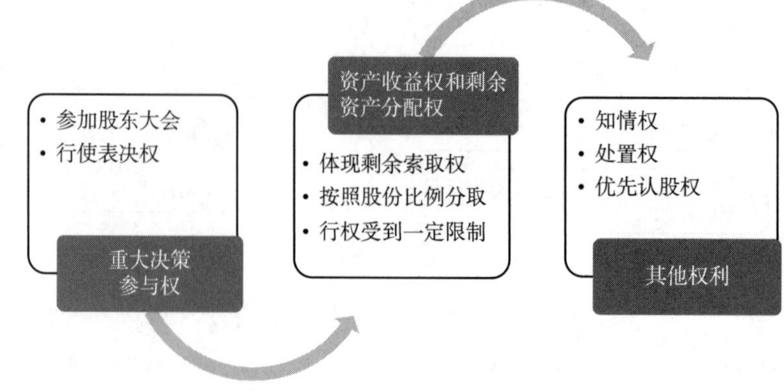

①重大决策参与权是指普通股股东可以以股东身份参与股份公司的重大事项决策，行使权利的途径是参加股东大会、行使表决权（可委托代理人出席；每一股份有一表决权）。

A. 股东大会由全体股东组成，是公司的权力机构。

B. 股东大会每年召开一次年会，有下列情形之一的，应当在 2 个月内召开临时股东大会：

a. 董事人数不足《公司法》规定人数或者公司章程所定人数的 2/3；

b. 公司未弥补的亏损达实收股本总额 1/3；

c. 单独或者合计持有公司 10% 以上股份的股东请求；

d. 董事会认为必要；

e. 监事会提议召开；

f. 公司章程规定的其他情形。

C. 股东大会作出决议，必须经出席会议的股东所持表决权过半数通过，下列事项必须 2/3 以上通过：

a. 修改公司章程；

b. 增加或者减少注册资本；

c. 公司合并、分立、解散或者变更公司形式。

②资产收益权和剩余资产分配权。

A. 资产收益权：股东按照其持有的股份比例分取股利的权利。行权的限制条件：

a. 法律限制。一般原则是只能用留存收益支付红利、红利支付不能减少注册资本、无力偿债时不能支付红利。我国法律规定，公司税后利润，在支付普通股票的红利之前，应按如下顺序分配：弥补亏损，提取法定公积金，提取任意公积金。

b. 其他限制。如公司对现金的需要，股东所处的地位，公司的经营环境，公司进入资本市场获得资金的能力等。

B. 剩余资产分配权：在公司解散清算时，股东按照其持有的股份比例获取剩余财产的权利。行权的先决条件：

a. 必须在公司解散清算时行权。

b. 公司剩余资产支付顺序：支付清算费用，支付公司员工工资和劳动保险费用，支付所欠税款，清偿公司债务；如还有剩余资产，再按照股东持股比例分配给各股东。

③其他权利：包括知情权、处置权、优先认股权（是指当股份公司为增加公司资本而决定增加发行新的股票时，原普通股股东享有的按其持股比例，以低于市价的某一特定价格优先认购一定数量新发行股票的权利）。

2）普通股股东的义务：

①出资义务。货币出资，或非货币出资（实物、知识产权、土地使用权）。

②不得滥用股东权利的义务。

3）优先股的定义：是特别股票的一种，其股份持有人的某些权利优先（优先分配公司利润和剩余财产），有些权利受到限制（对日常事务无表决权）。

根据《国务院关于开展优先股试点的指导意见》，优先股股东在以下两种情况具有表决权：

①固有的表决权：是指公司对与优先股股东利益切身相关的重大事项进行表决时，优先股股东享有表决权，而且与普通股分类表决。以下 5 种事项，除须经出席会议的普通股股东所持表决权的 2/3 以上通过之外，还须经出席会议的优先股股东所持表决权的 2/3 以上通过：

A. 修改公司章程中与优先股相关的内容；

B. 一次或累计减少公司注册资本超过 10%；

C. 公司合并、分立、解散或变更公司形式；

D. 发行优先股；

E. 公司章程规定的其他情形。

②恢复的表决权：是指由于公司长期未按约定分配股息，优先股股东恢复到与普通股股东同样的表决权，可以参与公司经营决策，与普通股一同参加投票。按照规定，公司累计 3 个会计年度或连续 2 个会计年度未按约定支付优先股股息，优先股股东可以享有公司章程规定的表决权，获得“恢复的表决权”，但是当公司全额支付所欠优先股股息时，优先股股东不再享有“恢复的表决权”。

4）优先股的特征：

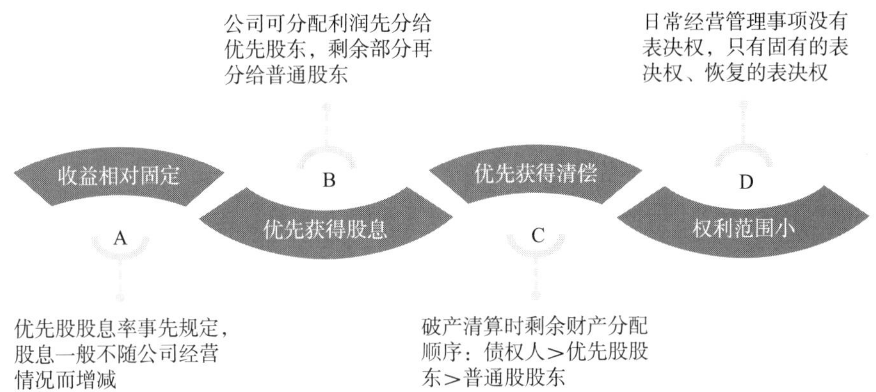

5）优先股的分类：

①按照股息率是否固定：固定股息率优先股、浮动股息率优先股；

②按照有可分配税后利润时公司是否必须分配：强制分红优先股、非强制分红优先股；

③按照未派发股息能否累积到下一年度：可累积优先股票、非累积优先股票；

④按照能否参与额外分红：参与优先股票、非参与优先股票；

⑤按照能否转换为普通股：可转换优先股、不可转换优先股；

⑥按照发行人或优先股股东能否要求公司回购优先股：可回购优先股、不可回购优先股。

6）优先股与普通股的区别：

项目	普通股	优先股
股东权利	全面参与公司经营管理	不参与日常经营管理
利润和剩余财产分配顺序	位于优先股之后	位于普通股之前
股息收益	取决于公司当年盈利状况以及分配政策	一般固定
资本利得	空间较大	空间较小
退股条件	不能要求退股	如有约定可将股票回售

4. 典题精练

（1）下列属于境内上市外资股的是（　　）。

A. S股　　　　B. B股

C. H股　　　　　　　　　　　　D. L股

参考答案：B

【解析】境内上市外资股原来是指股份有限公司向境外投资者募集并在我国境内上市的股份，投资者限于：外国的自然人、法人和其他组织；中国香港、中国澳门、中国台湾地区的自然人，法人和其他组织；定居在国外的中国公民等。这类股票被称为B股。

（2）优先股（东）和普通股（东）之间具有很大的区别，其区别有（　　）。

Ⅰ. 相对于普通股股东，优先股股东在公司利润的分配上享有优先权

Ⅱ. 普通股股东具有公司重大决策参与权，而一般情况下，优先股股东不具有这项权利

Ⅲ. 优先股股东相对于普通股股东在公司剩余财产的分配上没有优先权

Ⅳ. 普通股股东不能要求退股，只能在二级市场上变现退出；如有约定，优先股股东可依约将股票回售给公司

A. Ⅰ、Ⅱ、Ⅲ、Ⅳ　　　　　　　　B. Ⅰ、Ⅱ、Ⅳ

C. Ⅰ、Ⅲ、Ⅳ　　　　　　　　　　D. Ⅱ、Ⅲ

参考答案：B

【解析】Ⅲ错误，优先股既像债券，又像股票，其“优先”主要体现在：一是通常具有固定的股息（类似债券），并须在派发普通股股息之前派发；二是在破产清算时，优先股股东对公司剩余财产的权利先于普通股股东，但是在债权人之后。

（3）普通股股东行使资产收益权有一定的法律上的限制。主要包括（　　）。

Ⅰ. 股份公司只能用留存收益支付红利

Ⅱ. 红利的支付不能减少注册资本

Ⅲ. 公司在无力偿债时不能支付红利

Ⅳ. 公司在增发新股前不能支付红利

A. Ⅲ、Ⅳ　　　　　　　　　　　　B. Ⅰ、Ⅱ、Ⅲ

C. Ⅰ、Ⅱ、Ⅲ、Ⅳ　　　　　　　　D. Ⅰ、Ⅱ、Ⅳ

参考答案：B

【解析】普通股票股东行使资产收益权有一定的限制条件。法律上的限制一般原则是：股份公司只能用留存收益支付红利；红利的支付不能减少其注册资本；公司在无力偿债时不能支付红利。

5. 同步演练（请扫描二维码做题）

知识点扩展

（三）股票资本管理概念

1. 案例引入

贵州茅台：白马股、高分红与长期投资*

【案例回顾】股利政策是公司理财活动的三大核心内容之一，公司所制定的股利政策合理与否会影响公司的资本结构，并最终影响公司的未来发展。然而，我国的上市公司分红存在很大的随意性和主观性，“重筹资、轻回报”的传统始终没有得到根本性改变，上市公司甚至沦为各个利益相关者在资本市场圈钱及输送利益的工具。这对于监管层来讲，试图培育长期投资者的愿望受到严重打击，加重资本市场投机风气，不利于我国资本市场长期健康地发展。

与此大背景截然不同的是，贵州茅台自2001年至2017年上市的18年来，分红总额为273.71亿元，股利支付率为37.33%，却只有过一次募集资金行为，募资总额为22.44亿元。其现金股利派发水平远远高于市场的平均水平，被称为“现金奶牛”。贵州茅台的高层长期致力于打造企业良好形象，通过派发高额现金股利回馈股民的方式吸引市场关注，营造良好的投资关系，为公司集团在资本市场上赢得良好声誉。这说明贵州茅台连续、稳定、高额度地发放现金股利能够向股东等利益相关人传递经营前景良好的信息。有了充足的信心，投资者才更有意愿对公司进行投资，消费者才能更倾向于购买贵州茅台的产品，债权人才更放心地提供借款。由此，贵州茅台的持续高额派现股利政策取得了一举多得的效果。

【案例点评】作为中国白酒行业的佼佼者，贵州茅台在不具备优质投资机会而又持有高额现金流，并且在满足公司正常需求的情况下，可采取合理的现金股利分配政策，从而传递公司经营良好的信息，增强市场信心，吸引更多投资者的关注，营造良好的投资关系，为公司集团在资本市场上赢得良好声誉。实证研究表明，贵州茅台的现金股利政策对股票市场有显著的积极作用，投资者愿意给予正向反馈。

---

* 刘亮洲．现金红利 or 高送转：股利政策对股东价值的影响［J］．现代经济信息，2016（11）：288。陈志豪，陈顶新，王俊嵘，蔡宛彤，杨银梅．公司现金股利政策市场影响实证分析——以贵州茅台为例［J］．市场周刊，2018（09）：93－94。

【相关要点】

(1) 股利政策是关于股份公司是否发放股利、发放多少股利及何时发放股利等方面的制度与政策，所涉及的主要是股份公司对其收益进行分配还是留存以用于再投资的策略问题。

(2) 股利分配形式有现金股利和股票股利两种。

(3) 稳定的现金股利政策对公司现金流管理有较高的要求，通常把那些经营业绩较好、具有稳定且较高的现金股利支付的公司股票称为蓝筹股。

2. 要点导图

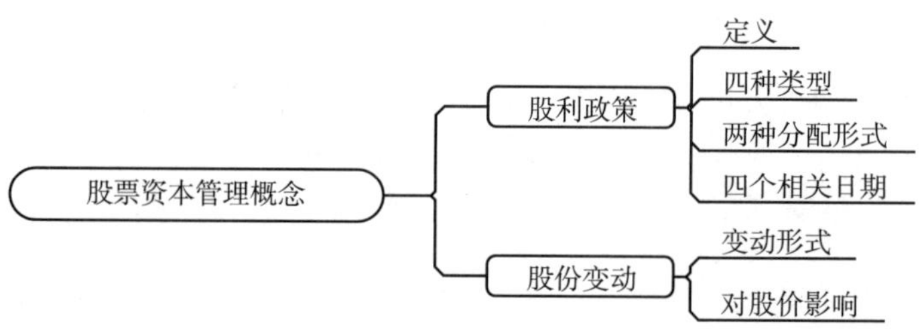

3. 要点精讲

(1) 股利政策

股利政策

1) 定义：股利政策是关于股份公司是否发放股利、发放多少股利及何时发放股利等方面的制度与政策，涉及的主要是股份公司对其收益进行分配还是留存以用于再投资的策略问题。

2) 四种股利政策：

①固定股利政策。公司每年支付固定的或者稳定增长的股利。

②固定股利支付率政策。公司每年发放的每股现金股利与每股收益保持固定的比率关系。

③零股利政策。将公司所有收益全部投资于本公司用于内部积累。

④剩余股利政策。现金优先用于公司投资需要，只有在满足该需要后有剩余，剩余的部分才用来发放股利。

3) 两种股利分配形式：

①现金股利，也称派现，是指股份公司以现金分红方式将盈余公积和当期应付利润的部分或全部发放给股东。现金股利的发放致使公司的资产和股东权益减少同等数额，导致公司现金流出。稳定的现金股利政策对公司现金流管理有较高的要求，通常把那些经营业绩较好、具有稳定且较高的现金股利支付的公司股票称为蓝筹股。

②股票股利，也称送股，是指股份公司对原有股东无偿派发股票的行为。送股时，股份公司将留存收益转入股本账户，留存收益包括盈余公积和未分配利润（现实中股份公司一般只将未分配利润部分转入股本账户）。送股是留存收益的凝固化和资本化，送股后，股东在公司中占有的权益比例和账面价值均无变化。

4）4 个相关日期：

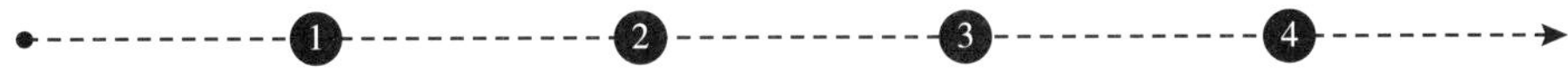

上市公司宣布分红派息方案（包括因配股、公积金转增导致股份变动）后至除权除息日前，该上市证券为含息或含权证券。除息是指证券不再含有最近已宣布发放的股息（现金股利）；除权是指证券不再含有最近已宣布的送股、配股及转增权益。从理论上说，除息日股票价格应下降与每股现金股利相同的数额，除权日股票价格应按送股、配股或转增比例相应下降。但是在实践中，除息除权后，股价变化与理论价格之间通常会存在差异。

（2）股份变动

股份公司在首次公开发行股票（IPO）并在证券交易所上市以后，还会因增发和定向增发、配股、公积金转增股本、股份回购、可转换债券转换为股票、股票分割和合并等而引起公司股份总数的变动并对股票价格产生影响。

1）增发和定向增发：增发是股份公司向不特定对象公开募集股份的行为；定向增发是股份公司采用非公开方式向特定对象发行股票的行为。增发或定向增发之后，公司注册资本和股份相应增加。

可能导致股价下跌：若会计期内增量资本未能产生相应效益，将导致每股收益下降（稀释效应），会促成股价下跌；若增发总体上增加了发行在外的股票总量，短期内增加了股票供给，若无相应需求增长，股价可能下跌。

可能导致股价上涨：若增发价格高于增发前每股净资产，则增发后可能会导致公司每股净资产提升，有利于股价上涨。

2）配股：是上市公司向原股东配售股份的行为。原股东可以参与配股，也可以放弃配股权。

可能导致股价下跌：由于配股价通常低于市场价格，配股上市之后可能导致股价下跌。

可能导致股价上涨：对那些业绩优良、财务结构健全、具有发展潜力的公司而言，配股（包括增发和定向增发）意味着将增加公司经营实力，会给股东带来更多回报，股价不仅不会下跌，可能还会上涨。

3）资本公积金转增股本：是在股东权益内部，把资本公积金转入股本账户，并按照投资者所持有公司股份份额比例的大小分到各个投资者的账户中，以此增加每个投资者的投入资本。资本公积金是在公司的生产经营之外，由资本、资产本身及其他原因形成的股东权益收入。股份公司的资本公积金主要来源于股票发行的溢价收入（最常见、最主要）、接受的赠与、资产增值、因合并而接受其他公司资产净额等。资本公积金转增股本以后，股东权益总量和每位股东占公司的股份比例均未发生变化，唯一的变动是发行在外的股份总数增加了。

送股与资本公积转增股本的区别为：

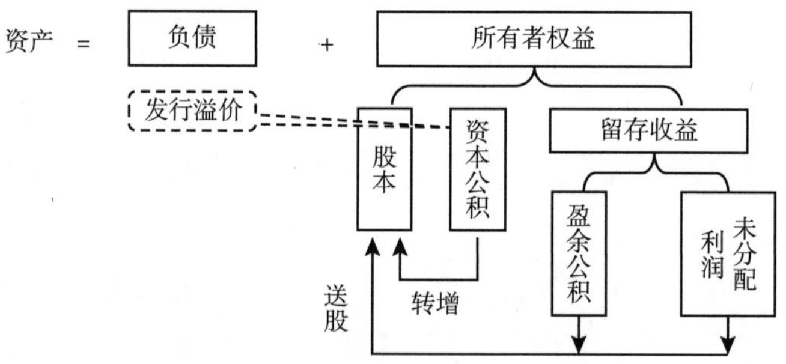

4）股份回购：是股份公司利用自有资金买回发行在外股份的行为。通常股份回购会导致公司股价上涨，一是因为股份回购改变了原有供求平衡；二是向市场传达了积极的信息（股价估值偏低）。

5）可转换债券转换为股票。公司收回并注销发行的可转换债券，同时发行新股。此时，公司的实收资本和股份总数增加，由于稀释效应，有可能导致股价下降。

6）股票分割和合并。股票分割又称拆股、拆细，是将 1 股股票均等地拆成若干股，通常用于高价股。股票合并又称并股，是将若干股股票合并为 1 股，通常用于低价股。从理论上说，不论是分割还是合并，股价会以相同的比例向下或向上调整，实践中股票分割或合并通常会刺激股价下降或上升。

6 种股份变动形式及其对股价的影响为：

项目	股价变动
增发和定向增发	不确定
配股	不确定
资本公积金转增股本	不确定
股份回购	一般上涨
可转债转换为股票	稀释效应，可能下降
分割和合并	理论不变，实际下降或上升

4. 典题精练

（1）下列关于派发股利的说法，正确的有（　　）。

Ⅰ. 股利宣告日，即公司董事会将分红派息的消息公布于众的时间

Ⅱ. 股权登记日，即统计和确认参加本期股利分配的股东的日期

Ⅲ. 除息除权日，通常为股权登记日之后的 3 个工作日

Ⅳ. 派发日，即股利正式发放给股东的日期

A. Ⅰ、Ⅱ、Ⅲ、Ⅳ　　B. Ⅰ、Ⅱ

C. Ⅲ、Ⅳ　　D. Ⅰ、Ⅱ、Ⅳ

参考答案：D

【解析】除息除权日，通常为股权登记日之后的 1 个工作日，本日之后（含本日）买入的股票不再享有本期股利，Ⅲ项错误。

（2）以超过票面金额的价格发行股票所得的溢价款项列入公司的（　　）。

A. 资本公积金　　B. 股本

C. 任意公积金　　D. 盈余公积金

参考答案：A

【解析】股份公司的资本公积金主要来源于股票发行的溢价收入、接受的赠与、资产增值、因合并而接受其他公司资产净额等。其中，股票发行溢价是上市公司最常见、最主要的资本公积金来源。

知识点扩展

5. 同步演练（请扫描二维码做题）

（四）股票发行

1. 案例引入

瑞幸事件，券商保荐机构受到冲击*

【案例回顾】 2020 年 1 月 31 日，浑水（Muddy Waters Research）称收到了一份关于瑞幸咖啡的匿名报告，浑水认为报告内容属实。报告认为，瑞幸咖啡的商业模式存在缺陷，认为在中国咖啡市场仍然小众并只是缓慢增长；瑞幸咖啡的客户对价格敏感度高，在降低折扣的同时，增加同店销售额是不可能完成的任务。对此，瑞幸咖啡予以了坚决否认，作为瑞幸咖啡美股 IPO 的联席主承销商，中金公司和海通国际也纷纷发布研报“声援”瑞幸。

值得一提的是，2020 年 1 月 10 日，瑞士信贷、摩根士丹利、中金公司和海通国际这四家公司，刚刚作为联席账簿管理人协助瑞幸咖啡成功完成美股可转债及股票同步发行。作为大型投行机构（或券商机构），研究报告的发布与其他业务往往是有防火墙设置的。但是在业务实操中，仍然不能幸免于被质疑承销业务和研报发布存在“利益关系”的可能性。据媒体报道，中介机构是否涉及“共谋”或其是否未做到勤勉尽责，还需等待最终的调查结果。

【案例点评】 在互联网、新经济领域，凡是那些出了名的公司，基本上都有一个关键词“快”，瑞幸咖啡也不例外，从创立到美股上市仅仅只用了 17 个月，缔造了全球最快 IPO 的记录。瑞幸咖啡“快”的背后离不开中介机构的支持，瑞幸咖啡的主承销商有四个，分别是摩根士丹利、瑞士信贷、中金公司和海通国际，这四家保荐机构当中非常值得一提的就是中金公司。中金公司不仅是瑞幸咖啡 IPO 的保荐机构，而且还参与了瑞幸咖啡的 B 轮融资。瑞幸咖啡造假风波可能会触动美国证监会调查，而证监会可能会同司法部开启针对公司及相关责任个人的刑事调查，集体诉讼和证监会罚款可能会导致公司倾家荡产，同时也包括瑞幸咖啡 IPO 的联席承销机构。

【相关要点】

（1）保荐机制。新《中华人民共和国证券法》（以下简称《证券法》）

---

* 《瑞幸四大承销商股价集体大跌：中金跌 5% 海通国际跌 2%》，新浪财经，2020 年 4 月 3 日。《关键时刻　瑞幸暴雷　毁了一盘大棋！资本时差》，2020 年 4 月 4 日。其他来源：根据网络资料进行汇编整理。

第八十五条规定，发行人控股股东、实际控制人、董监高和其他直接责任人员，以及保荐人、承销的证券公司及其直接责任人员，应与发行人承担连带赔偿责任，能够证明自己没有过错的除外。

（2）防火墙原则。根据《证券公司管理办法》的规定，投资银行部门应当遵循内部防火墙原则，建立有关隔离制度，严格制定各种管理规章、操作流程和岗位手册，并针对各个风险点设置必要的控制程序，做到投资银行业务和经纪业务、自营业务、受托投资管理业务、证券研究和证券投资咨询业务等在人员、信息、账户、办公地点上严格分开管理，以防止利益冲突。建立一套“防火墙”机制，避免券商扮演双重角色、为自身谋私利的情况

2. 要点导图

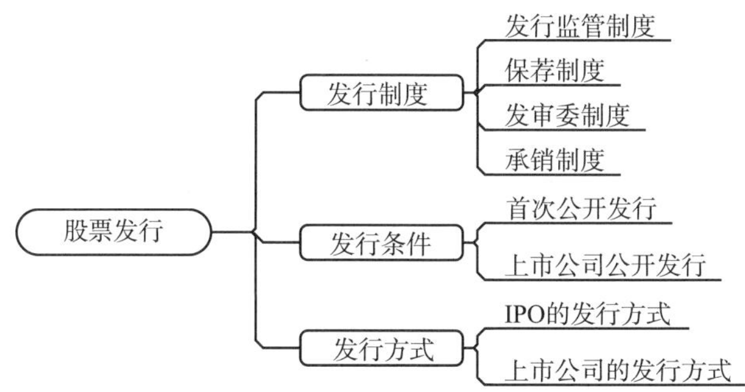

3. 要点精讲

（1）股票发行制度

1）概念：股票发行制度是指发行人在申请发行股票时必须遵循的一系列程序化的规范，表现在发行监管制度、发行方式与发行定价等方面。

股票发行监管制度

2）发行监管制度主要有三种：审批制、核准制和注册制，每种发行监管制度都对应一定的市场发展状况。其中审批制是完全计划发行的模式（额度管理和指标管理两个阶段），核准制是从审批制向注册制过渡的中间模式（通道制和保荐制两个阶段），注册制则是目前成熟股票市场普遍采用的发行制度，三种制度的比较如下：

项目	审批制	核准制	注册制
发行指标和额度	有	无	无
发行上市标准	有	有	有
主要推荐人	政府或行业主管部门	中介机构	中介机构

续表

项目	审批制	核准制	注册制
对发行作实质判断的主体	中国证监会	证券交易所、中介机构、中国证监会	证券交易所、中介机构
发行监管性质	中国证监会实质性审核	证券交易所、中介机构和中国证监会分担实质性审核职责	证券交易所和中介机构实质审核、中国证监会形式审核

形式审查：审查申报文件的真实性、准确性、完整性、及时性等合规性。

实质性审查：审查发行人的营业性质、财力、素质、发展前景、发行数量和价格等条件，判断发行人的质量。

3）保荐制度：是指有资格的证券公司推荐符合条件的公司公开发行股票和上市，并且对发行人的申请文件和信息披露资料进行审慎核查，督导发行人规范运作。保荐制度的重点是明确保荐机构和保荐代表人的责任，并建立责任追究制。保荐人的保荐责任期包括发行上市全过程及上市后的一段时期。

4）发审委制度：发行审核委员会（发审委）由国务院证券监督管理机构的专业人员和所聘请的该机构外的有关专家组成，以投票方式对股票发行申请进行表决，提出审核意见。

新《证券法》实施前，中国证监会下设的发审委负责审核环节，中国证监会负责核准环节和监督环节；新《证券法》实施后，证券交易所负责审核环节，进行实质审核，中国证监会履行监督职能，实现了监审分离。

5）承销制度：公开发行以承销为主，包括包销和代销两种。包销是指承销商将发行人的股票按照协议全部购入（全额包销）或者在承销期结束时将售后剩余股票全部自行购入（余额包销）的承销方式。代销是指承销商代发行人发售股票，在承销期结束时，将未售出的股票全部退还给发行人的承销方式。

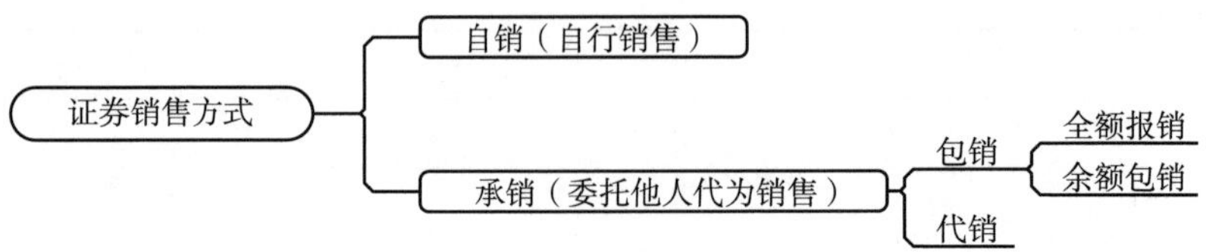

（2）新股发行条件

公开发行股票：是指发行人向不特定对象发行股票或向特定对象发行股票累计超过200人，但是依法实施员工持股计划的员工人数不计算在内或法律、行政法规规定的其他发行行为。

非公开发行股票：也称定向增发，是指上市公司用非公开方式向特定对象发行股票的行为。

新股发行的情形为：

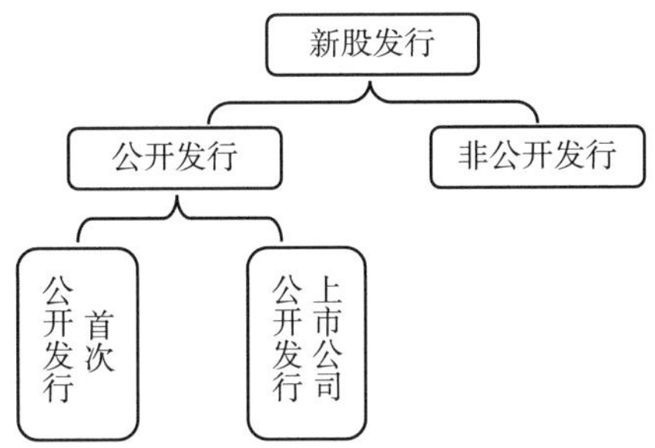

1）首次公开发行股票的规定：首次公开发行股票（IPO），是指公司首次在证券市场公开发行股票募集资金并上市的行为。通过首次公开发行，发行人不仅募集到所需资金，而且完成了股份有限公司的设立或转制，成为上市公众公司。

IPO的基本条件：新《证券法》（2020年3月1日起施行）规定，公司首次公开发行新股，应当具备健全且运行良好的组织机构，具有持续经营能力（之前为“具有持续盈利能力，财务状况良好”），最近3年财务会计报告被出具无保留意见审计报告，发行人及其控股股东、实际控制人最近3年不存在贪污、贿赂、侵占财产、挪用财产或者破坏社会主义市场经济秩序的刑事犯罪，以及经国务院批准的国务院证券监督管理机构规定的其他条件。

IPO的具体条件：

①首次公开发行股票并在主板（中小企业板）上市的规定——中国证监会《首次公开发行股票并上市管理办法（2020年修订）》。

A. 发行人依法设立且持续经营时间在3年以上的股份有限公司，经国务院批准的除外。有限责任公司按原账面净资产值折股整体变更为股份有限公司的，持续经营时间可以从有限责任公司成立之日起计算。

B. 发行人最近3年内主营业务和董事、高级管理人员没有发生重大变化，实际控制人没有发生变更。

C. 发行人规范运行。

D. 最近 3 个会计年度净利润均为正数且累计超过人民币 3 000 万元，净利润以扣除非经常性损益前后较低者为计算依据。

E. 最近 3 个会计年度经营活动产生的现金流量净额累计超过人民币 5 000 万元或者最近 3 个会计年度营业收入累计超过人民币 3 亿元。

F. 发行前股本总额不少于人民币 3 000 万元。

G. 最近一期末无形资产（扣除土地使用权、水面养殖权和采矿权等后）占净资产的比例不高于 20%。

H. 最近一期末不存在未弥补亏损。

I. 发行人的经营成果对税收优惠不存在严重依赖。

J. 发行人不存在重大偿债风险，不存在影响持续经营的担保、诉讼及仲裁等重大或有事项。

K. 发行人不得有影响持续盈利能力的情形。

②首次公开发行股票并在创业板上市的规定。

中国证监会于 2020 年 6 月 12 日发布的《创业板首次公开发行股票注册管理办法（试行）》：

A. 发行人是依法设立且持续经营 3 年以上的股份有限公司。有限责任公司按原账面净资产值折股整体变更为股份有限公司的，持续经营时间可以从有限责任公司成立之日起计算。

B. 最近 3 年财务会计报告由注册会计师出具无保留意见的审计报告。

C. 发行人业务完整，具有直接面向市场独立持续经营的能力。

D. 发行人规范运行。

深圳证券交易所于 2020 年 6 月 12 日发布的《深圳证券交易所创业板股票上市规则（2020 年修订）》：

A. 符合中国证监会规定的创业板发行条件。

B. 发行后股本总额不低于 3 000 万元【主板（中小企业板）为：发行前股本总额不少于人民币 3 000 万元】。

C. 公开发行的股份达到公司股份总数的 25% 以上；公司股本总额超过 4 亿元的，公开发行股份比例为 10% 以上。

D. 市值及财务指标符合《深圳证券交易所创业板股票上市规则》规定的标准。

E. 深圳证券交易所要求的其他上市条件。

深圳证券交易所可以根据市场情况，经中国证监会批准对上市条件和具体标准进行调整。

2）上市公司公开发行股票的规定：上市公司公开发行股票，是指上市公司向不特定对象公开发行股票。

①主板（中小企业板）上市公司公开发行股票的规定——《上市公司证券发行管理办法（2020 年修订）》。

A. 上市公司的组织机构健全、运行良好，符合下列规定：公司章程合法有效，股东大会、董事会、监事会和独立董事制度健全，能够依法有效履行职责；公司内部控制制度健全，能够有效保证公司运行的效率、合法合规性和财务报告的可靠性；内部控制制度的完整性、合理性、有效性不存在重大缺陷；现任董事、监事和高级管理人员具备任职资格，能够忠实和勤勉地履行职务，不存在违反《公司法》第一百四十八条、第一百四十九条规定的行为，且最近 36 个月内未受到过中国证监会的行政处罚、最近 12 个月内未受到过证券交易所的公开谴责；上市公司与控股股东或实际控制人的人员、资产、财务分开，机构、业务独立，能够自主经营管理；最近 12 个月内不存在违规对外提供担保的行为。

B. 上市公司的盈利能力具有可持续性，符合下列规定：最近 3 个会计年度连续盈利。扣除非经常性损益后的净利润与扣除前的净利润相比，以低者作为计算依据；业务和盈利来源相对稳定，不存在严重依赖于控股股东、实际控制人的情形；现有主营业务或投资方向能够可持续发展，经营模式和投资计划稳健，主要产品或服务的市场前景良好，行业经营环境和市场需求不存在现实或可预见的重大不利变化；高级管理人员和核心技术人员稳定，最近 12 个月内未发生重大不利变化；公司重要资产、核心技术或其他重大权益的取得合法，能够持续使用，不存在现实或可预见的重大不利变化；不存在可能严重影响公司持续经营的担保、诉讼、仲裁或其他重大事项；最近 24 个月内曾公开发行证券的，不存在发行当年营业利润比上年下降 50% 以上的情形。

C. 上市公司的财务状况良好，符合下列规定：会计基础工作规范，严格遵循国家统一会计制度的规定；最近 3 年及一期财务报表未被注册会计师出具保留意见、否定意见或无法表示意见的审计报告；被注册会计师出具带强调事项段的无保留意见审计报告的，所涉及的事项对发行人无重大不利影响或者在发行前重大不利影响已经消除；资产质量良好，不良资产不足以对公司财务状况造成重大不利影响；经营成果真实，现金流量正常。营业收入和成本费用的确认严格遵循国家有关企业会计准则的规定，最近 3 年资产减值准备计提充分合理，不存在操纵经营业绩的情形；最近 3 年以现金方式累计分配的利润不少于最近 3 年实现的年均可分配利润的 30%。

D. 上市公司最近 36 个月内财务会计文件无虚假记载，且不存在下列重大违法行为：违反证券法律、行政法规或规章，受到中国证监会的行政处罚，或者受到刑事处罚；违反工商、税收、土地、环保、海关法律、行政法规或规章，受到行政处罚且情节严重，或者受到刑事处罚；违反国家其他法律、行政法规且情节严重的行为。

E. 上市公司募集资金的数额和使用应当符合下列规定：募集资金数额不超过项目需要量；募集资金用途符合国家产业政策和有关环境保护、土地管理等法律和行政法规的规定；除金融类企业外，本次募集资金使用项目不得为持有交易性金融资产和可供出售的金融资产、借予他人、委托理财等财务性投资，不得直接或间接投资于以买卖有价证券为主要业务的公司；投资项目实施后，不会与控股股东或实际控制人产生同业竞争或影响公司生产经营的独立性；建立募集资金专项存储制度，募集资金必须存放于公司董事会决定的专项账户。

F. 上市公司存在下列情形之一的，不得公开发行证券：本次发行申请文件有虚假记载、误导性陈述或重大遗漏；擅自改变前次公开发行证券募集资金的用途而未作纠正；上市公司最近 12 个月内受到过证券交易所的公开谴责；上市公司及其控股股东或实际控制人最近 12 个月内存在未履行向投资者作出的公开承诺的行为；上市公司或其现任董事、高级管理人员因涉嫌犯罪被司法机关立案侦查或涉嫌违法违规被中国证监会立案调查；严重损害投资者的合法权益和社会公共利益的其他情形。

②创业板、科创板上市公司发行股票的一般规定。创业板上市公司发行股票规定来自《创业板上市公司证券发行注册管理办法（试行）》（中国证监会 2020 年 6 月 12 日发布），科创板上市公司发行股票规定来自《科创板上市公司证券发行注册管理办法（试行）》（中国证监会 2020 年 7 月 3 日发布），两个文件有较多相同规定，因此一同列明：

A. 上市公司向不特定对象发行股票，应当符合下列规定：具备健全且运行良好的组织机构；现任董事、监事和高级管理人员具备法律、行政法规规定的任职资格；具有完整的业务体系和直接面向市场独立经营的能力，不存在对持续经营有重大不利影响的情形；会计基础工作规范，内部控制制度健全且有效执行，财务报表的编制和披露符合企业会计准则和相关信息披露规则的规定，在所有重大方面公允反映了上市公司的财务状况、经营成果和现金流量，最近3年财务会计报告被出具无保留意见审计报告；除金融类企业外，最近一期末不存在持有金额较大的财务性投资。

创业板的额外规定：最近2年盈利，净利润以扣除非经常性损益前后孰低者为计算依据。

B. 上市公司存在下列情形之一的，不得向不特定对象发行股票：擅自改变前次募集资金用途未作纠正，或者未经股东大会认可；上市公司及其现任董事、监事和高级管理人员最近3年受到中国证监会行政处罚，或者最近1年受到证券交易所公开谴责，或者因涉嫌犯罪正被司法机关立案侦查或者涉嫌违法违规正被中国证监会立案调查；上市公司及其控股股东、实际控制人最近1年存在未履行向投资者作出的公开承诺的情形；上市公司及其控股股东、实际控制人最近3年存在贪污、贿赂、侵占财产、挪用财产或者破坏社会主义市场经济秩序的刑事犯罪，或者存在严重损害上市公司利益、投资者合法权益、社会公共利益的重大违法行为。

C. 上市公司存在下列情形之一的，不得向特定对象发行股票：擅自改变前次募集资金用途未作纠正，或者未经股东大会认可；最近1年财务报表的编制和披露在重大方面不符合企业会计准则或者相关信息披露规则的规定；最近1年财务会计报告被出具否定意见或者无法表示意见的审计报告；最近1年财务会计报告被出具保留意见的审计报告，且保留意见所涉及事项对上市公司的重大不利影响尚未消除，本次发行涉及重大资产重组的除外；现任董事、监事和高级管理人员最近3年受到中国证监会行政处罚，或者最近1年受到证券交易所公开谴责；上市公司及其现任董事、监事和高级管理人员因涉嫌犯罪正在被司法机关立案侦查或者涉嫌违法违规正在被中国证监会立案调查；控股股东、实际控制人最近3年存在严重损害上市公司利益或者投资者合法权益的重大违法行为；最近3年存在严重损害投资者合法权益或者社会公共利益的重大违法行为。

D. 上市公司发行股票，募集资金使用应当符合下列规定：符合国家产业政策和有关环境保护、土地管理等法律、行政法规规定；募集资金项目实施后，不会与控股股东、实际控制人及其控制的其他企业新增构成重大不利影响的同业竞争、显失公平的关联交易，或者严重影响公司生产经营的独立性。

创业板的额外规定：除金融类企业外，本次募集资金使用不得为持有财务性投资，不得直接或者间接投资于以买卖有价证券为主要业务的公司。

科创板的额外规定：应当投资于科技创新领域的业务。

③配股的特别规定。上市公司配股除了满足公开发行股票的一般规定外，还应符合下列规定：

主板（中小企业板）	创业板	科创板
拟配售股份数量不超过本次配售股份前股本总额的30%	拟配售股份数量不超过本次配售股份前股本总额的50%	
控股股东应当在股东大会召开前公开承诺认配股份的数量		
采用《证券法》规定的代销方式发行		

控股股东不履行认配股份的承诺，或者代销期限届满，原股东认购股票的数量未达到拟配售数量70%的，发行人应当按照发行价并加算银行同期存款利息返还已经认购的股东。

④增发的特别规定。上市公司增发除了满足公开发行股票的一般规定外，还应符合下列规定：

板块	规定
主板（中小企业板）	A. 最近3个会计年度加权平均净资产收益率平均不低于6%；扣除非经常性损益后的利润与扣除前的净利润相比，以低者作为加权平均净资产收益率的计算依据。 B. 除金融类企业外，最近一期末不存在持有金额较大的交易性金融资产和可供出售的金融资产、借予他人款项、委托理财等财务性投资的情形。 C. 发行价格应不低于公告招股意向书前20个交易日公司股票均价或前一个交易日的均价
创业板	发行价格应不低于公告招股意向书前20个交易日或者前一个交易日公司股票均价
科创板	

3）上市公司非公开发行股票的条件：

①主板（中小企业板）上市公司非公开发行股票的规定——《上市公司证券发行管理办法（2020年修订）》。

A. 特定对象应当符合下列规定：符合股东大会决议规定的条件；发行对象不超过35名。发行对象为境外战略投资者的，应当经国务院相关部门批准。

B. 上市公司非公开发行股票，应当符合下列规定：发行价格不低于定价基准日前20个交易日公司股票均价的80%；本次发行的股份自发行结束之日起，6个月内不得转让；控股股东、实际控制人及其控制的企业认购的股份，18 个月内不得转让；募集资金使用符合《上市公司证券发行管理办法（2020 年修订）》第十条的规定；本次发行将导致上市公司控制权发生变化的，还应当符合中国证监会的其他规定。

C. 上市公司存在下列情形之一的，不得非公开发行股票：本次发行申请文件有虚假记载、误导性陈述或重大遗漏；上市公司的权益被控股股东或实际控制人严重损害且尚未消除；上市公司及其附属公司违规对外提供担保且尚未解除；现任董事、高级管理人员最近 36 个月内受到过中国证监会的行政处罚，或者最近 12 个月内受到过证券交易所公开谴责；上市公司或其现任董事、高级管理人员因涉嫌犯罪正被司法机关立案侦查或涉嫌违法违规正被中国证监会立案调查；最近 1 年及 1 期财务报表被注册会计师出具保留意见、否定意见或无法表示意见的审计报告。保留意见、否定意见或无法表示意见所涉及事项的重大影响已经消除或者本次发行涉及重大重组的除外；严重损害投资者合法权益和社会公共利益的其他情形。

②创业板/科创板上市公司非公开发行股票的条件。

创业板上市公司非公开发行股票规定来自《创业板上市公司证券发行注册管理办法（试行）》（中国证监会 2020 年 6 月 12 日发布），科创板上市公司非公开发行股票规定来自《科创板上市公司证券发行注册管理办法（试行）》（中国证监会 2020 年 7 月 3 日发布），两个文件有较多相同规定，因此一同列明：

A. 特定对象应符合股东大会决议规定的条件，每次发行对象不超过 35 名。

B. 发行价格和持股期限应当符合下列规定：

a. 发行价格不低于定价基准日（指计算发行底价的基准日）前 20 个交易日公司股票均价的 80%。

b. 定价基准日为发行期首日。上市公司应当以不低于发行底价的价格发行股票。上市公司董事会决议提前确定全部发行对象，且发行对象属于下列情形之一的，定价基准日可以为关于本次发行股票的董事会决议公告日、股东大会决议公告日或者发行期首日：上市公司的控股股东、实际控制人或者其控制的关联人；通过认购本次发行的股票取得上市公司实际控制权的投资者；董事会拟引入的境内外战略投资者。

c. 向特定对象发行股票的定价基准日为本次发行股票的董事会决议公告日或者股东大会决议公告日的，向特定对象发行股票的董事会决议公告后，出现下列情况需要重新召开董事会的，应当由董事会重新确定本次发行的定价基准日：本次发行股票股东大会决议的有效期已过；本次发行方案发生重大变化；其他对本次发行定价具有重大影响的事项。

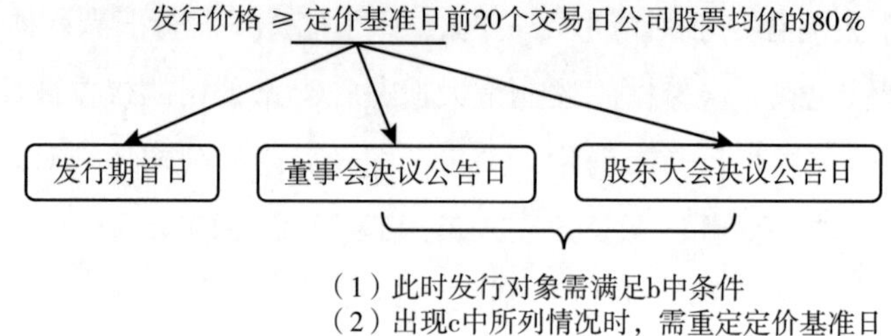

d. 向特定对象发行股票，发行对象属于“通过认购本次发行的股票取得上市公司实际控制权的投资者”以外的情形的，上市公司应当以竞价方式确定发行价格和发行对象。董事会决议确定部分发行对象的，确定的发行对象不得参与竞价，且应当接受竞价结果，并明确在通过竞价方式未能产生发行价格的情况下，是否继续参与认购、价格确定原则及认购数量。

e. 向特定对象发行的股票，自发行结束之日起 6 个月内不得转让。发行对象属于“通过认购本次发行的股票取得上市公司实际控制权的投资者”情形的，其认购的股票自发行结束之日起 18 个月内不得转让。

（3）股票发行方式

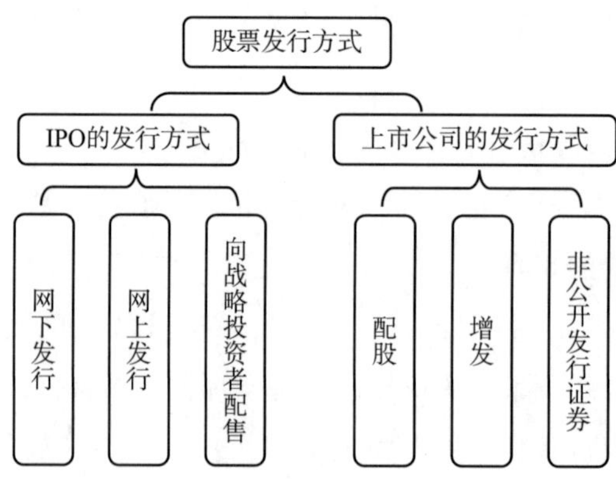

1）IPO 的发行方式：首次公开发行股票可以根据实际情况，采取网下发行、网上发行及向战略投资者配售等方式。网下发行应和网上发行同时进行，网下和网上投资者在申购时无须缴付申购资金。投资者应当自行选择参与网下或网上发行，不得同时参与。定价方面，可以通过向网下投资者询价的方式确定股票发行价格，也可以通过发行人与主承销商自主协商直接定价等其他方式确定发行价格。

公开发行股票数量在2 000万股（含）以下且无老股转让计划的，可以通过直接定价的方式确定发行价格。

公开发行股票数量在4亿股以上，发行人和主承销商可以在发行方案中采用超额配售选择权（即绿鞋机制，是发行人授予主承销商的一项选择权，获得此授权的主承销商可按同一发行价格超额发售不超过包销数额15%的股份）。

①网下发行，是指新股发行不通过证券交易所的股票交易系统进行申购。此时，发行人和主承销商可以自主协商确定参与网下询价投资者的条件、有效报价条件、配售原则和配售方式，并按照事先确定的配售原则在有效申购的网下投资者中选择配售股票的对象。网下询价发行的流程如下：

符合条件的网下投资者：
① 自主决定是否报价
② 参与报价应持有一定金额的非限售股份或存托凭证
③ 报价内容：股价（唯一）拟申购股数
④ IPO价格（或价格区间）确定后，提供有效报价的投资者方可参与申购

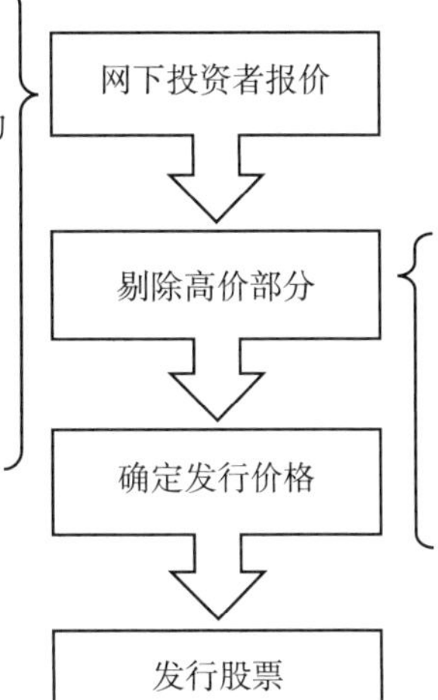

剔除部分：不得低于所有网下投资者拟申购总量的10%，且剔除部分不得参与网下申购

剩余部分：有效报价投资者的数量不少于10家（股票发行数量≤4亿股）或20家（股票发行数量>4亿股），不满足上述条件则中止发行

首次公开发行股票采用询价方式的，公开发行后总股本在4亿股（含）以下的，网下初始发行比例不低于本次公开发行股票数量的60%；超过4亿股的，网下初始发行比例不低于本次公开发行股票数量的70%。其中，应当安排不低于本次网下发行股票数量的40%优先向通过公开募集方式设立的证券投资基金、全国社会保障基金和基本养老保险基金配售，安排一定比例的股票向根据《企业年金基金管理办法》设立的企业年金基金和符合《保险资金运用管理暂行办法》等相关规定的保险资金配售。证券投资基金、全国社会保障基金、基本养老保险基金、企业年金基金和保险资金有效申购不足安排数量的，发行人和主承销商可以向其他符合条件的网下投资者配售剩余部分。对网下投资者进行分类配售的，同类投资者获得配售的比例

应当相同。证券投资基金、全国社会保障基金、基本养老保险基金、企业年金基金和保险资金的配售比例应当不低于其他投资者。安排向战略投资者配售股票的，应当扣除向战略投资者配售部分后确定网下网上发行比例。网下投资者可与发行人和主承销商自主约定网下配售股票的持有期限并公开披露。

首次公开发行股票网下投资者申购数量低于网下初始发行量的，发行人和主承销商不得将网下发行部分向网上回拨，应当中止发行。网上投资者有效申购倍数超过 50 倍、低于 100 倍（含）的，应当从网下向网上回拨，回拨比例为本次公开发行股票数量的 20%；网上投资者有效申购倍数超过 100 倍的，回拨比例为本次公开发行股票数量的 40%；网上投资者有效申购倍数超过 150 倍的，回拨后无锁定网下发行比例不超过本次公开发行股票数量的 10%。所指公开发行股票数量应按照扣除设定限售期的股票数量计算。网上投资者申购数量不足网上初始发行量的，可回拨给网下投资者。

②网上发行，是指利用证券交易所的交易网络，新股发行主承销商在证券交易所挂牌销售，投资者通过证券营业部交易系统申购的发行方式。

IPO 采用直接定价方式的，全部向网上投资者发行，不进行网下询价和配售。持有一定数量非限售股份或存托凭证的投资者才能参与网上申购。网上投资者应当自主表达申购意向，不得全权委托证券公司进行新股申购。采用其他方式进行网上申购和配售的，应当符合中国证监会的有关规定。

③向战略投资者配售：首次公开发行股票数量在 4 亿股以上的，可以向战略投资者配售股票。战略投资者不参与网下询价，且应当承诺获得本次配售的股票持有期限不少于 12 个月（自上市之日起算）。

2）上市公司的发行方式：

①上市公司配股，应当向股权登记日登记在册的股东配售，且配售比例应当相同。

②上市公司增发，可以全部或者部分向原股东优先配售，优先配售比例应当在发行公告中披露。上市公司增发，主承销商可以对参与网下配售的机构投资者进行分类，对不同类别的机构投资者设定不同的配售比例，对同一类别的机构投资者按相同的比例进行配售。主承销商应当在发行公告中明确机构投资者的分类标准。主承销商未对机构投资者进行分类的，应当在网下配售和网上发行之间建立回拨机制，回拨后两者的获配比例应当一致。

③上市公司非公开发行证券的，发行对象及其数量的选择应当符合中国证监会关于上市公司证券发行的相关规定。

4. 典题精练

（1）下列关于上市公司增发、配股方式发行股票的说法中，错误的是（　　）。

A. 上市公司非公开发行证券的，发行对象及其数量的选择应当符合中国证监会关于上市公司证券发行的相关规定

B. 上市公司配股，应当向股权登记在册的股东配售，且配售比例应当相同

C. 上市公司增发，主承销商可以对参与网下配售的机构投资者进行分类，对不同类别的机构投资者设定不同配售比例，对同一类别的机构投资者应当按相同的比例进行配售

D. 上市公司增发，应当全部向原股东优先配售，优先配售比例应当在发行公告中披露

参考答案：D

【解析】D 选项错误，上市公司增发，可以全部或者部分向原股东优先配售，优先配售比例应当在发行公告中披露。

（2）下列关于保荐制度的说法，正确的有（　　）。

Ⅰ. 保荐制度是指有资格的证券公司推荐符合条件的公司公开发行股票和上市，对发行人的申请文件和信息披露资料进行审慎核查，督导发行人规范运作

Ⅱ. 保荐制度主要内容包括：建立保荐机构资格核准和保荐代表人的登记管理制度

Ⅲ. 保荐制度的重点是明确保荐机构和保荐代表人的责任，并建立责任追究机制

Ⅳ. 保荐人的保荐责任期仅为发行上市全过程

A. Ⅰ、Ⅲ、Ⅳ　　B. Ⅰ、Ⅱ

C. Ⅰ、Ⅱ、Ⅲ　　D. Ⅱ、Ⅲ

参考答案：C

【解析】保荐制度是指有资格的证券公司推荐符合条件的公司公开发行股票和上市，对发行人的申请文件和信息披露资料进行审慎核查，督导发行人规范运作。保荐制度主要内容包括：建立保荐机构资格核准和保荐代表人的登记管理制度。保荐制度的重点是明确保荐机构和保荐代表人的责任，并建立责任追究机制。保荐人的保荐责任期包括发行上市全过程及上市后的一段时期。

（3）下列关于审批制、核准制和注册制的说法，正确的有（　　）。

Ⅰ. 核准制是从注册制向审批制过渡的中间模式，审批制度是目前成熟股票市场普遍采用的模式

Ⅱ. 审批制下公司发行股票的一个重要条件是取得发行指标和额度，没有发行指标和额度的公司无法发行股票

Ⅲ. 核准制下，证券监管机构有权否决不符合规定条件的股票发行申请

Ⅳ. 注册制下，证券监管部门公布股票发行的必要条件，只要达到所公布条件要求的企业即可发行股票

A. Ⅰ、Ⅲ　　　　B. Ⅰ、Ⅱ、Ⅳ

C. Ⅱ、Ⅲ、Ⅳ　　　　D. Ⅰ、Ⅱ、Ⅲ、Ⅳ

参考答案：C

【解析】股票发行监管制度主要有三种：审批制、核准制和注册制，每种发行监管制度都对应一定的市场发展状况。在市场逐渐发育成熟的过程中，股票发行监管制度也应该逐渐改变，以适应市场发展需求，其中审批制是完全计划发行的模式，核准制是从审批制向注册制过渡的中间模式，注册制则是依照法定条件进行证券发行申请注册的模式，是目前成熟股票市场普遍采用的模式。

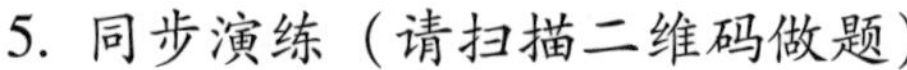
5. 同步演练（请扫描二维码做题）

知识点扩展

（五）股票退市制度

1. 案例引入

乐视黯然落幕*

【案例回顾】2020年7月20日，乐视网（现股票简称“乐视退”）步入退市整理期的最后一个交易日以平收落幕，报0.18元/股，总市值7.18亿元。当日最终成交121.21万手，成交额为2 155.96万元。7月21日，曾经的“创业板一哥”将被正式摘牌。十年一梦，乐视网从上市到市值突破千亿元，成为创业板“市值一哥”，再到贾跃亭推出减持计划，孙宏斌“含泪”驰援，贾跃亭远走美国，乐视网深陷亏损泥淖，步入退市通道市值仅剩零头。

---

* 《乐视落幕：最后一个交易日成交金额超2 000万元，退市后将不能再上市》，21世纪经济报道，2020年7月20日。其他来源：根据网络资料进行汇编整理。

遥想2010年8月12日，乐视网与乾照光电、达刚路机同日敲钟，上市首日收涨47.12%报42.96元/股。伴随着创业板牛市到来，乐视网股价报122元/股，市值一度突破千亿元，成为继BATJ后第五位市值超1 000亿元人民币的互联网公司。经过数次股本扩张，送转完成后，乐视网股本高达18.51亿股。而后，随着乐视资金链危局出现，贾跃亭远走美国"造车"，繁华开始落幕，上演了一出挽救乐视的风波。

根据相关规定，A股退市股票摘牌后，应该进股转系统"两网及退市公司"板块进行挂牌转让，不过这一板块的流动性极差。此前7月15日，乐视网公告称决定聘请招商证券为代办机构，委托其提供股份转让服务，办理全国股转系统股份登记结算等事宜，以确保公司股份在退市整理期届满后45个交易日内可以进入股转系统转让。

【案例点评】乐视网"退市"，贾跃亭套走200亿元，收割19位明星、26万股民。值得注意的是，7月2日，贾跃亭发表公开信，宣布已于6月26日完成个人破产重组。他表示，对其个人而言，这意味着人生的重启。但是专业人士表示，破产方案获得通过，并不意味着其债务自然消失。"贾跃亭在美国破产，国内债权人和股民依然可以向其主张债权，而且中国目前并无法律规定个人可以通过破产来免除债务，其个人在美国申请破产，并不能免除其在国内所负债务，国内的债权人依然可以依据相关债权凭证向其主张权利。"乐视网即将退市，但是贾跃亭与投资人的故事仍未结束。

【相关要点】

(1) 根据《证券法》及最高人民法院虚假陈述司法解释规定，上市公司等因虚假陈述受到中国证监会行政处罚的，权益受损的投资者可以向有管辖权的法院提起民事赔偿诉讼（包括投资差额、佣金、印花税及利息损失）。

(2) 退市包括主动退市和强制退市，强制退市又包括交易类强制退市、财务类强制退市、规范类强制退市和重大违法类强制退市。

2. 要点导图

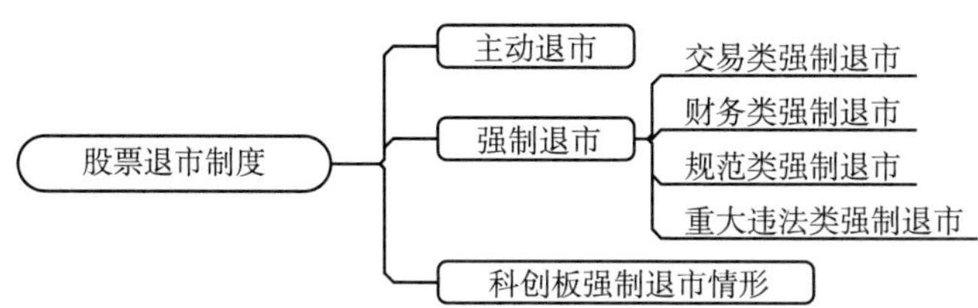

3. 要点精讲

股票退市是指上市公司股票在证券交易所终止上市交易，包括主动退市和强制退市。

（1）主动退市的情形

1）股东大会决议主动撤回其股票在证券交易所的交易，并决定不再在该交易所交易。

2）股东大会决议主动撤回其股票在证券交易所的交易，并转而申请在其他交易场所交易或转让。

3）公司向所有股东发出回购全部股份或部分股份的要约，导致公司股本总额、股权分布等发生变化，不再具备上市条件。

4）股东向所有其他股东发出收购全部股份或部分股份的要约，导致公司股本总额、股权分布等发生变化，不再具备上市条件。

5）除股东外的其他收购人向所有股东发出收购全部股份或部分股份的要约，导致公司股本总额、股权分布等发生变化，不再具备上市条件。

6）公司因新设合并或者吸收合并，不再具有独立主体资格并被注销。

7）股东大会决议公司解散。

8）中国证监会和证券交易所认可的其他主动终止上市的情形。

（2）强制退市的情形（新增）

1）交易类强制退市：

①仅发行 A 股的上市公司。连续 120 个交易日的累计股票成交量低于 500 万股，或者连续 20 个交易日的每日股票收盘价均低于人民币 1 元。

②仅发行 B 股的上市公司。连续 120 个交易日的累计股票成交量低于 100 万股，或者连续 20 个交易日的每日股票收盘价均低于人民币 1 元。

③既发行 A 股又发行 B 股的上市公司。其 A 股、B 股股票的成交量或者收盘价同时触及前述第①项和第②项的标准。

④股东数量连续 20 个交易日每日均低于 2 000 人。

⑤上市公司连续 20 个交易日的每日股票收盘总市值均低于人民币 3 亿元。

⑥证券交易所认定的其他情形。

2）财务类强制退市：上市公司出现下列情形之一，证券交易所对其实施退市风险警示。

①最近 1 个会计年度经审计的净利润为负且营业收入低于人民币 1 亿元，或追溯重述后最近 1 个会计年度净利润为负且营业收入低于人民币 1

亿元。

②最近 1 个会计年度经审计的期末净资产为负，或追溯重述后最近 1 个会计年度期末净资产为负。

③最近 1 个会计年度的财务会计报告被出具无法表示意见或否定意见的审计报告。

④中国证监会行政处罚决定书表明公司已披露的最近 1 个会计年度经审计的年度报告存在虚假记载、误导性陈述或者重大遗漏，导致该年度相关财务指标实际已触及第①项、第②项情形的。

⑤证券交易所认定的其他情形。

3）规范类强制退市：上市公司出现下列情形之一，证券交易所对其实施退市风险警示。

①因财务会计报告存在重大会计差错或者虚假记载，被中国证监会责令改正但是公司未在规定期限内改正，且在公司股票停牌 2 个月内仍未改正。

②未在法定期限内披露半年度报告或者经审计的年度报告，且在公司股票停牌 2 个月内仍未披露。

③半数以上董事无法保证公司所披露半年度报告或年度报告的真实性、准确性和完整性，且未在法定期限内改正，在公司股票停牌 2 个月内仍有半数以上董事无法保证的。

④因信息披露或者规范运作等方面存在重大缺陷，被证券交易所要求限期改正但是公司未在规定期限内改正，且在公司股票停牌 2 个月内仍未改正。

⑤因公司股本总额或股权分布发生变化，导致连续 20 个交易日不再具备上市条件，在规定期限内仍未解决。

⑥公司可能被依法强制解散。

⑦法院依法受理公司重整、和解和破产清算申请。

⑧证券交易所认定的其他情形。

4）重大违法类强制退市：

①上市公司存在欺诈发行、重大信息披露违法或者其他严重损害证券市场秩序的重大违法行为，且严重影响上市地位，其股票应当被终止上市的情形。

②上市公司存在涉及国家安全、公共安全、生态安全、生产安全和公众健康安全等领域的违法行为，情节恶劣严重损害国家利益、社会公共利益，或者严重影响上市地位，其股票应当被终止上市的情形。

(3) 科创板上市公司可能强制退市的情形

1) 重大违法强制退市，包括信息披露重大违法和公共安全重大违法行为。

2) 交易类强制退市，包括累计股票成交量低于一定指标，股票收盘价、市值、股东数量持续低于一定指标等。

3) 财务类强制退市，即明显丧失持续经营能力，包括主营业务大部分停滞或者规模极低，经营资产大幅减少导致无法维持日常经营等。

4) 规范类强制退市，包括公司在信息披露、定期报告发布、公司股本总额或股权分布发生变化等方面触及相关合规性指标等。

根据《上海证券交易所科创板股票上市规则（2020 年 12 月修订)》，科创板上市公司股票被终止上市的，符合上海证券交易所规定条件的，可以向上海证券交易所申请再次上市。

4. 典题精练

(1) 上市公司出现下列描述的情形中，属于可以向证券交易所申请主动退市的有（　　）。

Ⅰ. 股东大会决议主动撤回其股票在证券交易所的交易，并决定不再在该交易所交易

Ⅱ. 上市公司向所有股东发出回购全部股份或部分股份的要约，导致公司股本总额、股权分布等发生变化，不再具备上市条件

Ⅲ. 上市公司被法院宣告破产

Ⅳ. 上市公司因新设合并或者吸收合并，不再具有独立主体资格并被注销

A. Ⅰ、Ⅱ、Ⅲ、Ⅳ　　B. Ⅰ、Ⅲ、Ⅳ

C. Ⅰ、Ⅱ、Ⅳ　　D. Ⅱ、Ⅲ

参考答案：C

【解析】Ⅲ项是强制退市的情形。

(2) 科创板上市公司可能退市的情况不包括（　　）。

A. 欺诈类强制退市　　B. 交易类强制退市

C. 规范类强制退市　　D. 重大违法强制退市

参考答案：A

【解析】根据《上海证券交易所科创板股票上市规则》，科创板上市公司可能强制退市的情形主要包括：一是重大违法强制退市，包括信息披露重大违法和公共安全重大违法行为；二是交易类强制退市，包括累计股票成交

量低于一定指标，股票收盘价、市值、股东数量持续低于一定指标等；三是财务类强制退市，即明显丧失持续经营能力，包括主营业务大部分停滞或者规模极低，经营资产大幅减少导致无法维持日常经营等；四是规范类强制退市，包括公司在信息披露、定期报告发布、公司股本总额或股权分布发生变化等方面触及相关合规性指标等。

5. 同步演练（请扫描二维码做题）

知识点扩展

（六）股票交易

1. 案例引入

创业板新规：涨跌幅 ±20% *

【案例回顾】2020 年，创业板注册制改革，有一条配套规则特别受到关注，“创业板股票竞价交易实行价格涨跌幅限制，无论存量上市公司抑或新股，涨跌幅均从 10% 放宽至 20%，并同步放宽相关基金涨跌幅至 20%”。8 月 24 日，这条规则落地，创业板个股涨跌幅就变成 20% 了（创业板新股前 5 个交易日不设涨跌幅限制）。届时，对相关基金涨跌幅的影响也会体现出来，根据配套规则，“将跟踪指数成份股仅为创业板股票或其他实行 20% 涨跌幅限制股票的指数型 ETF、LOF 或分级基金 B 类份额，以及 80% 以上非现金资产投资创业板股票或其他实行 20% 涨跌幅限制股票的 LOF 涨跌幅调整为 20%，具体名单由深圳证券交易所公布”。

【案例点评】创业板涨跌幅由 10% 调整为 20%，而且存量的老股交易规则也一起改变。第一，这意味着个股的极限波动值变大，投资者的风险也会随之变大。第二，在大涨大跌的背景下，优质公司将获得更多定价权，劣质公司将迅速被市场淘汰。创业板涨跌幅由 10% 扩大至 20%，散户一定要理性看待市场，不要盲目地投入大量资金，切忌追涨杀跌。

【相关要点】

（1）为保护投资者利益，防止股价暴涨暴跌和投机盛行，证券交易所可根据需要对每日股票价格的涨跌幅度予以适当限制，高于涨幅限制价格的委托和低于跌幅限制价格的委托无效。

（2）涨跌幅限制价格 = 前收盘价 ×(1 ± 涨跌幅比例)。

（3）沪、深证券交易所对股票交易实行价格涨跌幅限制，涨跌幅比例

* 资料来源：根据网络资料进行汇编整理。

为 10%，其中 ST 股票和 *ST 股票价格涨跌幅比例为 5%，科创板和创业板股票涨跌幅比例为 20%。

2. 要点导图

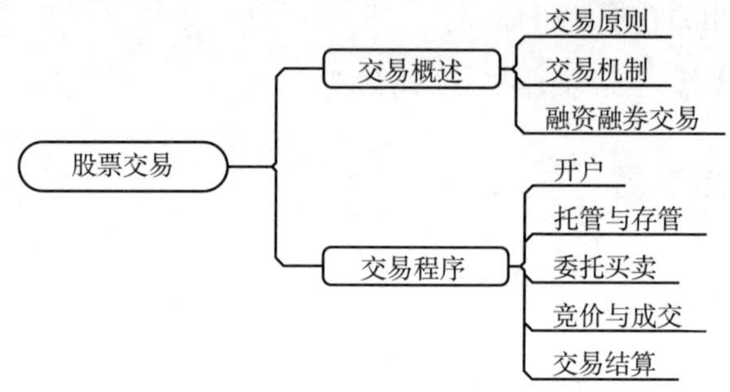

3. 要点精讲

（1）证券交易原则

三公原则（公开、公平、公正）。

（2）证券交易机制

1）分类：

分类标准	类别	概述	特点
按照交易时间的连续特点分	定期交易	成交时点不连续：某一段时间内到达的投资者委托订单并非马上成交，而是先存储，在约定时刻再加以匹配	a. 提高价格的稳定性； b. 指令执行和结算的成本相对较低
	连续交易	在营业时间内，连续不断地进行订单匹配（≠连续不断地进行交易）	a. 提供了交易的即时性； b. 反映更多市场价格信息
按照交易价格的决定特点分	指令驱动（订单驱动市场）	交易价格由买方订单和卖方订单共同驱动。经纪商制度下： 投资者（买方）发送指令→经纪商←发送指令投资者（卖方） 经纪商下单→交易中心（撮合双方成交）	a. 交易价格由买方和卖方的力量直接决定； b. 投资者买卖证券的对手是其他投资者

续表

分类标准	类别	概述	特点
按照交易价格的决定特点分	报价驱动（做市商市场）	交易的买价和卖价都由做市商给出，做市商根据市场买卖力量和自身情况进行证券的双向报价。 投资者（买方）←报价— 做市商 —报价→ 投资者（卖方） 投资者（买方）—成交→ 做市商 ←成交— 投资者（卖方）	a. 交易价格的形成由做市商决定； b. 投资者买卖证券都以做市商为对手（做市商以自有资金或证券进行交易，收入来源是买卖差价）

2）目标：

①流动性：包含成交速度、成交价格两个方面的要求。

②稳定性：可用市场指数的风险度衡量。

③有效性：包含高效率（信息效率、运行效率）、低成本（直接成本、间接成本）两个方面的要求。

（3）融资融券交易

1）融资交易：是投资者向证券公司缴纳一定的保证金（现金或可充抵保证金的证券），借入一定数量的资金买入股票（融资标的名单内）的交易行为，是一种杠杆交易。

2）融券交易：是投资者向证券公司缴纳一定的保证金（现金或可充抵保证金的证券），借入一定数量的证券并卖出的交易行为，是一种杠杆交易。

3）转融通交易：是证券金融公司将自有或依法筹集的资金和证券出借给证券公司，供其办理融资融券业务的经营活动。分转融券交易和转融资交易。

（4）股票交易程序

1）开户：包括证券账户与资金账户。

证券账户	开立机构	中国证券登记结算有限公司（中国结算/中证登）
	账户种类	总账户（一码通账户）：汇总记载投资者各个子账户下证券持有及变动的情况，记录投资者分级评价等适当性管理信息
		子账户：记载投资者参与特定交易场所或用于投资特定证券品种的证券持有及变动的具体情况，包括A股账户、B股账户、股转系统账户、封闭式基金账户、开放式基金账户及其他证券账户
	开立原则	合法性：法律允许才能开立账户
		真实性：提供资料必须真实有效

2）证券托管与存管：

①概念区分。

②我国的证券托管制度：

A. 上海证券交易所：全面制定交易制度（投资者必须事先指定一家会员作为其买卖证券的受托人，通过该会员参与上海证券交易所的证券买卖），境外投资者从事 B 股交易除外。

B. 深圳证券交易所：自动托管、随处通买、哪买哪卖、转托不限。

3）委托买卖：投资者在证券交易所买卖证券，需要通过委托证券经纪商来进行。

①投资者下达委托指令。

委托形式	柜台委托	投资人或其代理人前往证券营业部交易柜台进行委托；采用书面方式，需填单并签章
	非柜台委托	人工电话委托或传真委托、自助和电话自动委托、网上委托
指令类别	按订单数量	整数委托：投资者委托的数量是交易所规定的成交单位或成交单位的倍数
		零数委托：投资者委托的数量不足交易所规定的一个交易单位
	按买卖方向	买进委托、卖出委托
	按价格限制	市价委托、限价委托
	按时效限制	当日委托、当周委托、无期限委托、开市委托、收市委托
指令内容	证券账户号码、证券代码、买卖方向、数量、价格等	

②经纪商受理委托指令。

A. 委托受理：证券经纪商收到委托后，应对委托人身份、委托内容、委托卖出的实际证券数量及委托买入的实际资金余额进行审查。经审查符合要求后，才能接受委托。

a. 验证与审单：根据证券交易所的交易规则，审查客户证件和委托单的合法性、同一性。

b. 查验资金与证券：非信用交易时，客户须使用自己账户上的资金和证券。

B. 委托执行：

a. 申报原则：时间优先、客户优先。

b. 申报方式：由证券经纪商的场内交易员进行申报；或由客户或证券经纪商营业部业务员直接申报。

c. 申报时间：交易日为周一至周五，国家法定假日和交易所公告的休市日，交易所休市。交易日内，上海证券交易所和深圳证券交易所的集合竞价与连续竞价的时间规定为：

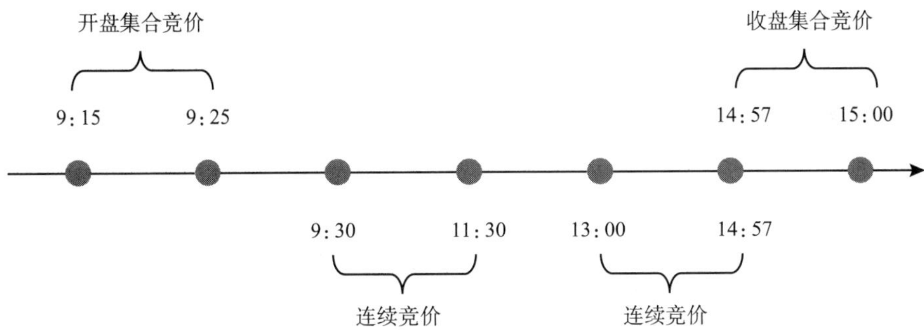

C. 委托撤销：

a. 撤单条件：委托未成交（若部分成交，则成交部分不得撤销）。

b. 撤单程序：

若由证券经纪商场内交易员进行申报：业务员即刻通知场内交易员，场内交易员操作确认后，立即将执行结果告知客户（业务员→交易员→业务员→客户）

若由客户或证券经纪商营业部业务员直接申报：客户或证券经纪商营业部业务员直接将撤单信息通过电脑终端输入证券交易所交易系统，办理撤单。对客户撤销的委托，证券经纪商须及时将冻结的资金或证券解冻。

4）竞价与成交：

①竞价原则。价格优先、时间优先。

②竞价方式。

集合竞价	定义	对在规定的一段时间内接受的买卖申报一次性集中撮合。 （交易机制）定期交易→（竞价方式）集合竞价
	成交价确定原则	（1）可实现最大成交量的价格； （2）高于该价格的买入申报与低于该价格的卖出申报须全部成交； （3）与该价格相同的买方或卖方，必须至少有一方全部成交。 集合竞价的所有交易以同一价格成交：排序（价格优先、时间优先）→逐笔撮合成交→未成交的进入连续竞价
连续竞价	定义	对买卖申报逐笔连续撮合。即每笔买卖委托输入交易自动撮合系统后，当即判断并进行不同处理：能成交者予以成交，不能成交者等待机会成交，部分成交者则让剩余部分继续等待。 （交易机制）连续交易→（竞价方式）连续竞价
	成交价确定原则	（1）最高买入申报与最低卖出申报价位相同，以该价格为成交价； （2）买入申报价格高于即时揭示的最低卖出申报价格时，以即时揭示的最低卖出申报价格为成交价； （3）卖出申报价格低于即时揭示的最高买入申报价格时，以即时揭示的最高买入申报价格为成交价。

③开盘价与收盘价（新增）。

开盘价：为当日该证券的第一笔成交价格。证券开盘价通过集合竞价方式产生，不能通过集合竞价产生开盘价的，以连续竞价方式产生。

收盘价：通过集合竞价的方式产生。收盘集合竞价不能产生收盘价或未进行收盘集合竞价的，以当日该证券最后一笔交易前一分钟所有交易的成交量加权平均价（含最后一笔交易）为收盘价。当日无成交的，以前日收盘价为当日收盘价。

④涨跌幅限制等市场稳定机制。

$$涨跌幅限制价格 = 前收盘价 \times (1 \pm 涨跌幅比例)$$

A. 高于涨幅限制价格的委托和低于跌幅限制价格的委托无效；

B. 涨跌幅比例设置为：

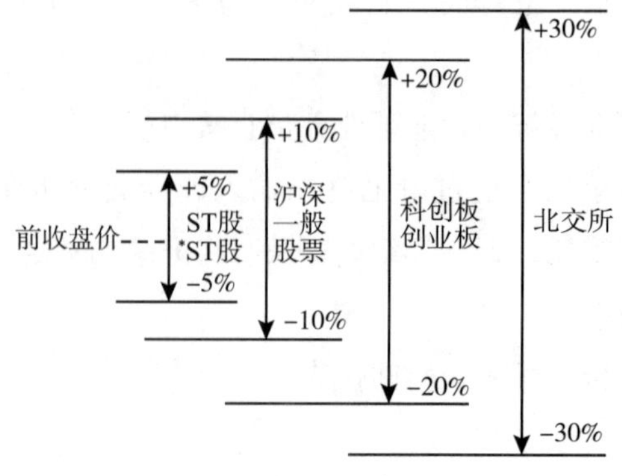

C. 无价格涨跌幅限制的情况：

a. 上海证券交易所，属于下列情形之一的，首个交易日无价格涨跌幅限制：首次公开发行上市的股票、增发上市的股票、暂停上市后恢复上市的股票、退市后重新上市的股票。

b. 深圳证券交易所，属于下列情形之一的，首个交易日无价格涨跌幅限制：首次公开发行上市的股票、暂停上市后恢复上市的股票。

c. 科创板、创业板：首次公开发行上市的股票，上市后的前5个交易日无涨跌幅限制。

⑤竞价结果。

A. 全部成交。证券经纪商应及时通知客户按规定的时间办理交收手续。

B. 部分成交。证券经纪商在委托有效期内可继续执行，直到有效期结束。

C. 不成交。证券经纪商在委托有效期内可继续执行，等待机会成交，直到有效期结束。对客户失效的委托，证券经纪商须及时将冻结资金或证券解冻。

⑥交易费用。

A. 佣金：是客户在委托买卖证券成交后按成交金额一定比例支付的费用，由证券公司经纪佣金、证券交易所手续费及证券交易监管费等组成。

B. 过户费：是委托买卖的股票、基金成交后，买卖双方为变更证券登记所支付的费用。这笔收入一部分属于中国结算公司的收入，一部分由证券公司留存，由证券公司在同客户清算交收时代为扣收。

C. 印花税：是根据国家税法规定，在A股和B股成交后对买卖双方客户按照规定的税率分别征收的税金。现行做法是由证券经纪商在同客户办理交收过程中代为扣收；然后，在证券经纪商同中国结算公司的清算、交收中集中结算；最后，由中国结算统一向征税机关缴纳。

5）交易结算：

①我国的结算模式。法人结算，是指由证券公司以法人名义在证券登记结算机构开立证券交收账户和资金交收账户，其接受客户委托代理的证券交易的清算交收均通过此账户办理。

②证券公司与客户之间的清算交收（先清算后交收）。

A. 证券清算交收：实践中是委托中国结算公司根据成交记录按照业务规则代为办理。

B. 资金清算交收：由证券公司自行负责完成，在客户交易结算资金第三方存管制度框架下，证券公司与客户之间的资金清算交收，需要由证券公司与指定商业银行配合完成。具体为：中国结算根据当日成交数据生成清算交收文件并发给证券公司→证券公司完成客户资金的清算，并根据核对无误的清算结果制作资金划付指令发送给指定商业银行→指定商业银行根据指令办理交收资金划付。

③非交易过户：根据中国证券登记结算有限公司《证券非交易过户业务实施细则（用于继承、捐赠等情形）》，登记在中国证券登记结算有限责任公司开立的证券账户（不含开放式基金账户）中的股票（不含非流通股）、存托凭证、债券、基金等在证券交易所、全国中小企业股份转让系统交易的证券品种，若发生继承、捐赠、依法进行的财产分割、法人资格丧失、私募资产管理等情形涉及的证券非交易过户业务，则继承、法人资格丧失所涉证券过户的，由过入方作为申请人提交过户业务申请；捐赠、离婚、私募资产管理所涉证券过户的，由过出方、过入方作为申请人共同提交过户业务申请。

4. 典题精练

（1）下列关于委托受理的说法，错误的是（　　）。

A. 委托受理的手续和过程包括委托受理、委托执行和委托撤销

B. 证券经纪商接受客户买卖证券的委托，应当根据委托书载明的证券名称、买卖数量、出价方式、价格幅度等，按照证券交易所规则代理买卖证券

C. 证券经纪商接受客户委托后应按“价格优先、时间优先”的原则进行申报竞价

D. 经纪商在收到客户委托后，应对委托人身份、委托内容、委托卖出的实际证券数量及委托买入的实际资金余额进行审查

参考答案：C

【解析】C选项错误，证券经纪商接受客户委托后应按“时间优先、客户优先”的原则进行申报竞价。

（2）下列关于开立证券账户的基本原则和要求的说法，错误的是（　　）。

A. 中国证券登记结算有限公司依投资者申请为其开立一码通账户及相应的子账户

B. 开立证券账户应坚持合法性、真实性、公平性的原则

C. 合法性是指只有国家法律允许进行证券交易的自然人和法人才能开

立证券账户

D. 真实性是指投资者开立证券账户时所提供的资料必须真实有效，不得有虚假隐匿

参考答案：B

【解析】开立证券账户应坚持合法性和真实性的原则。

(3) 下列关于投资者股票交易委托指令类别的说法，错误的是（　　）。

A. 根据委托价格限制，可以分为市价委托和限价委托

B. 根据委托订单的数量，可以分为整数委托和零数委托

C. 根据委托的授权范围，可以分为全权委托和部分委托

D. 根据买卖证券的方向，可以分为买进委托和卖出委托

参考答案：C

【解析】根据不同的依据，委托指令有多种分类。根据委托订单的数量，可分为整数委托和零数委托；根据买卖证券的方向，可分为买进委托和卖出委托；根据委托价格限制，可分为市价委托和限价委托；根据委托时效限制，可分为当日委托、当周委托、无期限委托、开市委托和收市委托等。

5. 同步演练（请扫描二维码做题）

知识点扩展

（七）股票价格指数

1. 案例引入

A 股牛年以暴跌收官*

【案例回顾】2022 年 1 月 28 日，A 股迎来牛年收官战，市场终没能红盘收官，走势低于预期。具体来看，早盘三大指数集体高开。午后，金融股砸盘，沪指翻绿走低，而创业板及深成指表现良好。截至收盘，上证指数跌 0.97% 报收于 3 361.44 点；深成指跌 0.53% 报收于 13 328.06 点；创业板指涨 0.08% 报收于 2 908.94 点。总体而言，今日个股涨多跌少，两市超 3 200 只个股上涨。沪深两市今日成交额 8 189 亿元，较上个交易日缩量 40 亿元。盘面上，风电设备、旅游酒店、教育、通信服务板块领涨，能源金属与煤炭行业领跌。

【案例点评】对于 A 股市场近期走势不佳的原因，私募排排网基金经理

---

* 《A 股牛年遗憾收官！市场多“底”共振，机构看好年后行情》. 金融界，2022 年 1 月28 日。

夏风光表示大概有以下几点：一是海外市场的影响，目前处于美联储加息预期升温的背景之下。美国乃至欧洲股市出现了连续暴跌，纳斯达克单月跌幅超过10%，对A股有一定的心理影响。当前中美利差已经大大缩小，如果美联储加息进程快于预期的话，则对国内的宽信用政策，形成一定的掣肘。二是从A股的内生结构来看，新年以来大金融板块走势相对较强，对股指形成了一定的推动。但是新能源、碳中和、元宇宙等热点出现了快速降温，市场赚钱效应迅速衰竭，这对市场的信心形成了较大冲击。

【相关要点】

（1）股票价格指数，是用以反映整个市场上各种股票市场价格的总体水平及其变动情况的指标。

（2）上证指数以上海证券交易所全部上市股票为样本，代表中国资本市场发展历程，是中国资本市场的象征。

（3）深证成分指数选取深圳证券交易市场中市值规模与流动性综合排名前500位的A股组成样本股，从市值结构、行业结构、板块结构等方面均能有效地表征深圳市场特点。

（4）创业板综合指数以在深圳证券交易所创业板上市的全部股票为样本股，以样本股可流通股本数为权数进行加权逐日连锁计算。

2. 要点导图

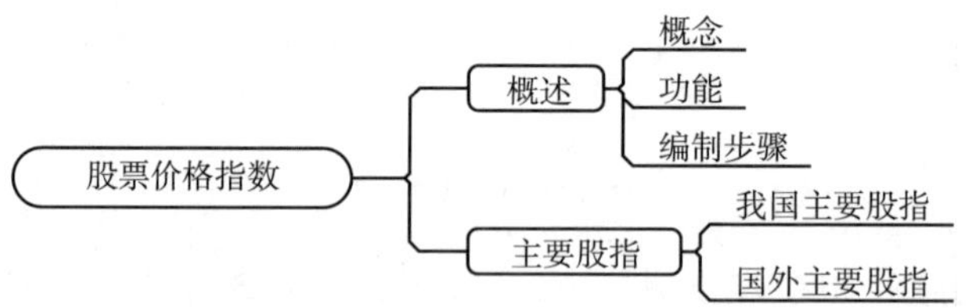

股票价格指数

3. 要点精讲

（1）股票价格指数的概念

股票价格指数，是用以反映整个市场上各种股票市场价格的总体水平及其变动情况的指标。

（2）股票价格指数的功能

1）反映一定时期内某一证券市场上股票价格的变动方向和程度。

2）为研究、判断股市动态提供信息，便于对股票市场大势走向作出分析。

3）作为投资业绩评价的标尺，提供股市投资的基准回报。

4）作为指数衍生产品和其他金融创新的基础。

（3）股票价格指数编制步骤

1）选择样本股：两个标准——样本股市价总值占全部上市股票市价总值的大部分；样本股价格变动趋势能反映市场总趋势。

2）选定某基期，并以一定方法计算基期平均股价或市值（平均股价的三种计算方式：算术平均数、几何平均数、加权平均数）。

3）计算计算期平均股价或市值，并作必要修正。

4）指数化：将基期平均股价或市值定为某一常数（通常为100、1 000或10），并据此计算计算期股价的指数值。

（4）我国主要的股票价格指数

中证指数有限公司的指数	沪深300指数	成分股：沪深A股中规模大、流动性好、最具代表性的300只股票。指数基日为2004. 12. 31，基点为1 000点，2005. 04. 08正式发布
	中证规模指数	中证100指数（大盘指数）、中证200指数（中盘指数）、中证500指数（小盘指数）、中证700指数（中小盘指数）、中证800指数（大中小盘指数）和中证流通指数
上海证券交易所指数	上证综指	以上海证券交易所全部上市股票为样本，代表中国资本市场发展历程，是中国资本市场的象征
	成分指数	上证180股指数（大型蓝筹股票指数）、上证50指数（反映龙头企业状况）、上证380指数（代表成长性好、盈利能力强的新兴蓝筹企业）、上证100指数（代表新兴蓝筹板块内核心投资股票）、上证150指数（代表潜力蓝筹板块内核心投资股票）
深圳证券交易所指数	综合指数	深证综合指数、深证A股指数、深证B股指数、行业分类指数、中小板综合指数、创业板综合指数、深证新指数
	成分指数	深证成分指数（中国历史最悠久、数据最完整的成分股指数）、深证100指数（传统行业龙头企业+新兴成长行业领军企业）
我国港台指数	中国香港	恒生指数（50只样本股）
	中国台湾	台湾证券交易所发行量加权股价指数

（5）国外主要的股票价格指数

1）道·琼斯工业股价平均数：是世界上最早、最享盛誉和最有影响的股价指数，被认为是反映美国政治、经济和社会状况最灵敏的指标。以30家著名大工商业公司股票为编制对象，是道·琼斯股价平均数中的第一组

（共5组），平常所说的道·琼斯指数就是道·琼斯工业股价平均数。

2）标准普尔500指数：由美国最大的证券研究机构标准普尔公司于1957年开始编制。

3）纳斯达克指数：纳斯达克（NASDAQ）的中文全称是“全美证券交易商自动报价系统”。

4）金融时报证券交易所指数（也被译为富时指数）：是英国最具权威性的股价指数。

5）日经平均股价指数：分为日经225种平均股价指数、日经500种平均股价指数两种。

4. 典题精练

（1）中证规模指数包括（　　）等。

Ⅰ. 中证100指数　　Ⅱ. 中证200指数

Ⅲ. 中证600指数　　Ⅳ. 中证700指数

A. Ⅰ、Ⅱ、Ⅲ　　B. Ⅰ、Ⅱ、Ⅳ

C. Ⅲ、Ⅳ　　D. Ⅰ、Ⅱ、Ⅲ、Ⅳ

参考答案：B

【解析】中证规模指数包括中证100指数、中证200指数、中证500指数、中证700指数、中证800指数和中证流通指数。这些指数与沪深300指数共同构成中证规模指数体系。

（2）股票价格指数的编制步骤包括（　　）。

Ⅰ. 选择样本股

Ⅱ. 选定基期并计算基期平均股价或市值

Ⅲ. 计算计算期平均股价或市值并作必要修正

Ⅳ. 指数化

A. Ⅰ、Ⅱ、Ⅲ、Ⅳ　　B. Ⅲ、Ⅳ

C. Ⅰ、Ⅱ、Ⅳ　　D. Ⅰ、Ⅱ、Ⅲ

参考答案：A

【解析】股票价格指数的编制分为四步：第一步，选择样本股；第二步，选定某基期，并以一定方法计算基期平均股价或市值；第三步，计算计算期平均股价或市值，并作必要的修正；第四步，指数化。

5. 同步演练（请扫描二维码做题）

知识点扩展

（八）股市互联互通机制

1. 案例引入

沪伦通正式通车*

【案例回顾】备受瞩目的沪伦通6月17日正式启动，引发广泛关注。分析人士认为，沪伦通是中英金融合作的新领域，发展潜力巨大，此举意味着中国资本市场互联互通“再下一城”，有利于推动中国资本市场开放再上新台阶。

作为连接中国和英国资本市场的特殊“桥梁”，沪伦通源起于2015年9月举行的第七次中英经济财金对话。过去四年间，中英双方都在为这座连接两大金融中心城市的桥梁早日“通车”积极准备。中国证监会相关负责人表示，启动沪伦通是中国资本市场改革开放的重要探索，也是中英金融领域务实合作的重要内容，对拓宽双向跨境投融资渠道，促进中英两国资本市场共同发展，都将产生重要和深远的影响。

【案例点评】武汉科技大学金融证券研究所所长董登新表示，此次沪伦通之所以备受关注，主要原因在于制度设计上的重大突破，即推出DR（存托凭证）。沪伦通是将对方市场的股票转换成DR到本地市场挂牌交易，“产品”跨境，但是投资者仍在本地市场。具体来讲，伦交所上市公司要能实现跨境交易，必须将其基础股票转换成中国存托凭证（CDR），再于上海证券交易所交易；同样的，上海证券交易所上市公司也要把股票转换成全球存托凭证（GDR），再在伦交所交易。在沪伦通制度下，同一家公司的股票或DR将由A股市场和伦敦乃至全球市场的投资者共同进行定价。

【相关要点】

（1）沪伦通，是指上海证券交易所与伦敦证券交易所的互联互通机制。

（2）存托凭证，是指在一国证券市场流通的代表外国公司有价证券的可转让凭证，由存托人签发，以境外证券为基础在境内发行，代表境外基础证券权益的证券。

---

* 《沪伦通来了！中国股市互联互通“再下一城”》，中国经济网，2019年6月17日。

2. 要点导图

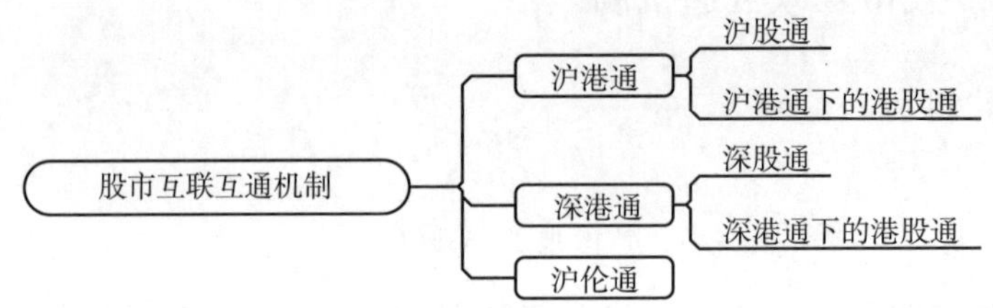

3. 要点精讲

(1) 沪港通

沪港通，是指沪港股票市场交易互联互通机制，是指上海证券交易所和香港联合交易所建立技术连接，使内地和香港投资者可以通过当地证券公司或经纪商买卖规定范围内的对方交易所上市的股票。

1) 含义：沪港通包括沪股通、沪港通下的港股通两个部分：

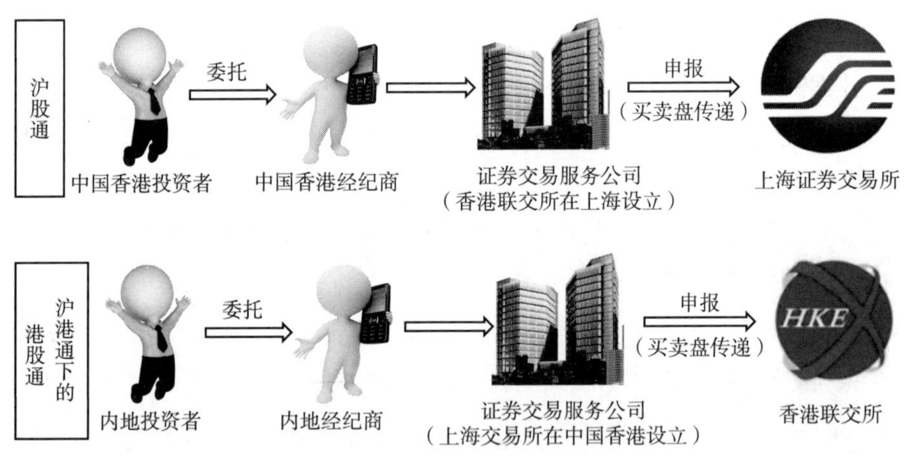

2) 投资规定：

规定	沪股通	沪港通下的港股通
股票范围	上证 180 指数成分股、上证 380 指数成分股、A + H 股上市公司的上交所上市 A 股。 下列股票不纳入沪股通股票：上交所上市公司股票风险警示板交易的	联交所恒生综合大型股指数成分股、恒生综合中型股指数成分股、A + H 股上市公司的 H 股。 境内投资者仅限于机构投资者及证券账户及资金账户资产合计不低于人民币 50 万元的个人投资者

续表

规定	沪股通	沪港通下的港股通
股票范围	股票（即 ST、* ST 股和退市整理期的股票）、暂停上市的股票、以外币报价的股票（即 B 股）、具有上交所认定的其他特殊情况的股票。	下列股票不纳入港股通股票：上交所上市 A 股为风险警示板股票或者暂停上市股票的 A + H 股上市公司的相应 H 股、同时有股票在本交易所以外的内地证券交易所上市的发行人的股票、在联交所以港币以外货币报价交易的股票和具有上交所认定的其他情形的股票。
起始额度	每日 130 亿元人民币	每日 105 亿元人民币
调整额度	每日 520 亿元人民币（2018 年 5 月 1 日起）	每日 420 亿元人民币（2018 年 5 月 1 日起）

（2）深港通

深港通，是深港股票市场交易互联互通机制，是指深圳证券交易所和香港联合交易所建立技术连接，使中国内地和中国香港投资者可以通过当地证券公司或经纪商买卖规定范围内的对方交易所上市的股票。

1）含义：深港通包括深股通、深港通下的港股通两个部分：

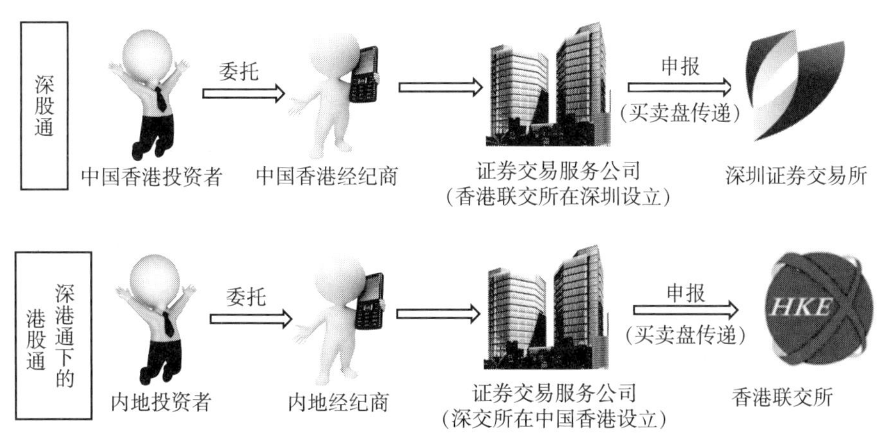

2）投资规定：

规定	深股通	深港通下的港股通
股票范围	成分股定期调整考察截止日前 6 个月 A 股日均市值不低于人民币 60 亿元的深证成分指数和深证中小创新指数的成分股，以及 A + H 股上市公司在深交所上市的 A 股。	恒生综合大型股指数的成分股、恒生综合中型股指数的成分股、成分股定期调整考察截止日前 12 个月港股平均月末市值不低于港币 50 亿元的恒生综合小型股指数成分股，以及 A + H 股上市公司在香港联交所上市的 H 股。

续表

规定	深股通	深港通下的港股通
股票范围	下列股票不纳入深股通股票：被深交所实施风险警示的股票（即 ST，*ST 等股票）、被深交所暂停上市的股票、退市整理期的股票、以外币报价交易的股票及具有深交所认定的其他特殊情形的股票。	下列股票不纳入港股通股票（新增）：深交所或上交所上市 A 股为风险警示股票、退市整理股票或者暂停上市股票的 A + H 股上市公司的相应 H 股、在香港联交所以港币以外货币报价交易的股票、具有深交所认定的特殊情形的股票。
起始额度	每日 130 亿元人民币	每日 105 亿元人民币
每日额度	520 亿元人民币（2018 年 5 月 1 日起）	420 亿元人民币（2018 年 5 月 1 日起）

（3）沪伦通

沪伦通，是指上海证券交易所与伦敦证券交易所的互联互通机制。初期从存托凭证起步，沪伦通存托凭证业务包括东西两个业务方向。东向业务是指符合条件的伦交所上市公司在上交所主板上市中国存托凭证（CDR），试点初期的总规模为 2 500 亿元人民币。西向业务是指符合条件的上交所的 A 股上市公司在伦交所主板发行上市全球存托凭证（GDR），试点初期的总规模为 3 000 亿元人民币。

沪伦通与沪港通的区别：沪港通下投资者跨境相互到对方市场直接买卖股票，沪伦通是将境外基础股票转换为存托凭证实现产品跨境，存托凭证的交易结算安排与本地的股票品种接近，以方便投资者按照本地的交易习惯和交易时间完成交易结算。目前，CDR 设有一定的投资者适当性门槛。

4. 典题精练

（1）港股通股票包括（　　）。

Ⅰ. 恒生综合大型股指数的成分股

Ⅱ. 恒生综合中型股指数的成分股

Ⅲ. A + H 股上市公司的 H 股

Ⅳ. 在联交所以国外货币报价以港币交易的股票

A. Ⅰ、Ⅱ　　B. Ⅲ、Ⅳ

C. Ⅰ、Ⅱ、Ⅲ　　D. Ⅰ、Ⅱ、Ⅲ、Ⅳ

参考答案：C

【解析】深港通下的港股通的股票范围是恒生综合大型股指数的成分股、恒生综合中型股指数的成分股、市值 50 亿元港币及以上的恒生综合小型股指数的成分股，以及香港联合交易所上市的 A + H 股公司股票。

（2）2018 年 5 月 1 日起，深港通下的港股通每日额度调整为（ ）亿元。

A. 350　　B. 130

C. 105　　D. 420

参考答案： D

【解析】 2018 年 5 月 1 日起，深港通下的港股通每日额度调整为 420 亿元人民币。

5. 同步演练（请扫描二维码做题）

知识点扩展

（九）科创板特别规定

1. 案例引入

科创板开板一周年，成绩如何?*

【案例回顾】 2020 年 6 月 13 日，科创板正式迎来开板一周年。作为中国资本市场改革的“试验田”，科创板肩负着以科技创新推动经济高质量发展的使命，承载着全面深化资本市场改革的希望。在这个资本的“竞技场”上，科创板交出了一份漂亮的“成绩单”：过去的一年里，上市公司数量从首批的 25 家步入到“百家时代”，另外总市值已破万亿，更为重要的是，诸如中芯国际、芯原微电子、奕瑞科技等一批硬核高科技企业正密集赶来。历经设立、开板、上市与改革，科创板这块“试验田”的果实已经初长成。

据证监会办公厅副主任李钢透露，开板一年来，设立科创板并试点注册制开局良好，截至 6 月 5 日，106 只科创板股票较发行价平均上涨 159%；开通科创板交易权限的投资者达 527 万人，交易秩序良好，市场博弈较为充分。“科创板支持科技创新效果逐步显现。”李钢表示，科创板在支持和鼓励“硬科技”企业上市方面，发挥了示范作用。截至 6 月 5 日，科创板上市公司达到 106 家，总融资 1 230.60 亿元，这些公司研发投入与营业收入之比、研发人员占比明显高于其他市场板块，板块集聚效应正在形成中。

在这一年里，上海证券交易所已迈入了“科创板审核 2.0”阶段，将注册制改革不断推向深入。“科创板审核 2.0”的核心，就是坚持以信息披露为核心不变，让审核问询“更精准、更高效、更务实、更协同”。

---

* 王春：《科创板开板一周年，成绩如何?》，载《科技日报》2020 年 6 月 13 日。

【案例点评】 科创板开市以来，部分制度已有实践运用。灵活的股权激励制度，在压严压实保荐机构责任方面进行细化界定，并购重组实施注册制，推进非公开转让和配售规则发布和落地，完善股份减持制度，推出“5+2”套“以市值为核心”的上市标准体系。这些制度创新有助于鼓励推动一批标杆型、引领性企业登陆科创板，促进科创板规模效应和集聚效应加速形成。

【相关要点】

（1）注册制下，证券发行审核机构只对注册文件进行形式审查，不进行实质判断，同时配套有中介机构即券商对预备上市公司的考查，及时对作弊中介商加强处罚。

（2）科创板实行投资者适当性制度，即只有符合科创板股票适当性条件的投资者才可以申请开通相关权限。

2. 要点导图

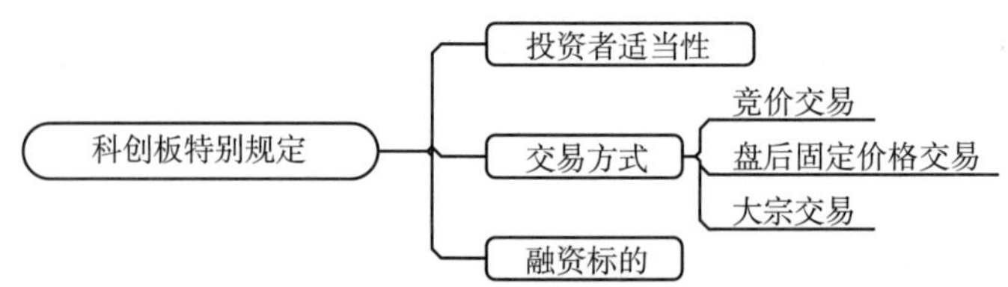

3. 要点精讲

（1）投资者适当性

个人投资者开通科创板股票交易权限，应当符合下列条件：

1）申请权限开通前20个交易日证券账户及资金账户内的资产日均不低于人民币50万元（不包括融资融券融入的资金和证券）；

2）参与证券交易24个月以上；

3）上海证券交易所规定的其他条件。

（2）交易方式

1）竞价交易：

开盘集合竞价时间为9:15～9:25；连续竞价时间为9:30～11:30和13:00～15:00；盘后固定价格交易的申报时间为9:30～11:30和13:00～15:30，交易时间为15:05～15:30。

在竞价交易中，科创板股票除了限价申报外，还可根据市场需要采用包括最优五档即时成交剩余撤销申报、最优五档即时成交剩余转限价申报、本方最优价格申报、对手方最优价格申报及上海证券交易所规定的其他方式进行市价申报。

通过限价申报买卖科创板股票，单笔申报数量应当不小于200股，且不超过10万股；通过市价申报买卖，单笔申报数量应当不小于200股，且不超过5万股。卖出时，余额不足200股的部分，应当一次性申报卖出。

2）盘后固定价格交易：是科创板新增的交易方式，在收盘集合竞价结束后，上海证券交易所交易系统按照时间优先顺序对收盘定价申报进行撮合，并采用当日收盘价成交的交易方式。盘后固定价格交易申报时间为9:30~11:30和13:00~15:30，交易时间为15:05~15:30。

3）大宗交易：是指达到规定的最低限额的证券单笔买卖申报，买卖双方经过协议达成一致并经交易所确定成交的证券交易。科创板大宗交易的申报时间为交易日9:30~11:30和13:00~15:30。

（3）融资标的规定

科创板股票自上市首日起可作为融资融券标的。

4. 典题精练

通过限价申报买卖科创板股票的，单笔申报数量应当不小于（ ）股。

A. 100　　B. 200

C. 300　　D. 500

参考答案：B

【解析】通过限价申报买卖科创板股票，单笔申报数量应当不小于200股，且不超过10万股；通过市价申报买卖，单笔申报数量应当不小于200股，且不超过5万股。卖出时，余额不足200股的部分，应当一次性申报卖出。

5. 同步演练（请扫描二维码做题）

知识点扩展

（十）股票估值

1. 案例引入

天际股份股价被市场高估*

【案例回顾】随着新能源赛道火热，锂电板块受到越来越多关注。锂电

*《为什么说天际股份被市场高估了?》蓝鲸财经，2022年1月26日。

概念下，天际股份受到部分投资者追捧。2020 年 7 月份，天际股份股价来到 6.6 元的最低点，而到了次年 7 月份则上涨至最高 54.80 元，此后股价一路下跌，截至 2022 年 1 月 14 日，股价腰斩至 25.74 元，许多投资者遭受巨额亏损。

过去一年，新能源赛道一片火热，相关产业热度也一直不减。特别是作为电解质溶液原材料的六氟磷酸锂，更是行业必需品，具有长期价值，在这样的行业发展节点上，天际股份股价腰斩，可能更多是与自身的经营现实情况有关。2022 年 1 月 10 日晚间，天际股份发布公告称，因信息披露、财务核算、内幕信息管理方面存在问题，公司相关责任人收到广东证监局出具的警示函。据媒体公开报道，广东证监局对广东天际电器股份有限公司（以下简称“天际股份”）进行了现场检查，并发现数个问题。从证监会的公告来看，无论是信息披露问题还是财务核算准确性的问题，似乎都表明天际股份的企业运行效率不及资本市场预期。作为一家上市公司，如此多需要整改的问题确实令投资者生疑，接下来，如何向监管部门反馈整改方案，如何提高自身投资价值，可能是天际股份需要深思的问题。

【案例点评】标的有没有价值，关键在于成长性，赛道本身的景气度之外，企业本身不说能打，至少得靠谱才能算一个合格的价值投资标的。从这个基本逻辑出发，其实不难发现在过去一段时期内天际股份的上涨更多像是赶上了涨价周期，资本也似乎有点偏投机而非实打实的价值投资逻辑。从这个角度来看，对于市场上理性的投资者来说，有长期运营能力，能真正经历时间考验的企业，才真正有投资价值。

【相关要点】

（1）影响股价的基本因素包括公司经营状况、行业与部门因素、宏观经济与政策因素。

（2）股票的内在价值决定股票的市场价格，股票的市场价格总是围绕其内在价值波动。

2. 要点导图

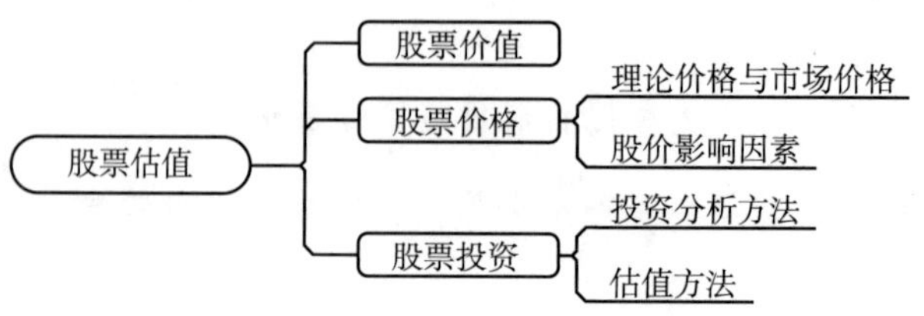

3. 要点精讲

（1）股票价值

1）票面价值：又称“面值”，即在股票票面上标明的金额。若发行价等于面值，称为“平价发行”；若发行价格高于面值，称为“溢价发行”。

2）账面价值：又称“股票净值”或“每股净资产”，在没有优先股的条件下，每股账面价值等于公司净资产除以发行在外的普通股股数。

3）清算价值：是公司清算时每一股份所代表的实际价值。从理论上说，股票的清算价值应与账面价值一致，实际上通常低于账面价值。

4）内在价值：即理论价值，也即股票未来收益的现值。股票的内在价值决定股票的市场价格，股票的市场价格总是围绕其内在价值波动。

（2）股票价格

1）理论价格：是以一定的必要收益率计算出来的未来收入的现值。

股票价格的影响因素

2）市场价格：一般是指股票在二级市场上交易的价格。市场价格由股票的价值决定，但同时受许多其他因素的影响。其中，供求关系是最直接的影响因素，其他因素都是通过作用于供求关系而影响股票价格。

（3）影响股价变动的基本因素（对基本因素进行分析就是基本分析或基本面分析）

公司经营状况	股份公司的经营现状和未来发展是股票价格的基石。从理论上分析，公司经营状况与股票价格正相关，公司经营状况好，股价上升；反之，股价下跌。经营状况根据以下各项分析： （1）公司治理水平与管理层质量。 （2）公司竞争力：SWOT 分析法（优势、劣势、机会、威胁）。 （3）财务状况：盈利性、安全性、流动性。 （4）公司并购重组：要分析此举对公司的长期发展是否有利，并购重组后是否能够改善公司的经营状况，这是决定股价变动方向的重要因素
行业部门因素	（1）行业分类。 （2）行业分析因素：行业或产业竞争结构、行业可持续性、抗外部冲击的能力、监管及税收待遇（政府关系）、劳资关系、财务与融资问题、行业估值水平。 （3）行业生命周期：幼稚期、成长期、成熟期、衰退期
宏观经济政策因素	宏观经济影响股票价格的特点是波及范围广、干扰程度深、作用机制复杂并可能导致股价波动幅度较大。 （1）经济增长：经济运行态势良好，股价上升。 （2）经济周期循环：繁荣、衰退、萧条、复苏四个阶段，股价是经济周期变动的灵敏信号或称先导性指标（股价变动比经济景气循环早 4～6 个月）。 （3）货币政策：宽松性货币政策→货币供给增加→股市资金增加→股票需求增加→股价上升。 （4）财政政策：调整财政支出、调节税率、干预资本市场税率、发行国债。 （5）市场利率：利率上升，股价下降，影响途径如图。

续表

宏观经济政策因素	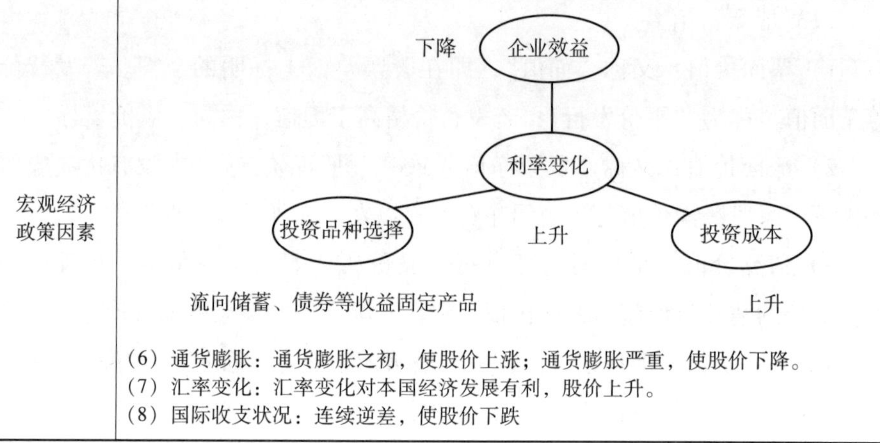 （6）通货膨胀：通货膨胀之初，使股价上涨；通货膨胀严重，使股价下降。 （7）汇率变化：汇率变化对本国经济发展有利，股价上升。 （8）国际收支状况：连续逆差，使股价下跌

（4）影响股价变动的其他因素

1）政治及其他不可抗力的影响：战争；政权更迭、领袖更替等政治事件；政府重大经济政策的出台、社会经济发展规划的制订、重要法规的颁布等；国际社会政治、经济变化；因发生不可预料和不可抵抗的自然灾害或不幸事件，给社会经济和上市公司带来重大财产损失而又得不到相应赔偿，股价会下跌。

2）心理因素：投资者乐观，促使股价上涨。

3）政策及制度因素：为保证证券市场的稳定，各国的证券监管机构和证券交易所会制定相应的政策措施和作出一定的制度安排。如有的证券交易所对每日股票价格的涨跌幅有一定限制（即涨跌停板规定），使股价的涨跌大大平缓。

4）人为操纵因素：人为操纵往往会引起股价短期的剧烈波动，会影响股票市场的健康发展，违背公开、公平、公正的原则。

（5）股票投资主要分析方法

1）基本分析法（基本面分析法）：是指股票分析师根据经济学、金融学、财务管理学及投资学等基本原理，对决定股票价值及价格的基本要素进行分析，评估股票的投资价值，判断股票的合理价位，提出相应投资建议的一种分析方法。

两个假设：股票价值决定价格、股票价格围绕价值波动。

主要内容：宏观经济分析、行业和区域分析、公司分析。

2）技术分析法：是仅从股票的市场行为（股价、成交量、价和量的变化、完成这些变化经历的时间）来分析股票价格未来变化趋势的方法。

三个假设：市场的行为包含一切信息；价格沿趋势移动；历史会重复。

主要内容：K 线理论、切线理论、形态理论、技术指标理论、波浪理论和循环周期理论。

3）量化分析法：是利用统计、数值模拟和其他定量模型进行证券市场相关研究的一种方法，具有使用大量数据、模型和电脑的显著特点。

（6）股票估值方法

1）基本概念：

货币的时间价值

①货币的时间价值：是指货币随时间推移而发生的增值（今天的 100 元比 1 年后的 100 元值钱）。因此，不同时点货币不宜直接比较价值，需要折算到同一时点上才能比较。

②复利：货币的时间价值使得资金的借贷具有利上加利的特性，将其称为复利。复利条件下的终值（期末价值、到期值）计算公式为：

$$FV = PV \cdot (1+i)^n$$

式中，FV 为终值，PV 为本金（现值），i 为每期利率，n 为期数。若每期付息 m 次，则终值为：$FV = PV \cdot (1+i/m)^{mn}$

③贴现：指对给定终值计算现值的过程。复利条件下的现值计算公式为：

$$PV = FV/(1+i)^n$$

2）影响股票价值投资的因素。

内部因素	（1）净资产：净值增加，股价上涨。 （2）盈利水平：预期公司盈利增加，股价上涨。 （3）股利政策：股利水平越高，股价越高。 （4）股份分割：通常刺激股份上升（持股数量增加，给投资者带来了今后可多分股利和更高收益的预期）。 （5）增资和减资：增资对股价的影响不定，减资一般使股价下降。 （6）并购重组：取决于并购重组是否对公司有利，是否改善公司经营状况
外部因素	（1）宏观经济因素：包括宏观经济走向和相关政策，宏观经济走向包括经济周期、通货变动及国际经济形势等，相关政策包括货币政策、财政政策、收入分配政策。 （2）行业因素：包括行业的发展状况和趋势、国家的行业政策和相关行业的发展。 （3）市场因素：投资者对股票走势的心理预期会对股价走势产生重要影响。散户投资者往往有从众心理，对股市产生助涨助跌的作用

3）股票估值方法。

①绝对估值法：原理是假设价值来源于未来流入的现金流，将这一系列现金流以一定比率贴现到现在，再进行加总就得到了相应价值。因此，绝对估值法也就是现金流贴现法。

包括：红利贴现模型、股权自由现金流贴现模型、企业自由现金流贴现模型。

②相对估值法：原理是以可以比较的其他公司（可比公司）的价格为基础，来评估目标公司的相应价值。

包括：市盈率倍数法、企业价值/息税前利润倍数法、企业价值/息税折旧摊销前利润倍数法、市净率倍数法、市销率倍数法。

4. 典题精练

（1）在复利条件下，下列跟货币时间价值有关的公式，正确的有（　　），其中：FV – 终值；PV – 现值；i – 每期利率；n – 期数；m – 每期付息次数。

Ⅰ. $FV = PV \times (1 + i)^n$

Ⅱ. $FV = PV \times (1 + mi)^n$

Ⅲ. $FV = PV \times (1 + i/m)^{mn}$

Ⅳ. $FV = PV \times (1 + i)^{m/n}$

A. Ⅰ、Ⅲ

B. Ⅰ、Ⅲ、Ⅳ

C. Ⅱ、Ⅳ

D. Ⅰ、Ⅱ、Ⅳ

参考答案：A

【解析】在复利条件下，终值（期末价值、到期值）计算公式为：$FV = PV \times (1 + i)^n$；若每期付息 m 次，则终值为：$FV = PV \times (1 + i/m)^{mn}$。

（2）影响股票投资价值的内部因素是（　　）。

A. 宏观经济

B. 行业或区域竞争结构

C. 市场波动

D. 股利政策

参考答案：D

【解析】影响股票投资价值的内部因素主要包括公司净资产、盈利水平、股利政策、股份分割、增资和减资及并购重组等。

5. 同步演练（请扫描二维码做题）

知识点扩展

三、考纲对比

2021 年大纲较 2020 年无变化。

知识点扩展

四、章节测试（请扫描二维码做题）

第五章 债　　券

一、知识结构

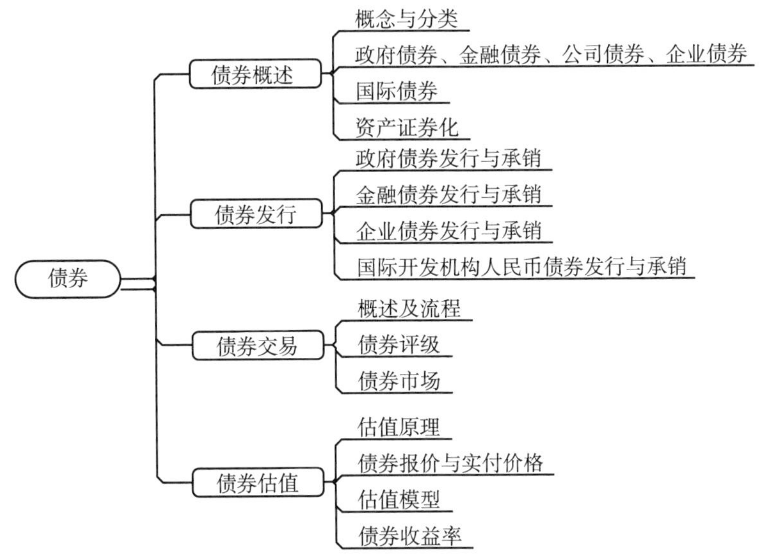

知识点扩展

二、核心要点

（一）债券概述

1. 案例引入

四川 2022 年首批政府债券成功发行*

【案例回顾】1 月 27 日，2022 年四川省政府首批专项债券 377 亿元在北

* 《377 亿！四川省政府首批专项债券发行》，四川观察，2022 年 1 月 28 日。

京中央国债登记结算有限责任公司成功发行，债券加权平均利率和期限分别为3.11%、16.7年，融资成本控制有力有效。债券资金投向全省352个项目，总投资超过4 600亿元，将推动全省重点领域重大项目形成的实物工作量大幅增加，助力全省第一季度实现经济“开门红”。

【案例点评】 本次债券发行有三大亮点。一是坚持项目储备尽早启动。2021年9月即启动2022年债券项目申报、入库、筛选、评审等项目储备工作，较2021年启动时间大幅提前。二是坚持债券发行提速增效。2021年10月即启动2022年债券信用评级机构选择、承销团增补等工作，确保项目准备成熟一批即可组织发行一批。三是坚持投向更精准可持续。债券资金围绕党中央、国务院确定的重点领域加大支持，坚决不“撒胡椒面”，优先支持在建工程后续融资。

【相关要点】

（1）债券是一种有价证券，是社会各类经济主体为筹集资金而向债券投资者出具的、承诺按一定利率定期支付利息并到期偿还本金的债权债务凭证。

（2）债券特征：偿还性、流动性、安全性、收益性。

2. 要点导图

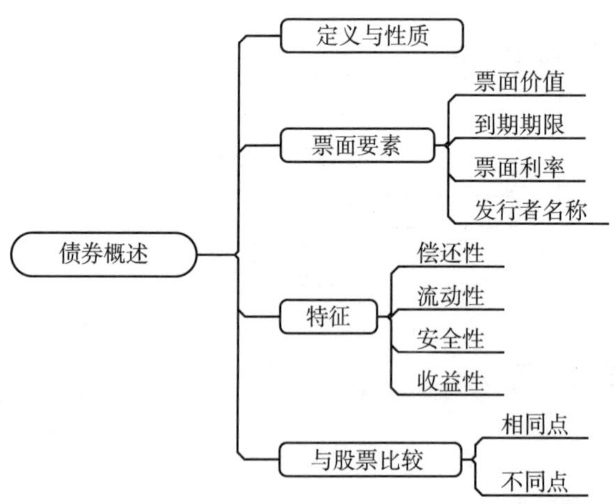

债券概述

3. 要点精讲

（1）债券定义

债券是一种有价证券，是社会各类经济主体为筹集资金而向债券投资者出具的、承诺按一定利率定期支付利息并到期偿还本金的债权债务凭证。

债券所规定的资金借贷双方的权责关系：所借贷货币资金的数额；借贷的时间；在借贷时间内的资金成本或应有的补偿（债券的利息）（即本金、

利息、时间）。

（2）债券性质

债券是有价证券；是虚拟资本；是债权的表现。

（3）债券票面要素

1）票面价值：先规定票面价值的币种，再规定债券的票面金额。

2）到期期限：债券从发行之日起至偿清本息之日止的时间，也是发行人承诺履行合同义务的全部时间。

3）票面利率（名义利率）：债券年利息与票面价值的比率。

4）发行者名称：指明了债券的债务主体。

（4）债券特征

1）偿还性：是指债券有规定的偿还期限，债务人必须按期向债权人支付利息和偿还本金（除永续债以外）。

2）流动性。首先取决于市场为转让所提供的便利程度，其次取决于债券在迅速转变为货币时，是否在以货币计算的价值上蒙受损失。

3）安全性。债券不能收回投资的风险有两种情况：一是债务人不履行债务；二是流通市场风险（债券在市场上转让时因价格下跌而承受损失）。

4）收益性。债券收益表现为：利息收入、资本损益、再投资收益（即投资债券所获现金流量再投资的利息收入，受市场收益率变化的影响）。

（5）债券与股票的异同点

对比		债券	股票
相同点		都属于有价证券	
		都是直接融资工具	
不同点	权利	债权凭证（无权参与经营决策）	所有权凭证（有权参与经营决策）
	目的	筹集的资金为公司负债	筹集的资金为公司资本
	主体	政府、金融机构、公司企业	股份有限公司
	期限	有期证券	无期证券（永久证券）
	收益	利息固定	股息红利不固定
	风险	风险较小	风险较大

注：债券风险小于股票，这是因为：

1）利息与股息红利不同。债券利息是公司的固定支出，属于费用范围；股票的股息红利是公司利润的一部分，公司有盈利才能支付，而且支付顺序在债券利息支付和纳税之后。

2）剩余资产清偿顺序不同。倘若公司破产，清理资产有余额偿还时，债券偿付在前，股票偿付在后。

3）市场价格波动不同。二级市场上，债券因利率固定、期限固定，市场价格较稳定；而股票无固定期限和利率，受各种宏观因素和微观因素影响，市场价格波动频繁，涨跌幅度较大。

4. 典题精练

债券和股票的主要异同是（　　）。

Ⅰ. 权利不同　　Ⅱ. 期限相同

Ⅲ. 发行主体相同　　Ⅳ. 收益不同

A. Ⅰ、Ⅲ　　B. Ⅰ、Ⅳ

C. Ⅱ、Ⅲ、Ⅳ　　D. Ⅰ、Ⅱ、Ⅲ、Ⅳ

参考答案：B

【解析】债券与股票的相同点：债券与股票都属于有价证券、债券与股票都是直接融资工具。债券与股票的区别：权利不同、目的不同、主体不同、期限不同、收益不同、风险不同。

知识点扩展

5. 同步演练（请扫描二维码做题）

（二）债券分类

1. 案例引入

2021 年各券种发行增速分化*

【案例回顾】地方政府债、国债、政策性银行债、商业银行债是 2021 年发行量最大的四类券种，占比分别为 33%、29%、22% 和 8%，合计达 93%。其中，国债发行 6.68 万亿元，同比下降 4.87%；地方政府债发行 7.48 万亿元，同比增长 16.12%；政策性银行债发行 5.03 万亿元，同比增长 2.68%；商业银行债发行 1.97 万亿元，同比增长 1.96%。

其他券种发行占比较小，但是发行增速较高。信贷资产支持证券发行 0.88 万亿元，同比增长 9.62%，增速较上年提高 26.15 个百分点。企业债券发行 0.44 万亿元，同比增长 11.18%，增速较上年提高 1.80 个百分点。政府支持机构债券发行 0.19 万亿元，同比增长 9.83%，增速较上年提高 4.98 个百分点。2021 年各券种发行占比为：

---

* 中债研发中心. 2021 年债券业务统计分析报告。

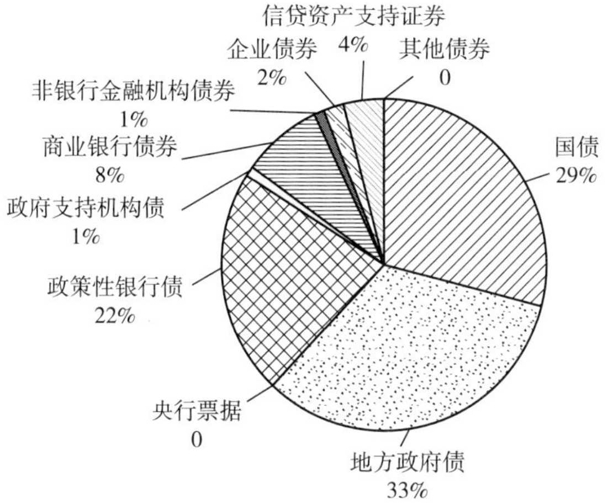

【案例点评】 目前政府和银行是我国最主要的两大发债主体，政府债券与商业银行债券具有安全性高、流动性强等特点，同时投资政府债券还享有免税待遇。相较而言，企业债券能否按照约定还本付息很大程度上依赖公司的经营利润，但是任何一家公司的未来经营都存在很大不确定性。因此，投资企业债券需要承担损失利息甚至本金的风险。

【相关要点】

（1）债券按照发行主体可以划分为政府债券、金融债券和公司债券等主要类型。

（2）政府债券可以分为国债和地方政府债券，国债发行主体是中央政府，具有最高信用等级，由财政部进行发行操作。地方政府债券发行主体是地方政府，分为一般债券和专项债券。

（3）金融债券分为政策性金融债券、商业银行债券及非银行金融债券。

（4）企业债券发行主体是所有公司制法人，但是不包括地方政府平台公司。

2. 要点导图

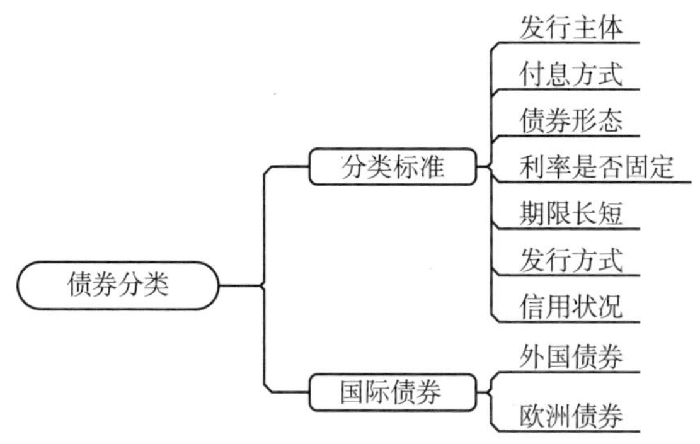

3. 要点精讲

(1) 按发行主体分类

债券分类

政府债券	发行主体是政府。除此之外，有些国家把政府担保的债券也划归为政府债券体系，这被称为政府保证债券
金融债券	发行主体是银行或非银行金融机构（吸收存款是被动负债，发行债券是主动负债），期限以中期较为多见
公司债券	发行主体是公司，风险大于政府债券和金融债券，有中长期，也有短期

(2) 按付息方式分类

1) 零息债券：也称零息票债券，指债券合约未规定利息支付的债券。通常，这类债券以低于面值的价格发行和交易，债券持有人实际上是以买卖（到期赎回）价差的方式取得利息。

2) 附息债券：合约中明确规定，在债券存续期内，对持有人定期支付利息（通常每半年或每年支付一次）。有些附息债券可以根据合约条款推迟支付定期利率，故被称为缓息债券。

3) 息票累积债券：同样规定了票面利率，但是债券持有人必须在债券到期时一次性获得本息，存续期间没有利息支付。

(3) 按债券形态分类

实物债券	是具有标准格式实物券面的债券，一般印有债券面额、利率、期限、发行人全称等票面要素。 如无记名国债，不记名、不挂失、可上市流通
凭证式债券	是债权人认购债券的一种收款凭证，而不是发行人制定的标准格式债券。 我国于 1994 年开始发行凭证式国债，券面上不印制票面金额，而是根据认购者的认购额填写实际的缴款金额，可记名、可挂失、不可上市流通
记账式债券	是没有实物形态的票券，利用证券账户通过电脑系统完成债券发行、交易及兑付。投资者买卖此类债券，必须在证券交易所设立账户。 我国于 1994 年开始发行记账式国债，可记名、可挂失，且发行时间短、发行效率高、交易手续简便，成本低，交易安全

(4) 按利率是否固定分类

1) 固定利率债券：偿还期内利率不变，筹资成本和投资收益可事先预计。

2) 浮动利率债券：利率随市场利率定期浮动，可以较好地抵御通胀风险。

3）可调利率债券/可变利率债券：允许根据一些事先选定的参考利率指数的变化，对利率进行定期调整。

（5）按期限长短分类

	短期债券	中期债券	长期债券
一般债券/国债	1 年以下	1～10 年（含 1 年、10 年）	10 年以上
企业债券	1 年以下	1～5 年	5 年以上

（6）按发行方式分类

1）公募债券：是指按法定手续，经证券主管机构批准在市场上公开发行的债券。

①发行对象：不特定的广泛分散的投资者。

②发行人：必须遵守信息公开制度，向投资者提供各种财务报表和资料，并向证券主管部门提交有价证券申报书，以保护投资者的利益。

2）私募债券：是指向与发行者有特定关系的少数投资者募集的债券，发行和转让均有一定局限性。

①发行对象：有限数量的专业投资机构，如银行、信托公司、保险公司和各种基金会等。在我国，私募公司债券的发行对象为合格投资者，每次发行对象不得超过 200 人。

②发行人：没有公开展示的要求，即私募发行不采取公开制度。

（7）按信用状况分类

类别	发行基础	价值影响因素	举例
利率债	政府信用、政府提供偿债支持	市场利率	狭义：国债、地方政府债 广义：狭义＋央行的票据、政策性银行的金融债、铁路总公司等政府支持机构发行的债券
信用债	企业的商业信用	市场利率 发行人信用	非金融企业发行的债券、商业性金融机构发行的债券

（8）一种特殊债券——国际债券

1）定义：是指一国借款人在国际证券市场上以外国货币为面值、向外国投资者发行的债券。发行人主要是各国政府、政府所属机构、银行或其他金融机构、工商企业及一些国际组织等。投资者主要是银行或其他金融机构、各种基金会、工商财团和自然人。目前，我国发行的国际债券主要有政府债券、金融债券和公司债券。

2）特征：

①资金来源广、发行规模大。

②存在汇率风险。

③有国家主权保障。

④以自由兑换货币作为计量货币（一般以美元、英镑、欧元、日元和瑞士法郎为主）。

3）分类：

①外国债券：是指某一国家借款人（A 国）在本国以外的某一国家发行（B 国）以该国货币为面值（B 国）的债券。特点是债券发行人属于一个国家，债券的面值货币和发行市场则属于另一个国家。

一般以发行市场所属国家最具特色的元素命名，如在美国发行的外国债券称为“扬基债券”，它是由非美国发行人在美国债券市场发行的吸收美元资金的债券；在日本发行的外国债券称为“武士债券”，它是由非日本发行人在日本债券市场发行的以日元为面值的债券；在我国发行的以人民币计价的外国债券称为“熊猫债券”；在英国发行的以英镑计价的外国债券被称为“猛犬债券”。

②欧洲债券：是指借款人（A 国）在本国境外市场发行（B 国）的、不以发行市场所在国货币为面值（C 国）的国际债券。特点是债券发行者、债券发行地点和债券面值所使用的货币分别属于不同国家，也称“无国籍债券”。

欧洲债券票面使用的货币一般是可自由兑换的货币，主要为美元，其次还有欧元、英镑、日元等，也有使用复合货币单位的，如特别提款权。

③外国债券和欧洲债券的区别：

A. 发行方式

外国债券：发行地所在国的证券公司、金融机构承销
欧洲债券：一个国家或几个国家同时承销

B. 发行法律

外国债券：受发行地所在国有关法规管制约束
欧洲债券：相对宽松

C. 发行纳税

外国债券：受发行地所在国税法管制 欧洲债券：预扣税可豁免，利息收入免缴所得税

4. 典题精练

(1) 下列不属于我国国际债券品种的是（　　）。

A. 政府债券　　B. 金融债券

C. 公司债券　　D. 次级债券

参考答案：D

【解析】为利用国外资金，加快我国的建设步伐，我国开始利用国际债券市场筹集资金，主要的债券品种有：政府债券；金融债券；公司债券。

(2) 根据债券合约条款中是否规定在约定期限向债券持有人支付利息，债券可分为（　　）。

Ⅰ. 实物债券　　Ⅱ. 零息债券

Ⅲ. 附息债券　　Ⅳ. 息票累积债券

A. Ⅰ、Ⅱ、Ⅳ　　B. Ⅰ、Ⅱ、Ⅲ

C. Ⅱ、Ⅲ、Ⅳ　　D. Ⅰ、Ⅲ、Ⅳ

参考答案：C

【解析】根据债券发行条款中是否规定在约定期限向债券持有人支付利息，债券可分为零息债券、附息债券、息票累积债券三类。

(3) 下列不属于国际债券的主要投资者的是（　　）。

A. 自然人　　B. 各国政府

C. 银行或其他金融机构　　D. 工商财团

参考答案：B

【解析】国际债券是指一国借款人在国际证券市场上以外国货币为面值、向外国投资者发行的债券。国际债券的发行人主要是各国政府、政府所属机构、银行或其他金融机构、工商企业及一些国际组织等。国际债券的投资者主要是银行或其他金融机构、各种基金会、工商财团和自然人。

知识点扩展

5. 同步演练（请扫描二维码做题）

（三）资产证券化

1. 案例引入

温州发行全国首个技术产权证券化产品*

【案例回顾】 2021年1月5日下午，“兴业圆融—温州技术产权资产支持专项计划”挂牌仪式在深圳证券交易所举行。这是我国首个技术产权证券化产品，由温州率先“破冰”发行，闯出了一条中小科技型企业“批量”获得高额度、低成本融资新路径，为全国探索技术产权证券化提供“温州样本”。

此次，由温州12家民营中小科技型企业凭借56项技术产权获得1.9亿元的融资。企业最低获得1 000万元融资、最高获得2 840万元融资，平均每项技术产权获得融资339万元，3年期年化利率降至4%以下。

【案例点评】 温州率全国之先启动技术产权证券化试点，将改革、温商、科创三大要素完美融合，走出一条“三化三新”新路子，也就是：以技术产权资本化为核心，为科技型中小企业融资提供新途径；以技术产权证券化为特色，为科技成果转化应用开辟新思路；以技术产权市场化为亮点，为金融产品工具创新积累新经验。“兴业圆融—温州技术产权资产支持专项计划”正式挂牌，这不仅在温州国家自主创新示范区和新时代“两个健康”先行区建设中具有里程碑意义，更为全省乃至全国科技金融创新提供了可复制、可推广的“温州样板”。

【相关要点】

（1）资产证券化是以特定资产组合或特定现金流为支持，发行可交易证券的一种融资形式。

（2）资产证券化按照基础资产分类，可以分为不动产证券化、应收账款证券化、信贷资产证券化、未来收益证券化（如高速公路收费）、债券组合证券化等。

（3）资产支持证券是在资产证券化过程中发行的以资产池为基础的证券。

---

* 《零的突破！温州挂牌发行全国首个技术产权证券化产品》，温州网，2021年1月6日。

2. 要点导图

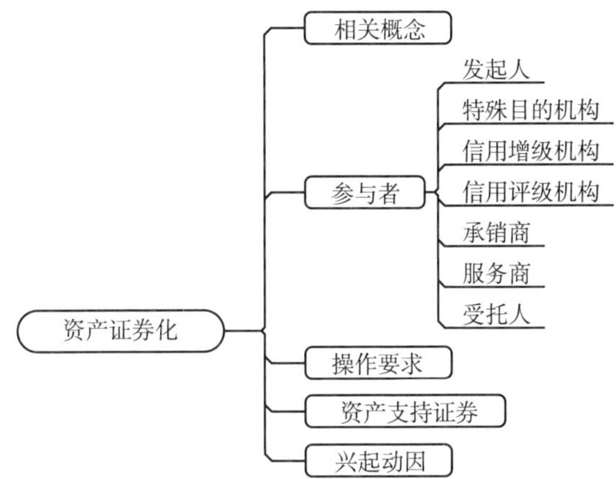

3. 要点精讲

(1) 资产证券化相关概念

资产证券化

1) 定义：资产证券化是以特定资产组合或特定现金流为支持，发行可交易证券的一种融资形式。传统的证券发行以企业为基础，而资产证券化以特定的资产池为基础发行证券。

2) 种类：

①根据基础资产分类：不动产证券化、应收账款证券化、信贷资产证券化、未来收益证券化（如高速公路收费）、债券组合证券化等。

②根据资产证券化的地域分类（资产证券化发起人、发行人和投资者所属地域不同）：境内资产证券化和离岸资产证券化。

③根据证券化产品的属性分类：股权型证券化、债权型证券化和混合型证券化。

3) 开展资产证券化业务的要求：

①证券公司。须有客户资产管理业务资格，通过设立特殊目的载体开展资产证券化业务。

②基金管理子公司。须由证券投资基金管理公司设立、具备特定客户资产管理业务资格，并通过设立特殊目的载体开展资产证券化业务。

(2) 资产证券化参与者

参与主体	主要职能
发起人	是资产证券化的起点，是基础资产的原始权益人，也是基础资产的卖方。发起人选择拟证券化资产并打包，然后将其转移给 SPV 并获得对价。

续表

参与主体	主要职能
特殊目的机构（SPV）	是以资产证券化为目的而特别组建的独立法律主体，其负债主要是发行的资产支持债券，资产则是向发起人购买的基础资产。SPV 介于发起人和投资者之间，是资产支持证券的真正发行人
信用增级机构	负责提升证券化产品的信用等级，为此要向 SPV 收取相应费用，并在证券违约时承担赔偿责任。信用增级可以通过内部增级和外部增级两种方式，对应的信用增级机构分别是发起人和独立的第三方
信用评级机构	发行的证券化产品属于债券，发行前必须经过评级机构进行信用评级。包括：初始评级和存续期内的“追踪”监督
承销商	是负责证券设计和发行承销的投资银行。在证券设计阶段，作为承销商的投资银行一般还扮演财务顾问的角色
服务机构	对资产项目及其所产生的现金流进行监理和保管，通常由发起人担任： ①收取资产到期的本金和利息，将其交付于受托人； ②对过期欠账服务机构进行催收，确保资金及时、足额到位； ③定期向受托管理人和投资者提供有关特定资产组合的财务报告
受托人	托管资产组合及与之相关的一切权利，代表投资者行使职能： ①把服务机构存入 SPV 账户中的现金流转给投资者； ②对没有立即转付的款项进行再投资； ③监督证券化中交易各方的行为，定期审查有关资产组合情况信息，确认服务机构提供的各种报告的真实性，并向投资者披露； ④公布违约事宜，并采取保护投资者利益的法律行为； ⑤当服务机构不能履行其职责时，替代服务人担任其职责

（3）资产证券化操作流程

1）重组现金流，构造证券化资产：发起人对现金流的重组可按贷款的期限结构、本金和利息的重新安排或风险的重新分配等进行，根据证券化目标确定资产数，最后将这些资产汇集形成一个资产池。

2）组建特设信托机构，实现真实出售，达到破产隔离：注册后的 SPV 的活动受法律严格限制，其资本化程度很低，资金全部来源于发行证券的收入。

3）完善交易结构，进行信用增级。

4）资产证券化的信用评级。

5）安排证券销售，向发起人支付：SPV 从承销商处获取证券发行收入后，按约定的购买价格，把发行收入的大部分支付给发起人。至此，发起人的筹资目的已经达到。

6）挂牌上市交易及到期支付：发起人要指定一个资产池管理公司或亲

自对资产池进行管理，负责收取、记录由资产池产生的现金收入，并将这些收款全部存入托管行的收款专户。

（4）资产支持证券概念及分类

1）概念：资产支持证券是指在资产证券化过程中发行的以资产池为基础的证券。通过资产证券化，将流动性较低的资产（如银行贷款、应收账款、房地产等）转化为具有较高流动性的可交易证券，提高了基础资产的流动性，便于投资者进行投资。

2）基本分类：

①传统的证券化产品一般被统称为资产支持证券（ABS）。

②美国的资产证券化产品分类为：

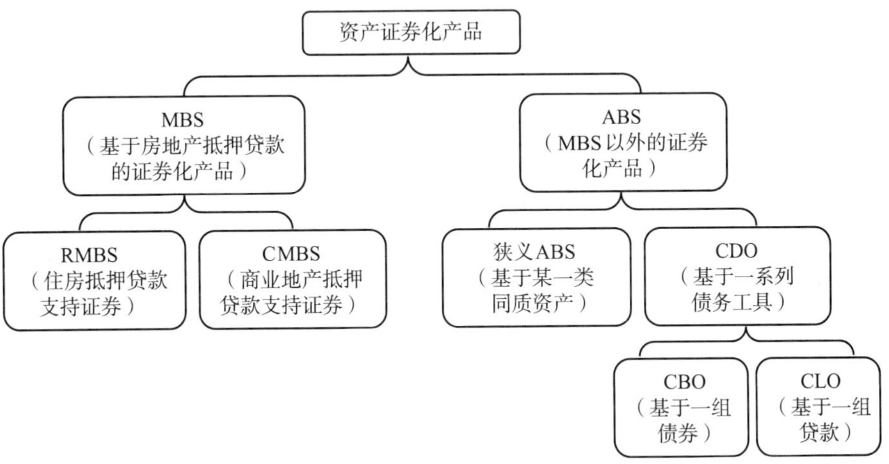

（5）资产证券化兴起的经济动因（起源于美国）

1）从发起人的角度：增加资产的流动性，提高资本使用效率；提升资产负债管理能力，优化财务状况；实现低成本融资；增加收入来源。

2）从投资者的角度：提供多样化的投资品种；提供更多的合规投资；降低资本要求，扩大投资规模。

4. 典题精练

（1）下列关于资产证券化运作程序的说法，错误的是（　　）。

A. 特设信托机构在对证券化资产进行风险分析后，对一定的资产集合进行风险结构的重组

B. 特殊目的机构除开展资产证券化业务之外，还可通过其他业务获得收入

C. 原始权益人根据自身的资产证券化融资要求，确定资产证券化目标

D. 承销商负责向投资者销售资产支持证券，方式包括包销和代销两种

参考答案：B

【解析】特殊目的机构是一个以资产证券化为唯一目的、独立的信托实体，有时也可以由发起人设立。注册后的特殊目的机构的活动受法律的严格限制，其资本化程度很低，资金全部来源于发行证券的收入。

（2）资产证券化最早起源于（　　）。

A. 美国　　B. 英国

C. 德国　　D. 希腊

参考答案：A

【解析】资产证券化自20世纪70年代在美国问世以来，短短30余年的时间里得到快速发展。

（3）资产支持证券是以（　　）为基础发行证券。

A. 股票　　B. 债券

C. 特定的资产池　　D. 企业

参考答案：C

【解析】在资产证券化过程中发行的以资产池为基础的证券被称为“资产支持证券”。

知识点扩展

5. 同步演练（请扫描二维码做题）

（四）政府债券

1. 案例引入

财政部决定发行2020年抗疫特别国债（一期）*

【案例回顾】为筹集财政资金，统筹推进疫情防控和经济社会发展，财政部决定发行2020年抗疫特别国债（一期）。本期国债发行工作有关事宜如下：

（1）发行条件及数额

本期国债为5年期固定利率附息债，竞争性招标面值总额500亿元，不进行甲类成员追加投标。债券利息按年支付，每年6月19日（节假日顺延，下同）支付利息，2025年6月19日偿还本金并支付最后一次利息。2020年

* 《财政部办公厅关于2020年抗疫特别国债（一期）发行工作有关事宜的通知》（财办库〔2020〕109号），2020年6月15日。

6月18日开始招标，6月19日开始计息，招标结束至6月19日进行分销，6月23日起上市交易。竞争性招标时间为2020年6月18日上午10:35至11:35。发行手续费为承销面值的0.1%。

（2）竞争性招标

招标方式：采用修正的多重价格（即混合式）招标方式，标的为利率，标位限定。投标剔除、中标剔除和每一承销团成员投标标位差分别为75个、15个和30个标位。

从公布招标情况来看，本期国债计划发行总量为500亿元，实际发行量为500亿元，中标发行价格为99.91元，票面利率为2.41%。该国债发行后，2020年6月23日上市交易，2025年6月19日，到期还本付息并支付最后一次利息。

2020年抗疫特别国债（一期）属于记账式国债，通过银行间债券市场向2018~2020年记账式国债承销团中标成员，开设债券托管账户进行债券份额认购，或者通过证券交易所的交易系统向投资者发行。因此投资者进行记账式证券买卖，必须在证券交易所设立账户。

（3）发行款缴纳

中标承销团成员于2020年6月19日前（含6月19日），将发行款缴入财政部指定账户。缴款日期以财政部指定账户收到款项为准。

收款人名称：中华人民共和国财政部

开户银行：国家金库总库

账号：270—207701—1

汇入行行号：011100099992

（4）其他

除上述有关规定外，本期国债招标工作按《2020年记账式国债招标发行规则》执行。

【案例点评】从2020年抗疫特别国债（一期）发行通知可以看出：一是本次国债发行目的为筹集财政资金，统筹推进疫情防控和经济社会发展；二是本次国债是记账式国债，可通过证券交易系统进行买卖本次国债；三是本次国债的发行是以竞争性招标方式开展，由2018~2020年记账式国债承销团成员进行投标，招标方式采用修正的多重价格（即混合式）招标方式。

【相关要点】

（1）竞争性招标：指承销商按照财政部确定的当期国债招标规则，以竞标方式确定各自包销的国债份额及承销成本，财政部按规定取得债券发行资金。

（2）多重价格招标方式：指无区间、价位非均匀分布、以价格或收益率为标的的多种价格招标。采用这种招标方式，承销商的中标成本不一致，财政部许可承销商在发行期间自定分销价格，随行就市发行。

（3）国债的承销程序：通过银行间债券市场向商业银行等既有国债承销资格的机构，或者通过证券交易所的交易系统，进行份额认购。

2. 要点导图

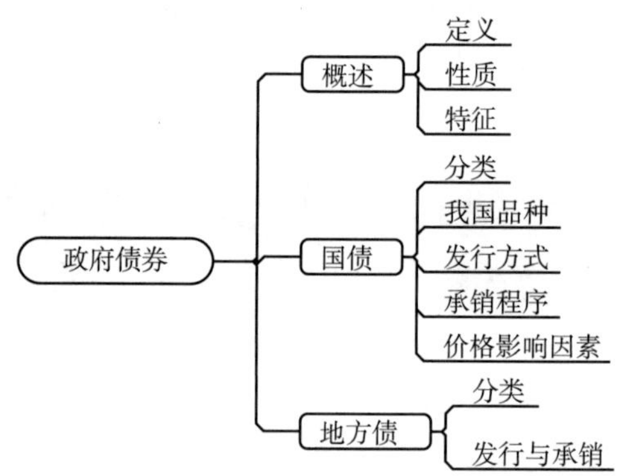

3. 要点精讲

（1）定义

政府债券是指政府财政部门或其他代理机构为筹措资金，以政府名义发行的、承诺在一定时期支付利息和到期还本的债务凭证。分为中央政府债券/国债、地方政府债券，有时两者被统称为公债。

（2）性质

从形式上看，政府债券是有价证券，具有债券的一般性质；从功能上看，政府债券最初仅仅是政府弥补赤字的手段，现已成为实施宏观经济政策、进行宏观调控的工具。

（3）特征

1）安全性高——被称为“金边债券”。

2）流通性强——发行量大，二级市场发达（交易所市场 + 场外市场）。

3）收益稳定——本息固定有保障，交易价格波动不大。

4）免税待遇——政府债券、国家发行的金融债券利息收入免纳个人所得税。

（4）中央政府债券

中央政府债券又被称为国债，主要用途是满足由政府投资的公共设施或重点建设项目的资金需要和弥补国家财政赤字。

1）分类：

分类标准	分类结果
偿还期限	短期国债：期限＜1 年，用于满足国库暂时的入不敷出之需； 中期国债：1 年≤期限≤10 年，用于弥补赤字或投资； 长期国债：期限＞10 年，常被用于政府投资
资金用途	赤字国债：用于弥补政府预算赤字的国债； 建设国债：用于建设项目的国债； 战争国债：用于弥补战争费用的国债； 特种国债：为了实施某种特殊政策而发行的国债
流通与否	流通国债：可以在流通市场上交易的国债。特征是可自由认购、自由转让，不记名，转让价格取决于供求关系； 非流通国债：不允许在流通市场上交易的国债。特征是不能自由转让、可记名或不记名，发行对象为个人或特殊机构（以个人为发行对象的非流通国债，有时被称为储蓄债券）
面值币种	本币国债：以本国货币为面值发行的国债； 外币国债：以外国货币为面值发行的国债
付息方式	附息国债：券面上附有息票，按照票面载明的利率及方式支付利息； 贴现国债：券面上不附有息票，发行时按规定的折扣率，以低于债券面值的价格发行，到期按面值支付本息； 注：通常期限≤1 年的国债为贴现国债，期限＞1 年的国债为附息国债

2）我国国债品种：1981 年后我国发行的国债品种有：一是普通国债：记账式国债、储蓄国债（凭证式）、储蓄国债（电子式）；二是其他类型国债：国家重点建设债券、国家建设债券、财政债券、特种债券、保值债券、基本建设债券、特别国债、长期建设国债等。

①普通国债的品种及特点。

A. 记账式国债：我国从 1994 年开始发行的一个上市券种，它是由财政部面向全社会各类投资者、通过无纸化方式发行的、以电子记账方式记录债权并可以上市和流通转让的债券。

特点：可以记名、挂失；以无券形式发行，可以防止证券遗失、被窃与伪造，安全性好；可上市转让，流通性好；期限有长有短，但是更适合短期国债的发行；通过证券交易所电脑网络发行，可以降低证券的发行成本；上市后价格随行就市，具有一定风险。

B. 储蓄国债（凭证式）：是由财政部发行的、有固定票面利率、通过纸质媒介记录债权债务关系的国债。发行一般不印制实物券面，而采用填制“中华人民共和国储蓄国债（凭证式）收款凭证”的方式，通过部分商业银行和邮政储蓄柜台，面向城乡居民个人和各类投资者发行。原被称为凭证式国债，自2017年起统一更名为储蓄国债（凭证式）。

特点：购买方便、变现灵活。

C. 储蓄国债（电子式）：是指财政部面向境内中国公民储蓄类资金发行的、以电子方式记录债权的不可流通的人民币债券，于2006年推出。

特点：针对个人投资者，不向机构投资者发行；采用实名制，不可流通转让；采用电子方式记录债权；收益安全稳定，由财政部负责还本付息，免缴利息税；鼓励持有至到期；手续简化；付息方式较为多样。

②普通国债的异同比较。

A. 储蓄国债（凭证式）与储蓄国债（电子式）：

对比		储蓄国债（凭证式）	储蓄国债（电子式）
相同点		都在商业银行柜台发行，不能上市流通，但都是信用级别最高的债券，以国家信用作保证，而且免缴利息税	
不同点	申请购买手续	可持现金或银行存款直接购买	需开立个人国债托管账户并指定对应的资金账户
	债权记录方式	填制“中华人民共和国储蓄国债（凭证式）收款凭证”记录债权，由各承销银行和投资者管理	电子记账方式记录债权，采取二级托管体制，由各承办银行总行和中央结算统一管理
	付息方式	到期一次还本付息	按年付息和利随本清都有，常见为按年付息
	到期兑付方式	购买当日计息，到期后需投资者前往承销机构网点办理兑付事宜，逾期不加计利息	发行期首日起息，到期后承办银行自动将投资者应收本息转入其资金账户，并按活期存款利率计息
	发行对象	个人、部分机构	仅限个人
	承办机构	由储蓄国债（凭证式）承销团成员的营业网点销售，只接受柜台购买	承销机构已推广到全部的储蓄国债（凭证式）承销机构，可在柜台和部分银行的网上银行购买

B. 储蓄国债（电子式）与记账式国债：

对比		储蓄国债（电子式）	记账式国债
相同点		都以电子记账方式记录债权	
不同点	发行对象	仅限个人	机构和个人
	发行利率确定机制	财政部参照同期银行存款利率及市场供求关系等因素确定	承销团成员投标确定
	流通变现方式	只能在发行期认购，不可上市流通，但是可按规定提前兑取	可上市流通，可在二级市场上买卖
	收益	提前兑取的收益可以预知，而且本金不会低于购买面值，不承担市场利率变动带来的价格风险	到期前卖出的收益不能预知，要承担市场利率变动带来的价格风险

3）我国国债发行方式：目前，我国凭证式国债的发行采用承购包销方式，记账式国债的发行采用竞争性招标方式，

①竞争性招标方式，是通过投标人的直接竞价来确定发行价格（或利率）水平。2018～2020 年记账式国债发行招标通过财政部政府债券发行系统进行，国债承销团成员通过客户端远程投标，竞争性确定票面利率或发行价格。

招标标的：利率或价格。利率招标时，标位变动幅度为 0.01%。

中标原则：按照低利率或高价格优先的原则对有效投标逐笔募入，直到募满招标额或将全部有效标位募完为止。

②承购包销方式，是指大宗机构投资者组成承购包销团，按一定条件向财政部承购包销国债，并由其负责在市场上转售，任何未能售出的余额均由承销者包购。发行人和承销商会签订承购包销合同，合同中的有关条款通过双方协商确定。

根据《财政部关于印发〈2018～2020 年储蓄国债发行额度管理办法〉的通知》，储蓄国债的发行采用承购包销方式。2018～2020 年储蓄国债（电子式）发行额度分为基本代销额度和机动代销额度，分别按照基本代销额度比例分配和机动代销额度竞争性抓取的方式分配给 2018～2020 年储蓄国债承销团成员。储蓄国债（凭证式）发行额度按照代销额度比例分配方式分配给承销团成员。

4）我国国债承销程序：

①记账式国债。

A. 招标发行：记账式国债是一种无纸化国债，主要通过银行间债券市场向具备全国银行间债券市场国债承购包销团资格的商业银行、证券公司、保险公司、信托投资公司等机构，以及通过证券交易所的交易系统向具备交易所国债承购包销团资格的证券公司、保险公司和信托投资公司及其他投资者发行。

B. 分销：

<table>
<tr><td rowspan="2">交易所市场发行国债</td><td>场内挂牌分销</td><td>a. 承销商分得包销的国债后，向证券交易所提供一个自营账户作为托管账户，将注册的记账式国债全部托管于该账户中；
b. 证券交易所为每一承销商确定当期国债各自的承销代码，以便场内挂牌；
c. 承销商按自己的意愿确定挂牌卖出国债的数量和价格，进行分销；
d. 投资者买入债券时，可免缴佣金，代理机构免缴证券交易所经手费；
e. 发行结束后，承销商在规定的缴款日前如期将发行款一次性划入指定账户内，托管账户中分销的国债余额转为由承销商持有；
f. 财政部收到发行款后，将发行手续费拨付至承销商指定银行账户</td></tr>
<tr><td>场外挂牌分销</td><td>a. 承销商在场外确定分销商或客户，在上市交易日前申请办理非交易过户；
b. 证券交易所将原先注册在承销商托管账户中的国债依据指定数量过户至分销商或客户的账户内，完成债券的认购登记；
c. 国债认购款的支付时间和方式由买卖双方在场外协商确定</td></tr>
<tr><td>银行间债券市场发行国债</td><td colspan="2">a. 承销人办理债券分销手续，并与分销认购人签订分销认购协议。分销认购人应是全国银行间债券市场参与者，并已在中央结算开立债券托管账户；
b. 由承销人根据协议确定的分销价格和数量，填制债券发行分销过户指令一览表，加盖预留印章、填写分销密押后传真至中央结算，并将原件寄给中央结算；
c. 中央结算办理承销商与分销认购人之间的分销债券过户；
d. 在发行过程中，承销人的分销总额以其承销总额为限</td></tr>
</table>

②凭证式国债。

A. 财政部和中国人民银行一般每年确定一次凭证式国债承销团资格，各类商业银行、邮政储蓄银行均有资格申请加入凭证式国债承销团。

B. 财政部一般委托中国人民银行分配承销数额。

C. 为了便于掌握发行进度，承担凭证式国债发行任务的各个系统一般每月要汇总本系统内的累计发行数额，上报财政部及中国人民银行。

5）国债销售价格的影响因素：财政部允许承销商在发行期内自定销售价格，随行就市发行。承销商在确定发行价格时，受下列因素影响：

①市场利率。市场利率趋于上升，就限制了承销商确定销售价格的空间。

②承销商承销国债的中标成本。国债销售价格一般不应低于承销商与发行人的结算价格。

③流通市场中可比国债的收益率水平。如果国债承销价格定价过高，即收益率过低，投资者会倾向于在二级市场上购买已流通的国债，从而阻碍国债分销工作顺利进行。

④国债承销的手续费收入。由于该项手续费收入的存在，为了促进分销活动，承销商有可能压低销售价格。

⑤承销商所期望的资金回收速度。降低销售价格，分销过程会缩短，资金回收速度加快。

⑥其他国债分销过程中的成本。

（5）地方政府债券

地方政府债券简称地方债券、地方公债或地方债。筹集的资金一般用于弥补地方财政资金的不足，或者地方兴建大型项目。

1）分类：

将省、自治区、直辖市政府（含经省级政府批准自办债券发行的计划单列市政府）发行的债券，按资金用途和偿还来源分为一般债券和专项债券两类，两者区别为：

没有收益的公益性项目	←资金用途	一般债券（普通债券）	还本付息来源→	一般公共预算收入
有收益的公益性项目	←资金用途	专项债券（收入债券）	还本付息来源→	公益性项目对应的政府性基金或专项收入

2）地方政府债券的发行与承销：

①财政部代理发行地方政府债券。发行方式为通过全国银行间债券市场和证券交易所债券市场面向社会各类投资者发行。地方政府债券面向记账式国债承销团招标发行，采用单一价格招标方式，招标标的为利率，全场最高中标利率为当期地方债票面利率，各中标承销团成员按面值承销。

②地方政府自行发债。

4. 典题精练

（1）下列属于国债销售价格影响因素的有（　　）。

Ⅰ. 承销商所期望的资金回收速度

Ⅱ. 承销商承销国债的中标成本

Ⅲ. 流通市场中可比国债的收益率水平

Ⅳ. 其他国债分销过程中的成本

A. Ⅰ、Ⅱ、Ⅲ、Ⅳ　　　　B. Ⅰ、Ⅲ

C. Ⅰ、Ⅱ　　D. Ⅱ、Ⅲ、Ⅳ

参考答案：A

【解析】 影响国债销售价格的因素：①市场利率；②承销商承销国债的中标成本；③流通市场中可比国债的收益率水平；④国债承销的手续费收入；⑤承销商所期望的资金回收速度；⑥其他国债分销过程中的成本。

（2）根据国债的偿还期限，可以把国债分为（　　）。

Ⅰ. 短期国债　　Ⅱ. 中期国债

Ⅲ. 长期国债　　Ⅳ. 赤字国债

A. Ⅰ、Ⅱ、Ⅲ　　B. Ⅲ、Ⅳ

C. Ⅰ、Ⅱ　　D. Ⅰ、Ⅲ、Ⅳ

参考答案：A

【解析】 按偿还期限分类。国债的偿还期限是国债的存续时间，以此为标准，习惯上把国债分为短期国债、中期国债和长期国债。

（3）政府发行债券所筹集的资金可用于（　　）。

Ⅰ. 协调财政资金短期周转

Ⅱ. 弥补财政赤字

Ⅲ. 兴建政府投资的大型基础性的建设项目

Ⅳ. 弥补战争费用的开支

A. Ⅰ、Ⅱ　　B. Ⅲ、Ⅳ

C. Ⅰ、Ⅱ、Ⅲ　　D. Ⅰ、Ⅱ、Ⅲ、Ⅳ

参考答案：D

【解析】 政府发行债券筹集的资金可用于协调财政资金短期周转、弥补财政赤字、兴建政府投资的大型基础性建设项目、实施某种特殊的政策，在战争期间还可用于弥补战争费用的开支。

知识点扩展

5. 同步演练（请扫描二维码做题）

（五）金融债券

1. 案例引入

东莞银行股份有限公司2020年小型微型企业贷款专项金融债券[*]

【案例回顾】 本次债券基本条款如下：

* 东莞银行股份有限公司2020年小型微型企业贷款专项金融债券募集说明书。

债券名称：东莞银行股份有限公司2020年小型微型企业贷款专项金融债券。

发行人：东莞银行股份有限公司。

债券期限：3年期。

发行规模：人民币40亿元。

债券面值：本次债券的面值为人民币100元（人民币壹佰元），即每一记账单位对应的债券本金为人民币100元。

发行价格：本次债券平价发行，发行价格为人民币100元/百元面值。

发行期限：2020年9月9日至2020年9月11日，共3个工作日。

票面利率：本次债券采用固定利率方式，票面利率根据簿记建档、集中配售的结果确定。

主承销商：中国国际金融股份有限公司、中国工商银行股份有限公司、交通银行股份有限公司、招商证券股份有限公司、宏信证券有限责任公司。

发行方式：本次债券由主承销商组织承销团，通过簿记建档、集中配售方式在全国银行间债券市场公开发行。

计息方式：本次债券采用单利按年计息，不计复利，逾期不另计利息。

发行范围及对象：本次债券面向全国银行间债券市场机构投资者发行。

承销方式：本次债券由主承销商组织承销团以余额包销方式承销。

【案例点评】东莞银行股份有限公司2020年小型微型企业贷款专项金融债券在全国银行间债券市场公开发行，采取一次足额发行，没有强制担保要求。本次债券由主承销商组织承销团，通过簿记建档、集中配售方式在全国银行间债券市场公开发行。资金将专项用于发放小型微型企业贷款，加大对小型微型企业信贷支持力度。本次债券发布，得到广东银保监局和中国人民银行许可。

【相关要点】

（1）金融债券发行担保要求：商业银行发行金融债券没有强制担保要求，财务公司发行金融债券需要由财务公司的母公司或其他有担保能力的成员单位提供相应担保。

（2）金融债券信用评级：应由具有债券评级能力的信用评级机构进行信用评级，且发行后，信用评级机构应每年对该金融债券进行跟踪信用评级。

（3）金融债券承销：发行人应组建承销团，承销人可以在发行期内向其他投资者分销。

2. 要点导图

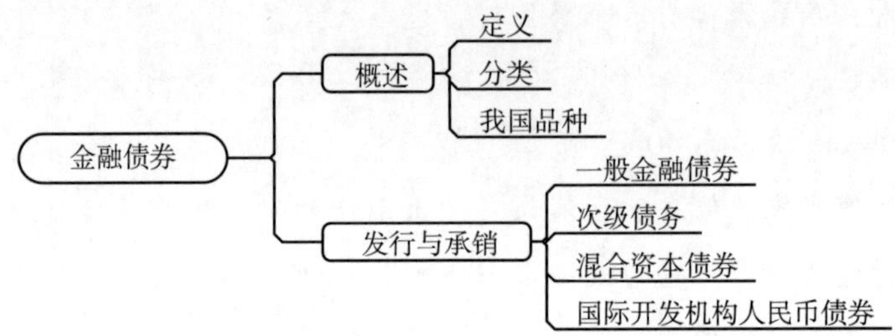

3. 要点精讲

（1）定义

金融债券是指银行及非银行金融机构依照法定程序发行并约定在一定期限内还本付息的有价证券。金融债券利率通常低于一般企业债券，但是高于风险更小的国债和银行储蓄存款利率。

我国的金融债券包括政策性金融债券、商业银行债券、证券公司债券、保险公司债券、财务公司债券和金融租赁公司债券等。

（2）分类

分类标准	分类结果
付息方式	附息金融债券：发行人定期支付利息； 贴现金融债券：到期按面值还本付息
发行条件	普通金融债券：按面值发行，到期一次性还本付息，期限一般是 1 年、2 年和 3 年； 累进利息金融债券：利率随债券期限的增加而累进。如 5 年期金融债券，第 1 年至第 5 年利率分别为 7%、8%、9%、10%、11%
期限长短	短期债券、中期债券、长期债券
是否记名	记名债券、不记名债券
担保情况	信用债券、担保债券
可否提前赎回	可提前赎回债券、不可提前赎回债券
利率是否变动	固定利率债券、浮动利率债券、累进利率债券
投资者选择权	附有选择权的债券、不附有选择权的债券

（3）我国金融债券的品种和管理规定

1）政策性金融债券：是指我国政策性银行（国家开发银行、中国进出口银行、中国农业发展银行）为筹集资金，经监管部门批准，以市场化方式向国有商业银行、邮政储蓄银行、城市商业银行等金融机构发行的债券。

2）商业银行金融债券：

①商业银行金融债券。

②商业银行次级债券是指商业银行发行的、本金和利息的清偿顺序列于商业银行其他负债之后、先于商业银行股权资本的债券。

商业银行公开发行次级债券应具备条件：实行贷款五级分类，贷款五级分类偏差小；核心资本充足率不低于5%；贷款损失准备计提充足；具有良好的公司治理结构与机制；最近3年没有重大违法、违规行为。

商业银行以私募方式发行次级债券或募集次级定期债务应符合条件：核心资本充足率不低于4%，其他条件同上。

③资本补充债券是指银行业金融机构为满足资本监管要求而发行的、对特定触发事件下债券偿付事宜作出约定的金融债券，包括但不限于无固定期限资本债券和二级资本债券。

发行要求：具有完善的公司治理机制；偿债能力良好，且成立满3年；经营稳健，资产结构符合行业特征，以服务实体经济为导向，遵守国家产业政策和信贷政策；满足宏观审慎管理要求，且主要金融监管指标符合监管部门的有关规定。

3）证券公司债务工具：

①证券公司债券。

②证券公司短期融资券是指证券公司以短期融资为目的、在银行间债券市场发行的约定在一定期限内还本付息的金融债券。证券公司发行短期融资券实行余额管理，待偿还短期融资券余额不超过净资本的60%，在此范围内，证券公司自主确定每期短期融资券的发行规模。

③证券公司次级债是指证券公司向股东或机构投资者定向借入的清偿顺序在普通债之后的次级债务，以及证券公司向机构投资者发行的、清偿顺序在普通债之后的有价证券。次级债务、次级债券的清偿顺序相同。按照借入或发行期限划分：长期次级债>1年，3个月≤短期次级债≤1年。

证券公司借入或发行次级债应符合条件：借入或募集资金有合理用途；应以现金或中国证监会认可的其他形式借入或融入；数额应符合相关规定：长期次级债计入净资本的数额不得超过净资本（不含长期次级债累计计入净资本的数额）的50%；净资本与负债的比例、净资产与负债的比例等风险控制指标不触及预警标准；募集说明书内容或次级债务合同条款符合证券公司监管规定。

4）保险公司次级债务：是指保险公司为了弥补临时性或阶段性资本不足，经批准募集、期限在5年以上（含5年），且本金和利息的清偿顺序列于保单责任和其他负债之后、先于保险公司股权资本的保险公司债务。

5）财务公司债券。财务公司发行金融债券应当由财务公司的母公司或其他有担保能力的成员单位提供相应担保，经原中国银监会批准免于担保的除外。

6）金融租赁公司和汽车金融公司的金融债券：金融租赁公司是指经原中国银监会批准设立的、以经营融资租赁业务为主的非银行金融机构；汽车金融公司是指经原中国银监会批准设立的、为中国境内的汽车购买者及销售者提供金融服务的非银行金融机构。

（4）我国金融债券的发行规定

1）条件要求：

①政策性银行。只要按年向中国人民银行报送金融债券发行申请，并经中国人民银行核准后便可发行。

②商业银行。具有良好的公司治理机制；核心资本充足率不低于4%；最近3年连续盈利；贷款损失准备计提充足；风险监管指标符合监管机构的规定；最近3年没有重大违法、违规行为；符合中国人民银行要求的其他条件。根据商业银行的申请，中国人民银行可以豁免前款所规定的个别条件。

③企业集团财务公司。具有良好的公司治理结构、完善的投资决策机制、健全有效的内部管理和风险控制制度及相应的管理信息系统；具有从事金融债券发行的合格专业人员；依法合规经营，符合原中国银监会有关审慎监管的要求，风险监管指标符合监管机构的有关规定。已发行、尚未兑付的金融债券总额不得超过其净资产总额的100%，发行金融债券后，资本充足率不低于10%；公司设立1年以上，经营状况良好，申请前1年利润率不低于行业平均水平，且有稳定的盈利预期；申请前1年，不良资产率低于行业平均水平，资产损失准备拨备充足；申请前1年，注册资本金不低于3亿元，净资产不低于行业平均水平；近3年无重大违法违规记录；无到期不能支付债务；符合中国人民银行和原中国银监会规定的其他条件。

④金融租赁公司和汽车金融公司。具有良好的公司治理结构和完善的内部控制体系；具有从事金融债券发行和管理的合格专业人员；注册资本金要求：金融租赁公司不低于5亿元或等值的自由兑换货币，汽车金融公司不低于8亿元或等值的自由兑换货币；资产质量良好，最近1年不良资产率低于行业平均水平，资产损失准备计提充足；无到期不能支付债务；净资产不能

低于行业平均水平；经营状况良好，最近3年连续盈利，最近1年利润率不低于行业平均水平，且有稳定的盈利预期；最近3年平均可分配利润足以支付所发行金融债券1年的利息；风险监管指标达到监管要求；近3年没有重大违法、违规行为；符合中国人民银行和原中国银监会要求的其他条件。

另外，金融租赁公司和汽车金融公司发行金融债券后，资本充足率均应不低于8%。

⑤其他金融机构。由中国人民银行另行规定。

2）文件要求——向中国人民银行报送：

①政策性银行：金融债券发行申请报告；发行人近3年经审计的财务报告及审计报告；金融债券发行办法；承销协议；中国人民银行要求的其他文件。

②除政策性银行外的其他金融机构：一系列文件。

3）操作要求：

发行方式	全国银行间债券市场公开发行或定向发行；一次足额发行或限额内分期发行
担保要求	商业银行：没有强制性担保要求； 财务公司：需由财务公司的母公司或其他有担保能力的成员单位提供相应担保，经原中国银监会批准免于担保的除外； 商业银行设立的金融租赁公司：资质良好但是成立不满3年的，应由具有担保能力的担保人提供担保
信用评级	应由具有债券评级能力的信用评级机构进行信用评级，且发行后，信用评级机构应每年对该金融债券进行跟踪信用评级
发行组织	发行人应组建承销团，承销人可以在发行期内向其他投资者分销
异常情况处理	如果发生下列情况之一，应在向中国人民银行报送备案文件时进行书面报告并说明原因：发行人业务、财务等经营状况发生重大变化；高级管理人员变更；控制人变更；发行人作出新的债券融资决定；发行人变更承销商、会计师事务所、律师事务所或信用评级机构等专业机构；是否分期发行、每期发行安排等金融债券发行方案变更；其他可能影响投资人作出正确判断的重大变化
其他相关事项	①发行人不得认购或变相认购自己发行的金融债券； ②发行人应在中国人民银行核准金融债券发行之日起60个工作日内开始发行，并在规定期限内完成发行。若未能完成，则原核准文件自动失效，发行人不得继续发行本期金融债券。发行人仍需发行金融债券的，应另行申请； ③发行结束后10个工作日内，发行人应向中国人民银行书面报告发行情况； ④定向发行的，经认购人同意，可免于信用评级。定向发行的金融债券只能在认购人之间进行转让

4）登记、托管与兑付：中央结算为金融债券的登记、托管机构。金融

债券付息或兑付日前（含当日），发行人应将相应资金划入债券持有人指定的资金账户。

（5）次级债务的概念和募集方式

1）商业银行次级债务：是指由银行发行的，固定期限不低于5年（含5年），除非银行倒闭或清算，不用于弥补银行日常经营损失，且该项债务的索偿权排在存款和其他负债之后的商业银行长期债务。募集方式为商业银行向目标债权人（企业法人）定向募集。

商业银行不得向目标债权人指派，不得在对外营销中使用“储蓄”字样。次级定期债务不得与其他债权相抵销；原则上不得转让、提前赎回。特殊情况，由商业银行报原中国银监会审批。商业银行应当对次级定期债务进行必要披露。

2）保险公司次级债务：是指保险公司为了弥补临时性或阶段性资本不足，经批准募集，期限在5年以上（含5年），且本金和利息的清偿顺序列于保单责任和其他负债之后、先于保险公司股权资本的保险公司债务。

保险公司次级债务的偿还只有在确保偿还次级债务本息后偿付能力充足率不低于100%的前提下，募集人才能偿付本息，并且募集人在无法按时支付利息或偿还本金时，债权人无权向法院申请对募集人实施破产清偿。

3）证券公司次级债务：是指证券公司经批准向股东或其他符合条件的机构投资者定向借入、清偿顺序在普通债务之后、先于证券公司股权资本的债务。分为：①长期次级债务：期限≥2年，长期次级债务应当为定期债务；②短期次级债务：3个月≤期限<2年，不计入净资本。

（6）混合资本债券的概念、募集方式

我国的混合资本债券，是指商业银行为补充附属资本发行的、清偿顺序位于股权资本之前但是列在一般债务和次级债务之后、期限在15年以上、发行之日起10年内不可赎回的债券。

发行条件与其发行金融债券完全相同，但是报送的文件还应包括近3年按监管部门要求计算的资本充足率信息和其他债务本息偿付情况。

发行方式可采用公开发行，或定向发行，两种方式下均应进行信用评级。

（7）国际开发机构人民币债券发行与承销

国际开发机构，是指进行开发性贷款和投资的多边、双边及地区国际开发性金融机构。

国际开发机构人民币债券（以下简称“人民币债券”），是指国际开发机构依法在中国境内发行的、约定在一定期限内还本付息的、以人民币计价的债券（属于熊猫债的一种）。

1）审批体制：在中国境内申请发行人民币债券的国际开发机构应向财政部等窗口单位递交债券发行申请，由窗口单位会同中国人民银行、国家发改委、中国证监会等部门审核后报国务院同意。在人民币债券发行管理过程中，各单位承担的工作如下：

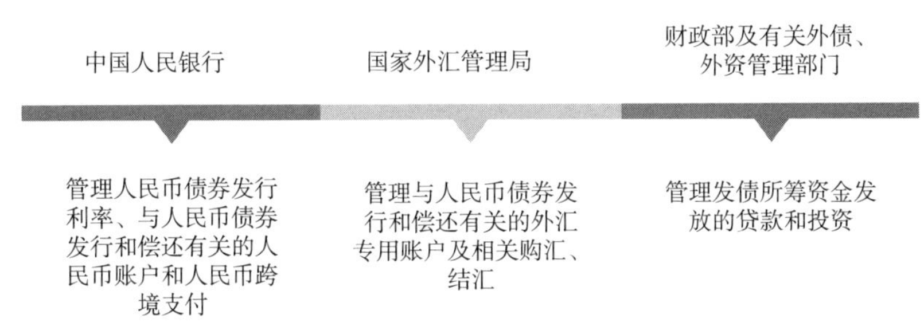

2）发债要求：

①财务稳健，资信良好，经 2 家以上（含 2 家）评级公司评级，其中至少应有 1 家评级公司在中国境内注册且具备人民币债券评级能力，人民币债券信用级别为 AA 级（或相当于 AA 级）以上。

②已为中国境内项目或企业提供的贷款和股本资金在 10 亿美元以上，经国务院批准予以豁免的除外。

③所募集资金用于向中国境内的建设项目提供中长期固定资产贷款或股本资金，投资项目符合中国国家产业政策、利用外资政策和固定资产投资管理规定。

主权外债项目应列入相关国外贷款规划。

3）申请材料：人民币债券发行申请报告；募集说明书；近 3 年经审计的财务报表及附注；人民币债券信用评级报告及跟踪评级安排的说明；为中国境内项目或企业提供贷款和投资情况；拟提供贷款和股本资金的项目清单及相关证明文件和法律文件；按照《中华人民共和国律师法》执业的律师出具的法律意见书；其他重要事项。

4）会计标准与法律要求：财务报告应当按照中国企业会计准则编制，且经中国具有证券、期货资格的会计师事务所进行审计，除非实现了等效。须由按照《中华人民共和国律师法》执业的律师进行法律认证，并出具法律意见书。

5）债券承销：应组成承销团，承销商为在中国境内设立的具备债券承销资格的金融机构。

6）利率确定：由发行人参照同期国债收益率水平确定，并由中国人民银行核定。

7）其他相关事项：

①人民币债券发行结束后，经相关市场监督管理部门批准，可交易流通。

②发行人须在每季度末向发行审核部门分别报送运用人民币债券资金发放及回收人民币贷款、投资的情况。

③发生违约或其他纠纷时，适用中国法律。

4. 典题精练

（1）下列关于商业银行次级债务的说法，正确的有（　　）。

Ⅰ. 固定期限不低于5年（含5年）

Ⅱ. 发行须向中国银保监会提出申请

Ⅲ. 目标债权人可为自然人

Ⅳ. 索偿权排在存款和其他负债之后

A. Ⅰ、Ⅱ、Ⅳ　　B. Ⅰ、Ⅱ、Ⅲ、Ⅳ

C. Ⅱ、Ⅲ　　D. Ⅰ、Ⅲ、Ⅳ

参考答案：A

【解析】根据原中国银监会于2003年发布的《关于将次级定期债务计入附属资本的通知》，次级债务是由银行发行的，固定期限不低于5年（含5年），除非银行倒闭或清算，不用于弥补银行日常经营损失，且该项债务的索偿权排在存款和其他负债之后的商业银行长期债务。次级定期债务的募集方式为商业银行向目标债权人定向募集，目标债权人为企业法人。

（2）商业银行的混合资本债券期限在（　　）年以上，发行之日起（　　）年内不可赎回。

A. 15，10　　B. 20，15

C. 20，10　　D. 10，5

参考答案：A

【解析】我国的混合资本债券，是商业银行为补充附属资本发行的、清偿顺序位于股权资本之前但是列在一般债务和次级债务之后、期限在15年以上、发行之日起10年内不可赎回的债券。

5. 同步演练（请扫描二维码做题）

知识点扩展

（六）公司债券与企业债券

1. 案例引入

房企正向发债，多个民企发债获批*

【案例回顾】 据公开数据：2021年12月，共有19家房企获得融资审批，所涉金额达292亿元，债券发行主体包含碧桂园、龙湖、荣盛、金科等4家民企。2022年1月上旬，房企融资获批金额约1 078亿元，其中包含14只ABS资产支持类证券化产品共计262亿元、12只公司债共计582亿元、7只中票200亿元和3只美元债5.35亿美元等标准化融资业务。与此同时，1月债券发行企业数量明显增多，其中金科、仁恒、合生创展、龙光、龙湖、旭辉、宝龙、中骏等多个民企发债获批。

【案例点评】 近期房地产金融政策不断响应中央"良性循环"主基调，相关支持政策实施后，对优质房企项目拓展提供了更多金融支持，同时监管部门也相继表态地产相关融资条件有望进一步改善，在一定程度上可以对冲行业信用风险。从近两个月的房企融资获批情况来看，目前房企境内银行间市场融资功能已有所恢复，部分房企已在融资额度审批及不同融资工具的运用方面取得进展。年初房企发债规模的放量意味着行业债券融资渠道正在逐步恢复，其中金科、仁恒、合生创展、龙光、龙湖、旭辉等房企债券融资的获准，对于民营房企整体提振信心的效果不言而喻，民营房企债券融资有所恢复，未来优质民营房企同样有机会参与到发行并购债券中来。

【相关要点】

（1）企业债券担保：企业可发行无担保信用债券、资产抵押债券、第三方担保债券。因此，发行企业债券，担保并非强制要求。

（2）企业债券法律意见书：企业应当聘请律师事务所对发行人发行企业债券的条件和合规性进行法律鉴证，并出具法律意见书。

---

* 《房企发债融资逐步开闸，政策落地释放稳定预期》，腾讯新闻，2022年1月15日。

2. 要点导图

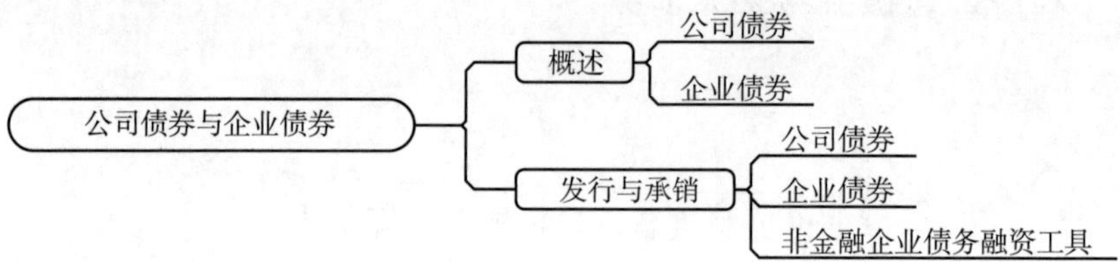

3. 要点精讲

（1）公司债券的定义及种类

公司债券是公司依照法定程序发行的、约定在一定期限还本付息的有价证券。发行主体为所有公司制法人，但不包括地方政府融资平台公司。

主要种类：

信用公司债券	不以公司任何资产作担保而发行的债券，属于无担保证券范畴
不动产抵押公司债券	以公司不动产（如房屋、土地等）作抵押而发行的债券，抵押证券的一种
保证公司债券	由第三者作为还本付息担保人的债券，担保证券的一种
收益公司债券	一般性质：固定到期日，清偿顺序先于股票； 特殊性质：利息只有在公司有盈利时才支付，且未付利息可以累加
可转换公司债券（可转债）	是指发行人依照法定程序发行、在一定期限内依据约定条件可以转换成股份的公司债券。兼具债权投资和股权投资的双重优势，发行时规定转换期限和价格； （1）可赎回债券，是指可转债发行人拥有是否实施赎回条款选择权的债券。当公司股价一段时间内连续高于转换价格达到一定幅度时，公司实行赎回权； （2）可回售债券，是指可转债持有人拥有是否实施回售条款选择权的债券。当公司股价一段时间内连续低于转换价格达到一定幅度时，持有人实行回售权
附认股权证的公司债券	是附有认购该公司股票权利的债券。根据附认股权和债券本身能否分开，可分为可分离型附认股权证的公司债券和非分离型附认股权证的公司债券
可交换公司债券（可交债）	上市公司的股东依法发行、在一定期限内依据约定的条件可以交换成该股东所持有的上市公司股份的公司债券

可交债和可转债的区别如下：

类型	可交债	可转债
发行主体	上市公司的股东	上市公司本身
转股的股份来源	发行人持有的其他公司已发行股份	发行人本身未来将发行的新股
转股对公司股本的影响	不影响标的股票总股本数量	使标的股票总股本扩大

（2）企业债券的定义与种类

企业债券：是按照《企业债券管理条例》规定发行与交易的，由国家发改委监督管理的，约定在一定期限内还本付息的有价证券。发行主体可以是股份有限公司，可以是有限责任公司，也可以是尚未改制为现代公司制度的企业法人，但不包括上市公司。

1）城投债企业债券（城投债）：是指通过设立隶属于地方政府的企业作为融资平台发行，由地方政府财政收入或地方政府信用对债券提供隐性担保，募集资金用于地方基础设施建设的债券，有时也被视为是“准市政债”。

2）产业类企业债券（产业债）：是指具有自主经营能力、盈利能力及现金流产生能力，对政府及政策依赖性相对较弱的大中型国有企业及民营企业发行的、筹集资金投向与其生产经营相关领域的企业债券。

3）集合类企业债券（集合债）：是指多个发行人作为联合发行主体，按照“统一组织、分别负债、统一担保、集合发行”的原则共同发行的企业债券。

（3）我国企业债券的品种和管理规定

1）普通企业债券。

2）中小企业集合债券：是指同一区域内由当地政府国资部门（或发改委、金融办、中小企业服务局）等政府职能部门作为牵头人组织、以多个中小企业构成联合发行主体，若干个中小企业各自确定债券发行额度，采用集合债券的形式，使用统一的债券名称，形成一个总发行额度而发行的约定到期还本付息的一种企业债券。

3）小微企业增信集合债券与创投企业债券：小微企业增信集合债是指以地方融资平台或国有企业为发行主体，面向机构投资者发行，募集资金以银行委托贷款的方式发放给小微企业的创新类企业债券品种。

4）可续期企业债券：是指在约定的计息周期（一般3～5年）到期时，发行人可按约定的利率调整机制调整利率后，继续延长一个周期的企业债券，具有期限超长、主动赎回、可充当资本金等诸多优势。

5）项目收益债券：是指由项目实施主体或其实际控制人发行，与特定项目相联系，债券募集资金用于特定项目的投资与建设，债券的本息偿还资金完全或主要来源于项目建成后运营收益的企业债券。

6）专项债券：是指债券募集资金用于特定项目的债券。

7）债贷组合：是按照“融资统一规划、信贷统一授信、动态长效监控、全程风险管理”模式，由银行为企业制定系统性融资规划，根据项目建设融资需求，将企业债券和贷款统一纳入银行综合授信管理体系，对企业债务融资实施全程管理。

（4）我国非金融企业债务融资工具的品种和管理规定

非金融企业债务融资工具：是指具有法人资格的非金融企业在银行间债券市场发行的、约定在一定期限内还本付息的有价证券。

1）短期融资券/超级短期融资券：短期融资券期限在 1 年以内，超短期融资券期限在 270 天以内。

2）中期票据：期限一般为 1 年以上、10 年以下，我国中期票据的期限通常为 3 年或 5 年。中期票据待偿还余额不得超过企业净资产的 40%。

3）非公开定向债务融资工具：是指在银行间债券市场以非公开定向发行方式发行的债务融资工具。定向工具不向社会公众发行。

4）中小非金融企业集合票据：指 2 个（含）以上、10 个（含）以下具有法人资格的企业，在银行间债券市场以统一产品设计、统一券种冠名、统一信用增进、统一发行注册方式共同发行的，约定在一定期限还本付息的债务融资工具。

公司债企业债

（5）我国企业债券和公司债券的区别

类别	企业债券	公司债券
发行主体	股份有限公司、有限责任公司、尚未改制为公司制的企业法人，但不包括上市公司	所有公司制法人
发行制度 监管机构	发行为注册制。国家发改委为法定注册机关，国家发改委指定中央结算受理，中央结算、中国银行间市场交易商协会审核	发行为注册制。证券交易所负责受理、审核，报中国证监会履行发行注册程序
资金用途	限制在固定资产投资和技术革新改造，并与政府部门审批的项目直接相连	自行决定，但募集资金不得转借他人（除金融类企业外）
发行期限	一般为 3 ~ 20 年，以 10 年为主	一般为 3 ~ 10 年，以 5 年为主
发行定价	利率不高于同期银行存款利率的 40%	没有明确限制，通过市场询价确定
担保要求	相对较多地采取担保的方式	大部分是无担保信用债
发行市场	银行间债券市场、证券交易所市场	证券交易所市场

（6）企业债券与公司债券的发行与承销

1）发行基本条件：

①企业债券。《企业债券管理条例》规定：企业规模达到国家规定要

求；企业财务会计制度符合国家规定；具有偿债能力；企业经济效益良好；发行企业债券前连续 3 年盈利；企业发行企业债券的总面额不得大于该企业的自有资产净值；所筹资金用途符合国家产业政策。《关于企业债券发行实施注册制有关事项的通知》规定：发行人应当具备健全且运行良好的组织机构，最近 3 年平均可分配利润足以支付企业债券 1 年的利息，应当具有合理的资产负债结构和正常的现金流量。

②公司债券。《证券法》规定（新增）：具备健全且运行良好的组织机构；最近 3 年平均可分配利润足以支付公司债券 1 年的利息；具有合理的资产负债结构和正常的现金流量；国务院规定的其他条件。

2）募集资金投向：

①企业债券。应按照审批机关批准的用途用于本企业的生产经营，不得用于房地产买卖、股票买卖和期货交易等与本企业生产经营无关的风险性投资。

②公司债券。公开发行公司债券筹集的资金，必须按照公司债券募集办法所列资金用途使用；改变资金用途，必须经债券持有人会议作出决议。公开发行公司债券筹集的资金，必须用于核准的用途，不得用于弥补亏损和非生产性支出。

3）不得再次发行的情形：

存在下列情况之一的，不得公开发行公司债券：对已公开发行的公司债券或者其他债务有违约或者延迟支付本息的事实，且仍处于继续状态的；违反《证券法》规定，改变公开发行公司债券所募资金用途的。

4）发行条款设计要求：

①企业债券。

A. 信用评级。发行企业债券，可以向经认可的债券评级机构申请信用评级。

B. 发行规模。总面额不得大于该企业的自有资产净值。

C. 期限。没有明确规定，实务操作中一般为 1 年以上。

D. 利率。不得高于银行相同期限居民储蓄定期存款利率的 40%。

E. 担保。企业可发行无担保信用债券，担保不是企业债券的强制要求。

F. 承销。应由证券经营机构承销，企业不得自行销售。

G. 法律意见书。发行人应当聘请律师事务所，对发行人发行企业债券的条件和合规性进行法律鉴证，并出具法律意见书。

②公司债券。

A. 发行价格。公开发行的价格或利率以询价或公开招标等市场化方式确定。

B. 发行方式。可以公开发行，或非公开发行。公开发行公司债券，可以申请一次注册，分期发行。中国证监会同意注册的决定自作出之日起 2 年内有效，公开发行公司债券的募集说明书自最后签署之日起 6 个月内有效。

C. 信用评级。资信评级机构为公开发行公司债券进行信用评级的，应当符合以下规定：将评级信息告知发行人，并及时向市场公布首次评级报告、定期和不定期跟踪评级报告；公司债券期限为 1 年以上的，在债券有效存续期间，应当每年至少向市场公布 1 次定期跟踪评级报告；应充分关注可能影响评级对象信用等级的所有重大因素，及时向市场公布信用等级调整及其他与评级相关的信息变动情况，并向证券交易场所报告。

非公开发行公司债券是否进行信用评级由发行人确定。

D. 增信（新增）。对公司债券发行没有强制性担保要求。发行人可采取内外部增信机制、偿债保障措施，提高偿债能力，控制公司债券风险。内外部增信机制、偿债保障措施包括但不限于下列方式：第三方担保、商业保险、资产抵押、质押担保、限制发行人债务及对外担保规模、限制发行人对外投资规模、限制发行人向第三方出售或抵押主要资产、设置债券回售条款。

③非公开发行公司债券的特殊安排：

A. 发行对象及方式：向专业投资者发行，不得采用广告、公开劝诱和变相公开方式，每次发行对象不得超过 200 人。

B. 投资者适当性：承销机构应当按照中国证监会、证券自律组织规定的投资者适当性制度，了解和评估投资者对非公开发行公司债券的风险识别和承担能力，确认参与非公开发行公司债券认购的投资者为专业投资者，并充分揭示风险。

C. 报备要求：承销机构或自行销售的发行人应当在每次发行完成后 5 个工作日内向中国证券业协会报备。

D. 转让规定：可以申请在证券交易场所、证券公司柜台转让。非公开发行的公司债券仅限于在专业投资者范围内转让。转让后，持有同次发行债券的投资者合计不得超过 200 人。

E. 资金用途：募集资金应当用于约定用途；改变用途，应履行募集说明书约定的程序。

（7）非金融企业债务融资工具的发行与承销

中国银行间市场交易商协会（以下简称“交易商协会”）负责受理企业债务融资工具的发行注册，交易商协会设注册委员会，注册委员会通过注册会议行使职责，注册会议决定是否接受发行注册。

1）短期融资券：

①发行注册，涉及以下事项：一是注册文件，企业通过主承销商将注册文件送达办公室；二是注册会议，原则上每周召开一次，由5名注册委员会委员参加，参会委员从注册委员会全体委员中抽取，交易商协会向接受注册的企业出具“接受注册通知书”，注册有效期为2年；三是其他事项。企业的主体信用级别低于发行注册时信用级别的，短期融资券发行注册自动失效，交易商协会将有关情况进行公告，交易商协会不接受注册的，企业可于6个月后重新提交注册文件。

②发行操作要求：一是承销组织，应由符合条件的金融机构承销，企业可自主选择主承销商。二是信用评级，应披露企业主体信用评级和当期融资券的债项评级。三是登记、托管结算，中央结算负责登记、托管结算的日常监测，每月汇总情况向交易商协会报送。全国银行间同业拆借中心为债务融资工具在银行间债券市场的交易提供服务。

2）中期票据：

①发行注册。应在交易商协会注册，相关要求同短期融资券。

②承销组织。应由符合条件的承销机构承销。投资者可就特定需求向主承销商进行逆向询价，主承销商可与企业协商发行符合特定需求的中期票据。

3）中小非金融企业集合票据：

①特点。分别负债、集合发行；发行期限灵活；引入信用增进机制。

②发行规模。中小非金融企业发行集合票据，应依据要求在交易商协会注册，一次注册，一次发行。任一企业集合票据待偿还余额不得超过该企业净资产的40%，任一企业集合票据募集资金额不超过2亿元，单只集合票据注册金额不超过10亿元。

③偿债保障措施。应制定偿债保障措施，并在发行文件中披露，包括信用增进措施、资金偿付安排及其他。

④评级要求。应披露集合票据债项评级、各企业主体信用评级及专业信用增进机构（若有）主体信用评级。

⑤投资者保护机制。企业应在集合票据发行文件中约定投资者保护机

制，包括应对任一企业及信用增进机构主体信用评级下降或财务状况恶化、集合票据债项评级下降及其他可能影响投资者利益情况的有效措施。在注册有效期内，对于已注册但尚未发行的集合票据，在注册有效期内，债项信用级别低于发行注册时信用级别的，集合票据发行注册自动失效，交易商协会将有关情况进行公告。

4. 典题精练

(1) 属于公司债券的有（　　）。

Ⅰ. 可交换公司债券　　Ⅱ. 可转换公司债券

Ⅲ. 保证公司债券　　Ⅳ. 附认股权证的公司债券

A. Ⅰ、Ⅱ、Ⅲ、Ⅳ　　B. Ⅰ、Ⅲ、Ⅳ

C. Ⅰ、Ⅱ、Ⅲ　　D. Ⅱ、Ⅳ

参考答案：A

【解析】公司债券主要包括：信用公司债券、不动产抵押公司债券、保证公司债券、收益公司债券、可转换公司债券、附认股权证的公司债券、可交换公司债券。

(2) 中小非金融企业集合票据如在注册之后尚未发行前，债项信用级别发生降级的，下列说法中符合法律规定的有（　　）。

Ⅰ. 集合票据发行注册自动失效

Ⅱ. 集合票据发行注册继续有效

Ⅲ. 发行人应自行公告

Ⅳ. 应由交易商协会就该事项作出公告

A. Ⅱ、Ⅲ、Ⅳ　　B. Ⅱ、Ⅲ

C. Ⅰ、Ⅳ　　D. Ⅰ、Ⅱ、Ⅲ、Ⅳ

参考答案：C

【解析】中小非金融企业集合票据的投资者保护机制：企业应在集合票据发行文件中约定投资者保护机制，包括应对任一企业及信用增进机构主体信用评级下降或财务状况恶化、集合票据债项评级下降及其他可能影响投资者利益情况的有效措施。在注册有效期内，对于已注册但尚未发行的集合票据，债项信用级别低于发行注册时信用级别的，集合票据发行注册自动失效，交易商协会将有关情况进行公告。

5. 同步演练（请扫描二维码做题）

知识点扩展

（七）债券交易

1. 案例引入

8月净增持1 178亿中国债券 境外投资者债券交易更便利*

【案例回顾】 金融市场对外开放正在提速，2020年9月1日，全国银行间同业拆借中心开始试运行境外投资者直接交易服务。

具体而言，境外机构投资者可以通过请求报价方式，与境内做市机构开展银行间债券市场现券交易——向做市机构发送只含量、不含价的报价请求，做市机构通过交易中心系统向境外投资者回复可成交价格，境外投资者确认价格并在交易中心系统达成交易。此外，境外第三方平台可以与交易中心连接，为境外机构投资者提供便利服务。在结算安排方面，境外投资者直接交易服务的清算方式是全额清算，结算方式为券款对付，清算速度支持$T+0$、$T+1$、$T+2$和$T+3$。

【案例点评】 如果境外投资者直接交易服务开始试运行，海外资管机构又开始研究是否将部分资金转回CIBM直投模式。毕竟，通过CIBM直投模式，他们还可以参与债券远期、远期利率协议、利率互换等套期保值交易，但是在债券通渠道下，他们只能进行现券买卖。为了吸引更多海外投资者参与境外投资者直接交易服务，全国银行间同业拆借中心与彭博合作，在彭博终端与前者交易系统进行连接，开展境内银行间债券市场直投模式（CIBM－Direct），为国际投资者提供请求报价（RFQ）服务。

【相关要点】

（1）债券交易：指以债券为对象进行的流通转让活动。

（2）债券交易方式分为，现券交易、回购交易、远期交易及期货交易。

（3）债券交易报价，从价格包含的成分上看，债券交易有两种：一种是全价交易；另一种是净价交易。全价交易是指买卖债券时，以含有债券应计利息的价格报价，也按该全价价格进行结算交割；净价交易则指买卖债券时，以不含有自然增长的票面利息的价格报价，但以全价价格作为最后结算交割价格。在净价交易的情况下，成交价格与债券的应计利息是分解的，价

---

* 《8月净增持1 178亿元中国债券 境外投资者债券交易便利化"更上一层楼"》，21世纪经济报道，2020年9月3日。

格随行就市，应计利息则根据票面利率按天计算。

2. 要点导图

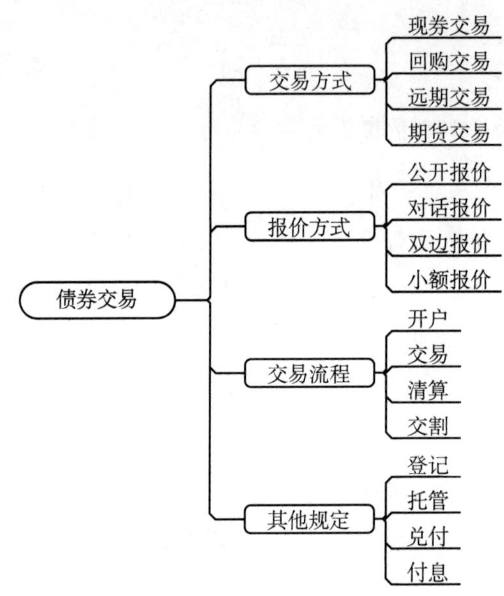

3. 要点精讲

（1）债券交易方式

1）现券交易：现券交易也称债券的即期交易，是指交易双方以约定的价格在当日或次日转让债券所有权、办理券款交割的交易行为，就是二级市场（或流通市场）的债券交易。

2）回购交易：回购交易是指债券买卖双方（资金融入方和资金融出方）在成交的同时，约定于未来某一时间以某一约定价格双方再进行反向交易的行为。

从理论上来说，回购交易是质押贷款的一种方式，通常用在政府债券上。从时间来看，长的有几周，但是通常只有 24 小时。

3）远期交易：远期交易是指双方约定在未来某一时刻（或时间段内）按照现在确定的价格买卖标的债券的行为。远期交易与现券交易的区别如下：

类别	远期交易	现券交易
合同签订	需要	不需要
商品交收或交割时间与达成交易时间的间隔	较长（如几个月甚至1年以上）	即时交收、交割或很短间隔

续表

类别	远期交易	现券交易
交易流程	通过正式磋商、谈判，双方达成一致签订合同	方便灵活，没有严格交易程序

4）期货交易：期货交易是在交易所进行的标准化的远期交易，即交易双方在集中性的市场以公开竞价方式进行的期货合约的交易。期货交易与远期交易的区别如下：

类别	期货交易	远期交易
交易场所	交易所	场外
合约规范性	标准化合约	双方协商
交易风险	通过结算公司结算，没有信用风险，只有价格变动风险	没有价格风险，只有信用风险
保证金制度	按规定比例缴纳	双方协商
履约责任	可对冲，实物交割比例极低	实物交割比例极高

（2）债券报价方式

询价交易方式	公开报价	是参与者为表明自身交易意向而面向市场作出的、不可直接确认成交的报价
	对话报价	是参与者为达成交易而直接向交易对手方作出的、对手方确认即可成交的报价。是“讨价还价”过程，报价要素比公开报价多债券代偿期、对手方、对手交易员
可通过点击确认、单向撮合的方式成交	双边报价	是银行间债券市场开展双边报价业务的交易员进行现券买卖报价时，在中国人民银行核定的债券买卖差价范围内连续报出该券种的买卖实价，并同时报出该券种的买卖数量、清算速度等交易要素
	小额报价	是在交易系统中，一次报价、规定交易数量范围和对手范围的现券单向撮合交易方式

（3）债券交易流程

债券交易流程包括开户、交易、清算、交割等，具体概念与规定如下：

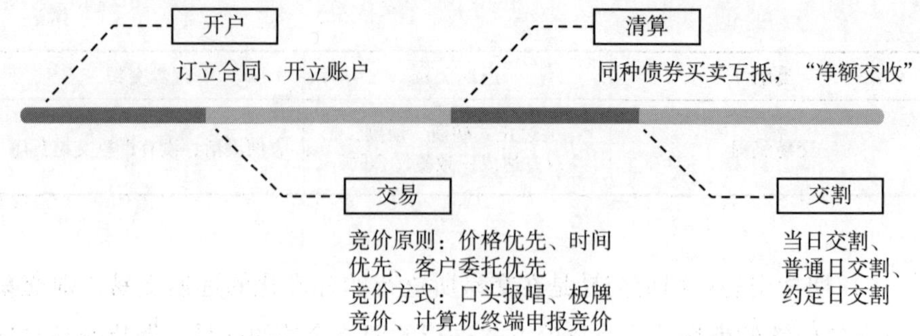

（4）债券登记、托管、兑付和付息规定

1）债券登记：是指债券登记结算机构为债券发行人建立和维护债券持有人名册的行为，也就是证券要素和证券权利的记录和确认。

2）债券托管：是指债券投资人基于对债券托管机构的信任，将其所拥有的债券委托托管人进行债权登记、管理和权益监护的行为。当前债券托管市场上总共有3家托管机构：负责银行间债券市场托管的中央国债登记结算有限责任公司（中央结算/中债登）和银行间市场清算所股份有限公司（上海清算所），以及负责交易所债券市场托管的中国证券登记结算公司（中国结算/中证登）。

3）债券兑付和付息：

5种兑付方式：到期兑付、提前兑付、债券替换、分期兑付和转换为普通股兑付。

3种付息方式：息票方式（剪息票方式）、折扣利息、本息合一方式。

4. 典题精练

（1）下列关于交易所债券现券交易的说法，错误的是（　　）。

A. 现券交易买卖双方成交后可约定在未来的某一时刻办理交收手续

B. 现券交易也称为债券的即期交易

C. 现券买入者付出资金并得到证券

D. 现券卖出者交付证券并得到资金

参考答案：A

【解析】现券交易，也被称为债券的即期交易，是指证券买卖双方在成交后就办理交收手续，买入者付出资金并得到证券，卖出者交付证券并得到资金，也就是所谓二级市场的债券交易。

（2）下列关于债券报价的说法，错误的是（　　）。

A. 双边报价是交易所债券市场开展双边报价业务的交易员进行现券报

价时，在任意的债券买卖差价范围内连续报出该券种的买卖实价

B. 对话报价是参与者为达成交易而直接向交易对手方作出的，对手方确认即可成交的报价

C. 公开报价是指参与者为表明自身交易意向而面向市场作出的，不可直接确认成交的报价

D. 债券买卖交易中有公开报价、对话报价、双边报价和小额报价四种报价方式

参考答案： A

【解析】 双边报价是银行间债券市场开展双边报价业务的交易员进行现券买卖报价时，在中国人民银行核定的债券买卖差价范围内连续报出该券种的买卖实价，并同时报出该券种的买卖数量、清算速度等交易要素。

5. 同步演练（请扫描二维码做题）

知识点扩展

（八）债券评级

1. 案例引入

2020年宁乡经济技术开发区建设投资有限公司公司债券信用评级报告*

【案例回顾】 大公国际资信评估有限公司通过对宁乡经济技术开发区建设投资有限公司主体及其拟发行的2020年公司债券的信用状况进行分析和评估，确定宁乡经济技术开发区建设投资有限公司的主体长期信用等级为AA+，评级展望为稳定，认为该公司是宁乡经济技术开发区重要的园区开发建设与运营主体。本次评级结果表明得益于一批优质企业入驻、投产及飞地园区面积扩大，宁乡经开区经济和财政持续增长，公司持续得到宁乡经济技术开发区管理委员会在税收优惠、政府补贴、专项资金和资产划拨等方面的支持；但是公司在建项目待投资规模较大，面临一定的资本支出压力，有息债务规模快速增长，未来面临一定的偿付压力。

【案例点评】 前期通过偿债环境、财富创造能力、偿债来源与负债平衡及偿债能力各个维度分析，得出公司的抗风险能力很强，偿债能力很强，本期债券到期不能偿付的风险很小。预计未来1~2年，宁乡经开区经济及财政实力继续增强，公司作为宁乡经开区重要的土地开发、工程建设主体，在

---

* 《2020年宁乡经济技术开发区建设投资有限公司公司债券信用评级报告》，大公国际资信评估有限公司。

园区建设发展中处于重要地位，并将继续得到宁乡经开区政府的大力支持。综合考虑，大公对宁乡经开的信用评级展望为稳定，并在后续做出跟踪评级安排。

【相关要点】

（1）债券信用评级是以企业或经济主体发行的有价债券为对象进行的信用评级。

（2）评级对象：大多是对企业债券进行评级。国家财政部门发行的国库券和国家政策性银行发行的金融债券，不需进行评级。地方政府或非国家银行金融机构发行的某些有价证券，则有必要进行评级。

2. 要点导图

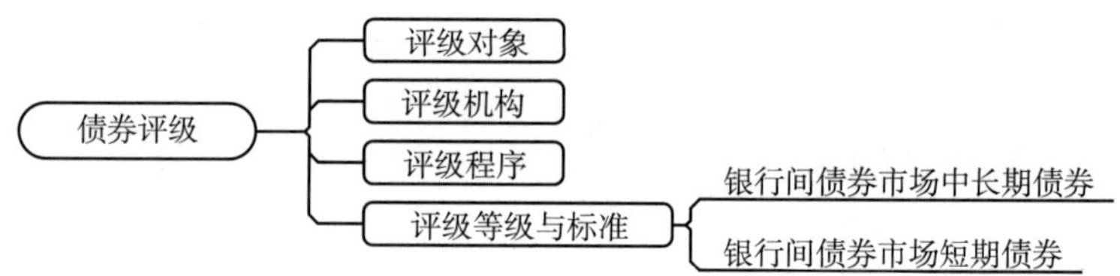

3. 要点精讲

债券信用评级是以企业或经济主体发行的有价债券为对象进行的信用评级。

（1）评级对象

大多是对企业债券进行评级。国家财政部门发行的国库券和国家政策性银行发行的金融债券，不需进行评级。地方政府或非国家银行金融机构发行的某些有价证券，则有必要进行评级。

（2）资信评级机构

1）资信评级机构从事下列证券市场资信评级业务时，应当按规定向中国证监会备案（新增）：

①经中国证监会依法注册发行的债券、资产支持证券。

②在证券交易所或者经中国证监会认可的其他证券交易场所上市交易或者挂牌转让的债券、资产支持证券，国债除外。

③前两项规定证券的发行人、发起机构、上市公司、非上市公众公司、证券期货经营机构。

④中国证监会规定的其他评级对象。

2）鼓励具备下列条件的资信评级机构开展证券评级业务（新增）：

①实收资本与净资产均超过人民币 2 000 万元。

②有 20 名以上证券从业人员，其中 10 名以上具有 3 年以上资信评级业务经验、3 名以上具备中国注册会计师资格。

③有 3 名以上熟悉资信评级业务有关的专业知识，且通过资质测试的高级管理人员。

④最近 5 年未受到刑事处罚，最近 3 年未因违法经营受到行政处罚，不存在因涉嫌违法经营、犯罪正在被调查的情形。

⑤最近 3 年在税务、工商、金融等行政管理机关，以及自律组织、商业银行等机构无重大不良诚信记录。

⑥中国证监会基于保护投资者、维护社会公共利益规定的其他条件。

3）资信评级机构向中国证监会备案，应当报送下列材料（新增）：

①证券评级机构备案表。

②营业执照复印件。

③全球法人机构识别编码。

④股权结构说明，包括注册资本、股东名单及其出资额或者所持股份，股东在本机构以外的实体持股情况，实际控制人、受益所有人情况。

⑤董事、监事、高级管理人员及资信评级分析人员的情况说明和证明文件。

⑥主要股东、实际控制人、受益所有人、董事、监事、高级管理人员未因犯有贪污、贿赂、侵占财产、挪用财产罪或者破坏社会主义市场经济秩序罪，被判处刑罚或者因犯罪被剥夺政治权利的声明，以及主要股东、实际控制人、受益所有人的信用报告。

⑦营业场所、组织机构设置及公司治理情况。

⑧独立性、信息披露及业务制度说明。

⑨中国证监会基于保护投资者、维护社会公共利益考虑，合理要求的与证券评级机构及其相关自然人有关的其他材料。

（3）评级程序

1）评级准备：组建评级项目组并实行组长负责制，项目组至少由 2 名评级分析人员组成，组长应当具备所需专业能力，且从事资信评级业务 3 年以上。

2）实地调查：调研访谈重要人员、生产经营现场、其他相关机构。

3）初评阶段：初评报告需按照内部审核程序进行三级审核，经过内部审核程序后才能提交评级委员会。

4）评定等级：由评级委员会开会决定，参会评审委员不得少于5人，信用等级结果须经半数以上评审委员同意。

5）结果反馈与复评：如对评级结果有异议，应在5个工作日内提出复评申请，复评结果为最终信用级别。

6）结果发布：证券评级机构应根据有关法律、法规和中国证券业协会自律规则的规定，公布评级结果。

7）文件存档：评级项目完成或终止后，评级项目组应将项目资料及时进行分类整理，存档并填写存档资料清单。

8）跟踪评级：证券评级机构应在受评证券存续期内每年至少出具1次定期跟踪评级报告。

（4）评级等级及标准

1）银行债券市场中长期债券：评级等级划分为三等九级，且除AAA、CCC级（含）以下等级外，每个信用等级可以用+、-进行微调。

等级	含义
AAA	偿还债务的能力极强，基本不受不利经济环境的影响，违约风险极低
AA	偿还债务的能力很强，受不利经济环境的影响不大，违约风险很低
A	偿还债务能力较强，较易受不利经济环境的影响，违约风险较低
BBB	偿还债务能力一般，受不利经济环境影响较大，违约风险一般
BB	偿还债务能力较弱，受不利经济环境影响很大，违约风险较高
B	偿还债务的能力较大地依赖于良好的经济环境，违约风险很高
CCC	偿还债务的能力极度依赖于良好的经济环境，违约风险极高
CC	在破产或重组时可获得保护较小，基本不能保证偿还债务
C	不能偿还债务

2）银行债券市场短期债券：评级等级划分为四等六级，且每个信用等级均不进行微调。

等级	含义
A-1	还本付息能力最强，安全性最高
A-2	还本付息能力较强，安全性较高
A-3	还本付息能力一般，安全性易受不良环境变化的影响
B	还本付息能力较低，有一定的违约风险
C	还本付息能力很低，违约风险较高
D	不能按期还本付息

4. 典题精练

（1）债券信用评级的主要对象是（　　）。

A. 企业发行的债券

B. 国家财政发行的国库券

C. 国家银行发行的金融债券

D. 地方政府或非国家金融机构发行的所有有价证券

参考答案：A

【解析】债券信用评级是以企业或经济主体发行的有价债券为对象进行的信用评级。

（2）某公司发行的银行间债券市场中长期债券的信用评级为AA。其含义和可能发生的情况有（　　）。

Ⅰ. 企业素质很好，偿债能力很强，违约风险很低

Ⅱ. 企业的经营能力和获利很强，偿债能力一般，违约风险一般

Ⅲ. 企业偿还债务的能力很强，如行业发生意料之外的不利变化，受不利环境的影响不大

Ⅳ. 如果遇到预料之外的流动性收紧，债券发生违约风险很低

A. Ⅱ、Ⅲ　　B. Ⅰ、Ⅲ、Ⅳ

C. Ⅰ、Ⅲ　　D. Ⅰ、Ⅳ

参考答案：B

【解析】AA级代表偿还债务的能力很强，受不利经济环境的影响不大，违约风险很低。

5. 同步演练（请扫描二维码做题）

知识点扩展

（九）债券市场

1. 案例引入

德银：中国债券市场对境外投资者吸引力与日俱增*

【案例回顾】德意志银行3日表示，随着中国资本市场的进一步开放，中国债券市场对境外投资者的吸引力也与日俱增。近期德意志银行研究报告指出，目前中国在岸债券市场规模已达14万亿美元，是全球第二大债券市

* 德银：《中国债券市场对境外投资者吸引力与日俱增》，环京津网，2020年9月4日。《中国债券市场概览（2019年版）》，中央结算公司中债研发中心。

场。今年7月，境外投资者共持有2.74万亿元人民币债券，该月离岸投资者净买入1 650亿元人民币债券，创下自2010年中国债券市场面向境外投资者开放以来，月度最高境外资金净流入记录。

【案例点评】 中国债券市场的重要性日渐凸显离不开领导们的重视，从十八届三中全会决议提出，要发展并规范债券市场，提高直接融资比重。“十三五”规划纲要指出，要完善债券发行注册制和债券市场基础设施，加快债券市场互联互通，稳妥推进债券产品创新。十九大报告提出，要“增强金融服务实体经济能力，提高直接融资比重，促进多层次资本市场健康发展”。相信中国债券市场规模迅速壮大，市场创新不断涌现，市场主体日趋多元化，市场活跃度稳步提升，对外开放稳步推进，制度框架也逐步完善。

【相关要点】

（1）债券市场是发行和买卖债券的场所，是金融市场的一个重要组成部分，可以为全社会的投资者和筹资者提供低风险的投融资工具。

（2）债券市场的种类

1）根据债券的运行过程和市场的基本功能，可将债券市场分为发行市场和流通市场。债券发行市场，又称一级市场，是发行单位初次出售新债券的市场。债券流通市场，又称二级市场，指已发行债券买卖转让的市场。

2）根据市场组织形式，债券流通市场又可进一步分为场内交易市场和场外交易市场。证券交易所是专门进行证券买卖的场所，如我国的上海证券交易所和深圳证券交易所。在证券交易所内买卖债券所形成的市场，就是场内交易市场。场外交易市场是在证券交易所以外进行证券交易的场所。柜台市场为场外交易市场的主体。许多证券经营机构都设有专门的证券柜台，通过柜台进行债券买卖。

3）根据债券发行地点的不同，债券市场可以划分为国内债券市场和国际债券市场。国内债券市场的发行者和发行地点同属一个国家，而国际债券市场的发行者和发行地点不属于同一个国家。

2. 要点导图

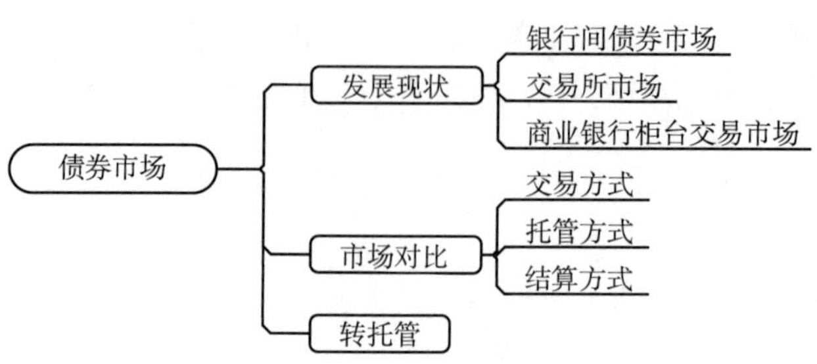

3. 要点精讲

债券市场的交易、托管与结算

我国债券市场分为场外市场与场内市场，场外市场进一步分为银行间市场与银行柜台市场。

（1）银行间债券市场的发展情况

银行间债券市场是指依托于中国外汇交易中心暨全国银行间同业拆借中心和中央国债登记结算有限责任公司的，包括商业银行、农村信用联社、保险公司、证券公司等金融机构及一些非金融机构合格投资人通过北京金融资产交易所进行债券买卖和回购的市场。

目前，银行间债券市场已成为我国债券市场的主体部分。记账式国债的大部分、政策性金融债券都在该市场发行并上市交易。其发展现状表现为：市场规模快速扩大，直接融资比例不断上升；市场成员不断扩容，参与主体日渐多元；市场功能逐步显现，兼具投资和流动性管理功能；发行主体以国有企业为主，其他主体积极参与；投资者结构持续优化，市场风险不断分散；与国际市场相比较，市场流动性仍然较低。

（2）交易所债券市场的发展情况

上海证券交易所是最早开办债券交易的场所，1990 年年底上海证券交易所开办第一笔国债交易，而深圳证券交易所在 1993 年才开办国债业务。交易所市场实行的是集中撮合竞价与经纪商制度，采用电脑集合竞价、连续竞价和大宗交易的方式。中国证券登记结算公司上海分公司和深圳分公司分别托管上海证券交易所和深圳证券交易所的债券。

（3）商业银行柜台交易市场的发展情况（新增）

商业银行柜台交易市场是指商业银行通过营业网点（含电子银行系统）与投资人进行债券买卖，并办理相关托管与结算等业务的市场。

（4）银行间债券市场与交易所债券市场的对比

银行间债券市场与交易所债券市场在交易方式、托管方式与结算方式上有所不同：

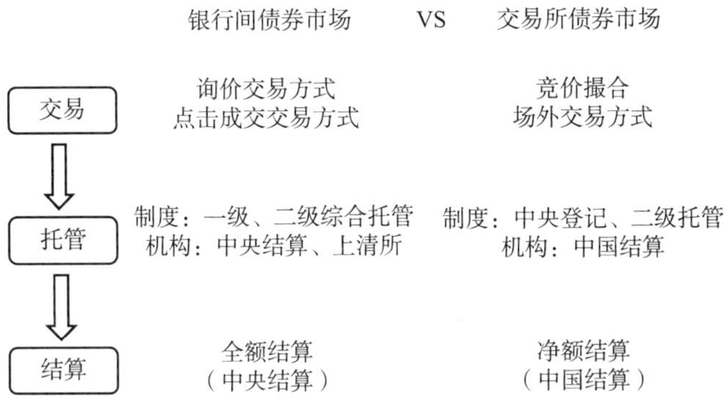

1）交易方式：

①银行间市场的交易方式包括询价交易方式和点击成交交易方式。

询价交易是指交易双方自行协商确定交易价格及其他交易要素，包括三个步骤：报价、格式化询价、确认成交。此时，最低交易量、交易量最小变动单位均为券面总额10万元，可用报价方式为意向报价、双向报价（仅适用资产支持证券）、对话报价。

点击成交交易是指报价方发出具名或匿名的要约报价，受价方点击该报价后成交或由限价报价直接与之匹配成交。此时最低交易量为券面总额100万元，交易量最小变动单位为券面总额10万元，可用报价方式为做市报价、点击成交报价和限价报价。

②交易所市场交易方式包括竞价撮合交易方式与场外交易方式。

交易所的固定收益电子平台定位机构投资者，为大额现券交易提供服务。该平台包括两层市场：一层为交易商之间的市场，采用报价制和询价制；另一层为交易商与普通投资者之间的市场，采用协议交易的模式，通过成交申报进行交易。

交易所市场的竞价和询价系统之间也可以进行交易，本系统内债券实行$T+0$交易模式，跨系统实行$T+1$交易模式，即当日通过竞价系统买入的债券，可于当日通过该系统卖出，但是要于次一交易日才能通过固定收益综合电子平台卖出。

2）托管方式：

①银行间债券市场实行一级、二级综合托管账户模式。

中央登记/中债登：指定的中央债券存管机构，主要托管国债、政策性金融债、次级债、企业债、中期票据、短期融资券、资产支持证券等。

上清所：主要托管短融、中票等公司信用债券，同业存单、大额存单等货币市场工具，金融机构债券和结构性产品等创新金融产品。

②交易所市场实行“中央登记、二级托管”的制度。

交易所债券市场根据券种的不同，实行不同的托管体制：

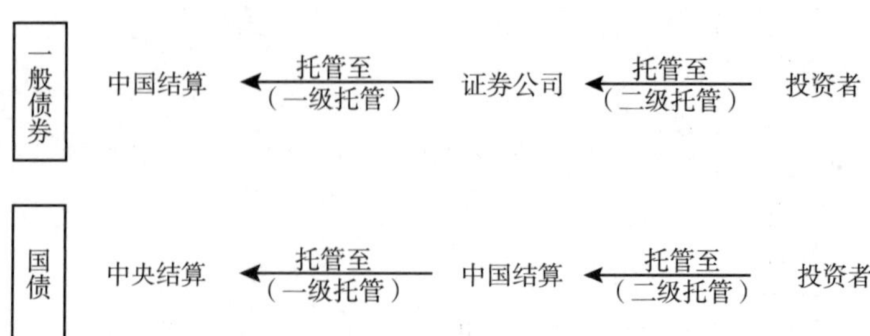

3）结算方式：

①银行间市场采用实时全额逐笔结算机制。全额结算也称逐笔结算，是指每笔结算单独交收，各笔结算之间不得相互抵销。我国银行间市场的债券结算统一通过中央结算的中央债券综合业务系统完成。

②交易所市场采用中央对手方的净额结算机制。由中国结算负责债券交易的清算、结算，并作为交易双方共同的对手方提供交收担保。

（5）债券市场转托管

债券转托管是指同一投资人开立的两个托管账户之间的托管债券的转移，即其持有的债券从一个托管账户转移到属于该投资者的另一个托管账户进行托管。债券转托管需满足以下条件：

1）跨市场交易的债券：目前除了国债和企业债可以跨市场转托管，其他债券品种债都不能跨市场转托管。

2）转托管时间：转托管完成至少需要 1 天，银行间市场可在工作日内的8：30～16：30 办理业务，但交易所市场须在 15：00 前完成指令录入，才能保证客户在次一个工作日可以使用转入或转出的债券。

3）转托管收费：从银行间转到交易所，转托管费按转出国债面值金额的0.005%计算，单笔（单只）最低费用 10 元，最高 10 000 元。从交易所转到银行间，按国债面值的 0.01% 收费。

4）转托管速度：目前最快的国债转托管，能实现 $T+1$ 日到账，其他大部分债券只能实现 $T+2$ 日甚至 $T+3$ 日到账。

4. 典题精练

（1）我国交易所债券市场的托管方式实行（　　）制度。

A. 交易所登记、一级托管　　B. 中央登记、二级托管

C. 交易所登记、二级托管　　D. 中央登记、一级托管

参考答案：B

【解析】交易所市场实行“中央登记、二级托管”的制度。

（2）下列关于银行间债券与交易所债券市场，说法正确的是（　　）。

Ⅰ. 银行间债券市场的交易方式包括询价交易方式和点击成交交易方式

Ⅱ. 银行间债券市场是场外市场，实行一级、二级综合托管账户模式

Ⅲ. 交易所债券市场采用固定收益电子平台和传统竞价撮合的交易方式

Ⅳ. 交易所债券市场根据券种的不同，实行不同的托管体制

A. Ⅰ、Ⅲ　　B. Ⅰ、Ⅱ、Ⅲ、Ⅳ

C. Ⅰ、Ⅱ、Ⅲ　　D. Ⅱ、Ⅳ

参考答案：B

【解析】银行间债券市场与交易所债券市场的区别。交易方式：①银行间债券市场的交易方式包括询价交易方式和点击成交交易方式；②我国上海证券交易所和深圳证券交易所除了沿用传统的竞价撮合交易方式外，近年也在相应的平台上引入了场外交易方式（固定收益电子平台）。托管方式：①银行间债券市场是场外市场，实行一级、二级综合托管账户模式；②交易所债券市场根据券种的不同，实行的是不同的托管体制。结算方式：①我国银行间市场的债券结算采用实时全额逐笔结算机制，统一通过中央国债登记结算有限责任公司的中央债券综合业务系统完成；②交易所市场的债券清算和结算主要采取的是中央对手方的净额结算机制，由中国证券登记结算有限公司负责债券交易的清算、结算，并作为交易双方共同的对手方提供交收担保。

知识点扩展

5. 同步演练（请扫描二维码做题）

（十）债券估值

1. 案例引入

中央结算公司刘凡建议：不断扩大国债收益率曲线的应用*

【案例回顾】中央国债登记结算有限责任公司副总经理刘凡日前在债券四十人论坛上发表演讲时建议，应该不断扩大国债收益率曲线的应用范围，并将中债10年期国债收益率作为货币政策的中介目标。

2020年4月，《中共中央国务院关于构建更加完善的要素市场化配置体制机制的意见》提出，要进一步健全反映市场供求关系的国债收益率曲线，更好地发挥国债收益率曲线定价基准作用。5月，《中共中央国务院关于新时代加快完善社会主义市场经济体制的意见》又再次强调了这一提法，将国债收益率作为货币政策的中介目标。

【案例点评】建议将中债10年期国债收益率作为货币政策的中介目标。一方面，10年期国债收益率是观察均衡利率的重要指标，中美10年期国债利差能够反映人民币汇率的升贬值预期，均衡的中美10年期国债利差有利于促进人民币汇率的基本稳定；另一方面，10年期国债利率和潜在经济增长率之间的关系较为稳定，在潜在经济增长率确定的前提下，可以用均衡的10年期国债收益率作为货币政策适度性的衡量指标。

---

* 《不断扩大国债收益率曲线的应用》，东方财富网，2020年8月13日。

【相关要点】

（1）债券收益率包括当期收益率、到期收益率、即期利率（零利率）、持有期收益率、赎回收益率等。

（2）债券必要回报率 = 真实无风险收益率 + 预期通货膨胀率 + 风险溢价，投资学中把前两项的和称为名义无风险收益率，一般用相同期限零息国债的到期收益率（被称为即期利率或零利率）来近似表示。

2. 要点导图

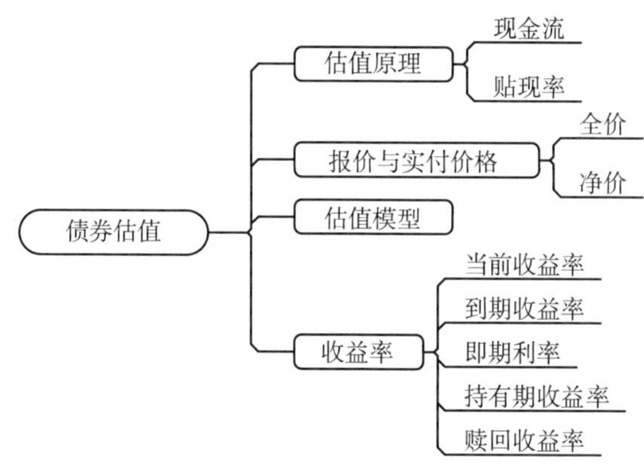

3. 要点精讲

（1）债券估值原理

债券估值的基本原理是现金流贴现。把现金流入用适当的贴现率进行贴现并求和，便可得到债券的理论价格。

债券估值

1）债券现金流的确定：

①面值和票面利率：除少数本金逐步摊还的债券外，多数债券在到期日按面值还本。票面利率通常采用年单利表示，票面利率乘以付息间隔和债券面值即为每期利息支付金额。

②计付息间隔：付息间隔短的债券，风险相对较小。

③嵌入式期权条款：如发行人提前赎回权、债券持有提前返售权、转股权、转股修正权、偿债基金条款等。凡是有利于发行人的条款都会相应降低债券价值；反之，有利于持有人的条款则会提高债券价值。

④税收待遇：免税债券（如政府债券）与可比的应纳税债券（如公司债券、资产证券化债券等）相比，价值大一些。

⑤其他因素：如利率类型（浮动/固定）、债券币种（单一/双币债券）。

2）债券贴现率的确定：债券的贴现率是投资者对该债券要求的最低回

报率，也称必要回报率。其计算公式为：

债券必要回报率 = 真实无风险收益率 + 预期通货膨胀率 + 风险溢价 = 名义无风险收益率 + 风险溢价

①真实无风险收益率：指真实资本的无风险回报率，理论上由社会资本平均回报率决定。

②预期通货膨胀率：是对未来通货膨胀率的估计值。

③风险溢价：是投资者因承担投资风险而获得的补偿。债券投资的主要风险因素包括违约风险（信用风险）、流动性风险、汇率风险等。

投资学中把①和②的和称为名义无风险收益率，一般用相同期限零息国债的到期收益率（被称为即期利率或零利率）来近似表示。

（2）债券报价与实付价格

1）报价与结算：债券买卖报价分为净价和全价两种，结算为全价结算。所报价格为每 100 元面值债券的价格。净价是指不含应计利息的债券价格，单位为“元/百元面值”。全价 = 净价 + 应计利息。应计利息为上一付息日（或起息日）至结算日之间累计的按百元面值计算的应付给债券持有人的利息。

2）利息计算：计算累计利息时，针对不同类别债券，全年天数和利息累计天数的计算分别有行业惯例，具体规定为：

类别	全年天数	利息累计天数
短期债券	360 天	按实际天数（ACT）计算或按每月 30 天计算
中长期附息债券	365 天	按实际天数计算，算头不算尾，闰年 2 月 29 日不计息
贴现式债券	实际天数	按实际天数计算，闰年 2 月 29 日计息

贴现式债券的应计利息额 =（到期总付额 − 发行价格）÷ 起息日至到期日的天数 × 起息日至结算日的天数

（3）债券估值模型

根据现金流贴现基本原理，不含嵌入式期权的债券理论价格计算公式为：

$$P = \sum_{t=1}^{T} \frac{C_t}{(1 + y_t)^t}$$

式中：P——债券理论价格；

T——债券距到期日时间长短（通常按年计算）；

t——现金流到达的时间；

C——现金流金额；

y——贴现率（通常为年利率）。

1）零息债券定价：

$$P = \frac{FV}{(1 + y_T)^T}$$

式中：FV——零息债券的面值。

2）附息债券定价：附息债券可以视为一组零息债券的组合，因此一是用零息债券定价公式分别为其中每只债券定价，加总后即为附息债券的理论价格；二是直接用现金流贴现模型进行定价。

3）累息债券定价：可将累息债券视为面值等于到期还本付息额的零息债券，并按零息债券定价公式定价。

（4）债券收益率

1）当期收益率：是债券的年利息收入与买入债券的实际价格的比率。计算公式为：

$$Y = \frac{C}{P} \times 100\%$$

式中：Y——当期收益率；

C——每年利息收益；

P——债券价格。

当期收益率反映每单位投资能够获得的债券年利息收益，但不反映每单位投资的资本损益。优点在于简便易算，可以用于比较期限和发行人均较为接近的债券。缺点是：零息债券无法计算当期收益；不同期限附息债券之间，不能仅以当期收益的高低而评判优劣。

2）到期收益率：是使债券未来现金流现值等于当前价格所用的相同的贴现率，也就是内部报酬率。计算公式为：

$$P = \sum_{t=1}^{T} \frac{C_t}{(1 + y)^t}$$

式中：P——债券价格；

C——现金流金额；

y——到期收益率；

T——债券期限（期数）；

t——现金流到达时间。

在年息票相等的情况下，每半年付息一次的债券比每年付息一次债券的到期收益率略高。

3）即期利率：也称零利率，是零息票债券到期收益率的简称。在债券定价公式中，即期利率就是用来进行现金流贴现的贴现率。

4）持有期收益率：是指买入债券到卖出债券期间所获得的年平均收益，它与到期收益率的区别仅在于末笔现金流是卖出价格而非债券到期偿还金额。计算公式如下：

$$P = \sum_{t=1}^{T} \frac{C_t}{(1+y_h)^t} + \frac{P_T}{(1+y_h)^T}$$

式中：P——债券买入时价格；

P_T——债券卖出时价格；

y_h——持有期收益率；

C——债券每期付息金额；

T——债券期限（期数）；

t——现金流到达时间。

5）赎回收益率

可赎回债券是指允许发行人在债券到期以前按某一约定的价格赎回已发行的债券。通常在预期市场利率下降时，发行人会发行可赎回债券。赎回收益率的计算与其他收益率相同，是计算使预期现金流量的现值等于债券价格的利率。通常以首次赎回收益率为代表。首次赎回收益率是累积到首次赎回日止，利息支付额与指定的赎回价格加总的现金流量的现值等于债券赎回价格的利率。赎回收益率可通过下面的公式用试错法获得：

$$P = \sum_{t=1}^{n} \frac{C}{(1+y)^t} + \frac{M}{(1+y)^n}$$

式中：P——发行价格；

n——直到第一个赎回日的年数；

M——赎回价格；

C——每年利息收益。

4. 典题精练

（1）下列关于债券当期收益率的说法，正确的是（　　）。

A. 能反映每单位投资能够获得的债券年利息收益，也能反映每单位投资的资本损益

B. 当期收益率度量的是债券总利息收益占购买价格的百分比

C. 优点是简单易算，零息债券也可以方便计算当期收益

D. 缺点是不同期限附息债券之间不能仅以当期收益率作为评判优劣的指标

参考答案：D

【**解析**】当期收益率度量的是债券年利息收益占购买价格的百分比，反映每单位投资能够获得的债券年利息收益，但是不反映每单位投资的资本损益。当期收益率的优点在于简便易算，可以用于期限和发行人均较为接近的债券之间进行比较。其缺点是：零息债券无法计算当期收益；不同期限附息债券之间，不能仅以当期收益的高低而评判优劣。

（2）下列关于债券报价与结算的说法，正确的有（　　）。

Ⅰ. 债券买卖报价分为净价和全价两种

Ⅱ. 所报价格为每 100 元面值债券的价格

Ⅲ. 债券买卖结算分为净价结算和全价结算

Ⅳ. 净价是指不含应计利息的债券价格

A. Ⅰ、Ⅱ、Ⅲ、Ⅳ　　B. Ⅰ、Ⅱ、Ⅳ

C. Ⅱ、Ⅲ　　D. Ⅰ、Ⅲ、Ⅳ

参考答案：B

【**解析**】债券买卖报价分为净价和全价两种，结算为全价结算。所报价格为每 100 元面值债券的价格。净价是指不含应计利息的债券价格，单位为"元/百元面值"。全价 = 净价 + 应计利息。应计利息为上一付息日（或起息日）至结算日之间累计的按百元面值计算的债券发行人应付给债券持有人的利息。

5. 同步演练（请扫描二维码做题）

知识点扩展

三、考纲对比

1. 新增考点：熟悉可交换债券与可转换债券的相同点与不同点。
2. 剔除考点：了解我国公司债券的管理规定。
3. 剔除考点：了解美国次级贷款及相关证券化产品危机。
4. 新增考点：了解商业银行柜台交易市场的发展情况。
5. 新增考点：熟悉可转换公司债券的要素。

四、章节测试（请扫描二维码做题）

知识点扩展

第六章 证券投资基金

一、知识结构

知识点扩展

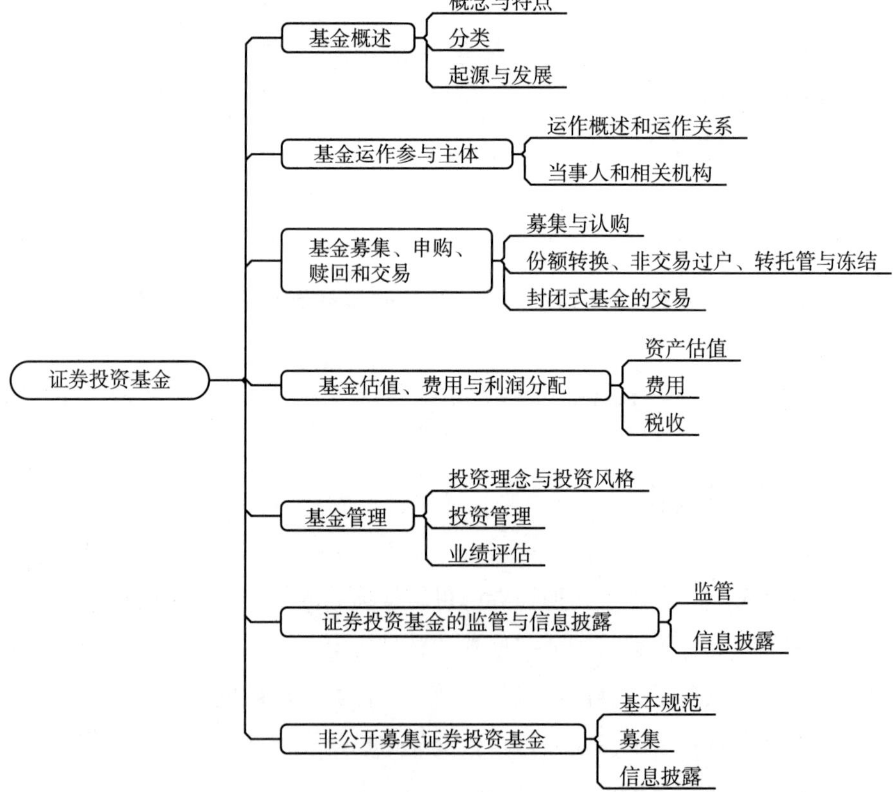

二、核心要点

（一）证券投资基金概述

1. 案例引入

2020 年 1 季度公募基金发行创历史最高纪录*

【案例回顾】 2020 年第 1 季度，虽然我国经济金融生活受到新冠肺炎疫情的巨大影响与强烈冲击，但是公募基金的发行募集规模却迎来了历史季度最高纪录。1 季度共有 239 只新基金发行，募集 5 160.41 亿元，募集规模创下 1998 年以来的季度最高纪录，超越了 2007 年与 2015 年两个高点。其中股票方向基金新发行 139 只，募集 3 220.47 亿元，也创下股票方向基金发行的历史最高季度纪录。

【案例点评】 大力发展权益基金的政策经过 2 年多的推动终于迎来开花结果，全社会对股票方向基金的热情大幅度上升，阶段性发行比较火爆，进一步凸显我国资本市场、股票市场与公募基金行业发展的持续、稳健与韧性。

【相关要点】

（1）证券投资基金，是指通过向投资者募集资金，由基金投资人共享投资收益、共担投资风险的一种集合投资方式。

（2）按基金的投资标的划分，可以分为股票基金、债券基金、混合型基金、货币市场基金等。

2. 要点导图

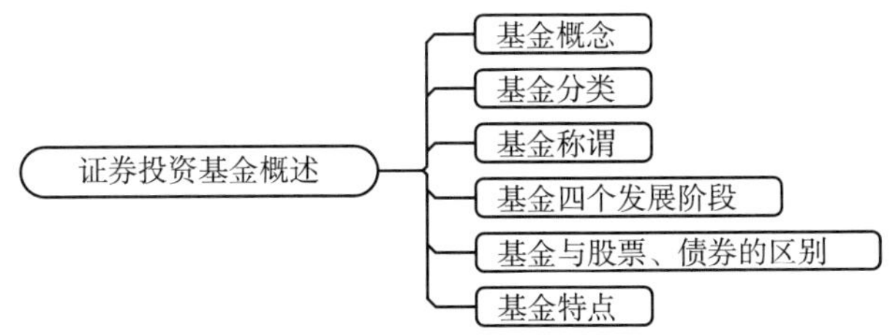

* 《抗疫情！1 季度发行超 5 000 亿　创历史季度最高纪录——2020 年第 1 季度公募基金发行募集简要报告》，银河证券基金研究中心，2020 年 4 月 2 日。

3. 要点精讲

(1) 证券投资基金的概念、特点

证券投资基金概述

证券投资基金，是指通过向投资者募集资金，形成独立基金财产，由专业投资机构（基金管理人）进行基金投资与管理，由基金托管人进行资产托管，由基金投资人共享投资收益、共担投资风险的一种集合投资方式。

1）分类：根据投资对象不同，可以将投资基金分为证券投资基金、另类投资基金。根据募集方式不同，可以将投资基金分为公募基金与私募基金。

2）特点：集合理财、专业管理；组合投资、分散风险；利益共享、风险共担；严格监管、信息透明；独立托管、保障安全。

3）称谓：证券投资基金在美国主要是指共同基金（Mutual Fund），在英国和中国香港地区被称为单位信托基金（Unit Fund），在欧洲一些国家被称为集合投资基金或集合投资计划（Collective Investment Scheme），在日本和中国台湾地区被称为证券投资信托基金（Securities Investment Trust）。

4）基金与股票、债券的区别：

类别	反映的经济关系	资金投向	风险水平
证券投资基金	信托	有价证券（属于间接投资）	小于股票大于债券
股票	所有权	实业（属于直接投资）	风险较大
债券	债权		风险较小

(2) 证券投资基金的分类

1）按照基金的组织形式划分：契约型基金和公司型基金。

证券投资基金的分类

契约型基金依据基金合同设立，基金资金是通过发行基金份额募集起来的信托财产，投资者是契约型基金的委托人和受益人。

公司型基金依据基金公司章程设立，基金资金是通过发行普通股票筹集的公司法人的资本，投资者成为该公司的股东。

2）按基金的运作方式划分：封闭式基金和开放式基金。

封闭式基金是指基金份额在存续期内固定不变，基金份额可以在依法设立的证券交易所交易，但是基金份额持有人不得申请赎回的基金。封闭式基金在封闭期内不能追加认购或赎回，投资者只能通过证券公司在二级市场上进行基金份额的买卖。

开放式基金是指基金份额总额不固定，基金份额可以在基金合同约定的时间和场所申购及赎回的基金。

封闭式基金和开放式基金的区别为：

类别	封闭式基金	开放式基金
期限	固定存续期，通常在5年以上	无固定期限
发行规模	固定	没有发行规模限制
基金份额交易方式	封闭期内不能赎回，持有者只能在证券交易场所及投资者之间交易	大部分不上市交易，交易在投资者与基金管理人或基金销售机构之间进行
价格形成方式	受市场供求关系影响，常出现溢价或折价	以每一基金份额净资产值为基础，不受市场供求关系影响
激励约束机制	基金经理面临的业绩压力较小	业绩压力较大，激励约束机制更好
投资策略	便于长期投资和全额投资	高度重视流动性，预留部分资金，不会进行全额投资

3）按基金的投资标的划分：股票基金、债券基金、混合型基金、货币市场基金等（以80%为标准）。

4）按基金的投资目标划分：成长型基金、收入型基金、平衡型基金。成长型基金追求基金资产的长期增值，通常投资于成长公司的股票；收入型基金主要投资于可带来现金收入的有价证券，以获得当期的最大收入为目的；平衡型基金将资产分别投资于以上两种特性的证券上。

5）按基金的投资理念划分：主动型基金和被动型基金。主动型基金是指通过积极的选股和择时，力图取得超越基准组合表现的基金。被动型基金通常被称为指数基金，力图复制指数的表现。

6）按照基金的募集方式划分：公募基金和私募基金。公募基金是指向社会公众公开发售基金份额、募集资金而设立的基金，投资对象不固定；私募基金是指向特定合格投资者发售基金份额、募集资金而设立的基金。

7）特殊类型基金：

①交易所交易基金ETF，是一种在交易所上市交易的、基金份额可变的基金。ETF通常是以某一选定的指数所包含的成分证券为投资对象，依据构成指数的证券种类和比例，采用完全复制或抽样复制的方法进行被动投资的指数型基金。

ETF结合了封闭式基金与开放式基金的运作特点，一方面，基金份额可以像封闭式基金一样在交易所二级市场进行买卖；另一方面，又可以像开放式基金一样申购、赎回。ETF的最大特点是实物申购与赎回机制，即它的申购是用一篮子股票换取ETF份额，赎回时是以基金份额换回一篮子股票而不是现金。ETF有“最小申购、赎回份额”的规定，通常最小申购、赎回单位在30万份、50万份或100万份，申购赎回必须以最小申购、赎回单位的整数倍进行，一般只有机构投资者才有实力参与一级市场的实物申购与赎回交易。ETF实行一级市场和二级市场并存的交易制度，这种双重交易机制使ETF的二级市场价格不会过度偏离基金份额净值，因为一级、二级市场的价差会产生套利机会，而套利交易会使二级市场价格恢复到基金份额净值附近。

ETF一级市场与二级市场交易的区别

类别	一级市场	二级市场
份额规定	30万份、50万份或100万份的整数倍	买入为100份或其整数倍，卖出可不足100份
交易机制	实物申购、实物赎回	现金买入、卖出

②上市开放式基金LOF，是一种既可以同时在场外市场进行基金份额申购、赎回，又可以在交易所进行基金份额交易和基金份额申购赎回，并通过份额转托管机制将场外市场与场内市场有机联系在一起的开放式基金。与ETF不同，LOF不一定采用指数基金模式，也可以是主动管理型基金；同时，申购赎回均以现金进行，对申购赎回没有规模上的限制。

③避险策略基金，是指通过一定的避险投资策略进行运作，同时引入相关保障机制，以便在避险策略周期到期时，力求避免基金份额持有人投资本金出现亏损的公开募集证券投资基金。避险策略基金在极端情况下仍然存在本金损失的风险。

④QDII基金，是合格境内机构投资者（Qualified Domestic Institutional Investors）的首字母缩写。QDII基金是指在一国境内设立，经该国有关部门批准从事境外证券市场的股票、债券等有价证券投资的基金。根据中国证监会等规定，QDII基金投资目的地为与中国证监会签署了双边监管合作备忘录的国家或地区，投资工具为股票、基金、债券、金融衍生品等。

⑤分级基金，又被称为结构型基金、可分离交易基金，是指在一只基金内部通过结构化等设计或安排，将普通基金份额拆分为具有不同预期收益和风险等两类（级）或多类（级）份额并可分离上市交易的一种基金产品。分级基金的基础份额被称为母基金份额，预期风险收益较低的子份额被称为

A 类份额（或优先份额），预期风险收益较高的子份额被称为 B 类份额（或进取份额）。分级基金借助结构化设计将同一基金资产划分为预期风险收益特征不同的份额类别，可以同时满足不同风险收益偏好投资者的需求。

A. 分级仅涉及收益如何分配：分级基金的净值收益其实都来源于母基金，只是把母基金的总收益按照一定规则分配到子基金上去。

B. 分级的实质在于 B 份额向 A 份额的融资：根据收益分配机制，A 份额一般都获得某一数额的约定收益，剩余收益全部由 B 份额承担。

C. 母基金可申购赎回，子基金可在二级市场交易买卖，但不可申购赎回。

⑥基金中基金 FOF，是以其他基金为投资对象的基金。根据中国证监会对基金类别的分类标准，80% 以上的基金资产投资于其他基金份额的，为基金中基金。

⑦伞形基金，又被称为系列基金，是指多个基金共用一个基金合同，子基金独立运作并直接可以相互转换的一种基金结构形式。目前我国暂无伞形基金。

⑧养老目标基金，是以追求养老资产的长期稳健增长为目的，鼓励投资人长期持有，采用成熟的资产配置，合理控制投资组合波动风险的公开募集证券投资基金。养老目标基金应采取 FOF 形式或中国证监会认可的其他形式运作。

（3）证券投资基金在我国的发展阶段

早期探索阶段（1990～1997 年）：探索性、自发性与不规范性。

规范发展阶段（1998～2003 年）：颁布法律，第一只开放式基金诞生，基金业对外开放的序幕拉开。

创新发展阶段（2004～2012 年）：《证券投资基金法》颁布并实施，法律得到完善，基金业平稳发展。

稳步发展阶段（2013 年至今）：修订《证券投资基金法》，基金业进入全新发展阶段。

4. 典题精练

（1）按投资标的划分，证券投资基金可分为（　　）。

Ⅰ. 债券基金　　　　Ⅱ. 股票基金

Ⅲ. 货币市场基金　　　　Ⅳ. 单位信托基金

A. Ⅰ、Ⅱ、Ⅲ　　　　B. Ⅰ、Ⅱ、Ⅳ

C. Ⅰ、Ⅲ、Ⅳ　　　　D. Ⅱ、Ⅲ、Ⅳ

参考答案：A

【解析】基金按投资标的划分，可分为股票基金、债券基金、混合型基金、货币市场基金等。

（2）封闭式基金的存续期应在（　　）年以上。

A. 10　　　　B. 2

C. 15　　　　D. 5

参考答案：D

【解析】封闭式基金有固定的存续期，通常在5年以上，一般为10年或者15年，经持有人大会通过并经监管机构同意可以适当延长期限。

（3）投资人可在基金合同约定的时间和场所向基金管理公司申购和赎回的基金被称为（　　）。

A. 风险基金　　　　B. 开放式基金

C. 产业基金　　　　D. 封闭式基金

参考答案：B

【解析】开放式基金是指基金份额总额不固定，基金份额可以在基金合同约定的时间和场所申购和赎回的基金。

5. 同步演练（请扫描二维码做题）

知识点扩展

（二）证券投资基金的运作与市场参与主体

1. 案例引入

第三方支付平台销售基金引质疑*

【案例回顾】某网络第三方支付平台，与某基金管理公司合作，推出一项新的理财业务，销售该基金公司的货币基金。该网络第三方支付平台获得了基金支付业务许可，但是没有获得基金销售业务许可，因此其新业务引起各方质疑。

【案例点评】根据《证券投资基金销售管理办法》规定，中国证监会对银行等机构代销售基金有严格的要求，包括具有健全的法制结构、完善的内部控制和风险管理制度，并得到有效执行；有安全、高效的办理基金发售、申购和赎回等业务的技术设施，且符合中国证监会对基金销售业务信息管理平台的有关要求。某网络第三方支付平台，在没有获得基金销售许可的情况

* 根据网络资料进行汇编整理。

下，不得作为销售主体来直销或者代销基金。

【相关要点】

（1）基金的参与主体，分为基金当事人、基金服务机构、基金的监管机构和自律组织三大类。

（2）基金销售机构，作为基金服务机构的组成部分，是受基金管理公司委托从事代理销售业务的机构。在我国，只有中国证监会认定的机构才有资格从事基金的代理销售。

（3）在我国，国务院证券监督管理机构，即中国证监会依法对证券投资基金活动实施监督管理。

2. 要点导图

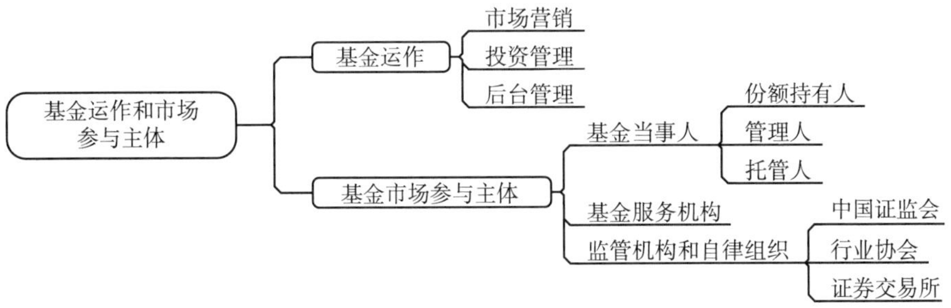

3. 要点精讲

（1）基金运作流程

证券投资基金的运作

基金运作包括基金的募集、基金投资管理、基金资产托管、基金份额的登记与交易、资金资产的估值与会计核算、基金的信息披露及其他相关环节。在基金运作中，基金管理人居主导与核心位置。从基金管理人角度看，基金运作可分为基金的市场营销、投资管理与后台管理三大部分。

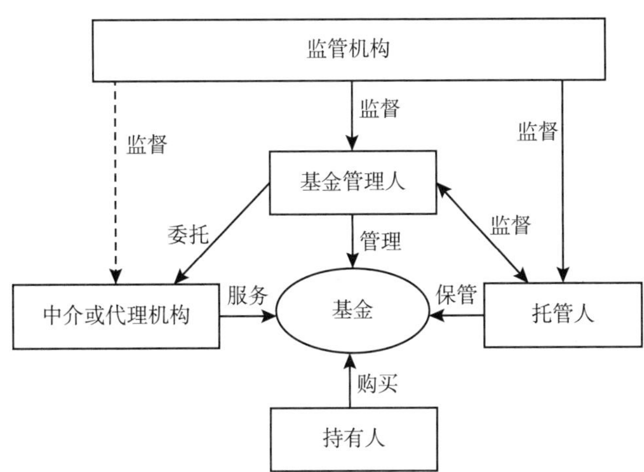

（2）基金市场参与主体

1）基金当事人：基金份额持有人即基金的投资者，是基金的出资人、基金资产的所有者和基金投资收益的受益人；基金管理人是基金的募集者和管理者；基金托管人，主要职责体现在资产的保管、资金的清算、会计复核及对投资运作的监督等。

2）基金服务机构：主要包括基金销售机构、基金销售支付机构、基金份额登记机构、基金估值核算机构、基金投资顾问机构、基金评价机构、律师事务所、会计师事务所、信息技术服务机构等。

3）基金监管机构和自律组织：在我国，国务院证券监督管理机构，即中国证监会依法对证券投资基金活动实施监督管理；基金的自律组织主要有基金行业自律组织（中国证券投资基金业协会）和证券交易所。

4. 典题精练

（1）既是基金的当事人，又是主要的服务机构的是（　　）。

A. 基金评价机构　　B. 基金份额持有人

C. 基金托管人　　D. 基金投资顾问机构

参考答案：C

【解析】基金管理人、基金托管人既是基金当事人，又是基金主要服务机构。

（2）基金的运作包括（　　）。

Ⅰ. 基金的设计　　Ⅱ. 基金资产的估值与会计核算

Ⅲ. 基金资产托管　　Ⅳ. 基金份额的登记和交易

A. Ⅱ、Ⅳ　　B. Ⅱ、Ⅲ、Ⅳ

C. Ⅰ、Ⅲ　　D. Ⅰ、Ⅱ、Ⅲ、Ⅳ

参考答案：B

【解析】基金的运作包括基金的募集、基金投资管理、基金资产托管、基金份额的登记与交易、基金资产的估值与会计核算、基金的信息披露及其他相关环节。

（3）下列关于基金运作的说法，错误的是（　　）。

A. 基金的运作包括基金的募集、投资管理、资产托管、基金份额的登记与交易，基金财产的估值与会计核算等多个环节

B. 在基金运作中，基金管理人居于主导和核心地位，基金的投资管理最能体现管理人的价值

C. 从基金管理人的角度看，基金运作可分为基金的市场营销、投资管

理和后台管理三大部分

D. 基金的投资管理做好了，为基金投资者赚取了好的收益，其他环节就能自然而然做好

参考答案：D

【解析】基金的运作包括基金的募集、基金投资管理、基金资产托管、基金份额的登记与交易、基金资产的估值与会计核算、基金的信息披露及其他相关环节。在基金运作中，基金管理人居主导与核心位置。从基金管理人的角度看，基金运作可分为基金的市场营销、投资管理与后台管理三大部分。基金的市场营销主要涉及基金份额的募集与客户服务，基金的投资管理则体现了管理人的价值。

5. 同步演练（请扫描二维码做题）

知识点扩展

（三）基金的募集、申购、赎回与交易

1. 案例引入

公募基金募集失败案例*

【案例回顾】2017 年，股债两市的持续低迷，令基金发行降至“冰点”。不仅新发基金的数量和发行份额锐减，公募基金还罕见地出现了募集失败和暂停发行的案例。继 4 月 29 日嘉合睿金定期开放灵活配置混合型基金宣布未达到基金合同生效条件、5 月 25 日博时富和纯债债券型基金率先在业内发布了暂不募集的公告之后，公募基金近日再添募集失败案例。7 月 12 日，摩根士丹利华鑫基金针对旗下多元安享 18 个月定期开放债券型证券投资基金发布了基金合同不能生效的公告。

【案例点评】在股票市场和债券市场低迷的时候，基金投资者的数量也会相对减少，这增加了基金募集的困难。中国证监会对基金募集的期限和合同生效都有着相关规定，因此会出现募集不成功的情况。

【相关要点】

（1）基金募集期限自基金份额发售日开始计算，募集期限不得超过 3 个月。

（2）基金募集期限届满，基金不满足有关募集要求的，基金募集失败。

（3）基金募集失败，基金管理人应当以固有财产承担应募集行为而产

*《发行市场仍陷“寒冬”　公募基金再添募集失败案例》，中国证券网，2017 年 7 月 12 日。

生的债务和费用，并在募集期限届满 30 日内返还投资者已缴纳的款项，并加计银行同期存款利息。

2. 要点导图

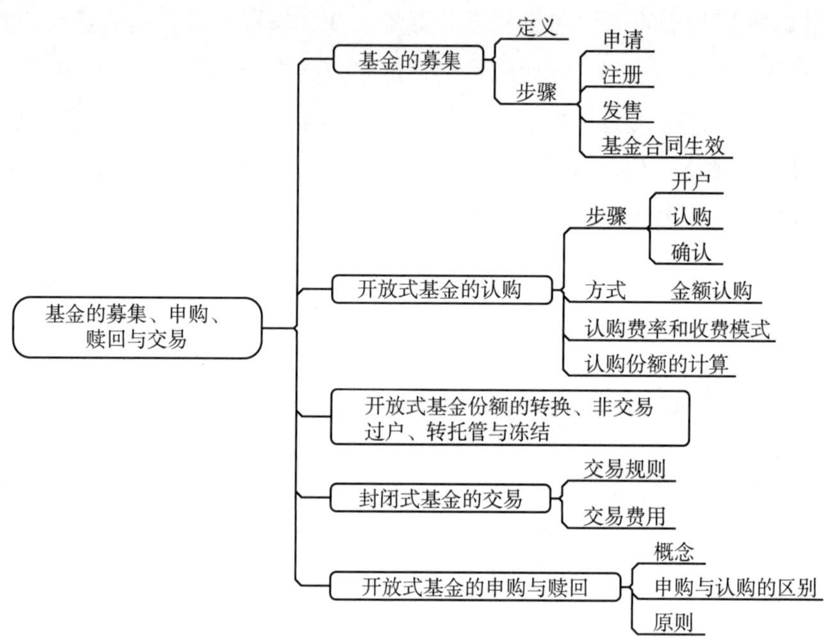

3. 要点精讲

(1) 基金募集

基金募集、申购、赎回与交易

基金募集，是指基金管理公司根据有关规定向中国证监会提交募集申请文件、发售基金份额、募集基金的行为。一般要经过申请、注册、发售、基金合同生效四个步骤。

基金募集申请：基金管理人进行基金的募集，必须向中国证监会提交相关文件（募集基金的申请报告、基金合同草案、基金托管协议草案、招募说明书草案、法律意见书等）。

基金注册：根据《证券投资基金法》的规定，国务院证券监督管理机构应当自受理公开募集基金等募集注册申请之日起 6 个月内依照法律、行政法规及国务院证券监督管理机构等规定进行审查，作出注册或不予注册的决定。

基金份额的发售：基金经注册后，方可发售基金份额。基金管理人应当自收到准予注册文件之日起 6 个月内进行基金份额的发售。基金的募集期限自基金份额发售日开始计算，募集期限不得超过 3 个月。

基金合同生效：基金募集期限届满，基金募集份额总额不少于2亿份，基金募集金额不少于2亿元人民币；基金份额持有人的人数不少于200人，基金管理人应当自募集期限届满之日起10日内聘请法定验资机构验资，向中国证监会提交验资报告，办理基金备案手续。基金备案自中国证监会书面确认之日起，基金合同生效。基金募集期限届满，基金不满足有关募集要求的，基金募集失败，基金管理人应当以固有财产承担因募集行为而产生的债务和费用，并在募集期限届满后30日内返还投资者已缴纳的款项，并加计银行同期存款利息。

（2）开放式基金的认购

在基金募集期内购买基金份额的行为，一般分为开户、认购与确认三个步骤。开放式基金采取金额认购的方式。基金管理人会针对不同的基金类型、不同的认购金额设置不同的认购费率。我国股票型基金的认购费率在1%～1.5%，债券型基金的认购费率通常在1%以下，货币市场基金一般不收取认购费。基金份额的认购通常有前端收费和后端收费两种模式。前端收费是在认购基金份额时就支付认购费用，后端收费是在赎回基金份额时才支付认购费用。

1）开放式基金认购份额的计算：

$$净认购金额=\frac{认购金额}{1+认购费率}$$

$$认购费用=认购金额-净认购金额$$

$$认购份额=\frac{净认购金额+认购利息}{基金份额初始面值}$$

2）开放式基金的申购、赎回：

申购是指投资者在开放式基金合同生效后，申请购买基金份额的行为。

赎回是指基金份额持有人要求基金管理人购回其所持有的开放式基金份额的行为。

认购与申购的区别

类别	认购	申购
购买时期	基金设立募集期内购买	基金合同生效后购买
认购价格	1元/份	申购价格未知，申购份额通常在$T+2$日内确认

申购、赎回的原则：投资者在申购、赎回货币基金时，按照固定价格进行申购、赎回；对于一般开放式基金而言，在申购、赎回时则遵循“未知

价”交易原则；“金额申购、份额赎回”原则。

（3）开放式基金份额的转换、非交易过户、转托管与冻结

1）开放式基金份额转换：是指投资者将其所持有的某一只基金份额转换为另一只基金份额的行为，基金转换业务所涉及的基金，必须是由同一基金管理人管理的、在同一注册登记人处注册登记的基金。

2）开放式基金非交易过户：是指不采用申购、赎回等交易方式，将一定数量的基金份额按照一定规则从某一投资者基金账户转移到另一投资者基金账户的行为，主要包括继承、捐赠、司法强制执行和经注册登记机构认可的其他情况下的非交易过户。

3）开放式基金份额转托管：是指基金份额持有人申请将其托管在某一交易账户中的全部或部分基金份额转出并转入另一交易账户的行为。投资人可通过办理转托管业务，实现其变更办理基金业务销售渠道（或网点）的需要。

4）开放式基金份额冻结：基金注册登记机构只受理相关有权部门或机关本身提出的基金份额冻结与解冻业务申请。

（4）封闭式基金的交易

交易规则：投资者买卖封闭式基金必须开立深、沪证券账户或深、沪基金账户及资金账户。基金账户只能用于基金、国债及其他债券的认购及交易。封闭式基金交易遵从“价格优先、时间优先”原则。沪、深交易所对封闭式基金交易实行与A股同样的10%涨跌幅限制和 $T+1$ 交割、交收。

交易费用：我国基金交易佣金不得高于成交金额的0.5%，起点5元，由证券公司向投资者收取。目前，封闭式基金交易不收取印花税。

4. 典题精练

（1）下列关于拟募集基金应具备的条件的说法，错误的是（　　）。

A. 基金份额持有人的人数不得少于200人

B. 招募说明书语言必须简明、易懂、实用，符合投资者的理解能力

C. 有符合基金特征的投资者适当性管理制度

D. 拟募集基金符合中国证监会关于基金品种的规定

参考答案：A

【解析】申请募集基金，拟募集的基金应当具备下列条件：有明确、合法的投资方向；有明确的基金运作方式；符合中国证监会关于基金品种的规定；基金合同、招募说明书等法律文件草案符合法律、行政法规和中国证监会的规定；基金名称表明基金的类别和投资特征，不存在损害国家利益、社

会公共利益，欺诈、误导投资者，或者其他侵犯他人合法权益的内容；招募说明书真实、准确、完整地披露了投资者作出投资决策所需的重要信息，不存在虚假记载、误导性陈述或者重大遗漏，语言简明、易懂、实用，符合投资者的理解能力；有符合基金特征的投资者适当性管理制度，有明确的投资者定位、识别和评估等落实投资者适当性安排的方法，有清晰的风险警示内容等。

（2）关于开放式基金申购、赎回的原则，下列说法正确的是（　　）。

Ⅰ. 一般开放式基金的申购、赎回价格以申购日、赎回日交易时间结束后基金管理人公布的基金份额总值为基础计算

Ⅱ. 股票基金、债券基金和货币基金均遵循“金额申购、份额赎回”原则

Ⅲ. 投资者在申购、赎回货币基金时，按固定价格进行申购、赎回

Ⅳ. 一般开放式基金申购、赎回时遵循“未知价”交易原则

A. Ⅱ、Ⅲ　　B. Ⅰ、Ⅳ

C. Ⅱ、Ⅲ、Ⅳ　　D. Ⅰ、Ⅱ、Ⅲ、Ⅳ

参考答案：C

【解析】Ⅰ项错误，申购、赎回价格只能以申购、赎回日交易时间结束后基金管理人公布的基金份额净值为基准进行计算，这与股票、封闭式基金等金融产品按“已知价”原则进行买卖不同。Ⅱ项正确，“金额申购、份额赎回”原则，即申购以金额申请，赎回以份额申请。这是适应未知价下进行申购、赎回最方便、安全的方式。货币基金也遵循一样的原则。Ⅲ项正确，对固定净值型货币基金而言，基金份额价格固定为1元人民币，因此投资者在申购、赎回货币基金时，按固定价格进行申购、赎回。Ⅳ项正确，一般开放式基金（股票基金、债券基金、混合基金等）而言，在申购、赎回时则遵循“未知价”交易原则，投资者在申购、赎回一般开放式基金份额时并不能即时获知成交价格。

（3）在我国，封闭式基金的交割与资金交收实行（　　）制度。

A. $T+2$　　B. $T+0$

C. $T+7$　　D. $T+1$

参考答案：D

【解析】沪、深证券交易所对封闭式基金交易实行与对A股交易同样的10%的涨跌幅限制。同时，与A股一样实行$T+1$交割、交收，即达成交易后，相应的基金交割与资金交收在交易日的下一个营业日（$T+1$）完成。

知识点扩展

5. 同步演练（请扫描二维码做题）

（四）基金的估值、费用与利润分配

1. 案例引入

多家基金公告调整持有的乐视网股票估值*

【案例回顾】 2017 年 7 月 8 日，中邮基金、嘉实基金和易方达基金分别在其官网公告，调整旗下基金持有的乐视网股票（300104）的估值。上述三家基金公司公告均称，为使本基金管理人旗下相关基金的估值公平合理，根据《关于进一步规范证券投资基金估值业务的指导意见》（中国证监会公告〔2008〕38 号）的有关规定，自 2017 年 7 月 7 日起对乐视网股票进行估值调整。其中，中邮基金和嘉实基金将乐视网的估值调整为 22.37 元，易方达将乐视网的估值调整为 22.05 元。华安基金公告，自 2017 年 7 月 10 日起，将乐视网的估值下调至 20.13 元，较其停牌前股价下调四个跌停板。

【案例点评】 乐视网自 2017 年 4 月 4 日起停牌，7 月 6 日公告称，预计重大资产重组方案将发生重大调整，股票延期复牌。各家基金公司对乐视网股票的估值，反映的是对该公司股价变动的预期。估值难以简单参考市场和行业指数的变化来进行判断，因而各家基金公司给出的估值方法不尽相同。

【相关要点】

（1）基金资产估值是通过对基金所拥有的全部资产及所有负债按一定的原则和方法进行估算，进而确定基金资产公允价值的过程。

（2）基金份额净值是开放式基金申购份额、赎回金额计算的基础，直接关系到基金投资者的利益。

（3）估值的基本原则中提到，如果经济环境发生重大变化或证券发行人发生影响证券价格的重大事件，使潜在估值调整对前一估值日基金资产净值的影响在 0.25% 以上的，应对估值进行调整并确认公允价值。

---

* 根据网络资料进行汇编整理。

2. 要点导图

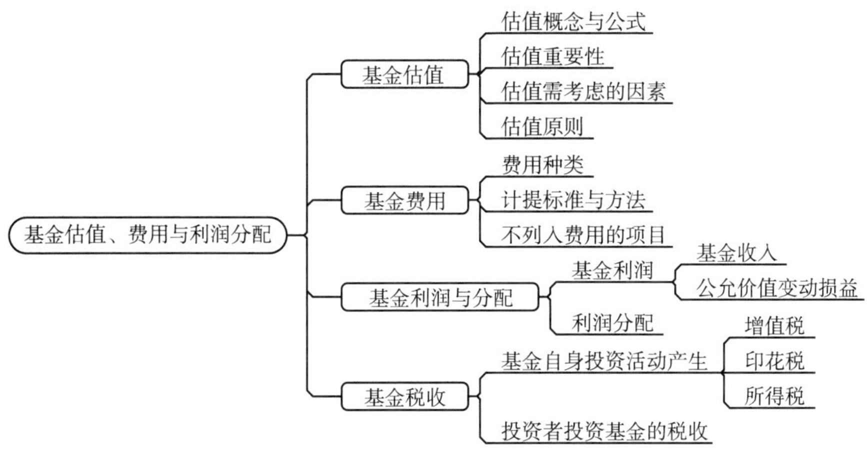

3. 要点精讲

（1）基金估值

基金估值、费用与利润分配

1）资产估值：通过对基金所拥有的全部资产及所有负债按一定的原则和方法进行估算，进而确定基金资产公允价值的过程。

①基金资产净值 = 基金资产总值 − 基金负债。

②基金份额净值 $=\frac{\text{基金资产净值}}{\text{基金总份额}}$。

基金份额净值是开放式基金申购份额、赎回金额计算的基础，直接关系到基金投资者的利益。

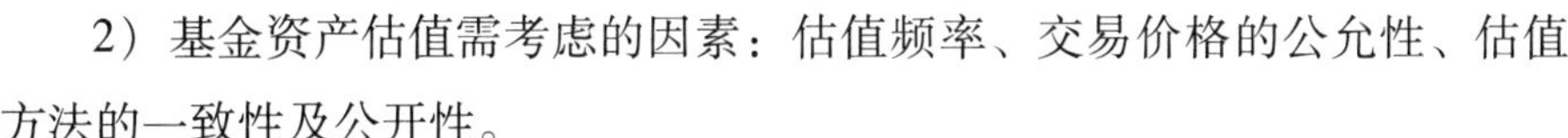

2）基金资产估值需考虑的因素：估值频率、交易价格的公允性、估值方法的一致性及公开性。

①估值频率。我国开放式基金于每个交易日估值，并不晚于下一交易日公告份额净值；封闭式基金和定期开放式基金的封闭期每个交易日都进行估值，但是每周披露一次基金份额净值。

②交易价格的公允性。

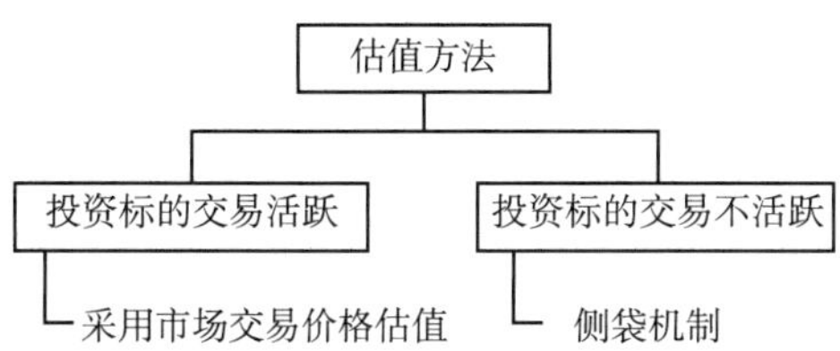

自2020年8月1日起执行的《公开募集证券投资基金侧袋机制指引（试行）》，是对不活跃证券估值问题的针对性解决方案。侧袋机制，是将基金投资组合中的特定资产（无可参考的活跃市场价格且采用估值技术仍导致公允价值存在重大不确定性的资产；按摊余成本计量且计提资产减值准备仍导致资产价值存在重大不确定性的资产；其他资产价值存在重大不确定性的资产）从原有账户分离至一个专门账户进行处置清算，目的在于有效隔离并化解风险，确保投资者得到公平对待，属于流动性风险管理工具。

3）基金资产估值的责任人及义务：根据《证券投资基金法》的规定，我国资金资产估值的责任人是基金管理人，但是基金托管人对基金管理人的估值及计算结果负有复核义务。

（2）基金费用

基金费用主要分为两类，其承担方式为：

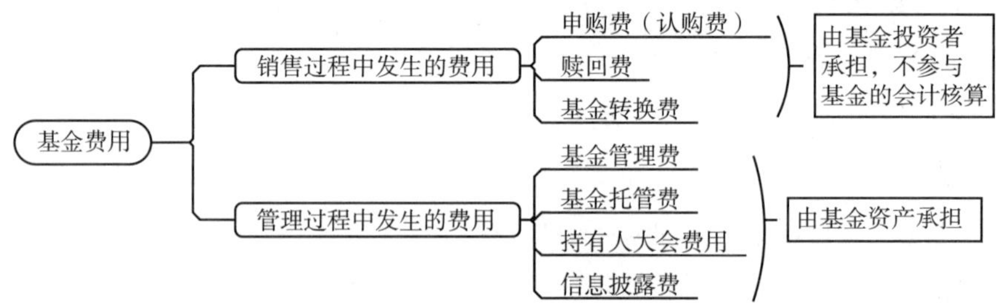

（3）基金利润的分配

基金利润是指基金在一定会计期间的经营成果，主要来自基金收入减去基金费用后的净额、公允价值变动损益等。封闭式基金收益分配每年不得少于一次，分配比例不得低于基金年度可供分配利润的90%。开放式基金的分红方式有两种：现金分红和红利再投资。

（4）基金税收

1）基金自身投资活动产生的税收，包括增值税、印花税和所得税。

①增值税。基金运营过程中发生的增值税应税行为，以管理人为增值税纳税人。基金管理人运用基金买卖股票、债券转让收入免征增值税。

②印花税。单向征收，基金卖出股票按照0.1%的税率征收交易印花税。

③所得税。对证券投资基金从证券市场中取得的收入，暂不征收企业所得税。对股利收入、债券的利息收入、储蓄存款利息收入，在向基金支付时代扣代缴20%的个人所得税。

2）基金投资者投资基金的税收：

税种	机构投资者	个人投资者
增值税	按卖出价扣除买入价后的余额为销售额计征	免征
印花税	免征	免征
所得税	基金差价收入：征收	不征
	基金分配收入：不征	

4. 典题精练

（1）不参与基金会计核算的基金费用是（　　）。

Ⅰ．管理费　　Ⅱ．托管费

Ⅲ．申购费　　Ⅳ．认购费

A. Ⅰ、Ⅱ　　B. Ⅱ、Ⅳ

C. Ⅲ、Ⅳ　　D. Ⅰ、Ⅱ、Ⅲ

参考答案：C

【解析】在基金运作过程中涉及的费用可以分为两大类：一类是基金销售过程中发生的由基金投资者承担的费用，主要包括申购费（认购费）、赎回费及基金转换费等；另一类是基金管理过程中发生的费用，主要包括基金管理费、基金托管费、持有人大会费用、信息披露费等，这些费用由基金资产承担。上述两大类费用的性质是不同的：第一类费用并不参与基金的会计核算，而第二类费用则需要直接从基金资产中列支，其种类及计提标准需在基金合同及基金招募说明书中明确规定。根据有关规定，下列与基金有关的费用可以从基金财产中列支：基金管理人的管理费、基金托管人的托管费、基金合同生效后的会计师费和律师费、基金份额持有人大会费用、基金的证券交易费用、按照国家有关规定和基金合同规定可以在基金财产中列支的其他费用。

（2）对证券投资基金从证券市场中取得的收入，（　　）企业所得税。

A. 征收　　B. 暂不征收

C. 减免　　D. 第一年免征

参考答案：B

【解析】对证券投资基金从证券市场中取得的收入，包括买卖股票、债券的差价收入，股权的股息、红利收入，债券的利息收入及其他收入，暂不征收企业所得税。

(3) 给出有关(　　)的数据，可以计算出基金份额净值。

Ⅰ. 基金资产总值和基金负债

Ⅱ. 基金资产净值和基金总份额

Ⅲ. 基金总份额、基金总资产和基金负债

Ⅳ. 基金负债和基金总份额

A. Ⅲ、Ⅳ　　B. Ⅱ、Ⅲ

C. Ⅰ、Ⅱ　　D. Ⅰ、Ⅳ

参考答案：B

【解析】基金资产净值除以基金当前的总份额，就是基金的份额净值。用公式表示为：$基金资产净值=\frac{基金资产总值-基金负债}{基金总份额}=\frac{基金资产净值}{基金总份额}$。已知Ⅰ项的指标，求不出份额净值；已知Ⅱ项的指标，可以得到份额净值；已知Ⅲ项的指标，可以得到份额净值；已知Ⅳ项的指标，求不出份额净值。

5. 同步演练（请扫描二维码做题）

知识点扩展

（五）基金管理

1. 案例引入

骑士资本“乌龙指事件”*

【案例回顾】2012 年 8 月 1 日上午 9 点 30 分至 10 点 15 分，在并无任何重大信息披露的情况下，美国股市 154 只股票交易无端出现剧烈波动，交易量暴增，股价暴涨或暴跌。例如，Wizzard 软件公司股价从 3.5 美元飙升至 14.76 美元。随后不久，纽约证券交易所（简称纽交所）做市商骑士资本发表声明称，该公司做市部门与纽交所之间的指令传送系统出现技术问题，约 150 只股票受影响，并称该做市系统已被暂停。事故当天，从上午 10 点 41 分开始到傍晚 7 点 04 分，纽交所连续发布 6 次公告，披露相关情况，避免造成市场不必要的恐慌。

骑士资本成立于 1995 年，是一家从事做市电子下单、机构销售及交易的公司，是全美最大的做市商之一。调查显示，此次事件是骑士资本将未经测试的软件部署到包含过时功能的生产环境中所致。为了让零售客户能够参与纽交所于 2012 年 8 月 1 日上线运行的新交易功能，骑士资本在 7 月末对

* 根据网络资料进行汇编整理。

公司交易系统平台进行升级，部署客户流动性程序，为此骑士资本的技术人员对交易系统平台中包括 SMARS 在内的软件应用系统进行了开发和修改。SMARS 应用软件是骑士资本自主开发的股票交易系统。骑士资本所有的交易订单都会在投放市场前首先发送给 SMARS 系统，再由 SMARS 投放到证券市场。对于金额巨大的交易订单，SMARS 系统中自带的算法交易功能可以根据市场信息把一个母订单分成若干个子订单，再根据市场的实际状况把分割之后的子订单分发到适合的交易所或其他交易中心执行分单的过程中，系统会检验累计子订单的股票数量是否达到母订单股票数量总值。分单和检验这两个功能原来是由 SMARS Power 中一个叫作 Peg 的软件模块执行的。

当天开市后的 45 分钟内，骑士资本有缺陷的 Power Peg 接收并处理了 212 个母订单，SMARS 发出数百万个子订单，累计对 154 只股票进行了 400 万次交易，交易量超过 3.97 亿股。事发期间，有 75 只股票的价格变化大于 5%，市场成交量的 20% 来自骑士资本。其中的 37 只股票价格的波动超过了 10%，市场成交量的 50% 来自骑士资本并引发了为市场设置的波动幅度达到 10% 的熔断机制。这些股票价格的波动令一些客户未能够获得应该获得的成交价格，另一些客户则获得了意想不到的好成交价格，严重影响了正常的交易秩序。

此次事件，骑士资本在 45 分钟内亏损了 4.6 亿美元，而该公司本身无力偿付。最终，骑士资本被 Getco LLC 收购。

【案例点评】近年来全球市场上“资本乌龙事件”很多，其中多起重大操作风险事件的起因主要是 IT 系统缺陷和人为错误。对于 IT 系统缺陷，基金公司需要制定制度，在系统上线前进行严格的测试，并通过一键暂停、重复自动执行限制、实时复核制度等方式来减少系统犯错的可能性。对于非主观人为错误，需要建立交易数量限制、动态价格限制等机制来提醒交易员进行了错误操作，并提供改正错误指令的机会。对于人为错误，需要严格划分交易员的权限，建立完善的内部审核机制，降低交易风险事件发生的概率。

【相关要点】

对基金风险进行有效管理是基金投资管理中的重要内容。在基金管理人的投资管理活动中，基金投资面临外部风险与内部风险。其中，外部风险包括市场风险、政策风险等系统性风险和信用风险、经营风险等非系统性风险；内部风险包括基金管理人的合规风险、操作风险和职业道德风险等。

2. 要点导图

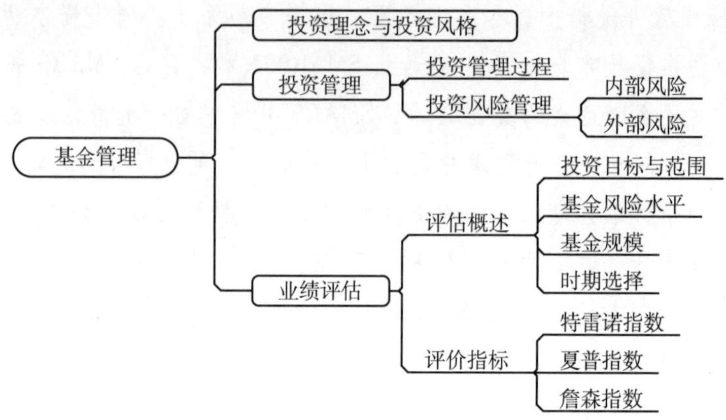

3. 要点精讲

(1) 基金的投资理念与投资风格

投资理念是指投资者对投资目的的认识和对投资方法的认知。

基金投资风格是指基金经理在资产组合管理过程中所采用的某一特定方式或投资目标，是严格按照承诺对资产进行配置以获取预期收益的投资战略或计划。不同的投资风格往往形成不同的风险和收益水平，因此对投资人而言，了解和考察其资产的投资风格非常重要。通过对基金投资风格的分析，可以匹配投资者不同的风险偏好特征，降低投资者的投资选择成本，便于准确评价基金业绩等。

(2) 基金投资管理流程

基金管理

基金投资管理的流程包括以下环节：研究部门提供研究报告；投资决策委员会决定基金总体投资计划；基金经理拟订投资组合具体方案；交易部门依据基金经理的投资指令执行交易。

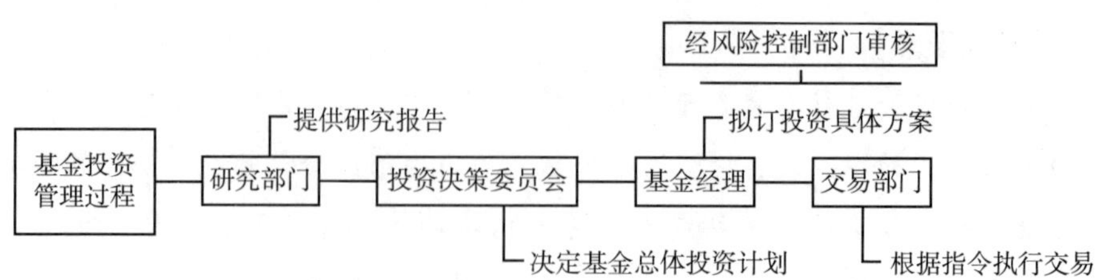

(3) 基金投资风险管理

基金投资面临外部风险和内部风险。外部风险，包括市场风险、政策风险等系统性风险和信用风险、经营风险等非系统性风险；内部风险，是指基金管理人在基金管理过程中产生的风险，包括基金管理人的合规风险、操作风险和职业道德风险。

（4）基金业绩评估

1）基金业绩评估考虑的因素：投资的目标与范围、基金风险水平、基金规模、时期选择。

2）基金业绩评价指标：

特雷诺指数 $T_i = \frac{\overline{R}_i - \overline{R}_f}{\beta_i}$，表示基金承受每单位系数风险所获取风险收益的大小，只考虑系统风险。特雷诺指数越大，基金绩效表现越好。

夏普指数 $S_i = \frac{\overline{R}_i - \overline{R}_f}{\sigma_i}$，夏普指数越大，基金绩效越好。夏普指数同时考虑了系统风险和非系统性风险。

詹森指数 $\alpha_j = \overline{R}_i - [\overline{R}_f + \beta_{im}(\overline{R}_M - \overline{R}_f)]$，一种以资本资产定价模型（CAPM）为基础的评价基金业绩的绝对指标，能够评估基金的业绩优于基准的程度。

4. 典题精练

（1）基金管理人在基金管理过程中产生的风险称为（　　）。

A. 内部风险　　B. 政策风险

C. 期权风险　　D. 基金风险

参考答案：A

【解析】内部风险主要指来自基金管理人方面的风险，是指基金管理人在基金管理过程中产生的风险。基金管理人的管理水平、管理手段和管理技术都将影响基金的收益水平。内部风险多属于非系统性风险，通过采取针对性的措施，内部风险大多能够得到有效的控制。

（2）基金的不同投资风格往往形成不同的风险收益水平，因此对投资人而言，了解和考察其资产的投资风格非常重要，对基金投资风格的分析，其作用在于（　　）。

Ⅰ. 可以匹配投资者不同的风险偏好特征

Ⅱ. 降低投资者的投资选择成本

Ⅲ. 便于准确评价基金业绩

Ⅳ. 明显提高投资者的投资收益

A. Ⅰ、Ⅱ　　B. Ⅰ、Ⅱ、Ⅲ

C. Ⅰ、Ⅱ、Ⅲ、Ⅳ　　D. Ⅲ、Ⅳ

参考答案：B

【解析】基金投资风格是基金经理在资产组合管理过程中所采用的某一特定方式或投资目标，是严格按照承诺对资产进行配置以获取预期收益的投资战略或计划。不同的投资风格往往形成不同的风险和收益水平，因此对投资人而言，了解和考察其资产的投资风格非常重要。通过对基金投资风格的分析，可以匹配投资者不同的风险偏好特征，降低投资者的投资选择成本，便于准确评价基金业绩等。

（3）下列关于基金业绩评价指数詹森指数的说法，错误的是（　　）。

A. 詹森指数是以资本资产定价模型为基础的评价基金业绩的相对指标

B. 在比较不同基金的投资收益时，詹森指数要优于特雷诺指数和夏普指数

C. 詹森指数是一种在风险调整基础上的绝对绩效度量方法

D. 詹森指数能评估基金的业绩优于基准的程度

参考答案：A

【解析】1968年，迈克尔·詹森（Michael C. Jensen）在《财务学刊》上发表了《1945～1964年间共同基金的业绩》一文，提出了一种以资本资产定价模型（CAPM）为基础的评价基金业绩的绝对指标，通常被称为詹森α。

知识点扩展

5. 同步演练（请扫描二维码做题）

（六）证券投资基金的监管与信息披露

1. 案例引入

基金管理公司涉关联交易无缘IPO申购*

【案例回顾】我国在2013年实施《证券投资基金法》前，严格禁止基金关联交易。某大型蓝筹公司首次公开发行股票，其主承销商为甲证券公司，而甲证券公司全资控股A基金管理公司和B基金管理公司，导致两家基金管理公司旗下19只基金无缘该公司IPO的申购，涉及申购资金2 300多亿元。

【案例点评】我国证券发行上市采用承销模式，承销商的准入门槛很高，导致承销渠道越来越向少数大型券商集中的趋势，而这些券商往往与基金管理公司、基金托管人或其控股股东存在关联关系。因此，严格禁止基金

---

* 黄炜、王林：《新基金法学习辅导读本》，中国财政经济出版社2013年版 。

关联交易在很大程度上限制了基金投资获利的机会，并不利于基金份额持有人利益的保护。2013 年《证券投资基金法》放松了对基金关联交易的限制，同时明确了基金关联交易信息披露的范围和责任。

【相关要点】

（1）基金监管的内容包括对公募基金投资与交易行为的监管。

（2）按照《证券投资基金法》和其他相关法规的规定，基金财产不得用于下列投资或者活动：承销证券；向他人贷款或者提供担保；从事承担无限责任的投资；买卖其他基金份额；向其他基金管理人、基金托管人出资；从事内幕交易、操纵证券交易价格及其他不正当的证券交易活动；依照法律、行政法规有关规定等。

（3）基金的信息披露是指基金信息披露义务人按照法律、行政法规和中国证监会的规定披露基金信息，并保证所披露的信息的真实性、准确性和完整性的活动。

2. 要点导图

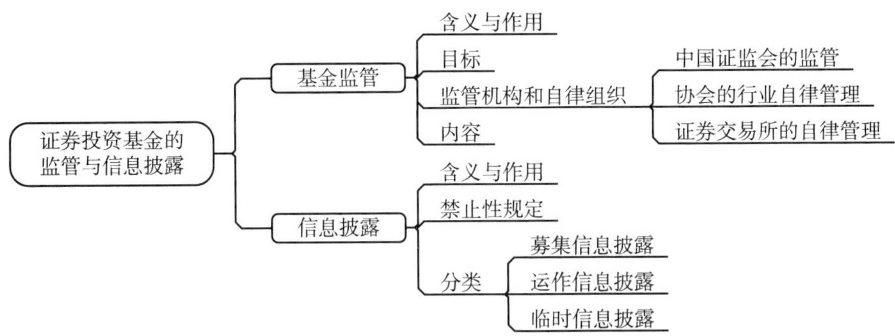

3. 要点精讲

基金监管与信息披露

（1）基金监管

1）定义：基金监管是指监管部门运用法律、经济及必要的行政手段，对基金市场参与者进行的监督与管理。

2）目标：保护投资人及相关当事人的合法权益；规范基金活动，保证市场的公平、效率和透明，降低系统风险；促进证券投资基金和资本市场的健康发展。

3）内容：对基金机构的监管；对公募基金募集的监管；对私募基金销售活动的监管；对公募投资与交易行为的监管；对公募基金信息披露的监管。

(2) 基金信息披露

1) 定义：基金的信息披露是指基金信息披露义务人按照法律、行政法规和中国证监会的规定披露基金信息，并保证所披露的信息的真实性、准确性和完整性的活动。在我国，基金的信息披露具有强制性。

2) 基金信息披露义务人包括基金管理人、基金托管人、召集基金份额持有人大会的基金份额持有人。

3) 基金信息披露的禁止性规定：

禁止进行虚假记载、误导性陈述或者重大遗漏。

禁止对基金的证券投资业绩进行预测。

禁止违规承诺收益或承担损失。

禁止诋毁其他基金管理人、托管人或者基金销售机构。

禁止登载任何自然人、法人或其他组织的恭贺性、恭维性或推荐性文字。

4) 基金信息披露的分类：基金募集信息披露；基金运作信息披露；基金临时信息披露。

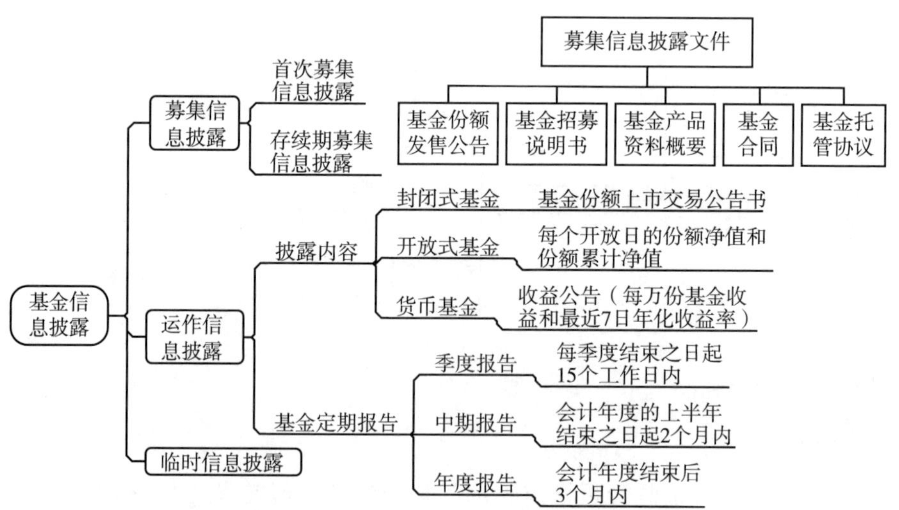

4. 典题精练

(1) 强制性的基金信息披露制度，其作用包括（　　）。

Ⅰ. 有利于培育和完善市场运行机制

Ⅱ. 有利于防止利益冲突和利益输送

Ⅲ. 有利于投资者提高操作水平和盈利能力

Ⅳ. 有利于增强市场参与各方对市场的理解和信心

A. Ⅰ、Ⅱ、Ⅳ　　　　B. Ⅱ、Ⅲ

C. Ⅰ、Ⅱ、Ⅲ、Ⅳ　　　　D. Ⅰ、Ⅲ、Ⅳ

参考答案：A

【解析】强制性的基金信息披露制度，有利于培育和完善市场运行机制，有利于防止利益冲突与利益输送，增强市场参与各方对市场的理解和信心。

（2）基金信息披露分类中，不包括（　　）。

A. 运作信息披露　　　　B. 销售信息披露

C. 临时信息披露　　　　D. 募集信息披露

参考答案：B

【解析】基金信息披露大致可分为基金募集信息披露、运作信息披露和临时信息披露三大类。

（3）基金监管中，（　　）是经营活动的出发点和价值归宿。

A. 基金监管机构　　　　B. 基金监管目标

C. 基金监管手段　　　　D. 基金监管行为

参考答案：B

【解析】基金监管目标是指基金监管所要达到的目的和效果，是基金监管活动的出发点和价值归宿。

5. 同步演练（请扫描二维码做题）

知识点扩展

（七）非公开募集证券投资基金

1. 案例引入

非法募集资金被判无期徒刑*

【案例回顾】某公司董事长通过贩卖“零风险、高收益”的私募概念，向社会不特定公众720余人吸收资金1.8亿元人民币，被法院以集资诈骗罪和非法经营罪判处无期徒刑。

【案例点评】上述案例中的融资方式，募集基金对象既非合格投资者，人数也大大超过了法律规定的200人的限制，且宣传推介方式上具有针对不特定对象的公开特征，违背了私募股权基金的私募属性，将潜在的巨大投资风险，扩散到社会公众中，严重影响了金融市场的秩序。打着私募基金旗号

* 中国证券投资基金业协会：《证券投资基金》（上册），高等教育出版社2017年版。

进行非法集资，是这类违法犯罪行为的典型形式。

【相关要点】

（1）非公开募集基金，不得向合格投资者之外的单位和个人募集资金，不得通过报刊、电台、电视台、互联网等公众传播媒体或者讲座、报告会、分析会等方式向不特定对象宣传推介。

（2）在我国，非公开募集证券投资及基金合格投资者累计不得超过200人。

2. 要点导图

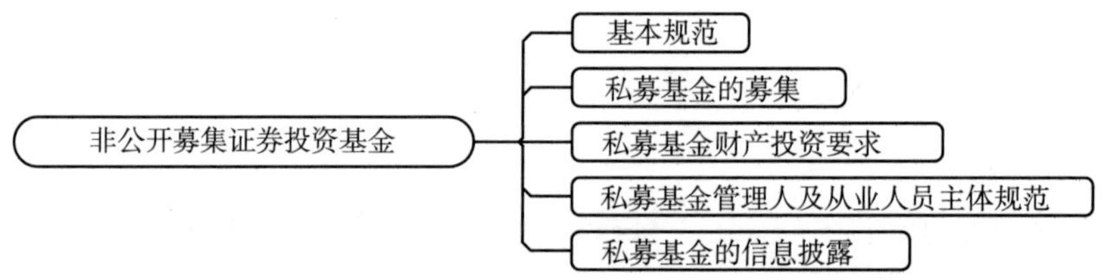

3. 要点精讲

（1）非公开募集证券投资基金的基本规范

在我国，非公开募集证券投资基金合格投资者累计不得超过200人。

合格投资者是指具备相应风险识别和承担能力，投资于单只私募基金的金额不低于100万元人民币且符合以下标准的单位和个人：净资产不低于1 000万元的单位；金融资产不低于300万元或者最近3年年均收入不低于50万元的个人。社会保障基金、企业年金等养老基金、慈善基金等社会公益基金，依法设立并在基金业协会备案的投资计划，投资于所管理私募基金的私募基金管理人及其从业人员视为合格投资者。

非公开募集基金，不得向合格投资者之外的单位和个人募集资金，不得通过报刊、电台、电视台、互联网等公众传播媒体或者讲座、报告会、分析会等方式向不特定对象宣传推介。

私募基金可采用公司型、合伙型、契约型三种组织形式。各类私募基金管理人应当通过中国证券投资基金业协会的私募基金登记备案系统办理登记备案手续。

（2）私募基金募集

私募基金募集应当履行下列程序：

1）特定对象确定；

2）投资者适当性匹配；

3）基金风险揭示；

4）合格投资者确认；

5）投资冷静期（不少于24小时）；

6）回访确认。

（3）私募基金财产投资要求（新增）

遵循“利益共享、风险共担”原则，严禁使用基金财产从事借（存）贷、担保、明股实债等非私募基金投资活动，严禁投向类信贷资产或其收（受）益权，不得从事承担无限责任的投资，不得从事国家禁止投资、限制投资及不符合国家产业政策、环保政策、土地管理政策的项目等。允许私募基金以股权投资为目的，为被投企业提供短期借款、担保，借款或者担保余额不得超过该私募基金实缴金额的20%。

（4）私募基金管理人及从业人员等主体规范（新增）

私募基金管理人、私募基金托管人、私募基金销售机构、其他服务机构及从业人员应践行诚实信用、谨慎勤勉的义务，秉承投资者合法利益优先原则从事私募基金业务，不得有下列行为：

1）未对不同私募基金单独管理、单独建账、单独核算，将其固有财产、他人财产混同于私募基金财产，将不同私募基金财产混同运作，或者不公平对待不同私募基金财产。

2）使用私募基金管理人及其关联方名义、账户代私募基金收付基金财产。

3）开展或者参与具有滚动发行、集合运作、期限错配、分离定价等特征的资金池业务。

4）以套取私募基金财产为目的，使用私募基金财产直接或间接投资于私募基金管理人、控股股东、实际控制人及其实际控制的企业或项目等自融行为。

5）不公平对待同一私募基金的不同投资者，损害投资者合法权益。

6）私募基金收益不与投资项目的资产、收益、风险等情况挂钩，包括不按照投资标的实际经营业绩或者收益情况向投资者分红、支付收益等。

7）直接或者间接侵占、挪用私募基金财产。

8）不按照合同约定进行投资运作或者向投资者进行信息披露。

9）利用私募基金财产或者职务之便，以向私募基金、私募基金投资标的及其关联方收取咨询费、手续费、财务顾问费等名义，为自身或者投资者以外的人牟取非法利益、进行利益输送。

10）泄露因职务便利获取的未公开信息、利用该信息从事或者明示、暗示他人从事相关的交易活动。

11）从事内幕交易、操纵证券期货市场及其他不正当交易活动。

12）玩忽职守，不按照监管规定或者合同约定履行职责。

13）法律、行政法规和中国证监会禁止的其他行为。

（5）私募基金信息披露

私募基金信息披露义务人应当向投资者披露的信息包括：基金合同；招募说明书等宣传推介文件；基金销售协议中的主要权利义务条款（如有）；基金的投资情况；基金的资产负债情况；基金的投资收益分配情况；基金承担的费用和业绩报酬安排；可能存在的利益冲突；涉及私募基金管理业务、基金财产、基金托管业务的重大诉讼、仲裁；中国证监会及中国证券投资基金业协会规定的影响投资者合法权益的其他重大信息。

信息披露义务人应当在每季度结束之日起10个工作日内向投资者披露基金净值、主要财务指标及投资组合情况等信息；单只私募证券投资基金管理规模金额达到5 000万元以上的，应当持续在每月结束之日起5个工作日内向投资者披露基金净值信息。

4. 典题精练

（1）私募基金募集应当履行的程序中不包括（　　）。

A. 特定对象确定　　B. 投资者适当性匹配

C. 基金风险揭示　　D. 投资者资金来源确认

参考答案：D

【解析】私募基金募集应当履行下列程序：特定对象确定；投资者适当性匹配；基金风险揭示；合格投资者确认；投资冷静期；回访确认。

（2）私募基金信息披露义务人应当向投资者披露的信息包括（　　）。

Ⅰ. 招募说明书　　Ⅱ. 基金的投资情况

Ⅲ. 基金的资产负债情况　　Ⅳ. 可能存在的利益冲突

A. Ⅱ、Ⅲ　　B. Ⅰ、Ⅲ、Ⅳ

C. Ⅰ、Ⅱ、Ⅲ、Ⅳ　　D. Ⅰ、Ⅱ、Ⅳ

参考答案：C

【解析】私募基金信息披露义务人应当向投资者披露的信息包括：基金合同；招募说明书等宣传推介文件；基金销售协议中的主要权利义务条款（如有）；基金的投资情况；基金的资产负债情况；基金的投资收益分配情况；基金承担的费用和业绩报酬安排；可能存在的利益冲突；涉及私募基金

管理业务、基金财产、基金托管业务的重大诉讼、仲裁；中国证监会及中国证券投资基金业协会规定的影响投资者合法权益的其他重大信息。

5. 同步演练（请扫描二维码做题）

知识点扩展

三、考纲对比

1. 新增考点：私募基金财产投资要求
2. 新增考点：私募基金管理人及从业人员等主体规范要求

知识点扩展

四、章节测试（请扫描二维码做题）

第七章 金融衍生工具

一、知识结构

知识点扩展

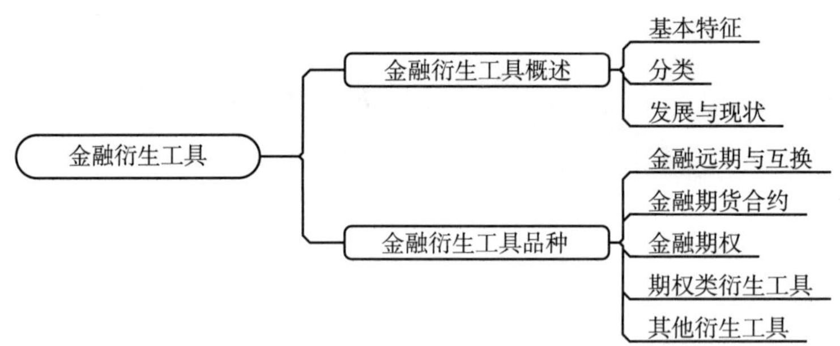

二、核心要点

(一) 金融衍生工具的定义、特征及分类

1. 案例引入

"原油宝"背后的境外期货市场*

【案例回顾】 芝加哥商业交易所 WTI 5 月原油期货合约在 4 月 20 日出现了 -37.63 美元/桶的结算价，导致中行"原油宝"的多头客户出现穿仓，即亏损全部本金的基础上还倒欠银行一大笔钱，这引起了广泛关注和讨论。从中行的官方表述来看，"原油宝"产品为境内个人客户提供挂钩境外原油

* 常清：《反思"原油宝"事件 推动金融市场对外开放》，载《中国证券报》2020 年 4 月 28 日。李迅雷：《从"原油宝"事件看金融产品设计和投资风险》，微信公众号 lixunlei0722，2020 年 4 月 25 日。其他来源：根据网络资料进行汇编整理。

期货的交易服务，可见其定位是为境内投资者提供境外原油期货交易通道的功能。“原油宝”业务实际上是中行通过此项业务来吸引广大散户的零星资金，它充当了一个场外交易所的角色。客户可以做多、也可以做空，多空对冲之后的单边头寸由中行操作，进入国外期货市场进行交易。值得注意的是，芝加哥商品交易所（CME）在4月初刚刚改变了其计算机系统，允许WTI采用负定价。大多数投资者对此都没有引起重视，芝加哥商业交易集团董事长特伦斯·达菲在接受媒体采访时关于负油价的表述是：“为什么会发生这样的情况？是因为储存几乎是不可能的，你要把油放在哪里？你没法获得足够的油罐。有很多基本面的因素在市场上，为什么跌到零以下，很简单，就是因为没有人站出来，他们知道交割拿走原油的花费会比这更大。”

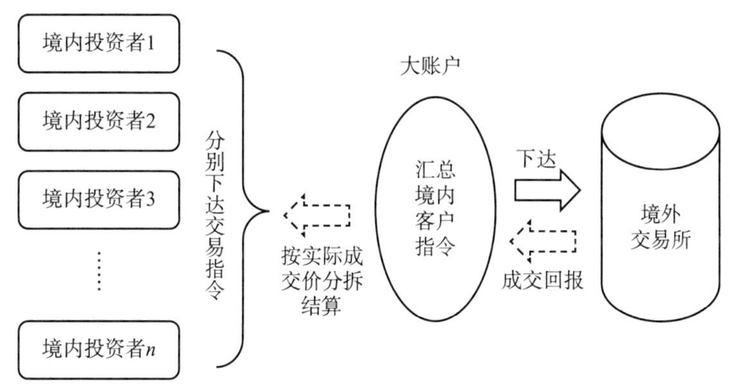

中行“原油宝”运作机制

【案例点评】一方面，金融产品的供给都是针对有效需求，从“原油宝”产品此前的热销来看，中小投资者参与大宗商品的投资渠道非常有限，有需求而无供给。大多数的中小投资者满足不了期货市场投资者适当性要求的标准，难以成为正规期货市场的投资客户，也没有大量的商品基金供投资者购买，但是他们又有投资大宗商品的需求，所以才催生了“原油宝”这类产品。另一方面，海外交易所修改交易交割规则的原因是海外的期货市场是完全市场化的，交易所提供的服务是不能主观干预价格形成的，所有价格都由交易者通过集中竞价交易而形成，修改交易交割规则只说明了他们市场化程度高、完全根据市场变化而变化。从这次“负油价”的事件可以看出，海外衍生品交易制度与国内还是存在很多差异的，总体来说，海外市场可能更加残酷和血腥。

【相关要点】

（1）期货是一种金融衍生产品，高风险高收益。

(2) 爆仓是指账户权益为负数，意味着保证金不仅全部输光而且还倒欠。在正常情况下，逐日清算制度及强制平仓制度下不会发生爆仓情况。比如，我国的股指期货自推出至今从未发生过交易者爆仓的事故，这是因为股指期货从未出现过涨跌停板，一旦交易者的保证金不足而不能及时补足，期货公司立马采取强平措施，还是能在最大程度上防止爆仓情况出现的。

(3) 国内金融期货的交易制度中有强行平仓制度。强行平仓制度是指当会员或客户的交易保证金不足并未在规定时间内补足，或者当会员或客户的持仓数量超出规定的限额时，交易所或期货经纪公司为了防止风险进一步扩大，强制平掉会员或客户相应的持仓。

(4) 参与海外市场投资，需要面对交易所随时改变策略，投资者保护较少，风险较大。

(5)“负油价”的黑天鹅历史罕见，很难预想到，对投资者来说，也可谓是带血的教训。中行没有做好投资者适当性管理，宣传中弱化投资风险，产品设计存在瑕疵。

2. 要点导图

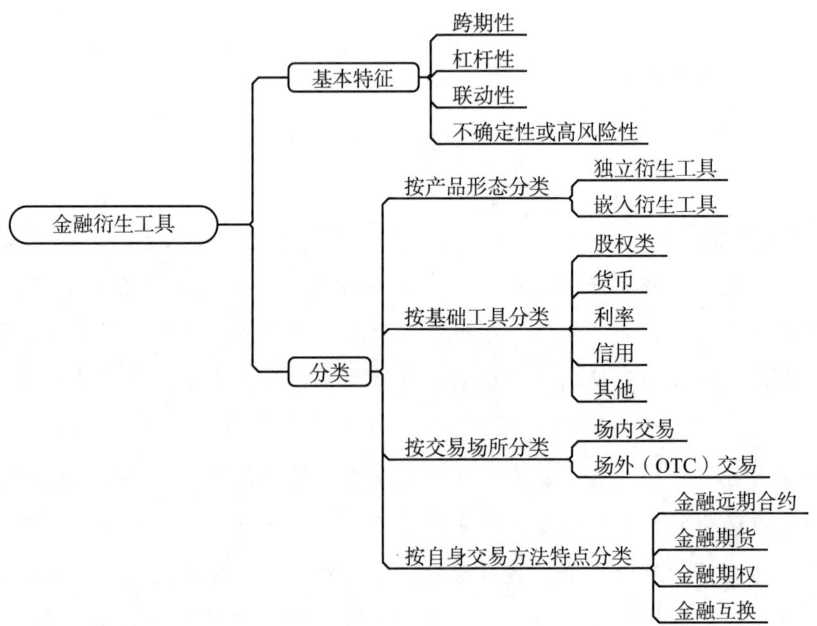

金融衍生工具概述

3. 要点精讲

(1) 金融衍生工具的定义

金融衍生工具又被称为金融衍生产品，是与基础金融产品相对应的一个概念，指建立在基础产品或基础变量之上，其价格取决于基础金融产品价格（或数值）变动的派生金融产品。

基础金融产品	VS	衍生金融产品
股票、股指、外汇 债券、银行定期存款单		股票期权、股指期货（期权） 外汇期货（期权）、互换合约

（2）四个基本特征

1）跨期性：金融衍生工具是交易双方通过对利率、汇率、股价等因素变动趋势的预测，约定在未来某一时间按照一定条件进行交易或选择是否交易的合约。

2）杠杆性：金融衍生工具交易一般只需要支付少量的保证金或权利金就可签订远期大额合约或互换不同的金融工具。

3）联动性：金融衍生工具的价值与基础产品或基础变量紧密联系、规则变动。

4）不确定性或高风险性：金融衍生工具的交易后果取决于交易者对基础工具（变量）未来价格（数值）的预测和判断的准确程度。

（3）金融衍生工具的分类

标准	名称	定义	举例
产品形态	独立衍生工具	本身即为独立存在的金融合约	期权合约、远期合约、期货合约、互换交易合约
	嵌入衍生工具	嵌入到非衍生合同中的衍生金融工具，该衍生工具使主合同的部分或全部现金流量将按照特定利率、金融工具价格、汇率、价格或利率指数、信用等级或信用指数，或类似变量的变动而发生调整	可转换公司债券
自身交易方法特点	金融远期合约	交易双方在场外市场上通过协商，按约定价格（远期价格）在约定的未来日期（交割日）买卖某种标的金融资产的合约	远期利率协议、远期外汇合约、远期股票合约
	金融期货	交易双方在集中的交易场所以公开竞价方式进行的标准化金融期货合约的交易	股指期货、利率期货、货币期货

续表

标准	名称	定义	举例
自身交易方法特点	金融期权	合约买方向卖方支付一定费用（期权费/权利金），在约定日期内（或约定日期）享有按事先确定的价格向合约卖方买卖某种金融工具的权利的契约，包括现货期权和期货期权两大类	股票期权、股指期权
	金融互换	两个或两个以上的当事人按共同商定的条件，在约定的时间内定期交换现金流的金融交易	货币互换、利率互换、股权互换、信用违约互换
	结构化金融衍生工具	利用其结构化特性，通过相互结合或者与基础金融工具相结合，能够开发设计出更多具有复杂特性的金融衍生产品	结构性存款、挂钩收益凭证
基础工具	股权类产品衍生工具	以股票或股票指数为基础工具的金融衍生工具	股票期货、股票期权、股票指数期货、股票指数期权
	货币衍生工具	以各种货币作为基础工具的金融衍生工具	远期外汇合约、货币期货、货币期权、货币互换等
	利率衍生工具	以利率或利率的载体为基础工具的金融衍生工具	远期利率协议、利率期货、利率期权、利率互换
	信用衍生工具	指以基础产品所蕴含的信用风险或违约风险为基础变量的金融衍生工具，用于转移或防范信用风险	信用互换、信用联结票据及信用风险缓释合约、信用风险缓释凭证等信用风险缓释工具
	其他衍生工具	在非金融变量的基础上开发的其他衍生工具	天气期货、政治期货等
交易场所	交易所交易的衍生工具	在有组织的交易所上市交易的衍生工具	在股票交易所交易的股票期权产品，在期货交易所和专门的期权交易所交易的各类期货合约、期权合约等
	场外交易市场（OTC）交易的衍生工具	通过各种通讯方式，不通过集中的交易所，实行分散的、一对一交易的衍生工具	金融机构之间、金融机构与大规模交易者之间进行的各类互换交易和信用衍生产品交易

（4）大宗商品类金融衍生品概念及其分类（新增）

1）大宗商品类金融衍生工具：标的资产为大宗商品或商品价格指数及相关指数的远期、期货、期权及互换。

2）常见标的：农产品、金属、原油和其他石油产品、天然气、电力、海运费和天气指数等。

3）分类（按照自身交易的方法及特点）：商品期货、商品期权、商品远期及商品互换。

（5）金融衍生工具的发展及现状

1）金融衍生工具的发展历程，几个需要注意的时间：

时间	事件
1848 年	芝加哥期货交易所（CBOT）成立
1865 年	CBOT 推出标准化的商品期货合约交易
1972 年	芝加哥商业交易所（CME）首次推出金融衍生品合约（外汇期货合约）
1973 年	芝加哥期权交易所（CBOE）成立
1981 年	IBM 与国际货币基金组织进行了第一笔货币互换
1921 年	上海金业交易所推出的标金期货，具有外汇期货的性质，这是近现代全球首例金融期货交易
1992 年 6 月 1 日	全国外汇调剂中心推出人民币外汇期货，开展了人民币与美元、日元、德国马克的期货交易
2006 年 9 月 8 日	中国金融期货交易所成立
2007 年 4 月 6 日	中国外汇交易中心推出利率互换交易

2）金融衍生工具的发展动因：

①金融衍生工具产生的最基本原因是避险。

②20 世纪 80 年代以来的金融自由化进一步推动了金融衍生工具的发展。

③金融机构的利润驱动是金融衍生工具产生和迅速发展的又一重要原因。

④新技术革命为金融衍生工具的产生与发展提供了物质基础与手段。

3）金融衍生工具市场的特点：

①杠杆性。金融衍生交易的最显著的特征之一，即交易者能以较少的资金成本控制较多的投资，从而提高投资的收益，达到“以小博大”的目的。

②风险性。金融衍生工具市场的风险主要包括市场风险、信用风险、流动性风险、操作风险、法律风险、管理风险。

③虚拟性。金融衍生工具的价格运动过程脱离了现实资本的运动，但是却能给持有者带来一定收入的特征。

4）金融衍生工具市场的功能：价格发现功能；套期保值功能（又被称为“风险管理功能”）；投机功能；套利功能。

5）金融衍生工具的发展现状：金融衍生工具以场外交易为主；按基础

产品比较，利率衍生品是名义金额最大的衍生品种类；按产品形态比较，远期和互换的名义金额高于期权。

4. 典题精练

（1）按基础工具划分，金融期货主要有（　　）。

Ⅰ. 资产类期货　　Ⅱ. 外汇期货

Ⅲ. 利率期货　　Ⅳ. 股权类期货

A. Ⅰ、Ⅱ、Ⅲ、Ⅳ　　B. Ⅰ、Ⅲ、Ⅳ

C. Ⅱ、Ⅲ、Ⅳ　　D. Ⅰ、Ⅱ、Ⅲ

参考答案：C

【解析】按基础工具划分，金融期货主要有三种类型：外汇期货、利率期货、股权类期货。

（2）股权类期货是以（　　）为基础资产的期货合约。

Ⅰ. 单只股票　　Ⅱ. 利率期货

Ⅲ. 股票组合　　Ⅳ. 股票价格指数

A. Ⅰ、Ⅱ、Ⅲ　　B. Ⅰ、Ⅲ、Ⅳ

C. Ⅱ、Ⅲ、Ⅳ　　D. Ⅰ、Ⅱ、Ⅲ、Ⅳ

参考答案：B

【解析】股权类期货是以单只股票、股票组合或者股票价格指数为基础资产的期货合约。

（3）关于金融衍生工具的产生和发展，下列论述正确的有（　　）。

Ⅰ. 金融衍生工具产生的最基本原因是避险

Ⅱ. 20 世纪 80 年代以来的金融自由化进一步推动了金融衍生工具的发展

Ⅲ. 金融机构的利润驱动是金融衍生工具产生和迅速发展的重要原因

Ⅳ. 新技术革命为金融衍生工具的产生和发展提供了物质基础与手段

A. Ⅱ、Ⅲ、Ⅳ　　B. Ⅰ、Ⅲ

C. Ⅰ、Ⅱ、Ⅳ　　D. Ⅰ、Ⅱ、Ⅲ、Ⅳ

参考答案：D

【解析】金融衍生工具的发展动因：①金融衍生工具产生的最基本的原因是避险；②20 世纪 80 年代以来的金融自由化进一步推动了金融衍生工具的发展；③金融机构的利润驱动是金融衍生工具产生和迅速发展的又一重要原因；④新技术革命为金融衍生工具的产生与发展提供了物质基础与手段。

（4）下列不属于金融衍生工具特征的是（　　）。

A. 跨期性　　　　　　　　　　B. 杠杆性

C. 确定性　　　　　　　　　　D. 联动性

参考答案：C

【解析】金融衍生工具的特征有：跨期性、杠杆性、联动性、不确定性或高风险性。

5. 同步演练（请扫描二维码做题）

知识点扩展

（二）金融远期与互换

1. 案例引入

美联储货币互换计划*

【案例回顾】受疫情影响，2020 年 3 月 19 日美联储宣布与以下央行建立临时流动性互换协议：澳大利亚联储、巴西央行、丹麦央行、韩国央行、墨西哥央行、挪威央行、新西兰央行、新加坡货币当局、瑞典央行等 9 家中央银行，总计 4 500 亿美元，旨在确保全球依赖美元的金融体系继续运转，缓解“美元荒”。

其中，新机制将为澳大利亚联储、巴西央行、韩国央行、墨西哥央行、新加坡货币当局、瑞典央行 6 家央行各提供最高 600 亿美元的流动性互换额度，为丹麦央行、挪威央行、新西兰央行 3 家央行各提供最高 300 亿美元的互换额度，协议期限至少 6 个月。

当地时间 3 月 15 日，美联储协同加拿大央行、英国央行、日本央行、欧洲央行、瑞士央行，宣布通过美元流动性互换安排增加美元的流动性。六大央行同意将美元流动性互换协议定价调降 25 个基点，新的利率将为美元隔夜指数掉期利率加上 25 个基点。与此同时，除了现有的 1 周期操作外，5 家外国央行还将开始每周提供 84 天期限的美元信贷。此举旨在压低银行和企业买入美元的汇率。

2007 年年底，美联储推出了中央银行流动性互换，其规模从最开始的 140 亿美元逐渐增加，年底达到了 5 531 亿美元。目前，美联储与加拿大央行、欧洲央行、英国央行、日本央行和瑞士国家银行这五大外国央行达成长期协议，允许它们在金融机构面临压力时提高美元流动性。

---

* 乔依德：《美联储货币互换计划未包含中国并无实际冲击》，载《第一财经》，2020 年 5 月 19 日。为缓解美元流动性危机，美联储与 9 家央行达成货币互换协议，澎湃新闻，2020 年 3 月 19 日。

【案例点评】针对美国与多个国家的货币互换，国内关于“货币互换计划中没有中国是‘去中国化’”“中国美元流动性可能因此吃紧”等讨论升温，但是事实并非如此。货币互换是正常金融计划，美联储货币互换在2008年全球金融危机时就引发关注。当时，美联储与14个国家先后进行了双边的货币互换，也没有中国，但是人民币的国际地位近几年不断提升，尤其是2015年被纳入特别提款权篮子（SDR）。虽然中国不在美联储牵头的货币互换体系内，但是中国央行与30多家境外央行签订了总额近3.5万亿元人民币的双边互换协议。

【相关要点】

（1）货币互换：将一种货币的本金和固定利息与等价的另一种货币的本金和固定利息进行交换。

（2）央行货币互换：央行通过互换协议将得到的对方货币注入本国金融体系，使得本国商业机构可以借到对方国家的货币，用于支付从对方国家进口的商品，这样在双边贸易中出口企业收到本币货款，可以有效规避汇率风险，降低汇兑费用。

（3）货币互换的主要原因是双方在各自国家中的金融市场上具有比较优势：一方在A货币上有优势，但需要B货币；一方在B货币上有优势，但需要A货币。

（4）外汇储备又称为外汇存底，指为了应付国际支付的需要，各国的中央银行及其他政府机构所集中掌握并可以随时兑换成外国货币的外汇资产。一定的外汇储备是一国进行经济调节、实现内外平衡的重要手段。

2. 要点导图

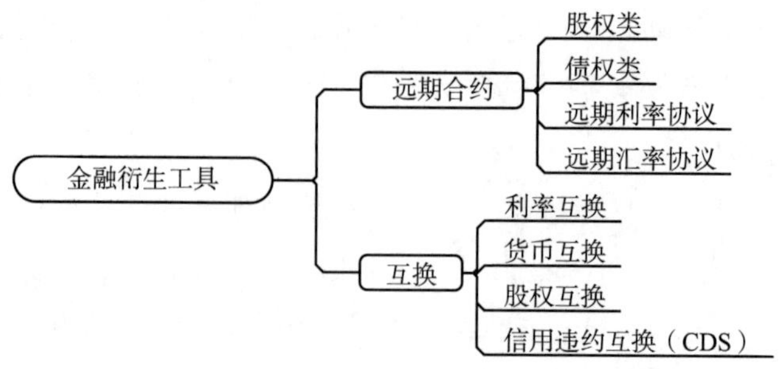

3. 要点精讲

（1）现货交易、远期交易与期货交易的区别

1）现货交易：是指“一手交钱，一手交货”，即以现款买现货方式进

行交易。

2）远期交易：是指双方约定在未来某时刻（或时间段内）按照现在确定的价格进行交易。

3）期货交易：是指交易双方在集中的交易所市场以公开竞价方式所进行的标准化期货合约的交易。

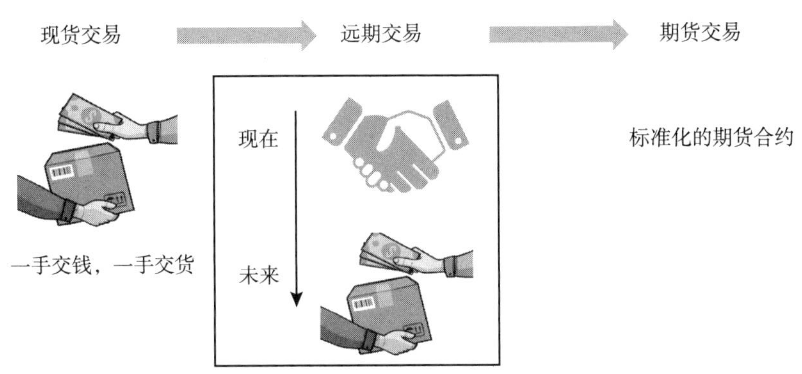

4）远期交易和期货交易的区别：①交易场所不同；②合约的规范性不同；③交易风险不同；④保证金制度不同；⑤履约责任不同。

（2）金融远期合约

1）定义：交易双方在场外市场上通过协商，按约定价格（远期价格）在约定的未来日期（交割日）买卖某种标的金融资产（或金融变量）的合约。

金融远期

2）分类：根据基础资产划分，常见的金融远期合约包括四大类。

①股权类资产的远期合约：单个股票、一篮子股票、股票价格指数的远期合约。

②债权类资产的远期合约：定期存款单、短期债券、长期债券、商业票据等固定收益证券的远期合约。

③远期利率协议（FRA）：交易双方约定从未来某一商定的时期开始在某一特定时期内按协议利率借贷一笔数额确定、以具体货币表示的名义本金的协议。其中，远期利率协议的买方支付以合同利率计算的利息，卖方支付以参考利率计算的利息。功能：规避利率变动风险。

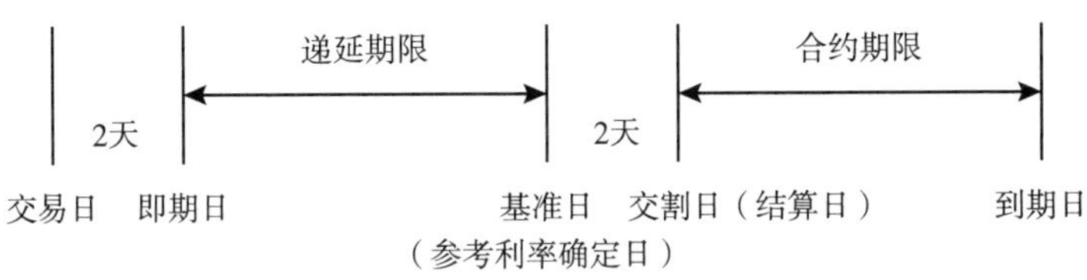

④远期汇率协议：是指按照约定的汇率，交易双方在约定的未来日期买卖约定数量的某种外币的远期协议。功能：规避汇率变动风险。

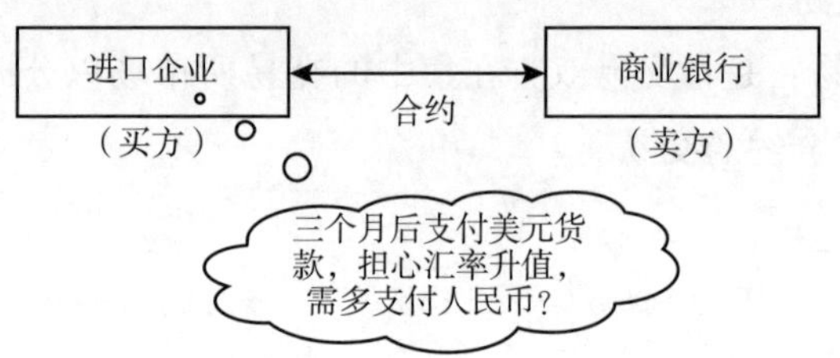

（3）金融互换

1）定义：是指2个或2个以上的当事人按共同商定的条件，在约定的时间内定期交换现金流的金融交易。

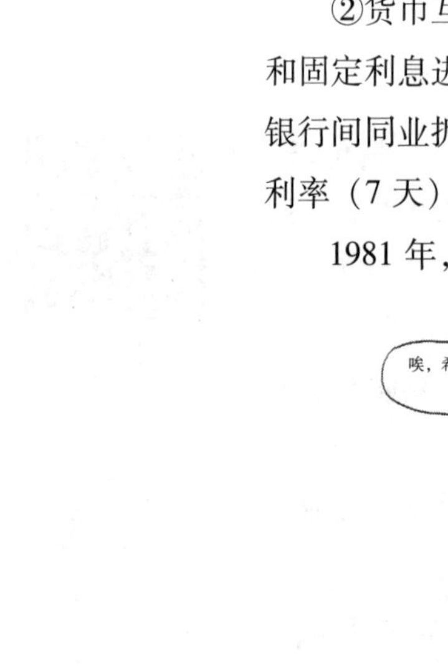
金融互换

2）分类：利率互换、货币互换、股权互换、信用违约互换等类别。

①利率互换。利率互换是一种最为普遍的互换类型，主要是浮动利率与固定利率的互换。利率互换时间期限一般为2~15年，利率互换发生的原因：一是存在不同的筹资意向；二是存在比较优势。

②货币互换。将一种货币的本金和固定利息与等价的另一种货币的本金和固定利息进行交换。中国外汇交易中心人民币利率互换参考利率包括上海银行间同业拆放利率（Shibor，含隔夜、1周、3个月期等品种）、国债回购利率（7天）、1年期定期存款利率。

1981年，世界银行与IBM完成了全球首笔货币互换。

图源：三折人生。

③股权类互换。将某个权益性指数所实现的总收益（红利及资本利得）交换为固定利率或浮动利率的协议。中国证券业协会2012年启动了股票收益互换业务试点工作，2015年监管部门叫停了融资类股票收益互换业务。

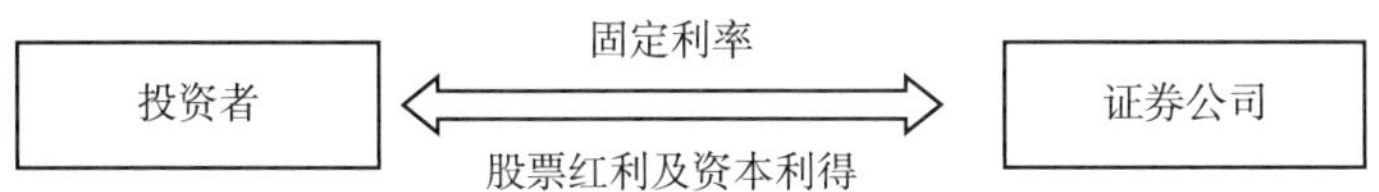

④信用违约互换（CDS）。违约互换购买者将定期向违约互换出售者支付一定费用（称为信用违约互换点差），一旦出现信用类事件（主要指债券主体无法偿付），违约互换购买者将有权利将债券以面值递送给违约互换出售者，从而有效规避信用风险，是国外债券市场中最常见的信用衍生产品。CDS交易风险产生的原因：具有较高的杠杆性；信用保护的买方并不需要真正持有作为参考的信用工具；由于场外市场缺乏充分的信息披露和监管，交易者并不清楚自己的交易对手卷入了多少此类交易。

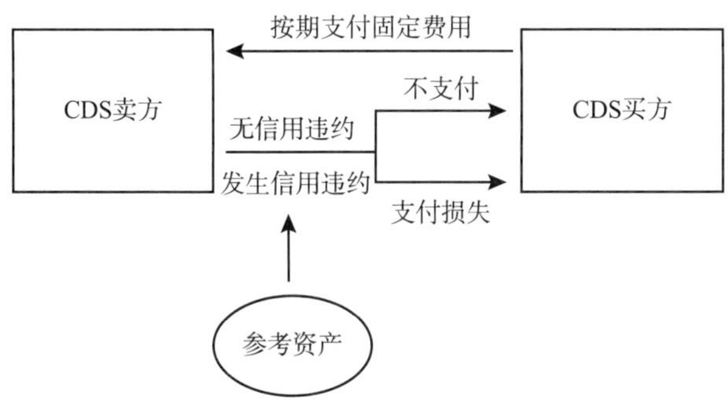

4. 典题精练

（1）远期交易与期货交易的区别主要体现在（　　）。

Ⅰ. 价格形成方式不同

Ⅱ. 交易场所不同

Ⅲ. 交易风险不同

Ⅳ. 期限不同

A. Ⅰ、Ⅱ、Ⅲ、Ⅳ　　B. Ⅱ、Ⅲ

C. Ⅰ、Ⅱ、Ⅲ　　D. Ⅰ、Ⅳ

参考答案：B

【解析】远期交易和期货交易的区别主要表现在以下几个方面：交易场所不同；合约的规范性不同；交易风险不同；保证金制度不同；履约责任不同。

（2）下列关于信用违约互换的说法，正确的有（　　）。

Ⅰ. 信用违约互换从本质上看可视为一种针对债务工具违约的保险单

Ⅱ. 在信用违约互换交易中，合约买方在合约期限内或在信用事件发生前定期向信用风险保护的卖方就某个参照实体的信用事件支付费用，以换取信用事件发生后的赔偿

Ⅲ. 在信用违约互换交易中，买方一般需真正持有作为参考的信用工具

Ⅳ. 信用违约互换是 20 世纪 90 年代以来发展最为迅速的金融衍生品之一

A. Ⅰ、Ⅱ、Ⅳ　　B. Ⅱ、Ⅲ

C. Ⅰ、Ⅱ　　D. Ⅰ、Ⅲ、Ⅳ

参考答案： A

【解析】在信用违约互换交易中，违约互换购买者将定期向违约互换出售者支付一定费用（被称为信用违约互换点差），一旦出现信用类事件（主要指债券主体无法偿付），违约互换购买者将有权利将债券以面值递送给违约互换出售者，从而有效规避信用风险。信用风险保护的买方在合约期限内或在信用事件发生前定期向信用风险保护的卖方就某个参照实体的信用事件支付费用，以换取信用事件发生后的赔付。信用保护的买方并不需要真正持有作为参考的信用工具。信用衍生工具是指以基础产品所蕴含的信用风险或违约风险为基础变量的金融衍生工具，用于转移或防范信用风险，是 20 世纪 90 年代以来发展最为迅速的一类衍生产品，主要包括信用互换、信用联结票据，以及信用风险缓释合约、信用风险缓释凭证等信用风险缓释工具。

（3）下列各项中，一般不被认为是信用违约互换交易主要风险来源的是（　　）。

A. 较高的杠杆性

B. 参考信用工具的价格波动性

C. 信用保护的买方无需真正持有作为参考的信用工具

D. 场外市场缺乏充分的信息披露和监管

参考答案： B

【解析】信用违约互换（CDS）交易的危险来自三个方面：①具有较高的杠杆性；②因为信用保护的买方并不需要真正持有作为参考的信用工具（常见的有按揭贷款、按揭支持证券、各国国债及公司债券或者债券组合、债券指数）；③因为场外市场缺乏充分的信息披露和监管。

5. 同步演练（请扫描二维码做题）

知识点扩展

（三）金融期货合约

1. 案例引入

“327”国债期货事件*

【案例回顾】1992 年 12 月 18 日，上海证券交易所首先向证券商自营推出了国债期货交易，这是我国最早放开国债期货交易。但是由于国债期货不对公众开放，交投极其清淡，并未引起投资者的兴趣。1993 年 10 月 25 日，上交所国债期货交易向社会公众开放。与此同时，北京商品交易所在期货交易所中率先推出国债期货交易。1994 ~ 1995 年春节前，国债期货飞速发展，全国开设国债期货的交易场所从两家陡然增加到 14 家，1994 年全国国债期货市场总成交量达 2.8 万亿元。

“327”国债是指 1992 年发行的三年期国债 92（三），1995 年 6 月到期兑换。1992 ~ 1994 年中国面临高通胀压力，银行储蓄存款利率不断调高，国家为了保证国债的顺利发行，对已经发行的国债实行保值贴补。保值贴补率由财政部根据通胀指数每月公布，因此对通胀率及保值贴补率的不同预期，成了“327”国债期货品种的主要多空分歧。以上海万国证券为首的机构在“327”国债期货上做空，而以中经开为首的机构在此国债期货品种上做多。

1995 年 2 月 23 日得到证实，财政部确实要对“327”国债进行贴息，此时的万国证券已经在“327”国债期货上重仓持有空单，且其重要盟友辽国发突然翻空为多，联盟阵营的瓦解让空方始料不及，管金生面对巨额亏损，通过透支交易，抛出巨额空单，将“327”国债期货收盘价格打到 147.40 元，当日开仓的多头全线爆仓，万国证券由巨额亏损转为巨额盈利。

后在仲裁机关的调解下，2 月 27、28 日进行了协议平仓，但是效果不

---

* 根据百度百科、维基百科等资料整理。

甚理想，3 月 1 日又进行了强行平仓。后在中纪委、监察部会同中国证监会、财政部、中国人民银行、最高人民检察院等有关部门组成联合调查组，在上海市政府配合下进行了 4 个多月的调查，对相关涉事人员进行了严肃处理。1995 年 5 月 18 日，证监会在全国范围内暂停国债期货交易试点，直到 2013 年 9 月 6 日挂牌上市 5 年期国债期货合约。

【案例点评】 彼时的“327”国债事件震撼了中国证券期货界，对于该事件的产生背景根源也有不少专家学者进行了讨论，总的来说主要基于以下几点原因：(1) 缺乏必要现货市场条件，国债现货规模不足以支撑当时的国债期货；(2) 我国当时的国债期货不是真正意义上的国债期货，其赖以存在的利率机制市场化没有形成；(3) 交易所风险控制体系和管理制度不健全是“327”事件的重要原因；(4) 缺乏统一的法规与监管体系；(5) 个别投资机构操纵市场，操纵价格。

【相关要点】

(1) 利率期货：以利率类金融工具为标的物的期货合约。利率期货合约的买卖称为利率期货交易。投资者可以利用利率期货管理和对冲利率波动所引起的风险。利率期货分两类：一类是以债券（国债）为标的；另一类是以利率本身为标的。

(2) 我国国债期货的发展历程：

1992 年 12 月，上海证券交易所最先开放国债期货交易。

1993 年 12 月，原北京商品交易所等地方证交中心也推出国债期货交易。

1994 年起，国债期货交易逐渐活跃。

1995 年 2 月 23 日，“327”国债风险事件发生。

1995 年 5 月 18 日，证监会在全国范围内暂停国债期货交易试点。

2013 年 9 月 6 日，挂牌上市 5 年期国债期货合约。

2015 年 3 月 20 日，10 年期国债期货上市。

2018 年 8 月 17 日，2 年期国债期货上市。

(3) 做多：是指看好股票、期货等金融产品未来的上涨前景而进行买入并持有以便等待上涨后将金融产品抛出获利。

(4) 做空：与做多相反的一种操作模式，是指预期未来行情下跌，将手中股票按目前价格卖出，待行情下跌后买进，获取差价利润，其交易行为特点为先卖后买。

2. 要点导图

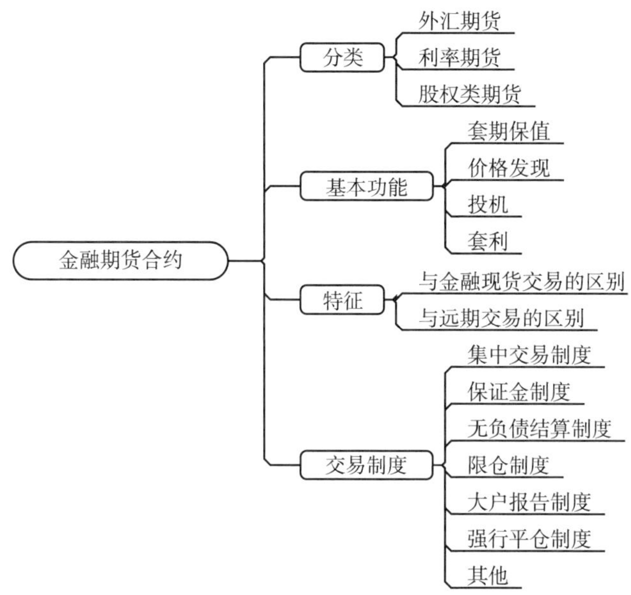

3. 要点精讲

（1）金融期货合约的定义

1）期货交易：交易双方在集中的交易所市场以公开竞价方式所进行的标准化期货合约的交易。

金融期货合约

2）期货合约：由交易双方订立的、约定在未来某日期按成交时约定的价格交割一定数量的某种商品的标准化协议。

3）金融期货合约：基础工具是各种金融工具（或金融变量），如外汇、债券、股票、股价指数等，即金融期货是以金融工具（金融变量）为基础工具的期货交易。

（2）金融期货合约的特征

1）与金融现货交易的区别（5个区别）：

①交易对象不同。

金融现货：某一具体形态的金融工具；

金融期货：金融期货合约。

②交易目的不同。

金融现货：首要目的是筹资或投资；

金融期货：风险管理工具。

③交易价格的含义不同。

金融现货：实时的成交价；

金融期货：交易价格是对现货未来价格的预期。具有“价格发现”功能。

④交易方式不同。

金融现货：成交后完成结算，进行保证金买空或卖空所涉及资金由经纪商出借；

金融期货：实行保证金交易和逐日盯市制度。

⑤结算方式不同。

金融现货：货币转手而结束；

金融期货：大多数通过反手交易实现对冲而平仓。

2）与远期交易的区别（4 个区别）：

①交易场所和交易组织形式不同。金融期货必须在有组织的交易所进行集中交易；普通远期交易在场外市场进行双边交易。

②交易的监管程度不同。金融期货交易至少要受到 1 家以上的监管机构监管，交易品种、交易者行为均须符合监管要求。普通远期交易较少受到监管。

③是否标准化。金融期货交易具有显著的标准化特征，基础资产的质量、合约时间、规模、交割安排、交易时间、报价方式等都是由交易所明确规定的。普通远期交易其内容可由交易双方协商确定，具有较大的灵活性。

④违约风险不同。金融期货交易实行保证金制度和每日结算制度，交易者均以交易所（或期货清算公司）为交易对手，基本不用担心交易违约。

普通远期交易没有期货交易一样的交易制度，所以存在一定的交易对手违约风险。

（3）金融期货的种类

按基础工具不同，金融期货可分为三种类型：外汇期货、利率期货和股权类期货。

外汇期货	定义：外汇期货又称货币期货，是以外汇为基础工具的期货合约。是金融期货中最先产生的品种，主要用于规避外汇风险 产生：1972 年芝加哥商业交易所所属的国际货币市场“IMM”

续表

利率期货	定义：基础资产是一定数量的与利率相关的某种金融工具，主要是各类固定收益金融工具，主要用于规避利率风险。固定利率有价证券的价格受到现行利率和预期利率的影响，价格变化和利率变化一般呈反向关系 产生：1975 年 10 月，美国芝加哥期货交易所 主要品种： ①债券期货：以国债期货为主的债券期货是各主要交易所最重要的利率期货品种； ②主要参考利率期货：除国债利率外，常见的参考利率包括伦敦银行间同业拆放利率、香港银行间同业拆放利率、欧洲美元定期存款单利率、联邦基金利率等
股权类期货	定义：股权类期货是以单只股票、股票组合或者股票价格指数为基础资产的期货合约 产生：1982 年美国堪萨斯期货交易所首先推出价值线指数期货 主要种类：股票价格指数期货、单只股票期货、股票组合的期货

（4）金融期货的交易制度（9 个制度）

1）集中交易制度：在期货交易所或证券交易所进行集中交易。

2）标准化的期货合约和对冲机制：期货合约是由交易所设计、经主管机构批准后向市场公布的标准化合约。期货合约设计成标准化的合约是为了便于交易双方在合约到期前分别做一笔相反的交易进行对冲，从而避免实物交割。实际上，绝大多数期货合约并不进行实物交割，通常在到期日之前即已对冲平仓。

3）保证金制度：期货交易双方成交后要缴纳一定数量的保证金。保证金账户必须保持一个最低的水平，称为维持保证金。由于保证金比率很低，因此具有高度的杠杆作用。

4）结算所和无负债结算制度：结算所是期货交易的专门清算机构，通常附属于交易所，但又以独立的公司形式组建，通常也采取会员制。所有的期货交易必须通过结算会员由结算机构进行。结算所实行无负债的每日结算制度，又被称为逐日盯市制度，以合约在交易日收盘规定时间内的平均成交价作为当日结算价，随市清算。

5）限仓制度：限仓制度是交易所为了防止市场风险过度集中和防范操纵市场的行为，而对交易者持仓数量加以限制的制度。

6）大户报告制度：通常交易所规定的大户报告限额小于限仓限额，所以大户报告制度是限仓制度的一道屏障，以防止大户有过度投机操纵市场的违规行为。

7）每日价格波动限制及断路器规则：即涨跌停板制度，为防止期货价格出现过大的非理性变动，交易所通常对每个交易时段允许的最大波动范围作出规定，一旦达到涨（跌）幅限制，则高于（低于）该价格的多头（空头）委托无效。

8）强行平仓制度：对持有的未平仓合约进行强制性平仓处理，这就是强行平仓制度。

《中国金融期货交易所风险控制管理办法》规定强制平仓的5种情形：

①结算会员结算准备金余额小于0，且未能在规定时限内补足。

②客户、从事自营业务的交易会员持仓超出持仓限额标准，且未能在规定时限内平仓。

③因违规、违约受到交易所强行平仓处罚。

④根据交易所的紧急措施应予强行平仓。

⑤其他应予强行平仓的情况。

9）强制减仓制度：交易所将当日以涨跌停板申报的未成交平仓报单，以当日涨跌停板价格与该合约净持仓盈利客户按照持仓比例自动撮合成交。

（5）金融期货的基本功能

1）套期保值功能：

①定义：通过在现货市场与期货市场建立相反的头寸，从而锁定未来现金流或公允价值的行为。

②目的：规避价格风险。

③做法：在现货市场买进或卖出某种金融工具的同时，做一笔与现货交易品种、数量、期限相当但是方向相反的期货交易，以期在未来某一时间通过期货合约的对冲，以一个市场的盈利来弥补另一个市场的亏损。

④原理：现货价格与期货价格同涨同跌，且在走势上具有收敛性。

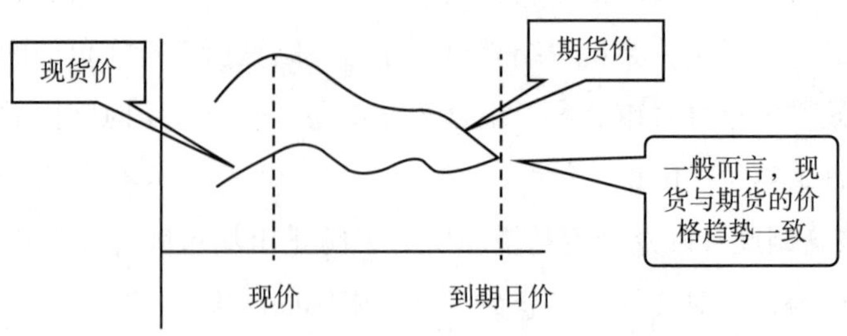

⑤类型：多头套期保值/买入套期保值（现货空头，期货多头）和空头套期保值/卖出套期保值（现货多头，期货空头）。

2）价格发现功能：期货价格具有预期性、连续性和权威性的特点，能够比较准确地反映出未来商品价格的变动趋势。

3）投机功能：与所有有价证券交易相同，期货市场上的投机者也会利用对未来期货价格走势的预期进行投机交易，预计价格上涨的投机者会建立期货多头，反之则建立空头。与现货市场投机相比较，期货市场投机具有 $T+0$ 和较高杠杆率两个特点。

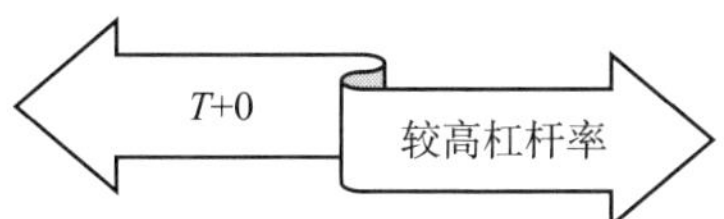

4）套利功能：套利的理论基础在于经济学中的一价定律，即忽略交易费用的差异，同一商品只能有一个价格。严格意义上的期货套利是指利用同一合约在不同市场上可能存在的短暂价格差异进行买卖，赚取价差，被称为“跨市场套利”。此外，还有跨期套利、跨品种套利。

（6）商品期货的定义与种类（新增）

1）定义：商品期货是指标的物为实物商品的期货合约。

2）种类：

①农产品期货：小麦、玉米、大豆、豆油、豆粕、棉花、白糖等。

②金属期货：铜、铝、铅、锌、黄金、白银等。

③能源化工期货：原油、汽油、天然气、煤炭等。

（7）中国期货市场

1）期货市场监管：我国形成了中国证监会、地方证监局、期货交易所、期货市场监控中心和中国期货业协会“五位一体”的期货监管协调工作机制与较为完善的期货监管法律体系。

2）四大期货交易所：

①上海期货交易所。1998 年 8 月成立，1999 年 12 月正式运营。上市交易的有黄金、白银、铜、铝、锌、铅、螺纹钢、线材、燃料油、天然橡胶、沥青等 11 种期货品种。

②郑州商品交易所。1990 年 10 月 12 日成立。上市交易的有小麦、棉花、白糖、精对苯二甲酸（PTA）、菜籽油、早籼稻等期货品种。

③大连商品交易所。1993 年 2 月 28 日成立。上市交易的有玉米、玉米淀粉、黄大豆 1 号、黄大豆 2 号、豆粕、豆油、棕榈油、鸡蛋、纤维板、胶合板、线型低密度聚乙烯、聚氯乙烯、聚丙烯、焦炭、焦煤。

④中国金融期货交易所。是经国务院同意，中国证监会批准，由上海期货交易所、郑州商品交易所、大连商品交易所、上海证券交易所和深圳证券

交易所共同发起设立的交易所，于2006年9月8日在上海成立。

我国股指期货合约要素表

合约标的	沪深300指数	上证50指数	中证500指数
合约乘数	每点300元		每点200元
报价单位	指数点		
最小变动价位	0.2点		
合约月份	当月、下月及随后两个季月		
交易时间	9:30~11:30，13:00~15:00		
每日价格最大波动限制	上一个交易日结算价的±10%		
最低交易保证金	合约价值的8%		
交割方式	现金交割，交割手续费标准为交割金额的万分之一		
交易代码	IF	IH	IC
上市时间	2010年4月16日	2015年4月16日	2015年4月16日

资料来源：中金所官网。

我国国债期货合约要素表

合约要素	2年期国债期货（TS）	5年期国债期货（TF）	10年期国债期货（T）
合约标的	面值为200万元人民币、票面利率为3%的名义中短期国债	面值为100万元人民币、票面利率为3%的名义中期国债	面值为100万元人民币、票面利率为3%的名义长期国债
可交割国债	发行期限不高于5年，合约到期月份首日剩余期限1.5~2.25年的记账式附息国债	发行期限不高于7年、合约到期月份首日剩余期限4~5.25年的记账式附息国债	发行期限不高于10年、合约到期月份首日剩余期限不低于6.5年的记账式附息国债
报价方式	百元净价报价		
最小变动价位	0.005元		
合约月份	最近的三个季月（3月、6月、9月、12月中的最近3个月循环）		
交易时间	9:30~11:30，13:00~15:15		
最大波动限制	上一交易日结算价的±0.5%	上一交易日结算价的±1.2%	上一交易日结算价的±2%
最低交易保证金	合约价值的0.5%	合约价值的1%	合约价值的2%
最后交易日	合约到期月份的第2个星期五		
最后交割日	最后交易日后的第3个交易日		
交割方式	实物交割		
交易代码	TS	TF	T
上市时间	2018年8月17日	2013年9月6日	2015年3月20日

资料来源：中金所官网。

4. 典题精练

（1）按基础工具划分，金融期货主要有（　　）。

Ⅰ. 资产类期货　　Ⅱ. 外汇期货

Ⅲ. 利率期货　　Ⅳ. 股权类期货

A. Ⅰ、Ⅱ、Ⅲ、Ⅳ　　B. Ⅰ、Ⅲ、Ⅳ

C. Ⅱ、Ⅲ、Ⅳ　　D. Ⅰ、Ⅱ、Ⅲ

参考答案：C

【解析】按基础工具划分，金融期货主要有三种类型：外汇期货、利率期货、股权类期货。

（2）国债期货属于（　　）。

A. 商品期货　　B. 股权类期货

C. 利率期货　　D. 外汇期货

参考答案：C

【解析】以国债期货为主的债券期货是各主要交易所最重要的利率期货品种。

（3）期货价格的特点有（　　）。

Ⅰ. 预期性　　Ⅱ. 间断性

Ⅲ. 连续性　　Ⅳ. 权威性

A. Ⅰ、Ⅱ、Ⅲ　　B. Ⅰ、Ⅲ、Ⅳ

C. Ⅲ、Ⅳ　　D. Ⅰ、Ⅱ、Ⅲ、Ⅳ

参考答案：B

【解析】期货价格具有预期性、连续性和权威性的特点，能够比较准确地反映出未来商品价格的变动趋势。

（4）金融期货交易实行保证金制度和每日结算制度，交易者均以（　　）为交易对手。

A. 卖方　　B. 期货交易所（清算公司）

C. 期货经纪公司　　D. 买方

参考答案：B

【解析】保证金制度和每日结算制度导致违约风险不同。金融期货交易实行保证金制度和每日结算制度，交易者均以交易所（或期货清算公司）为交易对手，基本不用担心交易违约。而远期交易通常不存在上述安排，存在一定的交易对手违约风险。

（5）属于金融期货主要交易制度的有（　　）。

Ⅰ. 场外交易制度

Ⅱ. 限仓制度

Ⅲ. 大户报告制度

Ⅳ. 每日价格波动限制及断路器规则

A. Ⅰ、Ⅱ、Ⅲ　　B. Ⅰ、Ⅳ

C. Ⅰ、Ⅱ、Ⅲ、Ⅳ　　D. Ⅱ、Ⅲ、Ⅳ

参考答案：D

【解析】金融期货的主要交易制度：集中交易制度标准化的期货合约和对冲机制；保证金制度；结算所和无负债结算制度；限仓制度；大户报告制度；每日价格波动限制及断路器规则；强行平仓制度；强制减仓制度。

5. 同步演练（请扫描二维码做题）

知识点扩展

（四）金融期权

1. 案例引入

期权经典战役：索罗斯做空日元*

【案例回顾】在2012年日元贬值大行情中，众多的对冲基金加入了这场饕餮盛宴。作为宏观策略方面的顶尖高手，索罗斯基金会在短短3个月内狂赚了10亿美元。他是如何办到的呢？

2012年夏，当遭遇9级地震的日本开始大量进口原油时，索罗斯便预测日元会贬值并积极寻找机会做空。2012年10月，在得知"渴望"日元进一步量化宽松的安倍晋三当选首相概率最大，同时他发现大量日本资金从澳元高息资产撤回国内后，他感觉时机已经来临。为了筹集巨额建仓资金，索罗斯大量抛售股票。根据美国证券交易委员会的文件显示，索罗斯卖出通用汽车与通用电气的股份，并且其基金在上一季度售出了110万股LinkedIn、26万股亚马逊及250万股Groupon的股票。索罗斯基金会的主要策略是大量买进押注日元贬值与日股上涨的衍生品投资组合。据了解，其主要做空的日元头寸，集中在执行价格为90～95区间的日元敲出期权（也称障碍期权，即当日元大幅下跌时才能赚钱，但跌破一定水平时就会作废的期权）。

为什么索罗斯要采用敲出期权而非直接卖出外汇期货的方法做空日元呢？因为这些期权的价格极其便宜，使得索罗斯能在风险有限的情况下，以

* 根据广发证券发展研究中心报告整理。

极高杠杆率获得高额收益。当时索罗斯购买这些期权大概只花了 3 000 万美元，这些期权即使全部亏光也不过只占当时索罗斯基金 200 多亿美元资产总量的 0.15%。但其做空日元净赚 10 亿美元，收益率高达 33 倍，而同期日元不过下跌 10%。

【案例点评】金融衍生工具复杂繁多，同样的操作思路可以有多种衍生工具的选择，在工具的选择时，要做到尽可能地降低风险、降低成本，将风险控制在可控的范围内。索罗斯之所以采用敲出期权而非直接卖出外汇期货的方法做空日元，是因为这些期权的价格极其便宜，使得索罗斯能够在风险有限的情况下，以极高的杠杆率获得高额的收益。因此选择正确的工具往往能够起到更优的效果，前提是对每个工具要有深入了解，知道每种工具适用的最佳场景。并结合宏观经济环境进行判断，何时进行何种工具的使用，索罗斯做空日元的成功不仅仅是简单的投机，而是基于充分研究之后的审时度势，并且经过了充分的风险考虑。这种投资的眼光和胆量非常值得我们学习。

【相关要点】

（1）根据基础资产不同，金融期权可以分为股权类期权、利率期权、货币期权、金融期货合约期权、互换期权等。

（2）外汇期权也称为货币期权，指合约购买方在向出售方支付一定期权费后，所获得的在未来约定日期或一定时间内，按照规定汇率买进或者卖出一定数量外汇资产的选择权。

（3）金融期权的基本功能：套期保值功能、价格发现功能、投机功能、套利功能。

（4）期权与期货的区别：期权买方亏损有限，盈利无限；期货双方潜在的盈利或亏损都是无限的。

（5）由普通欧式或美式期权变异而来的期权被称为奇异期权（Exotm-Options）。奇异期权一般在场外交易，它们是由金融机构设计以满足市场特殊需求的产品，有时候被附加在所发行的债券中以增加对市场的吸引力。

（6）障碍期权（Barrier Option），顾名思义是相比于传统期权多了一个或多个障碍（Barrier Level）的期权。它的收益结构取决于到期前的标的资产价格是否触碰到某一个障碍，因此是一种路径依赖（Path-dependent）期权。当标的价格触及障碍，期权敲出（Knock-out）失效或者敲入（Knock-in）生效，所以障碍期权可以分为敲出期权和敲入期权两大类。

2. 要点导图

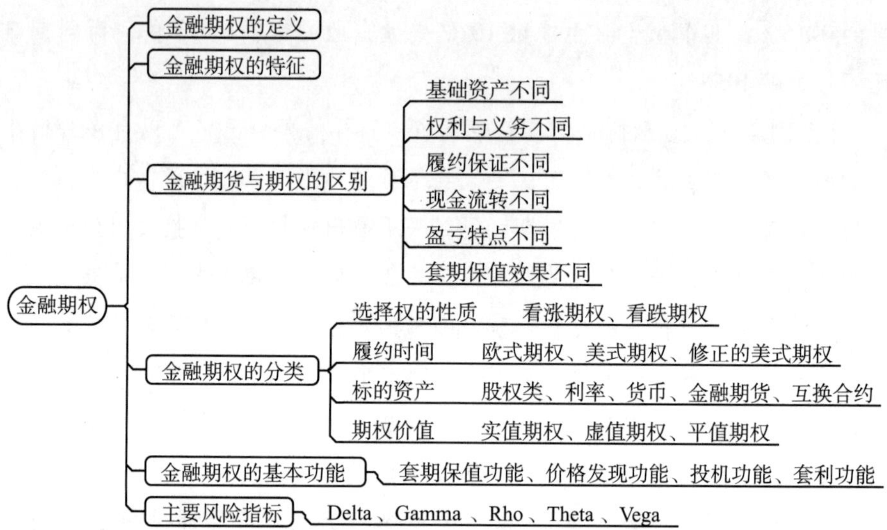

3. 要点精讲

(1) 期权、金融期权与商品期权的定义

金融期权

1) 期权：又称选择权，是指其持有者能在规定期限内按交易双方商定的价格购买或出售一定数量的基础工具的权利。期权交易就是对这种选择权的买卖。

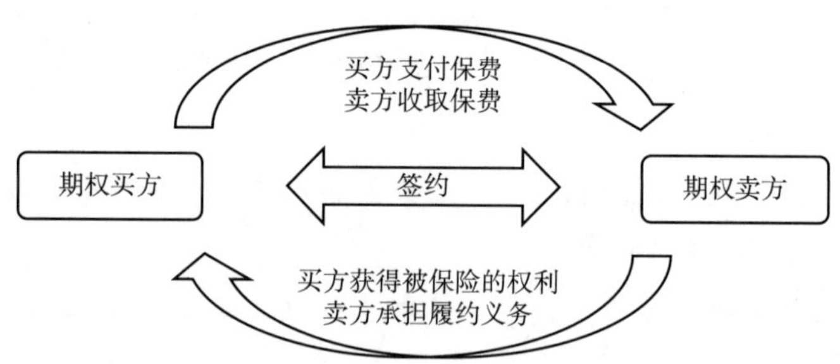

2) 金融期权：指以金融工具或金融变量为基础工具的期权交易形式。期权交易实际上是一种权利的单方面有偿让渡。期权的买方以支付一定数量的期权费为代价而拥有了这种权利，但是不承担必须买进或卖出的义务；期权的卖方则在收取了一定数量的期权费后，在一定期限内必须无条件服从买方的选择并履行成交的允诺。

3) 商品期权：标的资产为实物资产的期权。如农产品中的棉花期权、金属中的铜期权等商品期权。

（2）金融期权的特征

主要特征：买卖权利的交换，期权买方只有权利，期权卖方只有义务。期权的买方可以选择行使他所拥有的权利；期权的卖方在收取期权费后就承担着在规定时间内履行该期权合约的义务。即当期权的买方选择行使权利时，卖方必须无条件地履行合约规定的义务，而没有选择的权利。

（3）金融期货与期权的区别

区别点	期权	期货
基础资产	金融期权的基础资产多于金融期货的基础资产	金融期货可作为金融期权的基础资产
权利与义务	不对称	对称
履约保证	仅卖方需要缴纳保证金	买卖双方都需要缴纳保证金
现金流转	成交时期权购买者须向期权出售者支付一定的期权费，成交后不发生现金流转	成交时不发生现金收付关系，成交后盈利方的保证金账户余额增加，亏损方的保证金账户余额减少
盈亏特点	期权买方亏损有限，盈利无限；期权卖方盈利有限（期权费），而损失可能是无限的	双方潜在的盈利或亏损都是无限的
套期保值的作用与效果	可避免价格不利变动造成的损失，又可在相当程度上保住价格有利变动而带来的利益	锁定风险的同时，也放弃了行情有利时的利润。但从保值角度看，金融期货通常比金融期权更有效，也便宜

（4）金融期权的分类

分类方式	期权分类	定义
选择权的性质	认购（看涨）期权	期权的买方具有在约定期限内（或合约到期日）按行权价格买入一定数量基础金融工具的权利
	认沽（看跌）期权	期权的买方具有在约定期限内（或合约到期日）按行权价格卖出一定数量基础金融工具的权利
履约时间	欧式期权	只能在期权到期日执行
	美式期权	可在到期日或到期日之前的任一个营业日执行
	修正的美式期权	百慕大期权或大西洋期权，可以在期权到期日之前的一系列规定日期执行

续表

分类方式	期权分类	定义
基础资产	股权类期权	单只股票期权、股票组合期权和股票指数期权
	利率期权	合约有效期内或到期时以一定的利率（价格）买入或卖出一定面额的利率工具的权利
	货币期权	合约有效期内或到期时以约定的汇率购买或出售一定数额某种外汇资产的权利
	金融期货合约期权	一种以金融期货合约为交易对象的选择权
	互换期权	以金融互换合约为交易对象的选择权

（5）金融期权的基本功能

套期保值功能、价格发现功能、投机功能、套利功能。（可参考金融期货的基本功能）

（6）金融期权的主要风险指标

1）期权价格至少受以下五个因素的影响：

影响因素		看涨期权价值	看跌期权价值
标的价格	上升	增加	减少
	下降	减少	增加
行权价格	上升	减少	增加
	下降	增加	减少
期权有效期	上升	增加	增加
	下降	减少	减少
价格波动性	上升	增加	增加
	下降	减少	减少
无风险利率	上升	增加	减少
	下降	减少	增加

2）通常用以下指标反映金融期权的风险：

Delta	反映期权标的证券价格变化对期权价格的影响程度； Delta = 期权价格变化/期权标的证券价格变化； 标的证券价格与认购期权价值成正相关，与认沽期权价值负相关
Gamma	反映期权标的证券价格变化对 Delta 值的影响程度； $\text{Gamma} = \frac{\text{Delta 的变化}}{\text{期权标的证券价格变化}}$
Rho	反映无风险利率变化对期权价格的影响程度； Rho = 期权价格变化/无风险利率的变化； 市场无风险利率与认购期权价值正相关，与认沽期权价值负相关
Theta	反映到期时间变化对期权价值的影响程度； Theta = 期权价值变化/到期时间变化； 到期期限与认购、认沽期权价值均为正相关
Vega	反映合约标的证券价格波动率对期权价值的影响程度； Vega = 期权价值变化/波动率的变化； 波动率与认购、认沽期权均为正相关

（7）我国主要的期权品种

1）50ETF 期权：上海证券交易所于 2015 年 2 月 9 日上市交易。

2）沪深 300ETF 期权：深圳证券交易所于 2019 年 12 月 23 日上市交易。

3）场外期权：证券公司在机构间市场或者柜台市场，根据与交易对手达成的协议，与交易对手方直接开展的期权交易。场外期权业务自 2013 年开始试点，合约标的主要是以沪深 300、中证 500、上证 50 为主的股指，也包括 A 股个股，黄金期现货及部分境外标的。

4. 典题精练

（1）下列有关金融期权的表述正确的有（　　）。

Ⅰ. 期权的买方在支付了期权费后，就获得了期权合约所赋予的权利

Ⅱ. 期权的买方可以选择行使所拥有的权利

Ⅲ. 期权的卖方在收取期权费后，就承担着在规定时间内履行该期权合约的义务

Ⅳ. 期权的卖方可以有条件地履行合约规定的义务

A. Ⅰ、Ⅳ　　B. Ⅱ、Ⅲ、Ⅳ

C. Ⅰ、Ⅱ、Ⅲ　　D. Ⅰ、Ⅱ、Ⅲ、Ⅳ

参考答案：C

【解析】期权的买方以支付一定数量的期权费为代价而拥有了这种权利，但是不承担必须买进或卖出的义务；期权的卖方则在收取了一定数量的期权费后，在一定期限内必须无条件服从买方的选择并履行成交时的允诺。

（2）当投资者买入看涨期权后，如果判断正确，则可以获得（　　）。

A. 标的资产市价与行权价格之间的差额

B. 期权标的资产

C. 期权费

D. 利息

参考答案：A

【解析】认购期权也被称为看涨期权，指期权的买方具有在约定期限内（或合约到期日）按行权价格（也被称为敲定价格或执行价格）买入一定数量基础金融工具的权利。交易者之所以买入认购期权，是因为他预期基础金融工具的价格在合约期限内将会上涨。如果判断正确，按行权价格买入该项金融工具并以市价卖出，可赚取市价与行权价格之间的差额；如果判断失误，则放弃行权，仅损失期权费。

（3）下列关于金融期货与金融期权差异的说法，错误的是（　　）。

A. 现金流转不同　　B. 基础资产不同

C. 套利的作用与效果不同　　D. 履约的保证不同

参考答案：C

【解析】金融期货与金融期权的区别：①基础资产不同；②交易者权利与义务的对称性不同；③履约保证不同；④现金流转不同；⑤盈亏特点不同；⑥套期保值的作用与效果不同。

（4）下列关于金融期权主要风险指标的说法，错误的是（　　）。

A. 认购期权的 Delta 值为正　　B. 认沽期权的 Delta 值为正

C. 认购期权的 Rho 值为正　　D. 认沽期权的 Vega 值为正

参考答案：B

【解析】Delta 值反映期权标的证券价格变化对期权价格的影响程度。标的证券价格与认购期权价值为正相关关系，与认沽期权价值为负相关关系。Rho 值反映无风险利率变化对期权价格的影响程度。市场无风险利率与认购期权价值为正相关，与认沽期权为负相关。Vega 值反映合约标的证券价格波动率变化对期权价值的影响程度。波动率与认购、认沽期权价值均为正相关关系。

（5）下列关于金融期权主要功能的说法，错误的是（　　）。

A. 盈利功能吸引了众多投资者

B. 金融期权是一种行之有效的控制风险的工具

C. 金融期权通过协议形成期权价格

D. 金融期权的盈利主要是期权的协定价和市价的不一致而带来的收益

参考答案：C

【**解析**】一般认为，金融期权具有以下四个基本功能：①套期保值功能。利用金融期权进行套期保值，若价格发生不利变动，套期保值者可通过放弃期权来保护利益；若价格发生有利变动，套期保值者通过行权来保护利益。②价格发现功能。价格发现功能是指在一个公开、公平、高效、竞争的市场中，通过集中竞价形成期权价格的功能。③投机功能。金融期权市场上的投机者利用对未来价格走势的预期进行投机交易，预计价格上涨的投机者会买入看涨期权，预计价格下跌的投机者会买入看跌期权。④盈利功能。金融期权的盈利主要是期权的协定价和市价的不一致而带来的收益，盈利功能吸引了众多投资者。

5. 同步演练（请扫描二维码做题）

知识点扩展

（五）其他衍生工具

1. 案例引入

小米集团主动终止 CDR*

【**案例回顾**】2019 年 8 月，证监会最新更新的《2019 年度首次公开发行股票申请终止审查企业名单》显示，本周有三家公司终止审查，包括了小米集团、南通国盛智能科技集团和杭州康基医疗器械。这意味着证监会 CDR 排队通道中再无企业，也意味着小米集团终止了 A 股上市之路。此次是小米集团主动撤回了 CDR 申请，小米在港交所发布公告称，目前小米集中精力于集团业务发展，同时拥有充足资本，经慎重研究考量，决定终止本次主板存托凭证公开发行事项。小米集团已经向中国证监会递交撤回本次 CDR 申请文件，该撤回已获中国证监会接纳。

在小米集团之后，尚无企业在证监会层面申请 CDR。目前，仅有一家企业顶着“科创板首单 CDR”的光环出现在科创板的审核队伍中，这就是九号智能。九号智能 4 月 17 日科创板上市申请获上交所受理，5 月 12 日由于需要补充材料，公司“中止”了受理进程。8 月 13 日晚，上交所官网显示，九号智能的审核状态恢复为“已受理”，目前在问询阶段。这说明，九

* 《小米终止 A 股 IPO！时隔 13 个月小米为何主动撤回 CDR 申请?》，载《东方财富快讯》，2019 年 8 月 31 日。

号智能已经补齐材料，作为科创板首家红筹、VIE 架构并首次申请发行 CDR 的企业，九号智能将再次走进科创板考场，重启科创板上市进程。

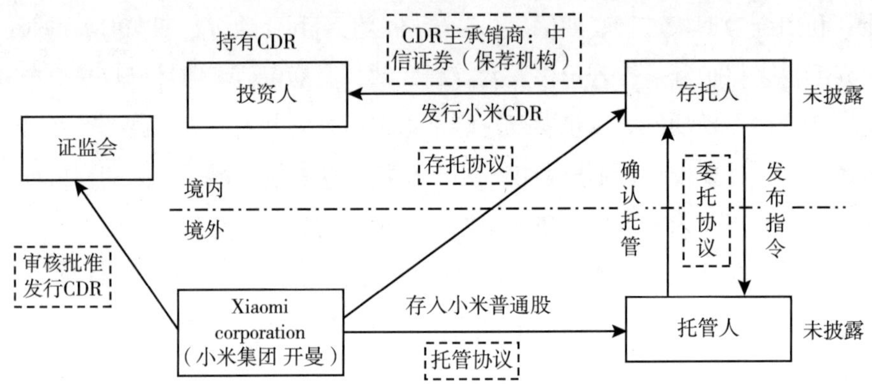

【案例点评】全 A 股都在为小米 CDR 疯狂，到主动撤回 CDR 申请，不免让市场产生疑惑。尽管目前小米集团因自身发展原因终止了 CDR 的发行，让前期市场的期待骤降，但是并不否定 CDR 这个工具，小米仍在参与 CDR，在 CDR 排队企业九号智能的股东中仍能看到小米的身影。过去，我们很多优秀的企业，尤其是创新企业在美股、港股上市，很多投资者在 A 股买不到这些标的，而有了 CDR，可以帮助我们优秀的创新企业以另一种形式“回归 A 股”。

【相关要点】

（1）存托凭证（Depositary Receipts，简称 DR）是指在一国证券市场流通的代表外国公司有价证券的可转让凭证。存托凭证一般代表外国公司股票，有时也代表债券。存托凭证也被称为预托凭证。

（2）存托凭证的优点。对发行人的优点：1）市场容量大，筹资能力强；2）避开直接发行股票与债券的法律要求，上市手续简单，发行成本低。对投资者的优点：1）以美元交易，且通过投资者熟悉的美国清算公司进行清算；2）上市交易的 ADR 须经 SEC 注册，有助于保障投资者权益；3）上市公司发放股利时，ADR 投资者能及时获得，而且是以美元支付；4）某些机构投资者受投资政策限制，不能投资非美国上市证券，美国存托凭证（ADR）可以规避这些限制。

（3）中国存托凭证（CDR）：是指由存托人签发、以境外证券为基础在中国境内发行、代表境外基础证券权益的证券。

2. 要点导图

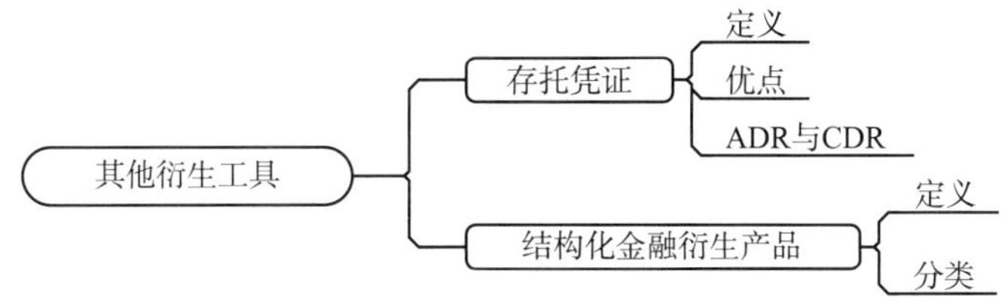

3. 要点精讲

（1）存托凭证定义

存托凭证（Depositary Receipts，DR）是指在一国证券市场流通的代表外国公司有价证券的可转让凭证。存托凭证一般代表外国公司股票，有时也代表债券。存托凭证也被称为预托凭证。

存托凭证由J. P. 摩根首创，1927年J. P. 摩根设立了一种美国存托凭证（ADR）。美国存托凭证出现后，各国相继推出适合本国的存托凭证，例如，全球存托凭证（GDR），国际存托凭证（IDR），中国香港特别行政区推出的（HDR），中国台湾地区推出的（TDR），我国内地将推出中国存托凭证（CDR）。

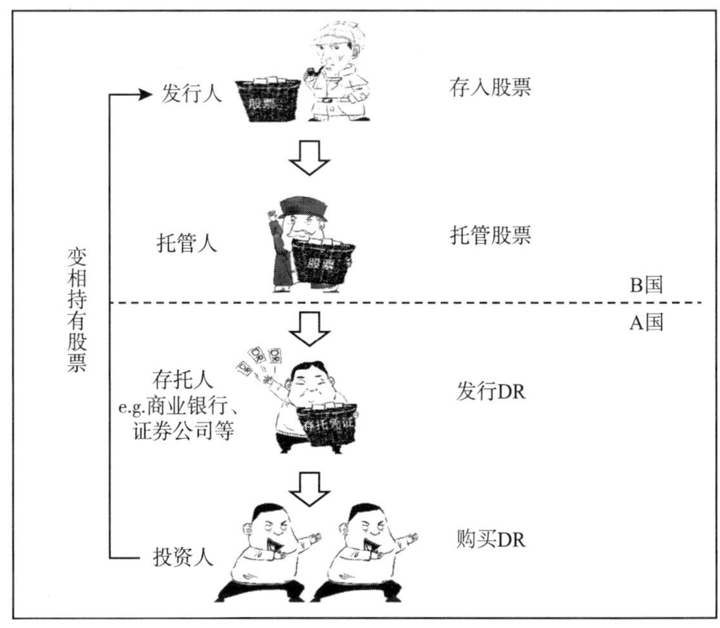

图源：三折人生。

（2）存托凭证的优点

1）对发行人的优点：

①市场容量大，筹资能力强。

②避开直接发行股票与债券的法律要求，上市手续简单，发行成本低。

2）对投资者的优点：

①以美元交易，且通过投资者熟悉的美国清算公司进行清算。

②上市交易的 ADR 须经 SEC 注册，有助于保障投资者权益。

③上市公司发放股利时，ADR 投资者能及时获得，而且是以美元支付。

④某些机构投资者受投资政策限制，不能投资非美国上市证券，ADR 可以规避这些限制。

（3）美国存托凭证（ADR）的有关业务机构

1）存券银行：存券银行作为 ADR 的发行人和 ADR 的市场中介，为 ADR 的投资者提供所需的一切服务。

①ADR 的发行人，在 ADR 基础证券的发行国安排托管银行。

②负责 ADR 的注册和过户。

③为 ADR 持有者和基础证券发行人提供信息和咨询服务。

2）托管银行：托管银行是由存券银行在基础证券发行国安排的银行，它通常是存券银行在当地的分行、附属行或代理行。

①由存券银行在基础证券发行国安排的银行。

②负责保管 ADR 所代表的基础证券。

③根据存券银行的指令领取红利或利息，用于再投资或汇回 ADR 发行国。

④向存券银行提供当地市场信息。

3）中央存托公司：中央存托公司是指美国的证券中央保管和清算机构，负责 ADR 的保管和清算。

（4）中国存托凭证（CDR）

1）定义：由存托人签发、以境外证券为基础在中国境内发行、代表境外基础证券权益的证券。

2018 年 3 月 30 日，经国务院同意，国务院办公厅转发证监会《关于开展创新企业境内发行股票或存托凭证试点的若干意见》，在境内推行中国存托凭证（Chinese Depository Receipt）制度。

2）参与主体：

①发行人。在境外发行基础证券。

②存托人。存托人持有基础证券，在境内签发相应的存托凭证；按照存托协议约定，根据存托凭证持有人意愿行使境外基础资产相应权利，办理存托凭证分红、派息等业务。

③持有人。存托凭证持有人依法享有存托凭证代表的境外基础证券权益，并按照存托协议约定，通过存托人行使其权利。

（5）结构化金融衍生产品

1）定义：结构化金融衍生产品是运用金融工程结构化方法，将若干种基础金融商品和金融衍生产品相结合设计出的新型金融产品。目前最流行的结构化金融衍生产品主要是由商业银行开发的各类结构化理财产品及在交易所上市交易的各类结构化票据。

期权类金融衍生产品及其他

目前，我国内地尚无交易所交易的结构化产品，但是很多商业银行均通过柜台销售各类“挂钩理财产品”。

2）结构化金融衍生产品的分类：

①按联结的基础产品分类。股权联结型产品、利率联结型产品、汇率联结型产品、商品联结型产品等。

②按收益保障性分类。收益保证型产品（包括本金保障型产品、保证最低收益型产品）、非收益保证型产品。

③按发行方式分类。公开募集的结构化产品（在交易所交易）、私募结构化产品。

④按嵌入式衍生产品分类。基于互换的结构化产品、基于期权的结构化产品。

4. 典题精练

（1）按（　　）分类，可以将结构化金融产品分为股权联结型产品、利率联结型产品、汇率联结型产品、商品联结型产品等种类。

A. 收益保障性　　B. 嵌入式衍生产品

C. 发行方式　　D. 联结的基础产品

参考答案：D

【解析】按联结的基础产品分类。结构化金融衍生产品可分为股权联结型产品（其收益与单只股票、股票组合或股票价格指数相联系）、利率联结型产品、汇率联结型产品、商品联结型产品等种类。

（2）目前最为流行的结构化金融衍生产品主要是由（　　）开发的各类结构化理财产品及在交易所市场上可上市交易的各类结构化票据，它们通常与某种金融价格相联系，其投资收益随该价格的变化而变化。

A. 保险公司　　　　　　　　　　B. 证券交易所

C. 商业银行　　　　　　　　　　D. 中央银行

参考答案：C

【解析】目前最为流行的结构化金融衍生产品主要是由商业银行开发的各类结构化理财产品及在交易所市场上市交易的各类结构化票据，它们通常与某种金融价格相联系，其投资收益随该价格的变化而变化。

（3）存托凭证业务中，托管银行所提供的服务包括（　　）。

A. 领取红利或利息，用于再投资或汇回 ADR 发行国

B. 负责 ADR 的注册和过户

C. 负责保管 ADR 所代表的基础证券

D. 负责对公司管理监督

参考答案：C

【解析】托管银行是由存券银行在基础证券发行国安排的银行，它通常是存券银行在当地的分行、附属行或代理行。托管银行负责保管 ADR 所代表的基础证券；根据存券银行的指令领取红利或利息，用于再投资或汇回 ADR 发行国；向存券银行提供当地市场信息。

5. 同步演练（请扫描二维码做题）

知识点扩展

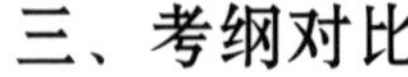

三、考纲对比

章节	2020 年考纲	2021 年考纲	变化
金融衍生工具概述		掌握大宗商品类金融衍生品概念及其分类	新增
金融远期、期货与互换		掌握商品期货的定义与种类	新增
金融期权与期权类金融衍生产品	了解权证的定义和分类		删减
	掌握可转换公司债券、可交换公司债券的概念、特征、发行基本条件；熟悉可交换债券与可转换债券的不同		调至第五章

知识点扩展

四、章节测试（请扫描二维码做题）

金融风险管理

一、知识结构

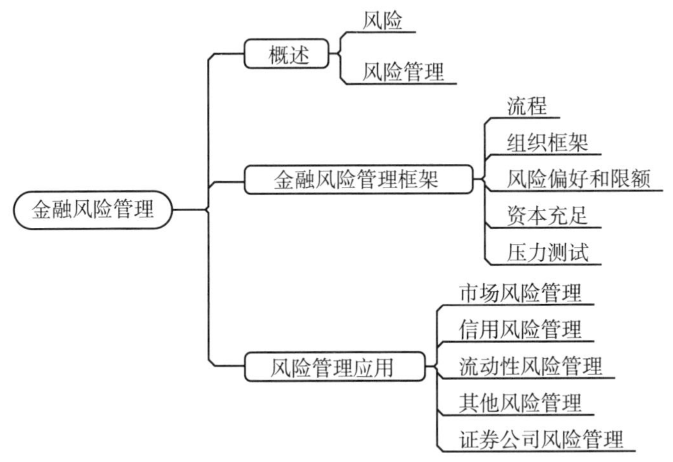

知识点扩展

二、核心要点

（一）概述

1. 案例引入

雷曼兄弟破产*

【案例回顾】 2008 年 9 月 15 日，美国第四大投资银行雷曼兄弟按照美

* 《风险管理丨雷曼兄弟破产》，微信公众号：风险管理七组，2019 年 10 月 30 日。《一代投行巨头的陨落——“从雷曼兄弟的倒闭浅谈风险管理”》，微信公众号：彼特熊时代，2019 年 1 月 21 日。

国公司破产法案的相关规定提交了破产申请，成为美国有史以来倒闭的最大金融公司。拥有158年历史的雷曼兄弟公司是华尔街第四大投资银行。2007年，雷曼在世界500强排名第132位，2007年年报显示净利润高达42亿美元，总资产近7 000亿美元。从2008年9月9日，雷曼公司股票一周内股价暴跌77%，公司市值从112亿美元大幅缩水至25亿美元。第一个季度中，雷曼卖掉了1/5的杠杆贷款，同时又用公司的资产作抵押，大量借贷现金为客户交易其他固定收益产品。第二个季度变卖了1 470亿美元的资产，并连续多次进行大规模裁员来压缩开支。然而雷曼的自救并没有把自己带出困境。华尔街的“信心危机”爆发，金融投机者操纵市场，一些有收购意向的公司因为政府拒绝担保没有出手相救。最终，雷曼兄弟还是没能逃离破产的厄运。

文档

雷曼兄弟的发展历程

1850	雷曼兄弟在亚拉巴马州蒙哥马利市成立	1984	被美国运通公司收购并与Shearson公司合并
1858	纽约办事处开业	1986	在伦敦证券交易所赢得交易席位
1870	雷曼兄弟协助创办了纽约棉花交易所,这是商品期货交易方面的第一次尝试	1988	在东京证券交易所赢得交易席位
1887	在纽约证券交易所赢得了交易席位	1989	曼谷办事处开业
1889	第一次承销股票发售	1990	汉城办事处开业
1905	管理第一宗日本政府债券发售交易	1993	与Shearson公司分立;北京办事处开业
1923	承销1.5亿美元的日本政府债券,为关东大地震的善后事宜筹集资金	1994	被聘为华能国际电力首次纽约股票上市的主承销商
1929	雷曼兄弟创立,该公司为一家著名的封闭式投资公司	1995	台北办事处开业
1949	建立了十大非凡投资价值股票名单	1997	承销中国开发银行的扬基债券发行,这是中国政策性银行的首次美元债券发行
1964	协助东京进入美国和欧洲美元市场;为马来西亚和菲律宾政府发行第一笔美元债券	1998	雷曼兄弟被收入标准普尔500指数
1970	香港办事处开业	1999	与福达投资建立战略联盟
1971	为亚洲开发银行承销第一笔美元债券	2000	墨尔本办事处开业并与澳大利亚和新西兰银行集团建立战略联盟，成立150周年纪念
1973	设立东京和新加坡办事处，提名为印度尼西亚政府顾问	2001	雷曼兄弟被收入标准普尔100指数 成为阿姆斯特丹股票交易所的一员
1975	收购Abraham&Co.投资银行	2008	受次贷危机影响 公司出现巨额亏损，申请破产保护

【案例点评】雷曼兄弟破产原因可归结如下：

(1) 外部因素。最根本原因是美国房价下跌引起的次级贷款对象的偿付能力下降，背后深层次的问题在于美国房市的调整。次贷危机发生之后，当市场崩溃时，房价下跌，资金匮乏，流动性紧张，巨大的系统风险直接引发了雷曼兄弟的危机。

（2）内部因素。流动性不足，导致危机四伏。一方面业务集中于不动产，引发流动性风险。雷曼兄弟的业务过于集中于固定收益部分。当时，雷曼兄弟次级按揭贷款业务的发行量和销售量排名第一。相应地，雷曼兄弟资产中低流动性的占比超过80%。雷曼兄弟的证券投资和金融工具中，按揭贷款及房地产相关的资产占比最大，在2007年次贷危机爆发的时候仍高达35.5%。另一方面，杠杆率太高且过度依赖短期融资。雷曼兄弟自身资本有限，为了筹集资金来扩大业务，只好依赖债券市场和银行间拆借市场。在债券市场发债来满足中长期资金的需求，在银行间拆借市场通过抵押回购等方法来满足短期资金的需求（隔夜、7天、一个月等）。将这些资金用于业务和投资，赚取收益，扣除要偿付的融资代价后，就是公司运营的回报。这种模式虽然提高了盈利能力，但是同时也使风险成倍增加。雷曼兄弟短期债务占比较高，其经营对短期的流动性要求较高。

【相关要点】

（1）风险一般被定义为“产生损失的可能性或不确定性”。风险是由风险因素、风险事故和损失的可能性三个要素有机构成的。

（2）风险管理是损失发生前采取的措施，通过控制性管理措施降低未来损失发生的可能性或通过衍生产品对冲转移风险，或通过风险定价在产品价格中得到事前补偿。风险管理目标是实现企业股东和社会的增长。

2. 要点导图

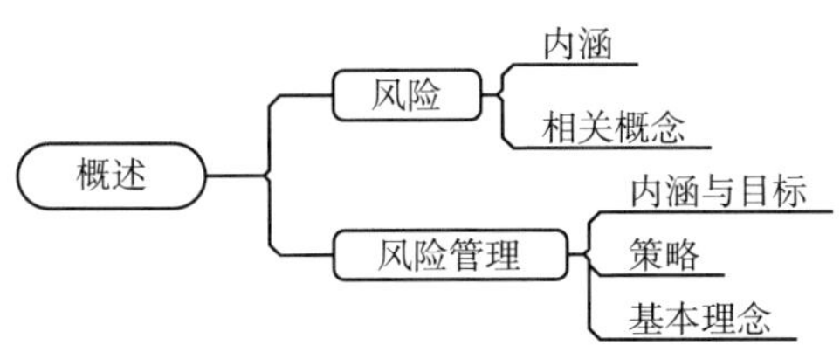

3. 要点精讲

（1）风险的内涵与相关概念

风险一般被定义为“产生损失的可能性或不确定性”。风险是风险因素、风险事故和损失的可能性三个要素有机构成的。风险涉及不确定性、损失、波动性（对期望的偏离）和危险四个概念。

1）风险与损失：风险与损失有着密切联系，但是又存在本质区别。风险是事前概念，反映损失发生前的事物发展状态；损失是偏事后的概念，反映风险事件发生后的状况。在风险存在的时候，损失尚未发生；一旦损失实际产生了，风险就不存在，不确定性已转化为确定性。损失和风险是事物发展的两种状态。

2）风险与不确定性：风险具有可量化的性质，不确定性具有不可以量化的特征。人们一般对于不确定性的厌恶要远远大于风险，降低不确定性对于风险管理具有重要的意义，通常是管理部门的职责。

3）风险与波动性：传统风险观仅仅关注损失的可能性，是单向测度。而波动性往往涵盖两种方向的偏离，有往好的方向波动，也有往坏的方向波动。

4）风险与危险：风险是指结果的不确定性或损失发生的可能性，而危险是指使得损失事件更易于发生，或者一旦发生后果会更加严重的因素和环境，在英文中通常用“Hazard”来表示。危险其实是影响风险的环境性因素，是导致风险增加的原因。

（2）风险管理内涵与目标

风险管理不等于损失管理，其本质特征是事前管理。风险管理是损失发生前采取的措施，通过控制性管理措施降低未来损失发生的可能性或通过衍生产品对冲转移风险，或通过风险定价在产品价格中得到事前补偿。风险管理目标是创造价值，而不是减少损失或降低风险。

（3）风险管理策略

风险管理策略指金融机构面临风险时采取的应对方法，主要包括风险规避、风险控制、风险对冲、风险转移、风险分散、风险补偿与准备金等。

1）风险规避：是指金融机构通过拒绝或退出某一业务或市场来消除本机构对该业务或市场的风险暴露。这是一种非常保守、消极的策略。

2）风险控制：是指金融机构采取内部控制手段降低风险事件发生的可能性和严重程度。与其他策略相比，风险控制策略最突出的特征是控制措施的目的是降低风险本身，即降低损失发生的可能性或者严重程度，而不是将风险转嫁给外部或从外部获得补偿。

3）风险分散：是指通过多样化的投资来分散和降低风险的方法。马柯维茨的资产组合管理理论认为，只要两种资产收益率的相关系数不为 1，分散投资于两种资产就具有降低风险的作用。需要强调的是这种分散化的投资能够降低非系统性风险，但是并不能降低系统性风险。

4）风险对冲：是指通过投资或购买与标的资产收益波动负相关的某种资产或衍生产品，来冲销标的资产潜在的风险损失的一种风险管理策略。在期货市场上卖出或买进与现货品种相同、数值相当但方向相反的期货合约，以期在未来某一时间，通过同时将现货和期货市场上的头寸平仓，以一个市场的盈利来弥补另一个市场的亏损，从而规避现货价格变动带来的风险，实现保值目的。与风险分散策略不同，风险对冲可以管理系统性风险和非系统性风险。

5）风险转移：是指通过购买某种金融产品或采取其他合法的经济措施将风险转移给其他经济主体的一种风险管理办法。可以分为非保险转移和保险转移。非保险转移是指通过订立经济合同，将风险及与风险有关的财务结果转移给别人。在经济生活中，常见的非保险风险转移有租赁、互助保证、基金制度等。保险转移是指通过订立保险合同，将风险转移给保险公司（保险人）。个体在面临风险的时候，可以向保险人缴纳一定的保险费，将风险转移。一旦预期风险发生并且造成了损失，则保险人必须在合同规定的责任范围之内进行经济赔偿。

6）风险补偿与准备金：风险补偿是指在风险损失发生之前通过金融交易的价格补偿获得风险回报，以及在损失发生之后通过抵押、质押、保证、保险等获得补偿；风险准备金策略是指金融机构针对风险事件发生的可能性提取足够的准备性资金，以保证损失发生之后能够很快被吸收，从而保障金融机构仍然能够正常运行。

（4）现代风险管理的基本理念

1）任何金融产品都是风险和收益的组合。

2）风险与收益是相匹配的。

3）投资是以风险换收益。

4）金融机构的本质是承担和经营风险的企业。

5）风险管理是金融机构的核心竞争力。

6）风险管理助力金融业务持续、稳定、健康发展。

4. 典题精练

（1）下列反映风险内在特性的概念有（　　）。

Ⅰ. 不确定性　　Ⅱ. 损失

Ⅲ. 波动性　　Ⅳ. 危险

A. Ⅰ、Ⅲ、Ⅳ　　B. Ⅱ、Ⅲ

C. Ⅰ、Ⅱ、Ⅲ、Ⅳ　　D. Ⅰ、Ⅱ

参考答案：C

【解析】对风险的三种定义从不同的角度揭示了风险的某些内在特性。这些定义主要涉及不确定性、损失、波动性（即对期望的偏离）和危险四个概念。

(2) 风险与不确定性两概念，既有密切联系，又有本质区别。在不确定性状态下（　　）。

Ⅰ. 事件发生的结果具有可量化的性质

Ⅱ. 决策者知道事件最终呈现的可能状态，以及相应概率

Ⅲ. 人们对不确定性的厌恶程度要远远大于风险

Ⅳ. 事件发生的结果不可以量化

A. Ⅰ、Ⅱ　　B. Ⅰ、Ⅲ、Ⅳ

C. Ⅲ、Ⅳ　　D. Ⅱ、Ⅲ

参考答案： C

【解析】在不确定性状态下，决策者不了解事件发生的概率结果，不确定性具有不可以量化的特征。人们一般对于不确定性的厌恶要远远大于风险，降低不确定性对于风险管理具有重要的意义，通常是管理部门的职责。

5. 同步演练（请扫描二维码做题）

知识点扩展

（二）风险管理基本框架

1. 案例引入

“中航油”事件*

【案例回顾】2003 年下半年，中国航油公司（新加坡）（以下简称“中航油”）开始交易石油期权，最初涉及 200 万桶石油，中航油在交易中获利。

2004 年一季度，油价攀升导致公司潜亏 580 万美元，公司决定延期交割合同，期望油价能回跌；交易量也随之增加。

2004 年二季度，随着油价持续升高，公司的账面亏损额增加到 3 000 万美元左右。公司因而决定再延后到 2005 年和 2006 年才交割；交易量再次增加。

2004 年 10 月，公司的交易盘口达 5 200 万桶石油；账面亏损再度大增。

2004 年 10 月 10 日，面对严重资金周转问题的中航油，首次向母公司呈报交易和账面亏损。为了补加交易商追加的保证金，公司已耗尽近 2 600

* 《风险管理案例：“中航油”事件》，微信公众号：江铜南方，2020 年 4 月 26 日。

万美元的营运资本、1.2 亿美元银团贷款和 6 800 万美元应收账款资金。账面亏损高达 1.8 亿美元，另外已支付 8 000 万美元的额外保证金。

2004 年 10 月 20 日，母公司提前配售 15% 的股票，将所得 1.08 亿美元资金贷款给中航油。

2004 年 10 月 26 日、28 日，公司因无法补加一些合同的保证金而遭逼仓，蒙受 1.32 亿美元实际亏损。

2004 年 11 月 8 日至 25 日，公司的衍生商品合同继续遭逼仓，截至 25 日的实际亏损达 3.81 亿美元。

2004 年 12 月 1 日，在亏损 5.5 亿美元后，中航油宣布向法庭申请破产保护令。

【案例点评】

（1）管理层风险意识淡薄。企业没有建立防火墙机制，在遇到巨大的金融投资风险时，没有及时采取措施，进行对冲交易来规避风险，使风险无限量扩大直至被逼仓。事实上公司是建立起了由安永会计师事务所设计的风控机制来预防流动、营运风险的，但是因为总裁的独断专行，该机制完全没有启动，造成制定制度的人却忘了制度对自己约束的局面，那么就有必要加强对企业高层决策权的有效监控，保障风控机制的有效实施。

（2）企业内部治理结构存在不合理现象。作为中航油总裁的陈久霖，手中权力过大，绕过交易员私自操盘，发生损失也不向上级报告，长期投机违规操作酿成苦果，这反映了公司内部监管存在大缺陷。中航油（新加坡）的风险管理系统从表面上看确实非常科学，可事实并非如此，公司风险管理体系的虚设导致对陈久霖的权利缺乏有效的制约机制。

（3）监管机构监管不力。中国航油集团公司归国资委管理，中航油造成的损失在 5.3 亿 ~5.5 亿美元之间，其开展的石油指数期货业务属违规越权炒作行为。该业务严重违反了决策执行程序，这些监管漏洞无疑为后事埋下伏笔。

【相关要点】

（1）风险管理的流程包括：风险识别、风险衡量、风险应对、风险监测、预警与报告。

（2）风险管理的组织框架包括董事会及其委员会、高级管理层、风险管理部等，各部门之间应当建立多层次、相互衔接、有效制衡的运行机制。

2. 要点导图

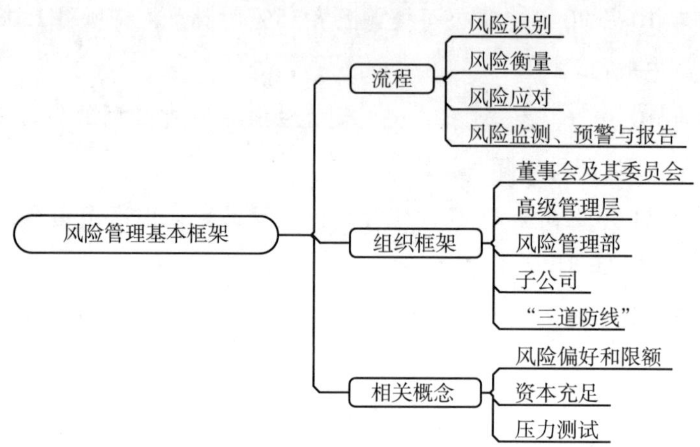

3. 要点精讲

（1）风险管理流程

风险管理流程包括：风险识别、风险衡量、风险应对、风险监测、预警与报告。

1）风险识别：是指对影响各类目标实现的潜在事项或因素予以全面识别，依据风险定义进行系统分类、鉴定风险性质，并找出风险原因的过程。包含感知风险和分析风险两个环节：感知风险是发现所面临的风险种类和性质；分析风险是深入理解各种风险的成因和变化规律。

2）风险衡量：是计量风险发生的概率和潜在损失的大小。风险衡量所要解决的两个问题是损失概率和损失严重程度，其最终目的是为风险决策提供信息。风险衡量方法包括敏感度分析法、波动性分析法、压力测试。

3）风险应对：主要是证券公司根据风险识别、计量、监控及预警等情况，针对不同类别、不同发生概率和损失程度的风险所采取的措施，主要包括风险偏好管理、风险限额、风险定价与拨备、风险缓释及应急计划等。其中，风险偏好是金融机构风险管理的基础前提。

4）风险监测、预警与报告：风险监测是风险管理的重要一环，是风险偏好、风险限额及日常风险管理有效实施的重要保证。风险管理部门应构建公司风险监测体系，包括建立健全风险监测制度，设计风险监测指标，搭建风险监测系统，对公司范围内的各项业务与管理活动中的风险进行监测、处理、报告监测结果等风险监测工作。证券公司应建立有效的风险监测模型和风险报告体系，对可能发生的风险进行监测、处理、报告监

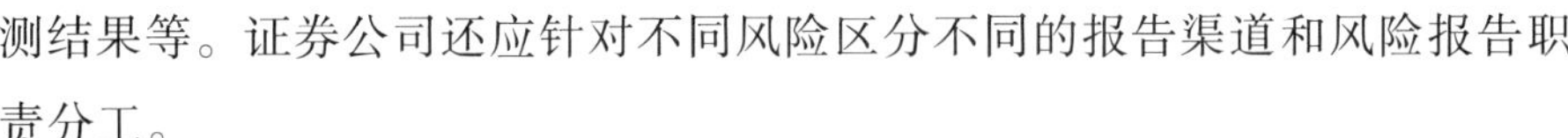

测结果等。证券公司还应针对不同风险区分不同的报告渠道和风险报告职责分工。

（2）风险管理的组织架构

证券公司应当明确董事会、监事会、各部门、分支机构及子公司风险管理的职责分工，建立多层次、相互衔接、有效制衡的运行机制。

1）董事会及其委员会：证券公司董事会承担风险管理的最终责任，履行以下职责：推进风险文化建设；审议批准公司全面风险管理的基本制度；审议批准公司的风险偏好、风险容忍度及重大风险限额；审议公司定期风险评估报告；任免、考核首席风险官，确定其薪酬待遇；建立与首席风险官的直接沟通机制。下设风险管理委员会履行风险管理部分职责。

2）高级管理层：证券公司经理层对全面风险管理承担主要责任，履行以下职责：制定风险管理制度，并适时调整；建立健全公司全面风险管理的经营管理架构，明确全面风险管理职能部门、业务部门及其他部门在风险管理中的职责分工，建立部门之间有效制衡、相互协调的运行机制；制定风险偏好、风险容忍度及重大风险限额等的具体执行方案，确保其有效落实；对其进行监督，及时分析原因，并根据董事会的授权进行处理；定期评估公司整体风险和各类重要风险管理状况，解决风险管理中存在的问题并向董事会报告；建立涵盖风险管理有效性的全员绩效考核体系；建立完备的信息技术系统和数据质量控制机制。

证券公司应当任命一名高级管理人员负责全面风险管理工作（以下统称首席风险官）。首席风险官不得兼任或者分管与其职责相冲突的职务或者部门。证券公司应当保障首席风险官的独立性。公司股东、董事不得违反规定程序，直接向首席风险官下达指令或干涉其工作。

3）风险管理部：证券公司应当指定或者设立专门部门履行风险管理职责，风险管理部门在首席风险官的领导下推动全面风险管理工作，监测、评估、报告公司整体风险水平，并为业务决策提供风险管理建议，协助、指导和检查各部门、分支机构及子公司的风险管理工作。

4）子公司：证券公司应将子公司的风险管理纳入统一体系，对其风险管理工作实行垂直管理，要求并确保子公司在整体风险偏好和风险管理制度框架下，建立自身的风险管理组织架构、制度流程、信息技术系统和风控指标体系，保障全面风险管理的一致性和有效性。

5）风险管理“三道防线”：是指在金融机构内部构造出三个对风险管理承担不同职责的团队和部门，相互之间协调配合，分工协作，并通过独立、有效的监控，提高主体的风险管理有效性。

业务条线部门是第一道防线。业务条线部门是风险的承担者，应负责持续识别、评估和报告风险敞口。

风险管理部门和合规部门是第二道风险防线。风险管理和合规部门均应独立于业务条线部门。

内部审计是第三道风险防线。内部审计部门对机构风险治理框架的质量和有效性进行独立的审计。

（3）风险偏好与限额

1）风险偏好与风险容忍度：

风险偏好是企业在追求战略和业务目标过程中对风险的态度，包括愿意承担的风险的种类、大小、数量、以何种方式承担，以及为了增加每一分盈利愿意多承担多少风险等，有时候被译为“风险胃口”。

风险偏好与风险容忍度的区别：

①风险偏好是战略性的，通常以定性描述为主；风险容忍度是风险偏好的具体体现，是对风险偏好的进一步量化和细化。

②风险偏好是公司战略目标的一个重要决定因素，在风险管理体系中居于宏观的主导地位；风险容忍度表现为公司在不同业务板块和不同控制维度上的总体边界。

③风险偏好的设定通常从战略角度出发，采取“自上而下”的设定方法；而风险容忍度更接近业务单元，与实际风险特征联系紧密，通常采用“自下而上”和“自上而下”相结合的方式设定。

2）风险限额：

①原则和理念。风险限额是依据 RAROC（即风险调整后资本收益率）最大化原则，将风险指标以风险限额的形式分解至公司的不同层面、不同业务线乃至具体组合与策略，将风险控制在可承受的合理范围内，使风险大小与风险管理能力和资本实力相匹配。限额管理是事前管理，是动态管理，是全面的风险管理。

限额管理的原则：限额种类要覆盖风险偏好范围内的各类风险；限额指标通常包括盈利、资本、流动性或其他相关指标（如增长率、波动性）；强调集中度风险，包括全集团、业务条线或相关法人实体层面的重大风险集中度（如交易对手方、国家/地区、担保物类型、产品等）；参考最佳市场实践，但是不以同业标准或以监管要求作为限额标准等。

②类别。按风险类型，限额主要分为以下几类：

信用风险限额：指标包括单一客户贷款集中度限额、单一集团客户授信集中度限额、行业限额等。

市场风险限额：指标包括 VaR 限额，产品或组合敞口限额、止损限额、敏感度限额等。

操作风险限额：指标包括操作风险损失率、监管处罚率、千人重大操作风险事发率、千人发案率、案件风险率、操作风险事件败诉率、信息系统主要业务时段可用率、操作风险经济资本率等。

流动性风险限额：指标包括流动性比例、存贷比、流动性覆盖率、净稳定资金比例、流动性缺口率、核心负债依存度、单日现金错配限额、一个月累计现金错配限额、最大十家存款集中度、最大十家金融同业集中度等。

国别风险限额：包括某一国别风险敞口等。

③限额管理。风险限额管理包括风险限额设定、风险限额监测和风险限额控制三个环节。

A. 风险限额设定：风险限额的设定分成四个阶段，首先是全面风险计量，即对各类业务所包含的风险进行量化分析，以确定各类敞口的预期损失和非预期损失；其次，利用会计信息系统，对各业务敞口的收益和成本进行量化分析，其中制定一套合理的成本分摊方案是亟待解决的一项重要任务；再次，运用资产组合分析模型，对各业务敞口确定经济资本的增量和存量；最后，综合考虑监管部门的政策要求以及公司战略管理层的风险偏好，最终确定各业务敞口的风险限额。

B. 风险限额监测：限额监测是为了检查公司的经营活动是否服从于限额，是否存在突破限额的现象。限额监测的范围应该是全面的，包括公司的整体限额、组合分类的限额乃至单笔业务的限额。证券公司应建立逐日盯市等机制准确计算、动态监测风险指标的变化，及时预警超越各级、各类风险限额的情形，明确异常情况的报告路径和处理办法。

C. 超限额处理：对于超限额的处置，应由风险管理部门负责组织落实。风险管理部门发现风险指标超限额的，应当与业务部门、分支机构、子公司及时沟通，了解情况和原因，督促业务部门、分支机构、子公司采取措施在规定时间内结合业务特点，制订超限额后的风险缓释措施，并及时向首席风险官报告。对因违规超限额造成的损失进行责任认定；对超限额处置的实际效果要定期进行返回检验。

（4）资本充足

1）资本定义及功能：

资本是市场经济的基本概念，是指金融机构自身拥有的或能永久支配、使用的资金。

资本功能：融资功能、抵御风险功能、显示金融机构的实力和信誉、限制业务过度扩张和承担风险、维持金融体系的稳定。资本管理是现代风险管理的核心。

依据证券业协会2014年《证券公司资本补充指引》，证券公司资本管理的原则：资本水平应当与业务发展相匹配；资本水平应当与风险偏好、风险管理水平和外部环境相适应，能够充分覆盖主要风险。

2）资本主要类别：

①账面资本是企业合并后资产负债表上的总资产减总负债后的余额，包括实收资本、资本公积、盈余公积、未分配利润等。账面资本是金融机构资本金的静态反映。

②经济资本也称风险资本，是金融机构为了吸收一定置信水平下的非预期损失而应该具备的资本，数量上等于公司整体损失分布中给定置信水平的在险价值。它是一种虚拟的、“算出来”的数字，并不是真正的资本。

③监管资本（净资本）是指监管当局要求计算的资本。监管当局一般规定金融机构必须持有的最低资本量，所以监管资本又称最低资本。

证券公司的净资本由核心净资本和附属净资本构成。

$$\text{核心净资本}=\text{净资产}-\text{优先股及永久次级债等资产项目的风险调整}-\text{或有负债的风险调整}-/+\begin{array}{c}\text{中国证监会认定或}\\\text{核准的其他调整项目}\end{array}$$

$$\text{附属净资本}=\text{长期次级债}\times\text{规定比例}-/+\begin{array}{c}\text{中国证监会认定或}\\\text{核准的其他调整项目}\end{array}$$

3）风险覆盖率和资本杠杆率：

以净资本为基础计算的风险控制指标是监管部门限制证券公司过度承担风险、保证金融市场稳定运行的重要指标工具。在资本充足方面，常用的风险控制指标包括风险覆盖率和资本杠杆率。

风险覆盖率是证券公司持有的符合规定的净资本（监管资本）与风险资本准备之间的比例。风险资本准备是证券公司在开展各项业务等过程中，因市场风险、信用风险、操作风险等可能引起的非预期损失所需要的资本。

杠杆率是权益资本与总资产的比率，是衡量公司负债风险的指标，从侧面反映出公司的还款能力。资本杠杆率是证券公司持有的符合规定的核心净资本与表内外资产总额之间的比率，是证券公司的核心指标，也是控制券商经营杠杆的首要指标。

（5）压力测试

1）定义：压力测试是指将整个金融机构或资产组合置于某一特定的（主观想象的）极端市场情况下，然后测试该金融机构或资产组合在这些关键市场变量突变压力下的表现状况，看是否能经受得起这种市场的突变。对于证券公司来说，是指采用以定量分析为主的风险分析方法，测算压力情景下净资本和流动性等风险控制指标、财务指标、证券公司内部风险限额及业务指标的变化情况，评估风险承受能力，并采取必要应对措施的过程。

2）标准：

证券公司在遇到以下情形之一时，应当开展专项或综合压力测试。

①可能导致净资本和流动性等风险控制指标发生明显不利变化或接近预警线的情形：重大对外投资或收购、重大对外担保、重大固定资产投资、利润分配或其他资本性支出、证券公司分类评价结果负向调整、负债集中到期或赎回等。

②确定重大业务规模和开展重大创新业务。

③确定经营计划和业务规模、确定自营投资规模限额、开展重大创新业务、承担重大包销责任等。

④自营投资大幅亏损、政府部门行政处罚、诉讼、声誉受损等。

⑤预期或已经出现重大外部风险和政策变化事件。

⑥证券市场大幅波动、监管政策发生重大变化等。

3）原则：

证券公司开展压力测试，应当遵循以下原则。

①全面性原则。应当全面覆盖公司各个业务领域、所有子公司及比照子公司管理的各类孙公司（以下简称“子公司”）的各类风险，并充分考虑各类风险间的相关性。

②实践性原则。流程与方法应当具备针对性和可操作性，与经营管理实践紧密结合，压力测试结果应当在风险管理和经营决策中得到有效应用。

③审慎性原则。所选用的风险因素、数量模型、情景假设应当审慎合理，符合行业和公司实际，以利于科学分析各类风险的特征及其对各项业务

的影响。

④前瞻性原则。应当综合考虑宏观经济运行周期、行业发展变化趋势及公司发展战略规划，合理预见各种可能出现的极端不利情况和风险。

4）流程与方法：

证券公司开展压力测试一般包括以下主要步骤：

①选择测试对象，制定测试方案。

②确定测试方法，设置测试情景。

③确定风险因素，收集测试数据。

④实施压力测试，分析报告测试结果。

⑤制定和执行应对措施。

4. 典题精练

（1）下列关于资本的说法，错误的是（　　）。

A. 资本是金融机构从事经营活动必须注入的资金

B. 资本管理是现代风险管理的核心

C. 资本是经营机构自身拥有的或者借入并具有一定使用期限的资金

D. 资本对金融机构经营和发展有约束作用，资本必须覆盖风险

参考答案：C

【解析】资本是市场经济的基本概念，通常的定义是金融机构自身拥有的或能永久支配、使用的资金，是金融机构从事经营活动必须注入的资金。A 选项正确，C 选项错误。

（2）下列关于风险偏好的说法，错误的是（　　）。

A. 风险偏好是战术性的，通常以定量描述为主

B. 风险偏好是企业在追求战略和业务目标过程中对风险的态度

C. 风险偏好也称为“风险胃口”

D. 风险偏好是企业为了增加每一分盈利愿意多承担多少风险

参考答案：A

【解析】风险偏好为企业在追求战略和业务目标过程中对风险的态度，包括愿意承担的风险的种类、大小、数量、以何种方式承担，及为了增加每一分盈利愿意多承担多少风险等，有时候被译为“风险胃口”。风险偏好是战略性的，通常以定性描述为主；风险容忍度是风险偏好的具体体现，是对风险偏好的进一步量化和细化。

5. 同步演练（请扫描二维码做题）

知识点扩展

（三）风险管理应用

1. 案例引入

LTCM 破产*

【案例回顾】美国长期资本管理公司（Long-Term Capital Management，简称 LTCM）成立于 1994 年 2 月，总部设在离纽约市不远的格林威治，是一家主要从事采用高杠杆的绝对收益交易策略（例如固定收益套利、统计套利和配对交易等）的对冲基金。它与量子基金、老虎基金、欧米伽基金并称为国际四大“对冲基金”。自创立以来，LTCM 一直保持骄人的业绩。1994~1997 年间，LTCM 以成立初期的 12.5 亿美元资产净值迅速上升到 1997 年 12 月的 48 亿美元，每年的投资回报为 28.5%、42.8%、40.8% 和 17%，1997 年更是以 1994 年投资 1 美元派 2.82 美元红利的高回报率让 LTCM 身价倍增。

然而，在 1998 年全球金融动荡中，LTCM 难逃一劫，从 5 月俄罗斯金融风暴到 9 月全面溃败，短短的 150 多天资产净值下降 90%，出现 43 亿美元的巨额亏损。9 月 23 日，美联储出面组织安排，高盛、美林、德银、瑞银、瑞信、巴克莱等 14 家国际银行组成的财团注资 37.25 亿美元购买了 LTCM90% 的股权，共同接管了 LTCM，避免了它倒闭的厄运。2000 年年初，LTCM 破产清算。

【案例点评】LTCM 破产的原因之一就是忽略了模型风险。LTCM 的数学模型的假设前提和计算结果都是在历史统计数据基础上得出的，投资策略是建立在投资组合中两种证券的价格波动呈正相关的基础上，但是历史上存在的正相关性在未来不一定一直存在，即相关性存在非平稳性。LTCM 主要使用 VaR 模型和压力测试计量风险。LTCM 所用的压力测试模型只考虑最大的 12 笔交易，计算出来最坏情况下的损失为 30 亿美元，其他诸如流动性较差的交易并没有考虑进去。VaR 模型也没有考虑流动性风险、主权债券违约风险等因素，所用的历史数据时间又比较短，大大低估了风险。

【相关要点】

（1）VaR 的字面解释是“处于风险中的价值（Value at Risk，简称

---

* 《根据模型风险引发的重大金融风险事件整理》，引自微信公众号：雨非林。

VaR)”，一般被称为“风险价值”或“在险价值”，其含义是指在市场正常波动下，某一金融资产或证券组合的最大可能损失。

(2) VaR定义中包含了两个基本因素：“未来一定时期”和“给定的置信度”。前者可以是1天、2天、1周或1月等，后者是概率条件。例如：“时间为1天，置信水平为95%，所持股票组合的VaR=10 000元。”其含义就是：“明天该股票组合可有95%的把握保证，其最大损失不会超过10 000元。”或者是“明天该股票组合最大损失超过10 000元只有5%的可能。”

2. 要点导图

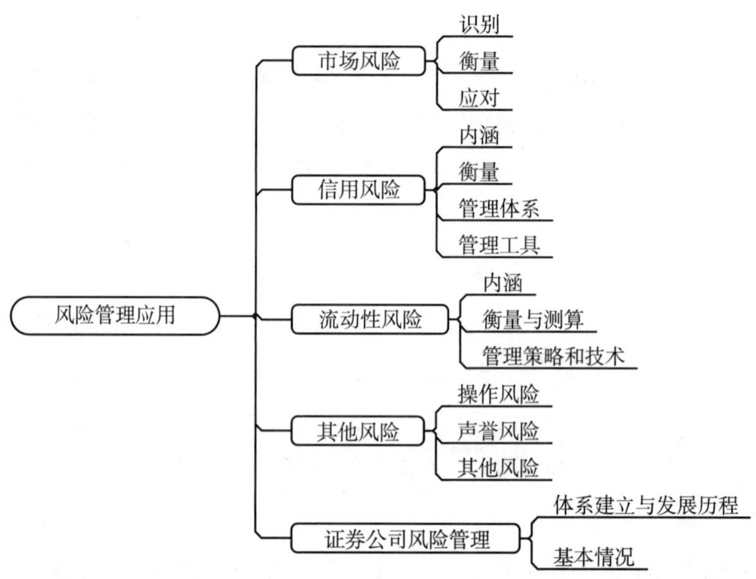

3. 要点精讲

（1）市场风险管理

1）市场风险识别：

①市场风险定义：是因市场价格变量波动给经济主体带来损益的风险。市场风险源于整个经济体系，而不是交易对手或金融机构内部，具有明显的系统性风险特征。套期保值（对冲）、限额和定价补偿是管理市场风险最主要的方法。金融衍生产品和金融工程是管理市场风险的主要工具和技术。

②市场风险类型：利率风险、汇率风险、股票价格风险、商品风险等。

2）市场风险衡量：

①敏感性分析：敏感性是一个变量对另外一个变量发生的变化的反应程

度，也就是经济学分析中的弹性。某一个投资组合相对于某一风险因子的敏感性衡量，指的是该组合的价值随该风险因子变化而反应的程度。敏感性分析是假设当风险因子变化达到一定程度时金融工具价值的变化。敏感性分析是市场风险分析中最常用的方法之一。

A. 基点价值：常用指标 DV01（Dollar Value of 01，简称 DV01）是指市场利率变动一个基点（0.01%）时所引起的债券价格的变化大小。当利率变化不大时，DV01 能很好地表达债券价格和利率之间的变化关系。

B. 久期：也被称为持续期或期限弹性，衡量利率变化一单位所引起的证券价值的百分比变化。债券久期是指投资者收到所有现金流要等待的平均时间。

基点价值反映债券价格绝对变动的额度，而久期反映相对变动的幅度。

C. 凸性：也被称为凸度或曲率，是利率敏感性随利率变动的变化情况，用来衡量债券价格收益率曲线的曲度，可以表示为收益率变化 1% 所引起的久期的变化。

D. 希腊字母：期权的风险在很大程度上取决于四个因素：基础资产的价格、离期权到期日的时间、基础资产价格波动性及无风险利率。衡量期权对这些因素敏感性的方法被称为希腊字母法，分别用 Delta（Δ）、Gamma（Γ）、Vega（Λ）、Theta（θ）等表示。

②波动性分析。

A. 波动率和方差：某个变量的波动率 σ 定义为这一变量在单位时间内连续复利收益率的标准差。当波动率用于期权定价时，时间单位通常为一年；当波动率用于风险控制时，时间单位通常是一天。

风险管理行业常常关心方差而不是波动率，方差被定义为波动率的平方。

B. VaR：是指在正常的市场条件和给定的置信水平下，某一投资组合在给定的持有期间内可能发生的最大损失。一个在 99% 置信水平上的一日 VaR 值表示投资组合在一天之内损失到 VaR 水平的可能性为 1%，或说 100 天内出现损失状况超过 VaR 的天数为一天。

C. 期望尾损失：期望尾损失（ES）也被称为条件 VaR，指组合处在超限区间（比如 95% 的置信水平下，尾部 5% 的部分就是超限区间）之内损失的期望值。

3）市场风险应对：市场风险应对方法主要有限额管理、估值管理、对冲管理、绩效和激励管理等。

①限额管理。限额管理是市场风险控制的重要手段，常用的市场风险限额包括交易限额、风险限额、止损限额、敏感度限额、情景限额等。

交易限额是指对总交易头寸或净交易头寸设定的限额。总交易头寸限额对特定交易工具的多头头寸、空头头寸分别予以限制；净交易头寸限额对多头头寸和空头头寸相抵后的净额加以限制。

风险限额是指对按照一定计量方法计算出的市场风险设定的限额。

止损限额是允许的最大损失额。通常，当某个头寸的累计损失达到或接近止损限额时，就必须对该头寸进行对冲交易或立即变现。止损限额适用于一日、一周或一个月等一段时间内的累计损失。

敏感度限额是指保持其他条件不变的前提下，对单个市场风险要素（利率、汇率、股票价格和商品价格）的微小变化对金融工具或资产组合收益或经济价值影响程度所设定的限额。

情景限额是指在一个特定情景下，对投资组合预计出现的最大损失进行限制，一旦投资组合预计损失值超过限额，就对投资组合做出相应的调整。

②估值管理。风险定价和估值是市场风险管理的基础。主要估值方法包括盯市和盯模，盯市是按市场价格计值；盯模是按模型计值。当按市场价格计值存在困难时，金融机构可以按照数理模型确定的价值计值。就是以某一个市场变量作为计值基础，推算出或计算出交易头寸的价值。

③对冲管理。风险对冲是通过投资或购买与标的资产收益波动负相关的某种资产或衍生产品，来冲抵标的资产潜在风险损失的一种风险管理策略，是市场风险缓释措施中十分重要的一种。对冲方式：利率对冲（远期利率协议、国债期货）、汇率对冲（外汇远期、外汇期货）、商品对冲（主要是商品期货）。

④绩效和激励管理。证券公司应建立与风险管理效果挂钩的绩效考核及责任追加机制，保证全面风险管理的有效性。风险资本收益率（RAROC）是最常用、最主要的风险调整后的评估业务绩效指标的工具。

$$\text{RAROC}=\frac{\text{经风险调整的收益}}{\text{经济资本}}=\frac{\text{收入}-\text{费用}-\text{预期损失}}{\text{经济资本}}$$

（2）信用风险管理

1）信用风险：

①概念。信用风险在银行管理中通常被定义为借款人不能按合同规定按期还本付息而给贷款人造成损失的风险。从现代信用组合投资的角度出发，投资者的投资组合不仅可能有信贷资产，也可能有债券和信用衍生产品等交易性信用产品。因此价值损失不仅会因为交易对手（包括贷款借用人、债

券发行者和其他交易合约的交易对手）的直接违约而发生损失，而且交易对手履约可能性的变化也会给组合带来损失。

②构成要素。对信用风险的构成要素分析以违约为中心，主要包括违约概率、违约损失率和违约时的风险暴露等。

③交易对手违约风险。主要来自两类金融产品：一是场外衍生品，比如利率互换、汇率远期、信用违约互换；二是证券融资交易，比如回购和逆回购、证券借贷，其中场外衍生品规模更大。

④证券公司面临的主要信用风险主要来自股票质押式回购交易、约定购回式证券交易、融资融券等融资类业务；互换、场外期权、远期、信用衍生品等场外衍生品业务；债券投资交易（包括债券现券交易、债券回购交易、债券远期交易、债券借贷业务等债券相关交易业务）；非标准化债权资产投资；其他涉及信用风险的自有资金出资业务。

2）信用风险衡量：

①传统信用风险评估。

A. 专家系统：常用的是5Cs评分系统［品德（Character）、资本（Capital）、还款能力（Capacity）、抵押（Collateral）、经营环境（Condition）］。

B. 信用打分模型：用可观察到的债务人特征变量计算出一个数值（即打分）来代表债务人的违约概率或者将贷款人归类于不同的违约风险类别。关键在于关键变量的选择和各自权重的确定。

②内部评级。相对于独立的外部信用评级而言，是指金融机构内部通过定量因素和定性因素的综合分析，对其自身的交易对手、债务人或交易项目自身用一个高度简化的等级符号来反映被评级对象的风险特征。内部评级所反映的被评级对象的风险特征主要是借款者的违约概率（PD）和交易工具的违约损失率（LGD）。

证券公司应当建立健全内部评级管理制度，证券公司可根据内部实际情况及管理需要确定内部评级管理制度覆盖的业务范围。内部评级管理的基本要求：证券公司应建立内部评级体系，内部评级体系应能够有效识别信用风险，具备风险区分能力；证券公司应制定内部评级管理制度，明确内部评级操作流程，确保内部评级体系持续有效运作；证券公司应当建立与自身业务复杂程度和风险指标体系相适应的内部评级管理工具、方法和标准；证券公司应当正确收集和使用评级信息，对收集的资料信息进行评估和归档，以保证其及时性、准确性、完整性；业务存续期内，证券公司应根据风险状况的变化情况，定期或者不定期进行内部评级更新，持续关注相关主体信用变化。

3）信用风险管理体系：

①证券类机构主要信用风险及管理。

A. 股票质押回购：是指符合条件的资金融入方以所持有的股票或其他证券质押，向符合条件的资金融出方融入资金，并约定在未来返还资金、解除质押的交易。《股票质押式回购交易及登记结算业务办法》（2018 年修订）规定：股票质押率上限不得超过 60%。证券公司作为融出方的，单一证券公司接受单只 A 股股票质押的数量不得超过该股票 A 股股本的 30%。集合资产管理计划或定向资产管理客户作为融出方的，单一集合资产管理计划或定向资产管理客户接受单只 A 股股票质押的数量不得超过该股票 A 股股本的 15%。

B. 融资融券业务：是指向客户出借资金供其买入证券或者出借证券供其卖出，并收取担保物的经营活动。证券公司应当建立以净资本为核心的融资融券业务规模监控和调整机制。证券公司开展融资融券业务、约定式回购业务、股票质押式回购交易等融资类业务的规模不得超过其净资本的 4 倍；单一客户的融资、融券规模占净资本的比例前 5 名不能超过 5%，接受单只股票市值占该股票总市值的比例前 5 名不能超过 20%。

C. 信用债投资：证券公司债券业务面临的信用风险主要体现在信用债投资业务上，主要包括债券主体违约风险，以及逆回购、远期、借贷融出等交易对手方信用风险。

D. 非标准化债权投资：证券类机构参与非标准化债权投资主要是通过资产管理计划和另类子公司投资方式。

E. 场外衍生品：场外衍生品交易的信用风险是指在场外衍生品的交易中由于交易对手方违约而导致损失的风险。常见的风险管理办法有净额结算、抵押、引入中央交易对手等。

②交易对手信用风险管理。次贷危机凸显了交易对手信用风险对金融稳定的巨大冲击，危机后，交易对手信用风险管理受到了更高重视，同时，巴塞尔委员会出台了相应措施，以完善交易对手信用风险的监管。

A. 净额结算：当违约事件发生时，净额结算允许抵销交易对手合约下的资产和负债。净额结算对于场外衍生品市场的发展起到了关键性作用，对于场外衍生品市场的扩张和流动性发挥了重要作用。

B. 提高抵押品和保证金要求：抵押品和保证金降低了交易对手的信用风险暴露和交易对手违约的概率。

C. 中央交易对手（CCP）：中央交易对手是指作为每一笔交易买卖双方的交易对手，为证券交易买卖双方提供清算的中间媒介。2009 年，巴塞尔委员会总结了引入中央交易对手的优点：第一，减少了交易对手暴露和操作风险；第二，提高了交易对手信用风险管理水平和担保品管理的有效性；第三，提高了衍生品交易市场的透明度。

D. 信用衍生品市场对冲：信用衍生品主要包括信用违约互换或纯粹信用互换（CDS）、总收益互换（TRS）、信用关联票据（CLN）和信用远期协议（CFA）。

E. 交易对手信用风险的资本计量和资本监管：巴塞尔Ⅲ增加了对场外衍生品信用估值调整（CVA）变化的资本要求，以激励金融机构通过中央对手方进行场外衍生品交易。同时，为防范中央对手方的交易对手信用风险，巴塞尔委员会发布的《银行对中央对手方风险暴露的资本金要求》大幅提高了银行作为清算会员通过中央对手方进行集中清算的资本金要求。

4）信用风险管理工具：

①传统信用风险缓释。信用风险缓释（CRM）是指商业银行运用信用风险缓释技术，包括抵质押品、净额结算、保证与担保和信用衍生工具等方式转移或降低信用风险，其中前 3 种为传统信用风险缓释工具。

②信用风险转移。是指银行等金融机构出于某种目的，将本身不愿意承担的信用风险以某种形式和代价转移给其他金融机构或投资者承担的行为。

A. 传统信用风险转移工具：传统信用风险转移的方法主要有信用保险、辛迪加贷款、贷款出售、资产互换等形式。贷款担保将信用风险由贷款银行转移给担保人承担；辛迪加贷款，在贷款发放环节以辛迪加的形式将信用风险由贷款发起银行转移给参与银行；贷款出售，在贷款发放之后通过贷款二级市场交易贷款；资产互换使金融机构在互换资产的同时也将资产中包括信用风险在内的所有风险进行了交换和转移；公司债券交易通过债券的买卖实际上也实现了公司信用风险的交易和转移。

B. 现代信用衍生品：信用衍生产品中，CDS 占绝大多数，在信用风险转移和交易中发挥了关键性作用。在 CDS 中，一方付款以换取标的资产发生信用违约事件时的信用违约保护，付款额为标的资产原值与其回收价值之间的差额。CDS 使得风险资产的所有者能够以较低成本转移信用风险。

TRP 是一种双边金融合约，合约一方将其资产（比如贷款、债券等）在持有期内不稳定的现金流与合约另一方提供的稳定的现金流进行交换，在交换现金流的同时将信用风险转移出去。与 CDS 的区别在于，通过 TRP，市场风险和信用风险实际上都从卖方转移到了买方，因此 TRP 的支付人可在不出售标的资产的情况下移除标的资产的所有市场和信用风险。

信用关联票据是一种以银行某些资产的信用状况为标的的信用衍生产品，在该产品中，票据购买者出资购买银行发行的信用关联票据，而发行票据的银行定期向票据购买者支付一定的利息，并承诺到期如果基础资产信用状况没有恶化，则按票据面值归还本金；一旦作为标的的资产信用状况恶化，票据购买者则只能得到基础资产的残余价值，即票据面值减去违约事件带来的损失。通过信用关联票据，银行就将其信用风险转嫁给了投资者。

信用远期协议是银行与交易对手签订的一个双边合约，该合约的基础资产为信用价差，即借款企业发行的债券的收益率与无风险收益率之间的利差。信用远期协议以信用价差反映银行贷款的信用状况，信用价差增加则表明银行贷款信用状况恶化，减少则表明信用状况提高，通过信用远期协议，银行就可以对冲贷款的信用风险。

综上所述，信用衍生产品交易具有以下几个特征：第一，信用风险可以在业务中从其他风险（如利率风险和汇率风险等）中分离出来被单独交易和转让；第二，信用保护的出售方在承担信用风险时并不要求资金投入，除非合同中指定的信用事件发生，融资的提供和风险的承担被分离，即保护购买者提供融资，但是不承担信用风险，而保护的提供方承担信用风险，却不提供融资；第三，基础信用交易仍然保留在金融机构的银行业务账户上，而且继续由作为放款银行的信用购买方来管理，信用衍生产品交易和由此而发生的信用风险转移并不影响到基础交易的借贷关系。

③信用组合管理。组合管理者在组合风险分析的基础上通过多样化分散风险、保持清偿力和资本充足性、经济资本配置和业绩衡量、信用风险定价、信用风险对冲和监管资本套利六个方面的组合管理措施来实现其组合优化的目的。对于信用风险组合管理而言，为量化整个组合的信用风险，必须解决的一个关键问题就在于对不同产品之间信用风险相关性的计量。

（3）流动性风险管理

1）流动性和流动性风险：

①流动性。

广义流动性包括三个层面的含义：资产的流动性、机构流动性和市场的流动性。资产的流动性是对流动性的一种常见理解，指资产迅速变现而不受损失的能力。机构流动性是从单个机构的流动性需求出发，将流动性理解为企业尤其是金融机构保证经营及正常支付的能力，包含两层含义：第一，金融机构应该有能力满足其到期的偿债义务；第二，当金融机构的现金流不足以满足其债务要求的时候，该现金流不足可以比较容易地通过内部或外部的多种融资渠道得到满足。市场流动性是指市场使投资者迅速、低成本地交易金融资产的能力。

狭义流动性是指金融机构在需要资金的时候可获得资金的能力以及金融机构可以在市场上迅速、低成本地交易金融资产的能力，即机构层面的流动性。

②流动性风险。是指金融市场参与者无法以合理成本及时获得充足资金，以偿付到期债务、履行其他支付义务和满足正常业务开展的资金需求的风险，通常被分为融资流动性风险和资产流动性风险。

融资流动性风险主要是从单个机构的角度分析金融机构在面临现金需求时其融资能力随时间推移引起的不确定波动，是指在不影响其日常经营和财务状况的条件下，金融机构难以有效满足其预期和非预期的、当前和未来的现金流和担保需求的风险。

资产流动性风险又称市场流动性风险，是指资产价值不受损害而进行变现的能力。这种能力由市场决定，因此也被称为市场流动性风险。市场流动性由四个维度因素决定：一是深度，即执行大规模交易而不对价格产生过度影响的能力；二是密度，即买卖价格的缺口，资产的买卖价差越小，流动性越好；三是即时性，即交易执行的速度；四是弹性，即基础价格在受到影响后重新恢复的速度。因此，快速、低成本地进行交易，同时又可以维持金融资产的价格稳定是一个具有良好流动性的市场的重要标志。

③证券类机构流动性风险的表现。

A. 公司层面：证券类机构流动性风险整体表现为融资来源不稳定，资产负债期限不匹配，融资成本和资产负债结构不合理，无法满足业务正常开展的需要。

B. 业务层面：

a. 自营业务。流动性风险主要表现为市场价格波动带来的资产无法及时以合理成本变现、自有资金占用规模过大和配合对手行权、追加保证金等潜在资金需求。固定收益业务部门应控制融资杠杆、总资产规模及期限错配规模敞口。权益类证券与衍生品交易部门需分散投资，控制保证金占用。具有融资负债职能的，还应遵守杠杆及负债规模限额要求，保持负债来源的稳定性。

b. 资产管理业务。资产管理业务层面的流动性风险包括不能及时以合理成本应对客户赎回、产品到期无法履约支付等。证券公司应切实履行主动管理职责，设计完善合理的产品结构，增强应对市场变化的能力。

c. 信用类业务。当证券公司资金来源为自有资金时，业务规模扩大导致自有资金占用增加，资金回收时间具有不确定性，客户违约可能导致信用风险转化为流动性风险。当资金来源为外部时，外部融资渠道的不稳定可能会对公司流动性造成不利影响。《证券公司风险控制指标计算标准》规定证券公司开展融资融券业务、约定式回购交易、股票质押式回购交易等融资类业务的业务规模不得超过净资本的400%。

d. 承销与发行业务。承销商承销证券有代销和包销两种方式。包销与证券的发行和交易相关，承销商需要更多资金进行包销时，流动性压力也会增加。证券公司可通过包销压力测试来量化流动性风险发生的可能性和预期金额。

2）流动性风险的衡量指标与测算模型：

①主要衡量指标。

A. 机构层面：

a. 资产负债结构指标。

$$流动比率=\frac{流动资产}{流动负债}$$

速动比率，又称“酸性测验比率”。

$$速动比率=\frac{速动资产}{流动负债}$$

上述公式中，流动资产包括：现金、应收账款、有价证券、存货；流动负债包括：应付账款、应付票据、期内到期的长期债务、应付税款及其他应付费用；速动资产=流动资产-存货。

一般说来，流动性比率越高，企业偿还短期债务的能力越强，流动性风险越小。一般认为，流动性比率应大于1，但也不是越高越好。考察流动性比率必须同时注意流动资产的构成及其长期负债所占份额的情况。如果流动性比率过高，有可能表明企业资金的运用效率不高。

$$净稳定资金率=\frac{可用稳定资金}{所需稳定资金}\times 100\%$$

《证券公司风险控制指标管理办法》规定证券公司净稳定资金率不得低于100%。

b. 现金流量匹配指标。

$$流动性覆盖率=\frac{优质流动性资产}{未来30天现金净流出量}\times 100\%$$

$$流动性指数 = \frac{资产被迫折价变现时的价格}{资产在正常市场条件下变现的价格}$$

资产被迫折价出售价格与正常市场价格之间的差距越大，说明金融机构持有的资产组合的流动性就越差。

$现金流量比率 = \frac{经营活动现金流量净额}{流动负债}$，是反映企业短期偿债能力的一个财务指标，一般来说，企业现金流量比率越大，偿债能力越强，流动性越充足。

B. 市场层面：

a. 买卖价差法。买卖价差法是利用市场上同一交易标的在同一时间的买入和卖出价格差来衡量其流动性风险的一种方法。该方法常用的价差指标包括买卖价差、有效价差与实现的价差等。买卖价差是指做市商愿意买入和卖出一项金融工具的价格之差。证券买卖价差是投资收益的重要组成部分，主要包括股票买卖价差和债券买卖价差。买卖价差越大，代表该资产流动性越好，所面临的流动性风险越小。

b. 换手率。证券在指定交易日转手买卖的频率，也被称为买卖周转率。换手率的计算方法一般为$\frac{指定交易期间成交量}{截至该交易期间金融资产的可交易总量} \times 100\%$。换手率越高，交易越活跃。

c. 冲击成本。冲击成本是机构大户面临的流动性成本的重要表现，是指在交易中需要迅速而且大规模地买进或者卖出证券，不能按照预定价位成交而多支付的成本。冲击成本被认为是大额交易商或机构大户不能摆脱的成本，机构大户看好一组股票时，必须花很长时间才能实现自己的建仓目的，如果急于建仓，由于短时间内大量买进会抬高股价，势必会使建仓的成本远高于预期成本。同样，如果急于抛股，等于是自己在打压股价，最后实现的卖出价将低于原来的预期价格。对散户而言，由于买卖交易量很小，冲击成本几乎为零。因此，市场流动性越高，冲击成本越低；反之，流动性越低，冲击成本越大。

②测算模型。

A. 现金流量分析模型：现金流量分析主要是通过分析证券公司的现金净流量（包括经营活动现金流量、投资活动现金流量和筹资活动现金流量），即用现金流入与现金流出的差额来反映证券公司获取现金、清偿债务及投资和筹资等活动的能力。现金流量分析的内容包括流动性分析、获取现金能力分析、财务弹性分析和收益质量分析等。其中，现金流缺口、现金到期债务比、现金流动负债比、营业现金比率、现金满足投资比率和营运指数等是现金流量分析使用的主要指标。

B. 流动性调整的 VaR(L_VaR)：是指市场正常波动下，在给定时间范围内，一定置信水平下抛售一定数量的证券或证券组合由于市场流动性风险的存在所导致的最大可能损失。一般来说，L_VaR 值越小，表明证券公司面临的流动性风险越小。

3）流动性风险管理策略和技术：

①融资策略管理。实现融资渠道多样化是证券公司融资策略的主要目标。证券公司的融资管理应符合以下要求：

A. 分析正常和压力情景下未来不同时间段的融资需求和来源。

B. 加强负债品种、期限、交易对手、融资抵（质）押品和融资市场等的集中度管理，适当设置集中度限额。

C. 加强融资渠道管理，积极维护与主要融资交易对手的关系，保持在市场上的适当活跃程度，并定期评估市场融资和资产变现能力。

D. 密切监测主要金融市场的交易量和价格等变动情况，评估市场流动性对公司融资能力的影响。

②日间流动性管理。证券公司应加强日间流动性管理，确保具有充足的日间流动性头寸和相关融资安排，及时满足正常和压力情景下的日间支付需求。要实现有效的日间流动性管理，证券公司需要认真分析工作日内由于支付业务和新合同义务造成的流动性风险整体状况的变化，设定明确的日间流动性管理目标，确保证券公司可以有效识别其关键义务并按照重要程度确定优先性，以保障预期义务的及时履行。

③流动性缓冲资产。合格的流动性缓冲资产不存在变现障碍，不应被用作交易头寸的对冲资金，也不应被指定用于抵押、结构性交易中的信用增级或支付经营成本，应明确作为紧急资金来源专门管理，能够随时变现用来弥补现金流入和流出所导致的资金缺口。根据《证券公司流动性风险管理指引》，优质流动性资产是指在一定压力情景下能够通过出售或抵（质）押方式，在无损失或极小损失的情况下在金融市场快速变现的各类资产。其基本特点是信用风险和市场风险低，易于定价，且在广泛认可的发达交易所或交易市场挂牌。同时，流动性缓冲资产交投活跃且市场具有一定规模，可以满足无障碍变现或者买入的要求。

证券公司应持有充足的优质流动性资产，确保在压力情景下能够及时满足流动性需求。

④流动性风险应急计划。应急计划目标是帮助公司应对极端的流动性事件。流动性风险应急计划应符合以下要求：

A. 合理设定应急计划触发条件。

B. 规定应急程序和措施，明确各参与人的权限、职责及报告路径。

C. 列明应急资金来源，合理估计可能的筹资规模和所需时间，充分考虑流动性转移限制，确保应急资金来源的可靠性和充分性。

⑤流动性风险报告。流动性风险报告是流动性风险管理各个环节的主要产出和重要组成部分。流动性风险报告应包括管理的有效政策和程序、决策过程、规范的作用与职责调用和升级的程序等。

对于风险等级较高的风险事项，形成紧急报告和不定期报告；对于风险等级较低的事项，则通过定期报告形式进行报告。

（4）操作风险和声誉风险管理及其他

1）操作风险管理：

①操作风险识别。

操作风险是指由不完善或有问题的内部流程、人员和系统及外部事件所造成损失的风险。该定义包括法律风险，但是不包括战略风险和声誉风险。

操作风险的一种分类方法是根据定义将其划分为由人员、系统、流程和外部事件所引发的四类风险；另一种分类方法是根据损失事件类型将其划分为七种表现形式：内部欺诈，外部欺诈，就业制度和工作场所安全，客户、产品和业务活动，实物资产的损坏，营业中断和信息技术系统瘫痪，执行、交割和流程管理。

②操作风险评估。

A. 风险控制自我评估：打分卡是风险控制自我评估的常用工具，其重要的功能是可以把对操作风险的定性评估转化为定量的矩阵。

B. 关键风险指标：关键风险指标是指代表某一风险领域变化情况并可定期监控的统计指标。一般包括：资产损失率、案件发生率、失败交易数量、员工流动率、客户投诉次数、错误和遗漏的频率及严重程度等。关键风险指标具有客观和数量化的特征，能够定量判断证券公司的操作风险管理水平，并能够比较容易地通过每天数值的变化来了解证券公司的风险状况。

C. 损失数据收集：操作风险损失数据收集主要基于以下四个方面：一是内部损失数据，其质量和内含的风险信息都要优于其他的数据来源；二是外部损失数据，包括公开数据、行业共享数据等；三是情景分析，即专家综合运用外部数据和情景分析来识别潜在的操作风险事件，并评估可能造成的损失；四是业务环境和内部控制因素，即考虑可能使操作风险状况发生变化的业务经营环境和内部控制因素，同时将这些因素转换成为可计量的定量指标。

③操作风险管理方法。

A. 内部控制：内部控制是证券公司降低操作风险的有效方法之一。主要包括三个方面的内容和方法：一是通过实施 IT 技术或项目管理方案等来改善业务部门本身的运行质量和管理水平；二是通过审计稽核、合规检查和操作风险管理等业务部门以外的管理部门的管理和内部控制活动来降低业务的操作风险；三是通过改善公司治理和加强内部控制及操作风险管理部门的独立作用，从而建立起管理操作风险的良好环境和文化，制定合适的操作风险管理战略和政策，健全操作风险管理流程和方法。

B. 保险：保险是证券公司转嫁操作风险的主要手段。最常见的形式是通过购买针对火灾、地震、恐怖袭击和伤害、盗窃和交通事故等风险事件的保险单，证券公司可以将这些由于外部事件而引发的操作风险转嫁给保险公司。此外，有些保险公司也开发可用于转嫁由于内部人员、系统和流程问题而引发操作风险的保险单，保险范围覆盖内部经理人员的责任和诚信、计算机犯罪、未授权交易和人员招聘责任等。

C. 业务外包：证券公司通过业务外包购买服务的方式可以将自身并不擅长、不具有规模效益或不是发展重点的业务委托给具有管理专长和规模效益的外部机构来进行，从而相应地也将该业务中的操作风险转嫁给承担该业务的服务提供商。

D. IT 技术应用：IT 技术应用是管理和降低操作风险的重要手段。主要表现为：IT 技术可以大大降低由于员工手工操作失误而带来的操作风险；有利于将各种风险信息汇总和分析处理，让决策者以低成本的方式考虑更加全面的情况，进行决策多项选择的对比分析，从而减少决策失误；可以提高证券公司报告体系的效率，有利于管理者进行动态监测。但是同时，IT 应用本身也会带来风险，包括程序错误、系统宕机、软件缺陷、操作失误、硬件故障、容量不足、网络漏洞及故障恢复等，这些均会导致证券公司面临业务中断和信息泄露的风险。

E. 数据治理和管理：数据治理是证券公司通过建立组织架构，制定和实施系统化的制度、流程和方法，确保数据统一管理、高效运行，并在经营管理中充分发挥价值的动态过程。数据管理是数据治理的一部分，是利用信息技术对数据进行收集、存储、处理和应用的过程。

F. 业务持续计划：业务持续计划是指企业制订计划以应对遭遇对其业务持续性经营产生严重影响的灾害性事件，防止出现业务中断，保持业务经营的持续性，或者在灾害性事件对企业业务经营的连续性产生严重影响甚至导致业务中断时，在最短的时间内恢复业务的正常运作。

2）声誉风险管理：

①声誉风险识别。声誉风险是指由证券公司经营管理及其他行为或外部事件导致证券公司股东、员工、客户、第三方合作机构及监管机构等对证券公司的公开负面评价的风险。

声誉风险的来源主要包括：一是战略规划、公司治理、资产负债管理等管理活动；二是产品或服务的设计、提供或推介等业务开展或投资活动；三是内部控制设计、执行及系统控制的重大缺陷；四是股东、关联方或其他利益相关方发生声誉事件传导至证券公司；五是第三方合作，如第三方合作机构自身的违法违规行为或服务质量问题；六是客户投诉及其涉及证券公司的不当言论或行为；七是司法性事件及监管调查、处罚；八是员工的不当言论或行为被公众知晓；九是新闻媒体的失实报道或网络不实言论；十是他人通过仿冒证券公司名称、商标、网址、盗用研究报告等行为从事非法活动。

②声誉风险管理原则。一是全程全员原则；二是预防第一原则；三是审慎管理原则；四是快速响应原则。

③声誉风险管理方法。一是事前识别与评估；二是应急机制；三是媒体沟通和信息披露；四是舆情监测分析。

3）其他风险及其管理：

①国别风险。国别风险是由于某一国家或地区经济、政治、社会变化及事件，导致该国家或地区债务人没有能力或者拒绝履行证券公司债务，或使证券公司在该国家或地区的商业存在遭受损失，或使证券公司遭受其他损失的风险。国别风险主要包括转移风险、主权风险、传染风险、货币风险、宏观经济风险、政治风险和间接国别风险。

国别风险管理体系包括以下基本要素：一是董事会和高级管理层的有效监控；二是完善的国别风险管理政策和程序；三是完善的国别风险识别、计量、监测和控制过程；四是完善的内部控制和审计。

②战略风险。战略风险是指证券公司在追求短期商业目标和长期发展目标的过程中，因不适当的发展规划和战略决策给证券公司造成损失或不利影响的风险。

战略风险取决于四个方面；一是战略目标的兼容性；二是为实现这些目

标而制定的经营战略；三是为实现目标所部署的资源；四是整个战略实施过程的质量。

战略风险来源于两个方面：一是证券公司内部经营管理活动，包括宏观战略、中观管理和微观执行三个层面；二是外部政治、经济、社会、科技等环境的变化，包括行业风险、技术风险、品牌风险、竞争对手风险，客户风险、项目风险、发展停滞风险等。证券公司正确识别来自内、外部的战略风险，适时采取研发新产品或服务，需求创新，业务拓展等战略性措施，提高盈利能力并确保竞争优势。

证券公司战略风险管理的基本做法包括：第一，明确董事会和高级管理层的战略风险管理职责；第二，建立清晰的战略风险管理流程，包括战略风险的识别、评估、监控和报告等；第三，采取恰当的战略风险管理方法，如制定以风险为导向的战略规划、合理运用经济资本配置工具等。

③系统性风险。系统性风险是指由于金融体系的部分或全部功能受到破坏，从而引发金融服务的供应大规模中断，并可能对实体经济造成严重负面影响的风险，通常具有内生性、关联性、复杂性、突发性、传染性等特征。对系统性风险的认识可以从两个层面着手：一个是整个金融系统发生危机或崩溃的风险，另一个是单个或单组机构或局部市场的问题导致整个金融体系发生危机或崩溃的风险。二者都是关注整个金融体系风险的宏观视角，但是前者偏重于整体风险本身，可以和金融危机风险概念基本互换，而后者偏重于微观对宏观的影响，关注微观主体。

要注意上述系统性风险与马科维茨组合投资理论中的系统性风险的区别。后者是市场中固有的，不能通过多样化分散和降低，但是可以通过对冲转移等方式来进行管理；而前者既不能通过多样化分散和降低，也不能通过对冲转移达到有效管理的目的，相反它还会因为个体机构的风险对冲和转移活动而增加。对系统性风险的管理主要通过加强宏观审慎监管，加强系统重要性机构的监管。

（5）我国证券公司风险管理实践（新增）

1）我国证券公司风险管理体系建立与发展：

①第一阶段（20 世纪 90 年代初期行业兴起 ~ 2004 年）。

A. 这段时期，证券公司以经纪业务为主，二级市场的股票投资和投资银行的 IPO 承销业务逐步扩大。证券经纪业务的主要风险是客户资金被挪用的风险。

B. 投行业务以承揽为主。

C. 股票自营业务几乎没有“投决”“风险计量”和“监测”等说法。1996 年中国证监会出台《证券公司自营业务管理办法》。

②第二阶段（2005～2012 年）。

A. 综合治理推动行业完善治理结构和内控体系，延伸风险管理的范围，提高合规风险和操作风险的管控能力。

B. 通过风控指标、监督管理等方面的监管制度，确立了证券公司风险容忍度和主要业务的风控措施。

C. 业务创新推动行业探索信用风险管理方法和工具，丰富风险管理体系。

D. 压力测试作为风险评估的补充已经得到广泛应用。

③第三阶段（2013 年至今）。

A.《证券公司全面风险管理规范》引导证券公司风险管理发生了质的飞跃。

B. 行业自律组织引导行业建立针对重要风险类型的管理方法和机制。

C. 监管部门和自律组织针对风险管理薄弱业务出台的风险管理制度，使行业进一步夯实了风险管理能力。

2）我国证券公司风险管理的基本情况：

①证券公司风险管理部门的设置与人员配置情况。

A. 设立独立的风险管理部，牵头负责全面风险管理工作。

B. 针对流动性风险、声誉风险、信息技术风险，指定相关部门负责相关管理工作（流动性风险—财务或资金管理部门；声誉风险—董事会或总经理办公室；信息技术风险—信息技术部门）。

C. 按专业风险类型划分职能。

②证券公司业务部门或分支机构风险管理。证券公司在业务部门、分支机构配置了风控人员，风控人员不得兼任与风险管理职责相冲突的职务，具体负责其权限范围内的风险管理工作，对风险管理政策和制度的执行情况进行监督、检查和报告，履行一线风险管理职责。

③证券公司子公司风险管理。证券公司对子公司的风险管理主要包括子公司风险管理负责人任免、风险限额、日常监测、风险报告、子公司重大事项审核或审批、风险考核等方面。

④风险管理政策和机制。

A. 风险控制制度：各家证券公司均已不同程度地建立了多层级的风险管理制度体系，同时通过稽核、检查和考核等手段保证制度的贯彻执行。

B. 风险限额：各家证券公司均已建立适合自身业务管理需要的风险偏好，在风险偏好框架下设立了风险容忍度及风险限额，并建立了逐级分解机制。证券公司建立了超限预警机制，并明确了异常情况的报告路径和处理办法。

C. 风险计量：各家证券公司选择风险价值 VaR、违约风险计量概率 PD、现金流缺口等方法或模型来计量和评估市场风险、信用风险、流动性风险等可量化的风险类型。采用敏感性分析和压力测试等手段评估极端风险。

D. 风险评估：各证券公司针对新产品新业务，如科创板等，建立了明确的评估、审议流程，风控合规及其他内控部门参与评估审议并独立发表意见。

E. 风险应对：各家证券公司根据风险评估和预警结果，选择与公司风险偏好相适应的风险回避、降低、转移和承受等应对策略，建立了合理有效的资产减值、风险对冲、资本补充、规模调整、资产负债管理等应对机制。

F. 风险报告：证券公司的风险报告分为定期和不定期报告。定期风险报告主要包括风险日报、月报、年报，反映风险识别、评估结果和应对方案，并按照不同报告路径向董事会、经理层提交。部分证券公司还会编制每周、季度、半年度风险报告。不定期报告主要包括重大风险专项报告、压力测试报告、新产品风险评估报告、监管自查及其他专项报告。

4. 典题精练

（1）下列关于敏感性分析的说法，正确的有（　　）。

Ⅰ. 敏感性是经济学分析中的弹性

Ⅱ. 敏感性在数学上就是函数的一阶导数

Ⅲ. 敏感性分析是一个动态的分析过程

Ⅳ. 敏感性分析是市场风险分析中最常用的方法之一

A. Ⅰ、Ⅳ　　B. Ⅰ、Ⅱ

C. Ⅱ、Ⅲ　　D. Ⅰ、Ⅱ、Ⅳ

参考答案：D

【解析】敏感性是一个变量对另外一个变量发生变化的反应程度，也就是经济学分析中的弹性。某一个投资组合相对于某一风险因子的敏感性衡量，是指该组合的价值随该风险因子变化而反应的程度。在数学上，敏感性就是函数的一阶导数。某一金融产品对某一因子的风险敏感性是该金融产品的价值函数对某一风险因子的一阶导数。敏感性分析是假设当风险因子变化达到一定程度时金融工具价值的变化。敏感性分析是市场风险分析中最常用的方法之一。

（2）传统信用风险评估的专家分析系统中，虽然有各种各样的架构设计，但其所选择的（　　）都是相似的。

A. 信用风险　　　　B. 交易对手

C. 合规指标　　　　D. 关键要素

参考答案： D

【解析】 目前被采用的专家系统中，虽然有各种各样的架构设计，但其所选择的关键要素都是相似的。

5. 同步演练（请扫描二维码做题）

知识点扩展

三、考纲对比

1. 新增考点：熟悉我国证券公司风险管理体系建立与发展。
2. 新增考点：熟悉我国证券公司风险管理的基本情况。

知识点扩展

四、章节测试（请扫描二维码做题）